INKA
KÖNIGE DER ANDEN

INKA
KÖNIGE DER ANDEN

Herausgegeben von
Doris Kurella und Inés de Castro

LINDEN-MUSEUM STUTTGART
Staatliches Museum für Völkerkunde

INKA
KÖNIGE DER ANDEN

Ein Kooperationsprojekt des Linden-Museums Stuttgart
und der Veranstaltungs+Kongress GmbH Rosenheim

Große Landesausstellung Baden-Württemberg im Linden-Museum Stuttgart
vom 12. Oktober 2013 bis 16. März 2014

Sonderausstellung im Ausstellungszentrum Lokschuppen Rosenheim
vom 11. April bis 23. November 2014

Herausgegeben von Doris Kurella und Inés de Castro

Schirmherrschaft: Bundespräsident Joachim Gauck

Bibliografische Information der Deutschen Nationalbibliothek
Die Deutsche Nationalbibliothek verzeichnet diese Publikation in der Deutschen Nationalbibliografie; detaillierte Informationen sind im Internet über http://dnb.d-nb.de abrufbar

ISBN 978-3-8053-4657-3

Copyright © 2013 Linden-Museum Stuttgart in Kooperation mit der VERANSTALTUNGS+KONGRESS GmbH Rosenheim
Alle Rechte vorbehalten

Das Werk ist in allen seinen Teilen urheberrechtlich geschützt. Jede Verwertung ist ohne Zustimmung des Rechteinhabers unzulässig. Das gilt insbesondere für Vervielfältigungen, Übersetzungen, Mikroverfilmungen und die Einspeicherung in und die Verarbeitung durch elektronische Systeme.

Gestaltungskonzept: Katja Holst, Frankfurt/Main
Gestaltung: Melanie Jungels, Scancomp, Wiesbaden

Umschlaggestaltung: Katja Holst, Frankfurt/Main
Umschlagabbildung: Nicole Westphal, Atelier für Kommunikationsgestaltung, Hildesheim. Unter Verwendung eines Fotos von A. Dreyer, Linden-Museum Stuttgart.

Druck: Firmengruppe Appl, aprinta druck GmbH, Wemding

Lizenzausgabe für die WBG
(Wissenschaftliche Buchgesellschaft), Darmstadt
ISBN: 978-3-534-26197-0
www.wbg-wissenverbindet.de

www.lindenmuseum.de
www.lokschuppen.de

DIE SONDERAUSSTELLUNG IM LOKSCHUPPEN ROSENHEIM WURDE ERMÖGLICHT VON:

FÜR DEN DRUCK DIESER AUSGABE DES BEGLEITBUCHES DANKEN WIR DEM FREUNDESKREIS LOKSCHUPPEN ROSENHEIM E.V.

FÜR UNTERSTÜTZUNG DANKEN WIR:

DIE SONDERAUSSTELLUNG IM LINDEN-MUSEUM STUTTGART WURDE ERMÖGLICHT VON:

 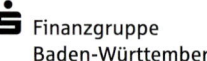

AUSSTELLUNGSORGANISATION

VERANSTALTER

LINDEN-MUSEUM STUTTGART: Inés de Castro (Direktorin, wissenschaftliche Projektleitung), Ulrike Messerschmidt (Kaufmännische Direktorin)
VERANSTALTUNGS + KONGRESS GMBH ROSENHEIM: Peter Lutz (Geschäftsführer), Peter Miesbeck (Projektleitung Rosenheim)

WISSENSCHAFTLICHE KURATORIN

Doris Kurella, Linden-Museum Stuttgart

WISSENSCHAFTLICHE CO-KURATORIN

Inés de Castro, Linden-Museum Stuttgart

WISSENSCHAFTLICHE MITARBEIT

Isabel Collazos Ticona, Peggy Goede, David Oshige Adams, Linden-Museum Stuttgart

AUSSTELLUNGSGESTALTUNG

FORMATION münchen

LINDEN-MUSEUM STUTTGART

Janna Meyer, Nina Tillhon	*Ausstellungskoordination*
Doris Kurella, Inés de Castro, Nina Tillhon, Peggy Goede	*Katalogredaktion*
Martin Otto-Hörbrand, Birgit Meyer	*Öffentlichkeitsarbeit*
Andrea Steffen (Projektleitung), Gabriele Braun, Ute Doberschütz, Eva Fastenau, Nina Frankenhauser, Anne Seeboth-Stratz	*Restaurierung*
Uwe Hofmann, Shahrtash Saeidi	*Depotverwaltung*
Sonja Schierle, Doris Kurella, Nina Schmidt, Peggy Goede	*Museumspädagogik*
Andreas Volkwein, Ulrike Bohnet, Lena Richter, Andreas Gnädig, Gabriele Hackel-Kuhl, Sabine Retter	*Verwaltung*
Melek Bayhan, Heike Bonies, Britta Kriep, Stefan Dürr	*Wachdienstleiter*
Horst Feldmann, Mirofora Matseridu, Sandra Szameitat, Siegrid Schweitzer	*Kasse*
Günter Darcis / Iris Müller	*Bibliothek / Dokumentation*
Anatol Dreyer / Albert Heide	*Fotografie / Schreinerei*
Ioan Wagner, Branko Nikić, Frank Seifried	*Haustechnik*

PARTNER

Nicole Westphal, Atelier für Kommunikationsgestaltung	*Corporate Design*
Martin Thumm, HAWK Hildesheim	*Modell Macchu Picchu*

AUSSTELLUNGSZENTRUM LOKSCHUPPEN ROSENHEIM

Elisabeth Scheueregger	*Ausstellungsorganisation*
Sarah Smyka, Caroline Brunnthaler	*Marketing / Werbung*
Annette Gallner	*Layout Werbemittel*
PR-Agentur Rosi Raab	*Öffentlichkeitsarbeit*
Ernst Bielefeld	*Restaurierung*
Stefanie Kießling	*Museumspädagogik*
Barbara Huber	*Inka-Parcours*
Barbara Huber, Elena Sangl	*Besucherservice*
Theresia Hoerauf, Hildegard Schwarzmüller	*Kasse / Call-Center*
Ingeborg Eberle, Brigitte Pillath	*Kaufmännische Verwaltung*
Robert Kopetz	*Technische Leitung*
Franz Kastenhuber, Daniel Prengemann, Anton Schmid, Jörg Wippermann, Anton Zacherl	*Haustechnik*
Bernd Kühnhauser, Maximilian Hertelt	*Druck / Ausstellungsgraphik*

LEIHGEBER

Antwerpen, The Arts and Heritage Agency of the Flemish Community und MAS
Basel, Museum der Kulturen
Berlin, Staatliche Museen zu Berlin, Preußischer Kulturbesitz, Ethnologisches Museum
Bonn, Altamerika-Sammlung
Brüssel, Royal Museums of Art and History
Cusco, Museo de Arte del Sur Andino
Göteborg, Världskulturmuseet
Hamburg, Museum für Völkerkunde
Hannover, Niedersächsisches Landesmuseum
Lima, Ministerio de Cultura del Perú – Museo Nacional de Arqueología, Antropología e Historia del Perú
Lima, Museo Larco. Perú
London, © The Trustees of The British Museum
Madrid, Museo de América
Madrid, Museo Nacional de Antropología
München, Stadtmuseum
München, Staatliche Münzsammlung
München, Staatliches Museum für Völkerkunde
Stuttgart, Linden-Museum
Stuttgart, Staatliches Museum für Naturkunde
sowie private Leihgeber

INHALT

8	GRUSSWORT	MINISTERPRÄSIDENT WINFRIED KRETSCHMANN
10	GRUSSWORT	OBERBÜRGERMEISTERIN GABRIELE BAUER
12	VORWORT UND DANK	DIREKTORIN INÉS DE CASTRO

16 GEOGRAFIE, ÖKOLOGIE, DUALITÄT UND *AYLLU*
JÜRGEN GOLTE

28 VORLÄUFER UND ZEITGLEICHE ENTWICKLUNGEN
KAROLINE NOACK

41 WOHER KAMEN DIE INKA?
DORIS KURELLA

52 INCA VIRACOCHA – DIE ERSTE EXPANSION AN DEN TITICACASEE
DAVID OSHIGE ADAMS

66 PACHACUTEC INCA YUPANQUI – DIE ZWEITE EXPANSION
DORIS KURELLA

69 PACHACUTEC INCA YUPANQUI – DER KRIEG GEGEN DIE CHANKA
BRIAN S. BAUER UND LUCAS C. KELLETT

73 DAS IMPERIALE CUZCO
MATTHEW PISCITELLI UND BRIAN S. BAUER

80 DIE INKA, *TOCAPU* UND VISUELLE KOMMUNIKATION
CHRISTIANE CLADOS

85 DIE IMPERIALE RELIGION DER INKA – SCHREINE UND MUMIEN
BRIAN S. BAUER UND MATTHEW PISCITELLI

96 MACHU PICCHU UND DIE KÖNIGLICHEN LANDSITZE DER REGION CUZCO
KYLIE QUAVE UND BRIAN S. BAUER

114 TUPAC INCA YUPANQUI – DIE DRITTE EXPANSION
JÜRGEN GOLTE

126 KRIEG BEI DEN INKA
KERSTIN NOWACK

132	QHAPAQ ÑAN – DIE STRASSEN DER INKA	
	DORIS KURELLA	
140	**DIE STAATSSTRUKTUR**	
	KAROLINE NOACK	
153	HUÁNUCO PAMPA	
	MONICA BARNES	
169	DIE ARCHITEKTUR IM INKA-REICH	
	KERSTIN NOWACK	
171	*QUIPU* – DER INFORMATIONSTRÄGER DER INKA	
	LENA BJERREGAARD	
175	**DER BERGBAU UND DAS HÜTTENWESEN IN DER INKA-ZEIT**	
	RAINER SLOTTA	
177	RELIGION – DIE WELT DER HUACA IM INKA-REICH	
	KERSTIN NOWACK	
190	INKA-OPFERUNGEN AUF DEN HÖCHSTEN GIPFELN DER ANDEN	
	CONSTANZA CERUTI	
192	PURUCHUCU-HUAQUERONES – EIN INKA-FRIEDHOF IN LIMA	
	DIEGO DURAND	
195	**HUAYNA CAPAC UND DIE UNKLARE ERBFOLGE – DAS REICH ZERFÄLLT**	
	PEGGY GOEDE MONTALVÁN	
204	ZEIT DES UMBRUCHS – DIE SPANISCHE EROBERUNG DES INKA-REICHES	
	PEGGY GOEDE MONTALVÁN	
213	EINE NEUE ÄRA BEGINNT – DIE KOLONIALZEIT	
	PEGGY GOEDE MONTALVÁN	
229	KATALOG	
334	ANHANG	
334	GLOSSAR	
336	BIBLIOGRAPHIE	
347	AUTORENVERZEICHNIS	

GRUSSWORT

WINFRIED KRETSCHMANN
MINISTERPRÄSIDENT
DES LANDES
BADEN-WÜRTTEMBERG

Die Inka, ihr Leben und ihre Kultur haben uns seit jeher viele Rätsel aufgegeben und uns zugleich in ihren Bann gezogen: Bereits die spanischen Eroberer waren zu ihrer Zeit fasziniert vom Reichtum an Gold und der allumfassenden Macht der Herrscher, die im Widerspruch zu deren äußerer Schlichtheit zu stehen schienen. Zugleich üben das für damalige Verhältnisse hervorragend ausgebaute Straßen- und Wegenetz, fein gearbeiteter Schmuck und wertvolle Kunstgegenstände, die landwirtschaftliche Nutzung des widrigen Hochgebirges sowie das unvorstellbare Ausmaß des Inka-Reiches vom heutigen Ecuador bis nach Chile und Argentinien immer noch eine ungeheure Faszination auf uns aus.

Doch wie konnten die Inka zur Zeit unseres Spätmittelalters dieses größte jemals auf amerikanischem Boden entstandene Imperium organisieren und regieren? War es ein totalitäres System? Ein sozialistischer Staat? Oder – die wohl dauerhafteste These – ein amerikanisches Rom? Diesen Fragen und dieser in mehrfacher Hinsicht außergewöhnlichen Kultur nimmt sich das Linden-Museum mit seiner Großen Landesausstellung „INKA – Könige der Anden" an. Ich bin überzeugt, dass die Ausstellung nach der erfolgreichen „Weltsichten"-Schau ein weiterer Höhepunkt für das Linden-Museum, das kulturelle Leben in Baden-Württemberg und darüber hinaus werden wird.

Das Staatliche Museum für Völkerkunde bietet den Besucherinnen und Besuchern einen kritischen Blick auf die Kultur der Inka und leistet damit einen wichtigen Beitrag zur differenzierten Kenntnis Lateinamerikas in Vergangenheit und Gegenwart. Unser heutiges Bild der Inka ist vor allem geprägt durch die Eindrücke der zahlreichen Reisenden, die die berühmten Stätten Cusco und Machu Picchu in Peru besuchen. Bis heute faszinieren die Lage und vor allem die architektonische Gestaltung dieser Orte, die perfekt ausgearbeiteten Mauern, die riesigen Terrassenanlagen, die Ästhetik der Bauwerke sowie die damit verbundene Umgestaltung der natürlichen Umgebung.

Wie mannigfaltig und vielschichtig die Inka, ihre Herrschaft und ihre Kultur von den Menschen wahrgenommen werden, spiegelt sich auch in den in die Ausstellung integrierten Interviews wider: Die unterschiedlichen Sichtweisen von Menschen aus verschiedenen Ländern Europas und Amerikas zeigen, dass die Inka auch heute noch viel Platz für Projektionen jedweder Art lassen.

Dem Linden-Museum unter der Leitung von Frau Professorin Inés de Castro und allen Mitarbeiterinnen und Mitarbeitern danke ich für diese herausragende Ausstellung, mit der sie Baden-Württembergs Ruf als Kunst- und Kultur-Land sowohl national wie auch international mehren. Der Großen Landesausstellung „INKA – Könige der Anden" wünsche ich die verdiente breite Resonanz in der Fachwelt und bei den Besucherinnen und Besuchern.

*GABRIELE
BAUER*

OBERBÜRGERMEISTERIN
DER STADT ROSENHEIM

GRUSSWORT

Am Anfang der Geschichte der Inka steht die Sonne – so erzählt die Legende. Nachdem sie ihren Blick auf die Erde geworfen hatte, soll sie ihren beiden Kindern Mama Occlo und Manco Capac voller Mitleid befohlen haben, auf den Boden hinabzusteigen, um dort eine Herrschaft zu errichten. Ein Regiment der Toleranz und Freundlichkeit – eine Herrschaft der Erleuchtung und Erkenntnis. Als Wegweiser gab sie ihren beiden Kindern einen Zauberstab aus purem Gold mit auf den Weg, der sie zum richtigen Punkt auf der Erde führen sollte: in das heutige Peru. Dort errichteten die künftigen Könige der Anden ihren Hauptsitz und nannten ihn „Cusco" – den wörtlich übersetzten „Nabel" ihrer Welt. Dieses göttliche Geschwisterpaar war der mythische Ursprung des größten indigenen Reiches, das jemals auf amerikanischem Boden erschaffen wurde.

Der Inka-Staat wurde zu einem Imperium der Superlative: er bestand im 15. und 16. Jahrhundert aus zweihundert verschiedenen ethnischen Gruppen, die in einem Land größter klimatischer Gegensätze auf annähernd fünftausend Kilometer entlang der Anden von Kolumbien bis Chile lebten. Zusammengehalten und regiert durch eine ausgeklügelte, allumfassende Planwirtschaft. Die erfolgreiche Ausbreitung der Inka wurde vor allem durch die Erschaffung eines perfekten Verwaltungsstaates möglich: anstelle eines Zehnten verlangten die Inka-Herrscher Arbeitsleistung als Tribut. Alle Bürger mussten für den Sohn der Sonne harte Fron leisten und dort zu Diensten sein, wo es gerade nötig war. Sie errichteten Wasserleitungen, erbauten Straßen, Brücken und Tempel oder beschäftigten sich mit Ackerbau oder Viehzucht. Die Inka-Herrscher ließen alles ausnahmslos inventarisieren. Mithilfe bis heute nicht entschlüsselter Knotenschnüre oder „Quipus" verzeichneten sie Ländereien, Einwohnerzahlen, Lagerbestände und vieles mehr und waren so die perfekten „Buchhalter". Sie agierten raffiniert und effektiv und ließen so ein Wegenetz von rund 40.000 km errichten, worüber ihre Meldeläufer Botschaften über Strecken von bis zu 3.000 km innerhalb von 5 Tagen überbringen konnten. Einmalig in der Geschichte.

Die Ausstellung zeigt erstmals in Europa ausschließlich die legendäre vorspanische Inka-Kultur von ihren Anfängen bis in die Kolonialzeit. Hochkarätige und rare Kunstschätze von Leihgebern unter anderem aus Peru – viele davon waren zuvor noch nie in Europa zu sehen – beweisen die Einmaligkeit dieser versunkenen Kultur und die Einmaligkeit dieser Schau. Ich lade Sie herzlich dazu ein, in die faszinierende Welt der Könige der Anden einzutauchen. Staunen Sie über die vielen Facetten und werden sie Teil des weltberühmten Erbes der Inka.

Durch die Kooperation mit dem Linden-Museum Stuttgart konnte diese ganz besondere Ausstellung ermöglicht werden. Deshalb danke ich Professor Dr. Inés de Castro, Direktorin des Linden-Museums Stuttgart, herzlich dafür, dass sie mit ihrer Idee, eine Ausstellung zum Wunschthema „Inka – Könige der Anden" zu konzipieren, die Kultur Südamerikas auch in Bayern neu belebt und – hoffentlich – mit weiteren spannenden Themen fortsetzt.

Mein besonderer Dank gilt der Kuratorin: Dr. Doris Kurella. Sie hat ihr enormes Wissen über die Inka in spannender und erlebnisreicher Weise für Ausstellungsbesucher und Leser dieses Kataloges gleichermaßen gebündelt. Es ist ihr ausgezeichnet gelungen, die Begegnung zwischen Menschen verschiedener Kulturen zu fördern und Neugierde zu erwecken.

Flankiert werden sie von einem professionellen und schlagkräftigen Team, bei dem ich mich ebenfalls herzlich bedanken möchte. Der partnerschaftlichen Projektleitung der beiden Teams der Veranstaltungs- und Kongress GmbH Rosenheim und des Linden-Museums Stuttgart verdanken wir diese ganz besondere Verbindung zwischen Bayern und Baden-Württemberg.

Die Gestaltung der Ausstellung stammt aus der kreativen Feder des Teams der FORMATION münchen. Das Werbelayout beruht auf einem Entwurf von Nicole Westphal aus Hildesheim.

Ermöglicht wird die Ausstellung in Rosenheim durch eine Reihe namhafter Zuschussgeber und Sponsoren – allen voran die Ernst von Siemens Kunststiftung. Für ihre kontinuierliche Unterstützung danke ich der Sparkasse Rosenheim-Bad Aibling, den Kathrein-Werken Rosenheim, den Stadtwerken Rosenheim, dem Wirtschaftlichen Verband der Stadt und des Landkreises Rosenheim, dem Freundeskreis Lokschuppen Rosenheim e.V., den Premium Cars Rosenheim sowie allen weiteren Sponsoren. Ich danke den Medienpartnern National Geographic Deutschland, G/Geschichte, Bayern 5 aktuell, OVB Medienhaus, dem Münchner Merkur sowie dem Regionalfernsehen Oberbayern für die unterstützende Berichterstattung. Eine ausstellungsbegleitende Lehrerfortbildung wird in bewährter Weise zusammen mit dem Museumspädagogischen Zentrum München angeboten.

Ich wünsche dem Ausstellungsprojekt „Inka - Könige der Anden" - sowohl als Große Landesausstellung Baden-Württemberg im Linden-Museum Stuttgart als auch dem Ausstellungszentrum Lokschuppen mit seiner großen Sonderausstellung - im Namen der Stadt Rosenheim den verdienten Erfolg sowie den zahlreichen Besucherinnen und Besuchern einen angenehmen Aufenthalt im Ausstellungszentrum Lokschuppen und in der Stadt Rosenheim.

*PROF. DR.
INÉS DE CASTRO*
DIREKTORIN
LINDEN-MUSEUM
STUTTGART

VORWORT UND DANK

Das Linden-Museum Stuttgart widmet sich mit einer Großen Landesausstellung und diesem begleitenden Katalog einer der großen Kulturen des vorspanischen Amerika. Die Inka haben das größte Reich auf amerikanischen Boden vor Ankunft der Spanier errichtet und nehmen bis heute eine bedeutende, identitätsstiftende Rolle im Andenraum ein. Auch wenn der Name „Inka" durch Reiseprospekte, Werbung oder durch Millionen von Touristen auf dem Landsitz von Machu Picchu allgegenwärtig zu sein scheint, wissen wir jedoch bislang nur wenig über diese bedeutende Kultur. So verwundert es nicht, dass trotz der Bekanntheit des Namens bislang keine Sonderausstellung zu den Inka in Europa oder auf dem Amerikanischen Kontinent präsentiert wurde. Um diesem Defizit entgegenzuwirken entstand in Kooperation mit dem Lokschuppen Rosenheim die Ausstellung **„Inka – Könige der Anden"**, ein Projekt, das wir schon seit vielen Jahren verwirklichen wollten und welches in Frau Dr. Doris Kurella eine erfahrene und fachkundige Kuratorin gefunden hat.

Unser Wissen über die Kultur der Inka basiert vorwiegend auf den schriftlichen Aufzeichnungen der spanischen Eroberer: Eroberungsberichte, Beschwerdebriefe und Chroniken sowie statistische Erhebungen über das Reich der Inka, die je nach Absicht des Verfassers unterschiedliche Gewichtung oder Einfärbung enthalten. Interne Berichte der Inka aus der Zeit vor Ankunft der Spanier sind bei einer nicht-schriftführenden Kultur nicht zu erwarten. Die Kodierung von Information über Knotenschnüre oder Textilien erschließt sich bislang nicht der Forschung. Texte von Inka-Adeligen, wie der bekannte Bericht von Guaman Poma de Ayala aus dem Jahre 1615, der mit seinen Zeichnungen das Leben der Inka erneut lebendig machte, sind ebenfalls kritisch zu betrachten, da er als Sohn einer adligen indigenen Familie einen geprägten Blick hatte.

Einen wesentlichen Beitrag zum Verständnis der Inka-Kultur erbrachten in den letzten Jahrzehnten vor allem archäologische Projekte im Hochtal von Cusco und in angrenzenden Regionen. Diese halfen den Beginn der Kultur neu zu definieren und die ersten Schritte der Inka hin zur imperialen Macht zu verstehen.

Die große Herausforderung der Forschung ist es nun, die ethnohistorischen Erkenntnisse aus den Quellen mit den neuen archäologischen Ergebnissen in Einklang zu bringen oder Unterschiede festzustellen.

Die Ausstellung „**Inka – Könige der Anden**" und dieser begleitende Katalog fassen erstmals diese neuen Forschungsergebnisse zusammen. Sie präsentieren bislang unbekannte Inka-Objekte aus zahlreichen europäischen Sammlungen in Kombination mit Stücken aus Peru und leisten damit einen bedeutenden Beitrag zum Verständnis dieser Kultur für Fachkollegen und interessierte Besucher gleichermaßen.

Ausstellung und Katalog befassen sich mit den großen Themen der Inka-Forschung: Wer schuf diese Bauwerke und welchem Zweck dienten sie? Wie funktionierte das Inka-Reich, das sich über 5.000 Kilometer Andenkette erstreckte? Wer waren die Inka, die dem Staat den Namen gaben? Kam es wirklich zu einem raschen Zusammenbruch nach Ankunft der Spanier? Was geschah mit den Inka während der Kolonialzeit? Und wie ist die Erinnerung heute an die Inka?

Diese Ausstellung konnte nur durch die großzügige finanzielle Unterstützung des Landes Baden-Württemberg und seines Ministerpräsidenten Winfried Kretschmann realisiert werden. Ohne diese Unterstützung wäre ein solch bedeutendes Projekt sicher nicht möglich gewesen. Besondern Dank gilt dabei der Ministerin Theresia Bauer und dem Staatssekretär Jürgen Walter vom Ministerium für Wissenschaft, Forschung und Kunst Baden-Württemberg sowie dem Museumsreferat unter Leitung von Frau Ministerialrätin Jutta Ulmer-Straub.

Im Lokschuppen Rosenheim haben wir zudem einen interessierten und sehr erfahrenen Kooperationspartner gefunden. Mein besonderer Dank gilt Herrn Peter Lutz, Herrn Dr. Peter Miesbeck und dem Team des Lokschuppens für das Vertrauen und die gute Zusammenarbeit.

Zum Gelingen der Ausstellung haben die großzügigen Leihgeber maßgeblich beigetragen, die uns Ihre Schatzkammern geöffnet und damit erstmals eine Zusammenschau von bedeutenden Zeugnissen der Inka-Kultur im Vergleich ermöglicht haben. Unser Dank gilt den Direktoren und Kuratoren für Ihre Bereitschaft, sich lange von ihren kostbaren Objekten zu trennen. Als erste Gesamtschau zu den Inka hatten wir das große Privileg in den Depots zahlreicher Museen zu stöbern und gemeinsam mit den Kollegen nach Inka-Material zu suchen. Zu großem Dank verpflichtet sind wir Carl Depauw vom Museum on the River (MAS), Dr. Anna Schmid vom Museum der Kulturen Basel, Prof. Dr. Viola König vom Ethnologischen Museum Berlin, Prof. Dr. Karoline Noack von der Bonner Altamerika-Sammlung, Dr. Michel Draguet von den Royal Museums of Art and History Brüssel, Dr. Sanne Houby-Nielsen vom Världskulturmuseet Göteborg, Prof. Dr. Wulf Köpke vom Museum für Völkerkunde Hamburg, Dr. Katja Lembke vom Niedersächsischen Landesmuseum Hannover, Lissant Bolton vom British Museum, Concepción García Sáiz vom Museo de América Madrid, Pilar Romero de Tejada vom Museo Nacional de Antropología Madrid, Dr. Christine Stelzig vom Staatlichen Museum für Völkerkunde München, Dr. Dietrich Klose von der Staatlichen Münzsammlung München, Dr. Isabella Fehle vom Münchner

Stadtmuseum, Prof. Dr. Johanna Eder vom Staatlichen Museum für Naturkunde Stuttgart sowie den privaten Leihgebern.

Unser bester Dank gilt auch dem ehemaligen Kulturminister von Perú, Dr. Luis Alberto Peirano Falconí, der Kulturministerin Diana Alvarez-Calderón, Luisa María Vetter Parodi sowie den zahlreichen Funktionären des Ministeriums, die unser Anliegen unterstützt und es ermöglicht haben, dass peruanische Kostbarkeiten den Weg nach Deutschland fanden. Dank gebührt ebenfalls den peruanischen Museumsdirektoren Andrés Alvarez Calderón vom Museo Larco und Teresa Carrasco Cavero vom Museo Nacional de Arqueología, Antropología e Historia del Perú sowie José Ignacio Lambarri vom Museo de Arte del Sur Andino. Bei den Verhandlungen mit den peruanischen Institutionen standen uns der Peruanische Botschafter José Antonio Meier sowie Bertha Vargas, die die Koordination vor Ort durchführte, tatkräftig zur Seite.

*Abb.
Anabel Sallo Hancco mit ihrem Lama Pablo in Cusco.
Foto: A. M. Gross/via*

Besonders freuen wir uns darüber, zahlreiche Inka-Objekte aus dem Linden-Museum erstmals präsentieren zu können. Zu Beginn unserer Objekt-Recherche war auch uns nicht bewusst, welcher inkaische Reichtum in der eigenen Amerika-Sammlung zu finden ist.

Diese Ausstellung und das damit verbundene reiche Begleitprogramm mit Vorträgen, Familientagen, Konzerten, Workshops, einer internationalen Inka-Tagung und vielem mehr, hätte nicht ohne die Hilfe von Sponsoren realisiert werden können. Unser Dank geht an die Ernst von Siemens Kunststiftung, an den Sparkassenverband Baden-Württemberg sowie an Promperú, die peruanische Botschaft und das peruanische Generalkonsulat in München. Danken möchten wir auch National Geographic, GGeschichte, der Deutschen Bahn und den zahlreichen Kooperationspartnern.

Auch sind wir den Fachkollegen aus dem In- und Ausland sehr dankbar, die Ihr Wissen mit uns geteilt und somit einen wichtigen Beitrag zum Erfolg der Ausstellung geleistet haben.

Mein besonderer Dank gilt insbesondere der Kuratorin der Ausstellung Dr. Doris Kurella, Referentin für Lateinamerika im Linden-Museum Stuttgart, die sich fachkundig und unermüdlich auf meinen Vorschlag einer Inka-Schau eingelassen und diese wunderbare Ausstellung zum Erfolg geführt hat. Es hat mir persönlich sehr viel Freude bereitet, ihr als Mitstreiterin zur Seite zu stehen und sie bei wissenschaftlichen und organisatorischen Fragen zu unterstützen.

Die Schreibweisen für einheimische Begriffe oder Ortschaften sind in den Texten dieses Kataloges nicht einheitlich. Wir tragen damit den Wünschen der einzelnen Autoren Rechnung.

Unser beider Dank gebührt dem gesamten Team des Linden-Museums für die intensive Zusammenarbeit in der mehr als zwei Jahre andauernden Vorbereitungszeit. Wir sind sehr stolz darauf, bedeutende internationale Projekte dieser Art in unserem Hause realisieren zu können.

GEOGRAFIE, ÖKOLOGIE, DUALITÄT UND *AYLLU*

JÜRGEN GOLTE

Den Herrschaftsraum der Inka als Staatsgebiet genau festzulegen ist kompliziert (Hyslop 1998). Die zwischen militärischer Unterwerfung und direkter Verwaltung einerseits, Einbeziehung in die Organisation des Staates durch Allianzen und Heiratspolitik andererseits schwer zu definierenden Herrschaftsformen lassen eine klare Grenzziehung kaum zu. Man kann jedoch davon ausgehen, dass die maximale Nordsüdausdehnung des Staates etwa 4.100 Kilometer zwischen dem südlichen Kolumbien und Mittelchile betrug. Die Ostwestausdehnung war dagegen variabler, auch aus den vorher genannten Gründen, aber auch weil die Anden, die in hohem Grad das Bestehen einer tatsächlichen Kontrolle beeinflussten, durch eine starke Variation der Distanzen zwischen der West- und der Ostkordillere geprägt sind und die Inka in mehr oder minder starkem Grad in das östliche Tiefland vordrangen. So beträgt die Breite des Staatsgebietes im nördlichen Ecuador vielleicht 200, auf der Höhe des Titicacasees ungefähr 400 und der von Mittelchile ca. 600 Kilometer. Geht man weiter davon aus, dass das Interessengebiet und manchmal auch die staatliche Präsenz der Inka in manchen Bereichen erheblich in das regenfeuchte amazonische Tiefland reichte (Pärssinen 2003), wird verständlich, dass ein Raum von einer derartigen Größe durch eine Vielzahl unterschiedlicher Landschaften geprägt war.

Abb. 1.1
Nevado Pariacaca, Yauyos, Lima. Inka-Straße: Abschnitt: Xauxa-Pachacamac. Nachweis: Ministerio de Cultura del Perú – Proyecto Qhapaq Ñan – Sede Nacional – mit freundlicher Genehmigung des Generalkonsulats der Republik Peru in München

Die Geografie des Andengebietes

Ohne diese Vielfalt der Landschaften, die natürlich kaum eine organisatorische Vereinfachung förderte, gleichzeitig aber erst das Entstehen eines Großstaates erklärt, kann man den Inka-Staat in seiner Ausdehnung nicht verstehen. Der Haupthintergrund für ein Verständnis ist natürlich, dass die Bewohner des Staates in erster Linie von der Landwirtschaft, der Viehzucht und von der Fischerei lebten und insofern auf spezifische natürliche Voraussetzungen angewiesen waren. Deshalb sollen hier kurz einige wichtige Elemente der Geografie angesprochen werden. Es ist notwendig zu verstehen, dass die Anden größtenteils ein tropisches (und subtropisches) Hochgebirge sind. Das bedeutet vor allem, dass der Unterschied zwischen Tag- und Nachttemperaturen wichtiger ist als der zwischen den Jahreszeiten. Zwar gibt es Jahreszeiten, die in hohem Maße durch Regen oder Trockenheit bestimmt sind, aber im Kerngebiet des Inka-Staates kann man davon ausgehen, dass die Landschaften ganzjährig nutzbar waren. Vielleicht bilden diejenigen in großer Höhe zumindest für den Anbau eine Ausnahme, weil die Zahl der Tage mit Nachtfrost das Reifen von Früchten verhindert. Diese Regionen wurden aber bis in ca. 5.000 Meter Höhe durch die Haltung der andinen Kameliden genutzt (Troll 1931).

Abb. 1.2
Das Inka-Reich in seiner maximalen Ausdehnung. Kartengrundlage: Hyslop (1998: 8). Gestaltung: FORMATION münchen.

Vegetationsprofile der tropischen Anden
Von Carl Troll

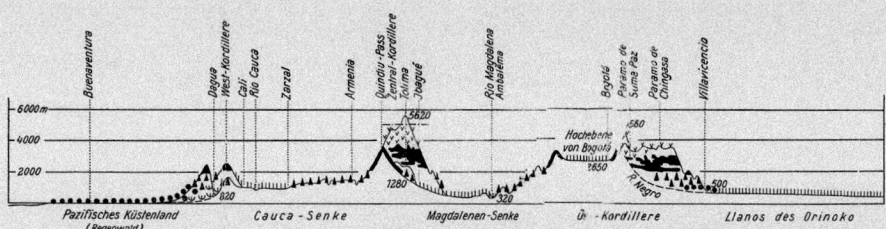

Profil I

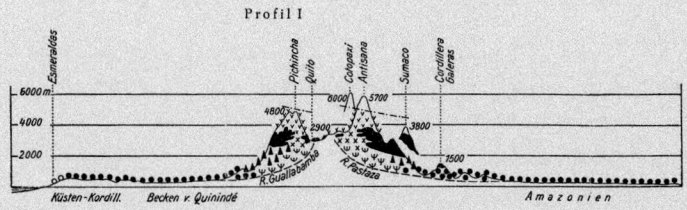

Profil II

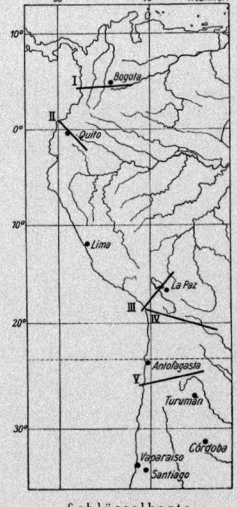

Schlüsselkarte
(Lage der Profile I—V)

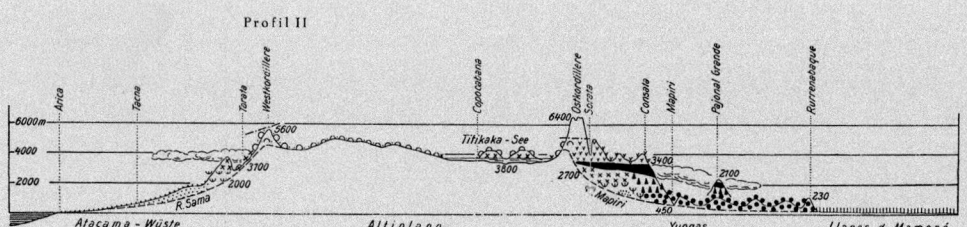

Profil III

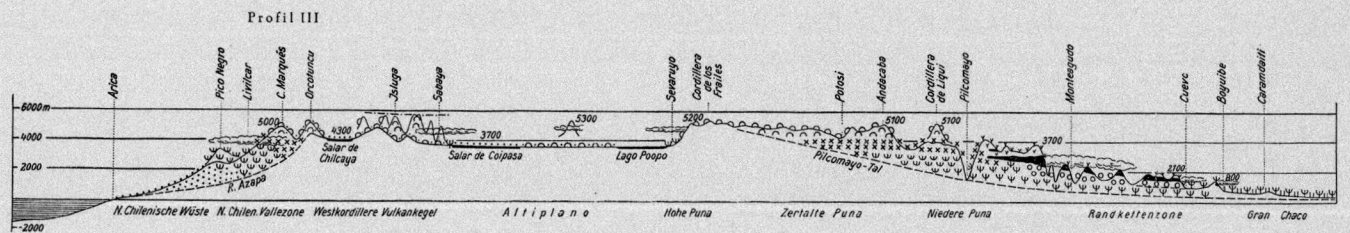

Profil IV

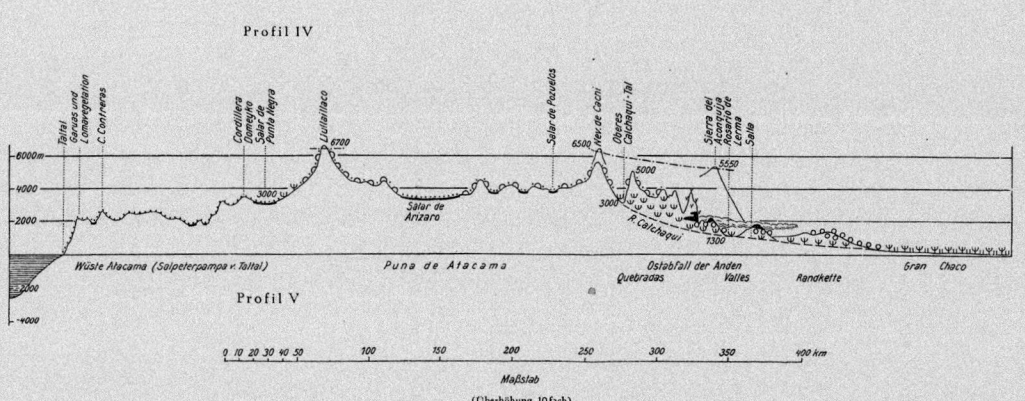

Profil V

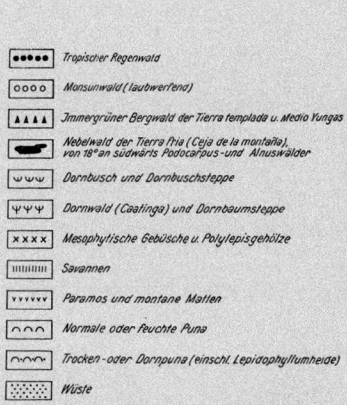

Wie aus den Querschnitten von Carl Troll (1943) sichtbar wird, sind die nördlichen Anden in Kolumbien, Ecuador und Nord-Peru insgesamt feuchter als die südlichen Zentralanden. Dies erklärt sich vor allem aus der Temperatur des dem Kontinent im Westen vorgelagerten Pazifischen Ozeans. Etwa bis zur Grenze zwischen Peru und Ecuador ist die Meerestemperatur durch eine antarktische Süd-Nordströmung sehr niedrig. Die Wasser vor der Küste Ecuadors und Kolumbiens sind dagegen durch eine warme Äquatorialströmung gekennzeichnet. Die Meerestemperaturen wiederum führen dazu, dass der Westabhang der Anden und die vorgelagerte Küste im Norden feuchtwarm und durch eine üppige Vegetation gekennzeichnet sind. Je weiter man von Ecuador aus nach Süden geht, umso trockener wird nicht nur die zunehmend regenlose Küste, sondern auch der Westabhang der Zentralanden. Schließlich erreicht die

Abb. 1.3
Andenquerschnitte nach Troll (1943: Tafel IX).

Abb. 1.4
Berglandschaft in Ecuador.
Foto: J. Sartore. National Geographic Stock

Abb. 1.5
Peruanische Küstenwüste bei Paracas. Foto: M. Kurella

Abb. 1.6
Atacama-Wüste, Nord-Chile.
Foto: J. Böttcher

Trockenheit auch die abflusslosen Täler und Hochebenen zwischen den Kordilleren auf der Höhe des Titicacasees (Querschnitt III). Weiter südlich finden wir zunehmend Wüsten und Salzseen (Querschnitt IV und V).

Im Gegensatz zum Westabhang ist der Ostabhang insgesamt feuchter, regenreicher und bewaldeter, wenngleich auch hier der Norden stärker durch tropische Unwetter geprägt ist als der Süden. Hier gibt es deutliche Unterschiede zwischen den feuchtwarmen Regenwäldern im Norden und den Trockenwäldern und Savannen im Süden.

Die menschliche Gesellschaft

Die Verschiedenartigkeit der Landschaften im Herrschaftsbereich der Inka drückte sich nicht allein in der Vielfalt der Pflanzen- und Tierwelt aus, sondern hatte zur Folge, dass schon lange vor den Inka eine große Zahl von Pflanzen domestiziert wurden (etwa ein Drittel der weltweit bekannten Nutzpflanzen stammt aus den zentralen Anden).

Dabei muss bedacht werden, dass die Inka, im Gegensatz zur Altweltlandwirtschaft, nicht über Zugtiere verfügten. Die Produktion hing allein vom Einsatz menschlicher Arbeitskraft ab. Da zusätzlich die durchschnittlichen Temperaturen in den höheren Lagen das Wachstum von Pflanzen einschränkten, wird verständlich, dass die sehr arbeitsintensive Landwirtschaft nur geringe Überschüsse erwirtschaften konnte (Golte 1980; Murra 1972).

Überhaupt wurde die Möglichkeit des Überlebens in erster Linie dadurch erreicht, dass alle Bauern ihre Arbeitskraft maximal zu nutzen suchten und dass sich im Gebirge nur ein geringer Teil der Bevölkerung vollständig aus den agrarischen Tätigkeiten lösen konnte (etwa 10 %). Insofern waren die Bewässerungsoasen in der Küstenwüste durch den Bewässerungsfeldbau im Zusammenhang mit einem ertragreichen Fischfang produktiver und es ergab sich in höherem Maße die Möglichkeit Handwerk und andere Tätigkeiten jenseits der Landwirtschaft als Vollzeitbeschäftigung zu betreiben. Dies ist der Hauptgrund dafür, dass sich in den Küstenoasen weit größere Städte fanden als im Hochland, in dem die meisten Städte nur eine geringe Bevölkerung von Ritualspezialisten und Verwaltern hatten, weil Handwerk dort in der Regel eine Teilzeitbeschäftigung war.

Die geringe Produktivität der Hochlandfeldwirtschaft darf jedoch nicht als Ausdruck einer Einfachheit der Produktion verstanden werden. Zwar hatte man nur wenige, aber vielseitig verwendbare Arbeitsgeräte, jedoch veränderte man häufig langfristig die landschaftlichen Vorbedingungen. Die wichtigsten Elemente waren dabei Anbauterrassen an den Hängen der meist tief eingeschnittenen Täler, künstliche Bewässerung von Anbauflächen und Viehweiden und künstliche Bevorratung von Wasser, um Anbau auch in den regenlosen Monaten zu ermöglichen.

Das wichtigste Element zum Erreichen einer für die Ernährung der Bevölkerung hinreichenden Produktion war jedoch die Maximierung der Nutzung der Arbeitskraft. Im Gegensatz zur Altweltlandwirtschaft, in der in der Regel nur etwa ein Drittel der im Jahr vorhandenen Arbeitskraft für die Produktion genutzt wird, zielte die andine Land-

Abb.1.7
Orchidee in den peruanischen Anden.
Foto: J. Böttcher

Abb.1.8
Küstenoase in Süd-Peru.
Foto: D. Kurella

Abb. 1.9
Paar von *aryballo*-Keramiken.
Museo de Arte del
Sur Andino, Cusco. Foto:
D. Giannoni

wirtschaft darauf, die Arbeitskraft der Bauern während des gesamten Jahres zu nutzen. Dies erreichte man schon im dörflichen Zusammenhang vor allem dadurch, dass alle Bauern über Ländereien in verschiedenen Höhenstufen und Naturlandschaften verfügten. Dort betrieben sie parallel den Anbau von in der Regel mehr als zwanzig unterschiedlichen Pflanzen. Schon diese Vielfalt des Anbaus führte zu wechselnden Formen von Kooperation und Arbeitsteilung. Eine wichtige Funktion des Staates bestand darin, dieses System auszuweiten. Die Inka betrieben als Politik die intensive Nutzung der Arbeitskraft und eine Wiederverteilung der so produzierten Güter (Morris 1981; Morris 1985; Murra 1975).

Auf der Staatsebene gab es für diese Aufgaben besondere Verwalter, in den Dörfern dagegen beruhte die Nutzung unterschiedlicher Landschaften in verschiedenen Höhenstufen auf einer komplexen Verwandtschaftsorganisation. Diese bestand darin, dass jeder Bauer in der Kooperation auf bestimmte Verwandte zurückgreifen konnte. Die Regeln der Zusammenarbeit waren dabei verpflichtend und beruhten auf dem langfristigen Austausch von gleichen Mengen von Arbeitszeit in einem bilinearen Verwandtschaftssystem (Prinzip der Gegenseitigkeit). Die Größe der zusammenarbeitenden Gruppen variierte dabei je nach Charakter der Notwendigkeit. Eine Voraussetzung dafür war, dass sich alle Bewohner eines Dorfes als untereinander verwandt verstanden. Diese Organisation nannte man *ayllu*. Die *ayllus* waren gemäß der Dualität in der Regel in zwei Hälften geteilt. Dies erleichterte vor allem das Vorhandensein von feststehenden Heiratsvorschriften und zum andern die Organisation der Zusammenarbeit an der die gesamte Dorfbevölkerung beteiligt war.

Die Inka selbst benutzten untereinander die Hälftenteilung (Dualität) und die Verpflichtung von bestimmten Verwandtschaftsgruppen für feststehende Aufgaben. Dies galt einerseits für die herrschende Gruppe selbst (Zuidema 1989; Zuidema 1990 a,b), diente dem Staat aber auch bei der Organisation der gesamten Staatsbevölkerung. Insofern gab es einen bruchlosen Übergang von der Dorforganisation zur Verwaltung von ethnischen Gruppen und schließlich zum Staat. Darüber hinaus wird die Dualität deutlich in der Doppelung, Musterung und Farbgebung von Keramiken, Textilien und in der Architektur.

Die bis hier beschriebene Organisation der Produktion fand sich vor allem in den zentralen Anden, nur dort gab es die entsprechenden Voraussetzungen. Die Organisation in anderen Landschaften unterschied sich davon. In den Bewässerungsoasen der Küste z.B. war die Produktion in der Regel zentralisierter und es gab einen höheren Grad von Arbeitsteilung (Moseley 1982; Netherly 1977). In bestimmten Handwerken kam es dort zur Herausbildung von Manufakturen, obwohl dabei im Gegensatz zu Europa die Verwandtschaftsorganisation auch eine größere Rolle spielte.

Ganz im Gegensatz zu den hierarchisierten Gesellschaften der Küstentäler stand zu Beginn die Organisation der Hirtengesellschaften auf den Hochebenen um den Titicacasee und den weiter südlich sehr hoch gelegenen abflusslosen Landschaftsbecken (Browman 1975; Julien 1983; Lyon 1984; Masuda 1985; Nuñez und Dillehay 1995). Dort war die Feldwirtschaft aufgrund der Höhe (um die 4.000 Meter) sehr unproduktiv. Im Gegensatz dazu stand die Viehwirtschaft, in der vor allem Lamas als Tragtiere und Fleischlieferanten und Alpakas als Wolllieferanten gehalten wurden. Auch dabei gab es eine dörfliche Verwandtschaftsorganisation, doch hatte diese ein anderes Ziel. Auf den südlichen Hochebenen gab es zwar mit dem Fleisch der Tiere eine gute Ernährungsgrundlage, aber eben ein Defizit in der Versorgung mit pflanzlichen Nahrungsmitteln. Um dieses Defizit auszugleichen entwickelten die Hirtenbevölkerungen ein System, in dem periodisch Lamakarawanen in die bäuerlichen Dörfer des Ost- und des Westabhanges der Anden geschickt wurden, die weiterverarbeitete tierische Produkte, wie Trockenfleisch, Wolle, Leder und Textilien gegen die fehlenden pflanzlichen Produkte eintauschten und diese dann anschließend in den Dörfern der Hirten wiederverteilten.

Dieses schon vor mehr als 4.000 Jahren entwickelte System weitete sich schon im ersten vorchristlichen Jahrtausend aus: Die Karawanen zogen immer weiter nach Norden und insbesondere in die produktiven Bewässerungsoasen der pazifischen Küste. Dies führte etwa gegen Ende des ersten vorchristlichen Jahrtausends dazu, dass die Hirten immer stärker das gesamte Transportsystem in den Anden übernahmen und sich ein Karawanenhandel bis nach Ecuador hin entwickelte (Golte 2000). Die Herausbildung des tierischen Transportes, nach einer frühen Zeit, in der die Küstenkulturen vor allem menschliche Karawanen für den Erwerb von Rohstoffen aus dem östlichen Urwaldgebiet und aus dem Hochland benutzten, führte, dank der weit höheren Transportkapazität der Lamakarawanen, zu einer Beschleunigung der Entwicklung in den gesamten Anden und vor allem in den Küstenkulturen. Die dadurch entstehenden Organisationsanforderungen an die Hirtenethnien des Südens führten dort dann zu einer Übernahme der Hierarchisierung und auch der Weltvorstellungen aus den Gesellschaften der Küstenoasen. So entstand ein eng vernetztes panandines Gesellschaftssystem. Letztendlich übernahm der Inka-Staat den durch die Karawanenhändler geschaffenen Raum und versuchte ihn durch diesen verallgemeinerten überregionalen Austausch in ein staatliches Austausch- und Verteilungssystem einzubinden. Nicht zufällig spielt die Allianz mit den Hirtenvölkern eine wichtige Rolle bei der Expansion des Inka-Staates, er integrierte zentral die schon lange vorher durch den Karawanenhandel geschaffene zusammenhängende Kultursphäre.

Abb. 1.10
Alpakas wurden als Wolllieferanten gezüchtet.
Foto: C. Wawra

Abb. 1.11
Der Rio Madre de Dios im peruanischen Amazonasgebiet. Foto: M. Kurella

Nur kurz seien die östlichen Tiefländer angesprochen. In den feuchtwarmen Gebieten, insbesondere an den Zuflüssen des Amazonas, die ja durch die Regenfälle in den Anden gespeist wurden, gab es in den Flussuferbereichen jährliche Überschwemmungen, die, ähnlich wie in Ägypten, zu einer ertragreichen Feldwirtschaft führten, da das Schwemmwasser aus den Anden jährlich zu einer Anreicherung der Böden führte. Dadurch konnte die Feldwirtschaft ohne Brache durchgeführt werden. Da die Bewohner von Ortschaften in diesem Flussufergebiet, *varzea*, darüber hinaus einen ertragreichen Fischfang betrieben, bildeten sich große Ortschaften mit mehr als eintausend Einwohnern. Im Gegensatz dazu standen Dörfer von Gruppen in Hügelgebieten, die Brachefeldbau betrieben. Ihre Siedlungen waren kleiner und sie mussten regelmäßig ihre Wohnorte wechseln. Leider sind unsere Nachrichten aus diesen Gebieten aufgrund fehlender Quellen äußerst beschränkt. Der Hauptgrund dafür war, dass diese Bevölkerungen schon vor der Ankunft der Europäer durch die altweltlichen Krankheiten, gegen die sie keine Antikörper gebildet hatten, weitgehend dezimiert waren. Hinzu kam, dass die spanischen Eroberer erst spät in die Tieflandbereiche vordrangen und diese auch in der Kolonialzeit nicht in das Herrschaftsgebiet integriert waren.

Weiter südlich schlossen sich stark bevölkerte Regionen in den Feuchtsavannen des östlichen Bolivien an. Auch hier war die Feldwirtschaft durch Hochbeete ertragreich, da diese bis zu drei Ernten pro Jahr ermöglichten. Die Bewohner des tropischen Tieflands Ostboliviens standen in regelmäßigem Austausch mit den Inka, die wiederholt versuchten, Kriegszüge dorthin durchzuführen.

KAROLINE NOACK

VORLÄUFER UND ZEITGLEICHE ENTWICKLUNGEN

Einleitung

Das Inka-Reich entwickelte sich in weniger als 100 Jahren zum größten Staat des Alten Amerika – dies konnte nur gelingen, da die Inka sich als Erben der ihnen seit dem dritten Jahrtausend v. Chr. vorausgegangenen komplexen Gesellschaften und den erfindungsreichen Trägern ihrer Kulturen angesehen haben (Quilter 2008; Schätze der Anden 2006). Dieser große Zeitraum von fast 3.000 Jahren zwischen dem Beginn der ersten sozial geschichteten Gesellschaften an der Küste der Zentralanden in der Initialzeit (um 1600 v. Chr.) und den beginnenden Expansionsbestrebungen der Inka ist keine einfache Abfolge unterschiedlicher Gesellschaften und archäologischer Kulturen. Grundsätzlich vollzog sich die gesellschaftliche Entwicklung in einem Wechsel von Perioden größerer, überregionaler politisch-kultureller Einheit sowie regionaler Diversifizierung. Die Veränderungen waren von jeweils unterschiedlichen natürlichen, klimatischen sowie politischen und sozialen Bedingungen abhängig. Auch das „ökologische Mosaik" der Anden (Dollfus 1986) änderte sich und ist selbst als ein historischer

Abb. 2.1 Vorhergehende Seite: Caral, die erste Stadt Amerikas. Foto: C. Kleihege

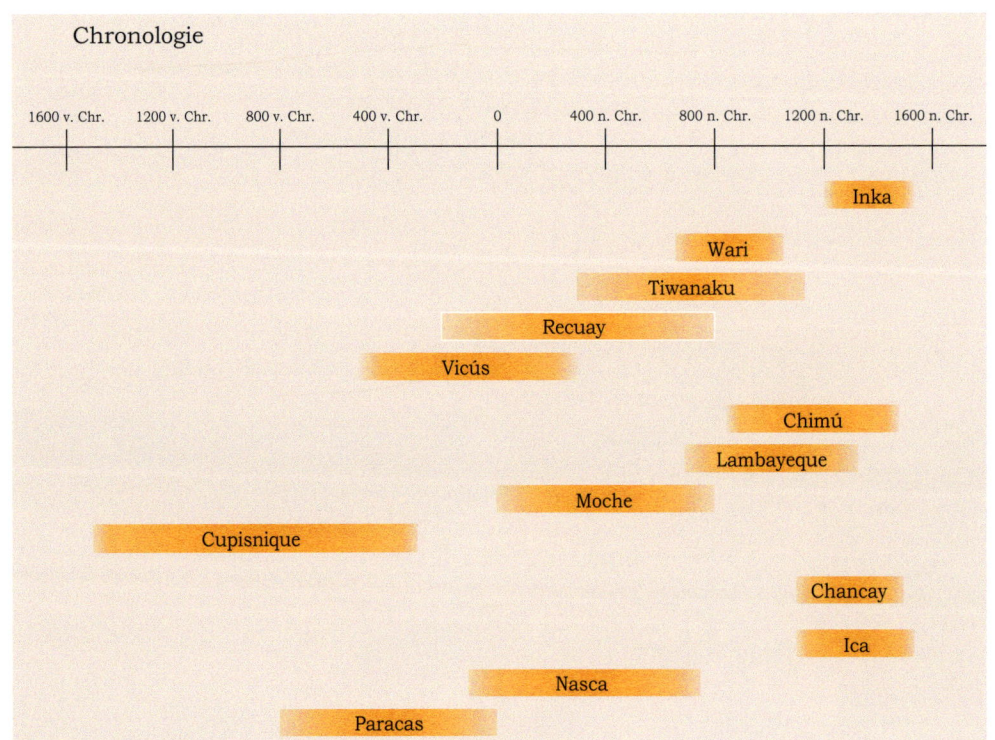

Abb. 2.2 Chronologie der altperuanischen Kulturen. Karte: C. Mader

Prozess zu betrachten, der mit den klimatischen Verhältnissen oder den jeweiligen menschlichen Aktivitäten verknüpft ist. Gemeinsam ist all diesen Epochen, dass die vielfältigen regionalen Gesellschaften und Kulturen, die in einem Nebeneinander unterschiedlichster natürlicher Räume in den Anden lebten, dabei zeitweise in großen Staaten politisch vereint, zwischenzeitlich sich in kleinere Einheiten wie Häuptlingstümer

Abb. 2.3
Die archäologischen Kulturen von Chimú, Tiahuanaco und Huari. Kartengrundlage: Lechtman (1996: 21, 22). Gestaltung: FORMATION münchen.

(*curacazgos*) aufspaltend, immer in großräumigen Interaktionen handelten und sich beständig beeinflussten. Die gesellschaftliche Entwicklung in den zentralen Anden lässt sich auch als eine Geschichte der Herausbildung eines umfassenden Austauschnetzes von Rohstoffen und Produkten zwischen den lokalen Gesellschaften verstehen. Da die Menschen in einem Mosaik unterschiedlichster Naturräume an der Küste, auf dem Hochland und im Amazonastiefland lebten, war das Spektrum an Rohstoffen, über das einzelne Gruppen verfügten, außerordentlich breit. Der Zugang zu ihnen war für Prozesse sozialer Schichtung und politischer Integration entscheidend. Das Austauschnetzwerk konnte in bestimmten historischen Momenten wie der frühen (200 v. Chr.–600 n. Chr.) und der späten Zwischenperiode (1000 n. Chr.–1400 n. Chr.) reißen und sich ausdifferenzieren, wurde aber in den Zeiten erneuter staatlich-kultureller Integration während der drei vereinheitlichenden Horizonte erneut geknüpft und erweitert.

Die Anfänge: Initialzeit und Früher Horizont

Zwischen 5000 und 3000 v. Chr. entstanden die ersten dauerhaften Siedlungen in Südamerika, vor allem an Orten mit größter Vielfalt an Ressourcen wie an der Küste der Anden. Caral im Supe-Tal an der zentralen Küste Perus gilt als die erste Stadt der Amerikas (Shady Solís 2008). Ihre Anfänge gehen auf das dritte Jahrtausend v. Chr. zurück, also zu einer Zeit, als in der Region noch keine Keramik produziert wurde. Dies unterscheidet Caral von anderen frühen urbanen Entwicklungen in Mesoamerika oder Europa. Umso bedeutender waren dagegen die Erfindung des Bewässerungsfeldbaus und dessen Kombination mit einer spezialisierten Meeresfischerei. Angebaut wurden vor allem Bohnen, Süßkartoffeln und Avocados; Mais kam erst später hinzu. Caral ist sorgfältig geplant worden. Durch die Anordnung der Baukomplexe entlang einer zentralen Achse erscheint der urbane Raum streng symmetrisch organisiert. Typisch für Caral, aber auch für andere frühe Siedlungen wie Cardal im Lurín-Tal bei Lima oder Kotosh im zentralen Hochland Perus sind vertiefte Rundplätze sowie Kammern mit zentralen Feuerstellen.

Auch die Menschen, die zwischen 3000–1800 v. Chr. in der Siedlung der Huaca Prieta im Chicama-Tal der peruanischen Nordküste lebten, produzierten noch keine Keramik. Hier fand man aber Kalebassen als Grabbeigaben, deren Verzierungen an die frühe Valdivia-Keramik in Ecuador erinnern. Die Bewohner hatten also bereits weitläufige Austauschnetze mit Keramik produzierenden Gruppen geknüpft. Vor allem aber wurden in Huaca Prieta Geräte und Fischnetze gefunden, die für eine spezialisierte Fischerei hergestellt wurden, sowie zahlreiche Fragmente von Baumwollstoffen, die noch keine Weberei, aber eine hochkomplizierte Knüpftechnik belegen. Ab etwa 2000 v. Chr. entstanden Siedlungen mit großen Plattformanlagen in der Nähe der von den Flüssen abzweigenden Bewässerungskanäle, wie zum Beispiel Sechín im Casma-Tal. Zu diesem Zeitpunkt fanden nun auch die neuen Technologien wie Töpferei und Weberei eine weite Verbreitung.

Die Chavín-Kultur des frühen Horizonts (1000–200 v. Chr.) ist die erste überregionale Kultur der Anden. Seit Beginn dieser Epoche wurde Mais angebaut und das Wissen um Metallurgie verbreitet. Mit der Entwicklung neuer ikonographischer Formen, die an vorhandene anknüpften, war die Chavín-Kultur über Jahrhunderte von außerordentlicher religiöser Strahlkraft, die bis nach Süd-Peru und Bolivien reichte. Benannt ist sie nach ihrem einflussreichen Kult-Zentrum Chavín de Huántar. Dieses befand sich an einem wichtigen Knotenpunkt des Austauschnetzes in einem nach Osten zum Amazonas entwässernden Hochtal und einem nach Westen zum Santa-Tal und damit an die Küste führenden Weg. Der Chavín-Stil führte die lokalen Anregungen von der Küste, dem Amazonastiefland und dem Hochland zu einem neuen synthetisierenden Stil mit seinen typischen Motiven von Tieren, vor allem von Reptilien und Feliden, sowie tierisch-menschlicher Mischwesen auf Textilien, in der Keramik und auf Skulpturen aus Granit zusammen. Zu letzteren zählen der berühmte Tello-Obelisk, die Raimondi-Stele und der in einem Innenraum des Neuen Tempels verborgene Lanzón, die die Chavín-Gottheiten repräsentieren. Eine der wichtigsten ist ein mit den Federn eines Raubvogels ausgerüsteter schwarzer Kaiman, der seinen Ursprung im tropischen Tiefland hat. Eine Variante davon ist die sog. Stabgottheit, eine frontal dargestellte Figur mit Reißzähnen, in jeder klauenbewehrten Hand ein Stab. Stabgottheiten fanden seitdem eine große Verbreitung und sind immer wieder dargestellt worden. Ob es sich bei der Chavín-Kultur um einen religiösen, immer weiter ausstrahlenden Kult handelte oder ob sich diese kulturelle Einheit auch auf größere politische Zusammenhänge stützen konnte, ist nicht geklärt. Ungefähr zeitgleich mit Chavín hatte sich an der südlichen Küste Perus die ebenfalls aus dem Norden beeinflusste Paracas-Kultur (800 v. Chr.– 0 n. Chr.) herausgebildet. Vor allem in der Weberei von Totentüchern, mit denen die mumifizierten Körper der Toten umwickelt worden sind, aber auch in der Keramik wurden hier ganz eigene, sich durch komplizierte Webstrukturen und eine unglaubliche Farbigkeit auszeichnende Formen entwickelt. Mit dem Niedergang der Chavín-Kultur, ausgelöst durch Naturkatastrophen und gesellschaftliche Krisen, der mit dem Ende der Paracas-Tradition zusammenfällt, schließt die Phase des Frühen Horizonts ab.

Die frühe Zwischenperiode – die Zeit der „Meisterhandwerker"

Es folgt die Zeit der „Meisterhandwerker" der Regionalkulturen Nasca, Moche und Recuay (0–650 n. Chr.) an der Küste und im Hochland, die mit ihrer überbordenden Ikonographie der Textilien, Keramiken, Gold- und Silberobjekte sowie Wandmalereien und Reliefs die frühe Zwischenperiode dominierten. Die Moche-Kultur an der Nordküste war der Ausdruck einer sehr komplexen, offensichtlich in mehrere politische Zentren organisierten Gesellschaft (Makowski 2008). Sie wurde durch eine sich von den Fischern und Bauern, aber auch von den spezialisierten Handwerkern sehr distinguierenden theokratischen Elite angeführt. Soziale Unterschiede äußerten sich vor allem in den Wohnanlagen, der Grabarchitektur und den Grabbeigaben. Moche-Zentren wie die Huaca de la Luna und die Huaca del Sol im Moche-Tal, die Huaca Cao (El Brujo) im Chicama-Tal im Süden des Einflussgebietes sowie Sipán und Túcume im Norden waren bis nach Ecuador und Chile in weit ausgreifenden Handels- und Austauschbeziehungen miteinander vernetzt und beeinflussten einander ökonomisch, kulturell und politisch. Wichtige Rohstoffe für Luxusgüter waren Wolle sowie Spondylus-Muscheln aus dem Norden und Lapislazuli aus dem Süden. Die Regionalkulturen der Meisterhandwerker erlebten um 650 n. Chr. ihren Niedergang, ausgelöst durch Naturkatastrophen wie Überschwemmungen an der Küste, Dürreperioden im Hochland sowie durch die sich verändernden Machtverhältnisse infolge neuer Kräfte, die im südlichen Hochland Perus und auf dem Altiplano aufzustreben und die lokalen Küsten-Gesellschaften stark zu destabilisieren begannen.

Der mittlere Horizont – Tiahuanaco und Huari

Etwa von 650 bis 1000 n. Chr. waren Tiahuanaco und Huari die neuen und äußerst einflussreichen Machtzentren, die bis in den Norden hinein ihre Dominanz ausübten. Diese beruhte auf dem Fernhandels- und Transportmonopol, das sich die neuen Eliten der Hochlandgesellschaften mit ihren Lamakarawanen mittlerweile angeeignet hatten (Golte 2006). Im südlichen Hochland hatte sich während des Frühen Horizonts der Einfluss der Chavín-Kultur unterschiedlich stark, z.T. auch nur recht gering durchsetzen können. In der Tiahuanaco-Kultur leuchtete sie allerdings wieder auf, denn um die Stabgottheit entwickelte sie eine charakteristische religiöse Ikonographie. Der Ort Tiahuanaco, ein mächtiges religiöses und kulturelles Zentrum, dessen Anfänge bis in die frühe Zwischenperiode zurückreichen, befindet sich an der Südküste des Titicacasees, wo einer Legende nach auch die Inka ihren Ursprung herleiteten. Die Stadt war durch ihre Funktion als sakrales Zentrum mit dem gestuft errichteten Akapana, dem Symbol eines Berges, und anderen Zeremonialbauten Anziehungspunkt für zahlreiche Pilger. In ihrer Blütezeit um 800 n. Chr. beherbergte die Stadt etwa 30.000 Einwohner. Das wohl bekannteste Bauwerk Tiahuanacos ist das Sonnentor. In der Gottesfigur über dem Eingang begegnet uns mit einem stilisierten Strahlenkranz um das Haupt die Stabgottheit wieder. Offenbar inspiriert durch die aus Tiahuanaco stammenden religiösen Vorstellungen und Einflüsse entstand im zentralen Hochland Perus der Huari-Staat mit seinem gleichnamigen Zentrum in der Nähe des heutigen Ayacucho. Huari befand sich damit wie zuvor Chavín de Huantar in einer strategisch wichtigen Position, von wo aus der Weg nach Norden durch das Mantaro-Tal und nach Westen über die oberen Küstentäler führte. Huari war mit einer Fläche von etwa 20 km² eine der größten Städte des vorspanischen Amerika. Bisher ist nur ein Bruchteil der alten Hauptstadt ausgegraben worden. Erkennbar ist, dass es sich nicht um eine so planvoll angelegte Stadt gehandelt hat wie Tiahuanaco oder zuvor Caral. Vielmehr war die Stadt aus einzelnen Sektoren zusammengesetzt, die wohl gleichzeitig die Chronologie ihrer Baugeschichte repräsentieren. Es gab Wohnviertel von Handwerkern, die je nach dem Material, das sie bearbeiteten, zusammenlebten. Dies waren beispielsweise Töpfer, mit Türkisen arbeitende Schmuckmacher oder Steinmetze, die Waffen und Jagdgeräte herstellten.

Abb. 2.4
Die Ruinenstätte von Tiahuanaco. Das Sonnentor mit dem Stabgott im Zentrum des Reliefs. Foto: C. Wawra

Die Stadt besaß außerdem ein klug durchdachtes Netz von Kanälen für die Wasserversorgung und die Kontrolle des Wassers. Weitere Neuerungen, die in der Huari-Epoche eingeführt wurden, waren die Knotenschnüre (*quipu*), die auch später von den Inka für die Verwaltung der Bevölkerung und der natürlichen Ressourcen benutzt wurden.

Bemerkenswert ist, dass sich der Huari-Staat über weite Teile des peruanischen Hochlands ausbreitete, darunter auch im Tal von Cusco. Sie erbauten dort eine Stadt, Picillacta, die sie jedoch zu Beginn des 11. Jahrhunderts n. Chr. abrupt verließen ohne sie fertig zu stellen.

Tiahuanaco und Huari bildeten zwischen etwa 650 und 1000 n. Chr. zwei miteinander konkurrierende Eroberungsstaaten, die das Hochland von Nord-Peru bis hin zum Altiplano Boliviens beherrschten und zeitweise Kriege führten. Festungen sollten die Einflussgebiete von Huari im Norden und Westen sowie von Tiahuanaco im Süden bis in den Norden Chiles und Argentiniens sowie zur Küste Perus voneinander abgrenzen und sichern. In Pachacamac, ein bedeutender Orakelort in der Nähe von Lima, entstand ein weiterer wichtiger Huari-Komplex. Die Tiahuanaco- und die Huari-Kultur zeichneten sich durch eine vielfarbige, flächig stilisierte Ikonographie auf Textilien und Keramik aus, die erkennen lässt, dass sie sich unter dem Einfluss der südlichen peruanischen

Abb. 2.5
Typische Keramik der Tiahuanaco-Kultur, *incensario*, Räuchergefäß. Museo de Arte del Sur Andino, Cusco. Foto: D. Giannoni

Abb. 2.6
Typische Becherform *keru* der Tiahuanaco-Kultur mit Puma-Motiv. © The Trustees of The British Museum. Foto: M. Row

Abb. 2.7
Rechts: Keramik der Huari-Kultur, ein Lama darstellend. Ministerio de Cultura del Perú – Museo Nacional de Arqueología, Antropología y Historia del Perú, Lima. Foto: D. Giannoni

Abb. 2.8
Vorhergehende Seite:
Männerhemd *uncu*
der Huari-Kultur. Staatliches
Museum für Völkerkunde
München. Foto: M. Franke

Küste (Paracas) herausgebildet hatte. Diese fand sich auch auf so wichtigen Objekten wie dem rechteckigen Männerhemd, dem viereckigen Hut und auf den paarweise hergestellten konischen Bechern mit ausladendem Rand, *kerus*, die Jahrhunderte nach dem Untergang dieser beiden Staaten durch die Inka wieder aufgegriffen wurden, nun allerdings mit einer neuen Ikonographie. Doch bevor die Inka begannen, den letzten die Regionen politisch und kulturell integrierenden Staat vor der Ankunft der Spanier zu begründen, zerfiel in der späten Zwischenperiode (1000–1450 n. Chr.), u. a. ausgelöst durch eine über 200 Jahre anhaltende Trockenheit, Huari-Tiahuanaco in mehrere regionale Staaten. Einer der größten unter ihnen, der ebenfalls zu den „Lehrmeistern" der Inka gehörte, war der Chimú-Staat.

Abb. 2.9
Lehmziegelmauern und Reliefs
in der Chimú-Hauptstadt
Chan Chan. Foto: D. Kurella

Die späte Zwischenperiode und der Aufstieg der Chimú

Der Chimú-Staat mit seiner komplexen politischen und sozial stark hierarchisierten Organisation, die sich in der beeindruckenden, gänzlich aus Lehmziegeln, Holz und Schilf errichteten Hauptstadt Chan Chan widerspiegelte, war *die* regionale Zentralmacht der Nordküste Perus (Moseley 1990). Das Ende des von der Lambayeque-Kultur geprägten mittleren Horizonts an der Nordküste, die zuvor die Moche-Kultur abgelöst hatte, fiel mit dem Aufstieg des Chimú-Staates (1000–1470 n. Chr.) zusammen. Sein unmittelbares Einflussgebiet reichte über eine Längsausdehnung von 1.000 Kilometern von der nördlichen Grenze des heutigen Peru bis zu dessen zentraler Küste. Die Chimú hatten die theokratischen Vorgänger-Staaten mit ihrem ikonographisch überaus reichen Formenspektrum durch ein säkulares Weltbild abgelöst (Moseley und Kent 1992). Statt der vielfältigen menschengestaltigen oder tierähnlichen Götterfiguren dominierten nun der Regenbogen, Seevögel, Fische und andere Meerestiere sowie klare grafische Linien, die Wellenkämme darstellten oder Treppenmäander. Die Chimú-Handwerker knüpften aber auch wieder an Moche-Traditionen an, wie z. B. mit den Steigbügelgefäßen aus Ton, die nun aber nicht mehr rötlich-braun und cremefarben gefasst, sondern schwarz poliert wurden. Mit dem Bau von Chan Chan auf einer natürlichen Terrasse in unmittelbarer Nähe zum Meer hatten die Baumeister der Chimú nun endlich auch einen Ort gefunden, der von den periodisch wiederkehrenden Überschwemmungen des El Niño verschont bleiben sollte. Die Stadt, in der bis zu 30.000 Menschen gelebt haben, war so groß wie Huari. Ihren Kern bildeten zehn sog. Zitadellen (*ciudadelas*), in denen die Elite lebte. Angenommen wird, dass diese Bauten nach und nach entsprechend der Herrschaftsfolge errichtet wurden. In der zuletzt errichteten Anlage lebte der aktuelle Herrscher Chimú Capac. Der These einer dualen Herrschaftsform zufolge wurden die *ciudadelas* dagegen paarweise gebaut. Die rechteckige *ciudadela* ist von einer Mauer mit restringiertem Zugang umgeben und umfasst kleinere und größere quadratische Innenhöfe, Audienzsäle, Räume verschiedener Größen und Funktionen, Wasserreservoire und Begräbnisplattformen. Alle Elemente waren über Korridore, Höfe und Rampen miteinander verbunden. Um die *ciudadelas* herum gruppierten sich Karawansereien, in die sich fernreisende Händler einquartierten, und

Abb. 2.10
Pektoral aus Spondylus-Perlen.
Das Motiv zeigt Affen, die
einen in einem Sarg liegenden
Affen tragen. Chimú-Kultur,
Linden-Museum Stuttgart.
Foto: A. Dreyer

die Viertel spezialisierter Handwerker. Berühmt waren vor allem die kunstfertigen Silberschmiede. Bauern und Fischer lebten außerhalb der Umfassungsmauern von Chan Chan.

Nach der Eroberung durch die Inka wurde ein Teil der Elite Chan Chans getötet. Andere Anführer verschleppten die Inka nach Cusco. Auch Silberschmiede, Weber und Weberinnen und Töpfer wurden in die Hauptstadt umgesiedelt. Als die Spanier etwa ein halbes Jahrhundert später im Moche-Tal eintrafen, war Chan Chan geschleift und von seinen alten Bewohnern größtenteils verlassen worden. Aber auch noch von den Resten zeigten sich die Neuankömmlinge stark beeindruckt und verglichen die Stadt mit Sevilla, einer der größten Städte Europas in jener Zeit.

Abb. 2.11
Ohrpflöcke aus der Gold-Kupferlegierung *tumbaga*. Chimú-Kultur, Linden-Museum Stuttgart. Foto: A. Dreyer

MANCO CAPAC INGA I.° DL PERU

EFIGIES D LOS INGAS O REYES del Perú, con su Origen y Series. Algunos Historiadores refieren, antes de estos Señores Ingas, quatro Edades, en que florecieron quatro Famosos Capitanes: el 1.° Huari Viracocha Runa, casado con Mama Huaramí; el 2.° Huari Runa, casado con Mama Purillo; el 3.° Puron Runa, casado con Mama Sucsu; el 4.° Auca Runa, casado con Mama Panihiri, Gssa. Otros cuentan por sus nombres, desde el Diluvio, hasta el primer Inga, ciento y quatro Reyes, por noticia de sus Quipos, o anales, escritos, o formados con nudos de hilos de varios colores. Uno de ellos, de mejor nota por su grandeza, vasallos, aseguran que fue APO GUARACHI antecedente e independiente de los Ingas. Domino desde el descubridero hasta chacas tuvo su Palacio en Hatunquillajas.

COMENZO ESTE GRAN IMPERIO de los Ingas por MANCO CAPAC Inga o Monarca 1.° del Perú, el qual por ficción de su Madre fue tenido por hijo del Sol, y de la Cueva Pacaricambo; con que fue aclamado por Rey en toda la Región del Cuzco, Ciudad, y Corte que fundó, y acrecentó, a los 14 años de su edad se casó con su Hermana, ignorante o sabedor del parentesco. Pero por mayor seguridad de la Real estirpe, que sus Descendientes se casaran con la hermana mayor. Edificó en el Cuzco el primer Templo al Sol. Notivo que, por fue llamada a saula. Los Señores Ingas, trage, trocha, chuspi, que representan las imágenes de cuerpo entero de la Mujer principal, y Reina se llamaba Coya: a distinción de otras menos principales llamadas pallas, en la edad de los Ingas se con su anales se han largo ponese quinta cuenta una de ellas.

MAMA HUACO I.° COYA O REYNA HERMANA y Muger de Manco Capac Inga o Rey I.° del Perú.

SINCHI ROCA INGA II

LLOQUI YUPANGUI INGA III

MAITA CAPAC INGA IV

CAPAC YUPANGUI INGA V

INCA ROCA INGA VI

YAHUAR HUACAC INGA VII

VIRACOCHA INGA VIII

PACHACUTIC INGA IX

INCA YUPANGUI INGA X

TOPA YUPANGUI INGA XI

HUAYNA CAPAC INGA XII

TUPAC CUSI HUASCAR INGA XIII

WOHER KAMEN DIE INKA? *DORIS KURELLA*

Einleitung

Die Frage nach ihrer Herkunft würde von den Inka selbst sicher über ihren Ursprungsmythos beantwortet werden: die Höhle von Pacariqtambo. Dieser Mythos erzählt davon, wie sich eine auserwählte Gruppe von Menschen auf Weisung ihres Schöpfergottes Viracocha vor einer Sintflut in die Höhle am Andenstrand flüchten konnte. Etwa 25 bis 30 Kilometer südwestlich von Cusco gelegen, ist Pacariqtambo bis heute ein Ort, an den die einheimische Bevölkerung pilgert (Urton 1990). Aber war sie auch wirklich der Ursprungsort der Inka? Große historisch-archäologische Forschungsprojekte sowohl in Cusco (Bauer 1996; 2004) als auch im heiligen Tal der Inka (Covey 2006) sowie in dessen Seitentälern (Kosiba 2010) lieferten neue, dem Ursprungsmythos widersprechende Erkenntnisse.

Abb. 3.1
Vorhergehende Seite:
Das Urubambatal. Peru.
Foto: J. Böttcher

Der Ursprungsmythos

Beginnen wir jedoch mit dem Mythos, der, wenngleich nicht deckungsgleich mit den archäologischen Ergebnissen, dennoch viel Information über die Inka birgt. Gibt er auch nicht ihre exakte Herkunft an, so übermittelt er uns doch die inkaische Weltsicht, die Strategien ihrer Herrschaftslegitimation und die Entstehung der sakralen Landschaft in und um Cusco sowie seiner weiteren Umgebung. Allerdings ist die Erforschung der Inka-Mythen keine einfache Sache, denn durch die mündliche Über-

Abb. 3.2
Genealogie der Inka-Herrscher. Colección Ciurlizza, Lima. Foto: D. Giannoni

Manco Capac	1250 n. Chr.: Mythischer Herrscher und Gründer Cuscos
Sinchi Roca	Mythischer Herrscher
Lloque Yupanqui	Mythischer Herrscher
Mayta Capac	Mythischer Herrscher
Capac Yupanqui	Regierungszeit unbekannt
Inca Roca	Regierungszeit unbekannt
Yahuar Huacac	Regierungszeit unbekannt
Viracocha Inca	bis 1438
Pachacutec Inca Yupanqui	1438–1471
Topa Inca Yupanqui	1471–1493
Huayna Capac	1493–1528
Huascar Inca	1528–1532
Atahuallpa	1533–1533

Tabelle mit den Inka-Herrschern. Nach Bauer (1992)

lieferung waren zum Zeitpunkt des Eintreffens der Spanier über 40 verschiedene Ursprungsmythen im Umlauf. Die Mythenkundigen im Inka-Reich waren neben den Inka selbst vor allem die *quipucamayoq*, die Leser der Knotenschnüre. In diese Schnüre waren neben rein rechnerischem Inhalt auch historische und mythische Informationen eingearbeitet. Die *quipucamayoc* benutzten diese Schnüre vermutlich als Gedächtnisstütze, um sich an die historischen Ereignisse und Mythen zu erinnern. Natürlich erzählten sie die Mythen nicht nur, sondern änderten sie im Auftrag der Inka ab und schmückten sie aus (Urton 1990), sie wurden den Eroberungen und neuen Herrschaftsbedingungen immer wieder aufs Neue angepasst (siehe auch folgendes Kapitel).

Aus den vielen verschiedenen Überlieferungen, in denen sich Ursprungsmythen nicht nur der Inka sondern auch lokaler Völker mischten, lässt sich jedoch einer herausfiltern, der in seiner Grundstruktur als „der" Inka-Mythos bezeichnet werden kann. Er wurde von Sarmiento de Gamboa, dem offiziellen Geschichtsschreiber Francisco de Toledos, dem vierten von Spanien eingesetzten Vizekönig Perus (1569–81), 1572 aufgezeichnet. Toledo hatte die Abfassung mehrerer Bücher zur Geschichte des Inka-Reiches angeordnet, die sich auf Gespräche mit Angehörigen des früheren Inka-Adels und mit „Knotenschnur-Kundigen" stützten (Urton 2002: 40).

„Sechs Leguas (ungefähr 24 km) südwestlich der Stadt Cuzco, entlang der von den Inka gebauten Straße, befindet sich ein Ort, der Paccari-tampu genannt wird, „Haus der Dämmerung" und ein Berg, Tampu T'oqo (Haus des Windes), in dem sich drei Fenster oder Höhlen befinden. Ein Fenster trägt den Namen „Maras-tocco", das andere „Sutic-tocco" und das mittlere „Ccapac-tocco", was „das reiche Fenster" bedeutet. Man sagt, dass dieses Fenster mit Gold und anderen Schätzen ausgeschmückt war. Aus dem Maras-Fenster kam der Stamm der Maras hervor. Aus dem Sutic-tocco, der Stamm der Tampu, die sich am Fuße des Berges niederließen. Aus dem Hauptfenster Ccapac-tocco traten vier Männer und vier Frauen, Brüder und Schwestern, hervor. Sie hatten weder Vater noch Mutter, sondern waren von Ticci Virachocha als Herrscher erschaffen. Aus diesem Grunde nahmen sie den Namen „Inka" an, was das selbe wie „Herrscher" bedeutet. Sie fügten den Beinamen „Ccapac" hinzu, denn sie kamen aus dem Fenster Ccapac-tocco. Zu Beginn bedeutete „Ccapac" „reich", später bezeichnete es „einen, der über viele herrscht". Der Älteste dieser Gruppe war Manco Qhapaq (oder Ccapac), der auch die größte Autorität hatte. Die älteste Frau war Mama Oqllu. Eine der ersten Handlungen der Ahnen war es, die Menschen, die um den Tampu T'oqo herum lebten, in zehn Gruppen einzuteilen, die sogenannten ayllus" (nach Sarmiento de Gamboa 1908 [1572]: 44–47).

Die gesamte Gruppe setzte sich zusammen mit den zehn *ayllus* von Tampu T'oqo aus in Richtung Norden in Bewegung, auf der Suche nach fruchtbarem Boden, auf dem sie ihre Hauptstadt Cusco erbauen konnten. Auf dieser Wanderung, die durch zahlreiche Begebenheiten wie dem Tod einiger Inka gekennzeichnet war, hielten sie mehrmals an, um den Boden zu prüfen. Die einzelnen Stationen wandelten sich durch die Ereignisse und Aufenthalte zu Heiligtümern. So versteinerte beispielsweise einer der Inka und verwandelte sich in einen Felsen. Während einer dieser Aufenthalte zeugten Manco Capac und seine Frau und Schwester, Mama Oqllu einen Sohn, den sie Sinchi Roca nannten. Nach einiger Zeit erreichte die verbliebene Gruppe einen Hügel, von dem aus sie das Tal von Cusco überblicken konnten. Sie warfen einen goldenen Grabstock, der sich tief in das Erdreich bohrte – ein Hinweis auf fruchtbares Land – und sahen gleichzeitig einen großen Regenbogen. An diesen göttlichen Zeichen erkannten sie, dass dies der lang gesuchte Ort war, stiegen von dem Hügel hinab und nahmen das Tal in Besitz (nach Sarmiento de Gamboa 1908 [1572]: 48–51).

Dieser Ursprungsmythos berichtet von der Entstehung der ersten königlichen *ayllus*, verwandtschaftlich-territorialer Einheiten, die später als *panacas* eine wichtige Rolle im Inka-Reich spielen sollten. Jeder Inka und jede Coya, die Hauptfrau des Inka, hatten eine *panaca*, von der sie betreut und versorgt wurden. Nach dem Tode eines Inka oder einer Coya pflegte die *panaca* die königliche Mumie. Gleichzeitig legitimierte der Mythos die sicher nicht gewaltfreie „Inbesitznahme" des Tals von Cusco und festigte die Position der Inka als die von den Göttern Gesandten.

Was sagt die Archäologie?

Eine etwas andere Sicht der Dinge erlauben die Ergebnisse der in den letzten zehn bis fünfzehn Jahren (Bauer 1990, 1999; Covey 2006 und 2012, Kosiba 2010) durchgeführten archäologischen Projekte, die auch frühe schriftliche Berichte und Erhebungen der spanischen Eroberer mit einbezogen.

Um die Geschichte, die Handlungsweise und die Ideologie der Inka verstehen zu können, ist es notwendig, in der Zeit einige Jahrhunderte zurück zu gehen, bis zum Beginn des von den Archäologen als „Späte Zwischenperiode" bezeichneten Zeitraumes, der um das Jahr 1000 n. Chr. beginnt. Ihm voraus ging der „Mittlere Horizont", ein zeitlicher Abschnitt, der von den großen Kulturen Tiahuanaco und Huari geprägt war. Der

Abb. 3.3
Salzkristalle des Salar de Uyuni, des größten Salzsees der Welt im Hochland Boliviens. Foto: J. Böttcher

Abb. 3.4
Maisfelder bei Chinchero.
Foto: A. M. Gross/via

Untergang dieser Kulturen, verbunden mit dem Rückzug der Huari aus dem Großraum Cusco und dem Niedergang der großen Stadt Tiahuanaco am Titicacasee, wird – unter anderem – durch den um diesen Zeitpunkt einsetzenden Klimawandel erklärt. Diese Zeit fällt in eine Phase der Abkühlung, extremer Trockenheit an der gesamten Pazifikküste Südamerikas (NASA) sowie sich ändernden Niederschlagsmengen im Andenhochland – was die Lebensbedingungen der Menschen dramatisch verschlechterte (Covey 2012: 300). Harte Fröste vernichteten Ernten, die hohen Niederschläge im nördlichen Hochland sowie die zunehmende Dürre im südlichen Bereich wirkten sich ebenfalls negativ auf die Nahrungspflanzen aus (Sandweiss 2008). Die Menschen begannen, sich in kleineren politischen Einheiten zu organisieren, die sich nicht selten bekriegten, um sich gegenseitig fruchtbares Land abzunehmen. Diese Periode wird in den Mythen und Erzählungen der Andenbewohner und vor allem der Inka als Zeit der Unordnung, des Chaos und der Kriege überliefert, was sicher ein zu einseitiges Bild ist, das sich jedoch im Hochland der Anden zu bestätigen scheint. Neue Siedlungsschwerpunkte in befestigten Wehrdörfern, Änderungen in der Wirtschaftsweise, wie zum Beispiel die Betonung der vertikalen Kontrolle (Felder in verschiedenen Höhenlagen) und der Verlagerung des Schwerpunktes von Feldbau zu Kamelidenzucht im Umfeld des Titicacasees scheinen die Annahme zu belegen (Fryre und de la Vega 2005). Die Änderungen belegen aber auch die hohe Flexibilität der menschlichen Gesellschaft, denn auch in dieser Zeit wurden enorme kulturelle Leistungen erbracht. Dennoch ist gerade die Ideologie der später dominant auftretenden Inka, „Ordnung in die Welt zu bringen" aus den Erfahrungen der „Späten Zwischenperiode" zu erklären. Zu den frühesten Bestrebungen der Inka im Tal von Cusco gehörte es, sich in verschiedenen Höhenlagen Felder zum Maisanbau anzueignen, um zumindest einen Teil der Ernte abzusichern (Covey 2006). Kam es in großer Höhe zu extremen Frösten, so überlebte zumindest der Mais in den tieferen Lagen. Regnete es dort zu viel, so überstand in der Regel der Mais auf den höher gelegenen Feldern das schlechte Wetter. Die Reduzierung von Risiken war das Gebot der Stunde.

... und was die Sprachwissenschaft?

Das Tal von Cusco erlebte in dieser Epoche, die sich an die Jahrtausendwende anschloss ebenso wie das Urubambatal eine große Einwanderungswelle, was die Einwohnerzahl des Tales von Cusco nach oben schnellen ließ. Das Urubambatal war zu diesem Zeitpunkt sehr wahrscheinlich von unterschiedlichen ethnischen Gruppen besiedelt. Diese schienen in Konkurrenz um fruchtbares Land zu leben, worauf zahlreiche befestigte Siedlungen aus dieser Zeit hinweisen. Das Tal von Cusco hingegen wies eine politisch wesentlich hierarchischere Ordnung auf. Wann die Inka genau in das Tal von Cusco gekommen sind, lässt sich zum gegenwärtigen Zeitpunkt noch nicht sagen. Man vermutet, dass sie als noch recht kleine Gruppe aus der Region der Colla in der Nähe

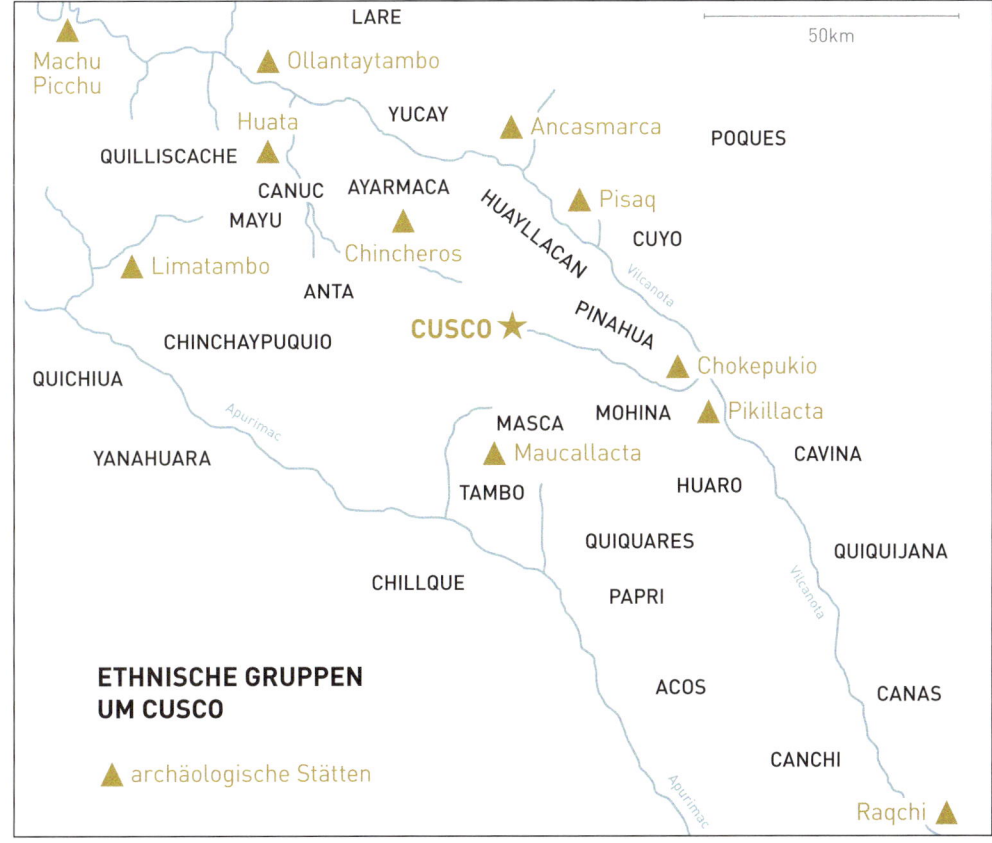

Abb. 3.5
Karte der ethnischen Gruppen im Tal von Cusco vor der Ankunft der Inka. Kartengrundlage: Bauer (2004: 17). Gestaltung: FORMATION münchen

des Titicacasees einwanderten, ebenfalls im Zuge der großen Wanderbewegungen, die nach dem Jahr 1000 n. Chr. einsetzten. Diese Hypothese geht auf sprachwissenschaftliche Untersuchungen zurück, die nahelegen, dass das später von den Inka gesprochene Quechua bereits von der wesentlich länger über große Regionen und über einen langen Zeitraum – ungefähr 300 bis 400 Jahre – verbreiteten Huari-Kultur eingeführt wurde (Adelaar 2012; Isbell 2012). Die Inka selbst sprachen vermutlich *puquina*, das später als „Geheimsprache" des Inka-Adels weiter existierte (Cerrón-Palomino 2012). Gerade die Namen früher Inka, die keine Quechua-Namen sind, wie beispielsweise Sinchi Roca, scheinen diese Annahme zu bestätigen.

Abb. 3.6
Killke-Keramik, die vorimperiale Keramik der Inka aus Cusco und der näheren Umgebung. Museo Larco, Lima. Foto: D. Giannoni

Die Konsolidierung der inkaischen Macht

Bereits 200 Jahre später können die Inka archäologisch als eigenständige, dominante Gruppe im Tal von Cusco nachgewiesen werden. Die für sie typische vor-imperiale Keramik, Killke genannt, ist nun eindeutig weit verbreitet (Bauer 1990; 1999). In diesen 200 Jahren lernten und erprobten die Inka, was sie später so erfolgreich machte: eine Vielzahl landwirtschaftlicher Strategien und die Integration multiethnischer Regionen in ihr Einfluss- und später Herrschaftsgebiet. Ein gutes Beispiel hierfür ist der Umgang mit der Gruppe der Cuyo, die oberhalb des Urubambatals siedelte. Offensichtlich hatten sie sich geweigert, im Gegensatz zu vielen anderen Gruppen, eine Heiratsallianz mit den Inka einzugehen. Da sie der bereits zu diesem frühen Zeitpunkt klar ersichtlichen Langzeitstrategie der Inka – signifikante Erweiterung der Anbauflächen zur Erlangung eines hohen Überschusses an Nahrungsmitteln und das Erlangen exotischer Güter, die lokal nicht verfügbar waren – im Wege standen, wurden sie erobert. Nach ihrer Unterwerfung ließen die Inka die nun über Arbeitsleistung steuerpflichtig gewordenen Untertanen den Flusslauf des Urubamba verlegen, große Terrassenanlagen bauen und Bewässerungskanäle anlegen, die Wasser aus den sich unter ihrer Kontrolle befindlichen Seitentälern lieferten (Kosiba 2010). Gruppen, die sich friedlich oder über Heiratsallianzen den Inka angeschlossen und untergeordnet hatten, tauschten ihre Macht gegen das Privileg ein, in der inkaischen Gesellschaft vergleichsweise hoch angesiedelt zu sein. Sie überwachten eher die Arbeitsleistung anderer als selbst zu arbeiten. Ehemals lokale Herrscher dienten nun als Beamte der Inka, die für das korrekte Erbringen der *mit'a* (Steuer durch Arbeit) verantwortlich waren. Dafür wurden sie mit Privilegien und Festen, an denen Geschenke – häufig exotische Güter – verteilt wurden, entlohnt. Macht gegen Privilegien, eine später im großen Stil angewandte Strategie, die den lokalen Häuptlingen ein komfortables Leben garantierte, ihre Macht auf Dauer jedoch stark schwächte.

Vor der Eroberung des Siedlungsgebietes der Cuyo und des Urubambatales durch die Inka baute man Mais dort nur in sehr geringem Umfang an. Dominant waren Knollenfrüchte und andere Nahrungspflanzen wie Quinoa, Kaniwa, Amaranth und Tarwi. Mit den Inka änderte sich das. Die recht große Vielfalt an Nahrungspflanzen wurde zu Gunsten der Monokultur zum Anbau von Mais aufgegeben. Schon zu dieser frühen Zeit tritt

Abb. 3.7
Linke Seite:
Uncu aus Federn. Federn tropischer Vögel waren eines der begehrtesten Luxusgüter. Sie mussten aus dem Amazonasgebiet beschafft werden. Linden-Museum Stuttgart. Foto: A. Dreyer

Abb. 3.8
Wasserreservoir und Rinne in Pisaq, Peru. Foto: P. Goede

sehr deutlich hervor, dass sich die Inka auf den Anbau weniger, aber sehr ertragreicher Nahrungspflanzen konzentrierten. Mais stand dabei klar im Zentrum. Der inkaische Kalender und die damit verbundenen Rituale waren eng mit dem Wachstumszyklus von Mais verknüpft. Die große Strategie, die später angewandt wurde, um ein hohes Surplus an Mais, Kartoffeln und Quinoa zu erlangen war es, große Bevölkerungsgruppen zu den Ressourcen zu bringen und sehr wahrscheinlich nicht, Biodiversität zu pflegen. Die Interessen des Staates sollten bedient werden. Das Hauptaugenmerk lag dabei auf fruchtbarem, durch Terrassen und Bewässerungsfeldbau weiter optimierbarem Land. Eine noch weiter gehende Strategie war es, Nahrungsmittel auszuwählen, die sich leicht und in großen Mengen über lange Zeit konservieren und in den inkaischen Lagerhäusern aufbewahren ließen. Dazu wählten sie aus den vielen Tausend Kartoffelarten diejenigen aus, die zur Herstellung von *chuño*, gefriergetrockneten Kartoffeln, geeignet waren. Ebenso wurde mit Maisarten verfahren. Nur die lagerfähigsten und die Sorten mit hohem Zuckergehalt, der wichtig ist für die Vergärung zu Maisbier, *chicha*, schafften es in die großen Vorratsspeicher der Inka.

Darüber hinaus gewährleistete die Unterwerfung der Cuyo die Kontrolle über die wichtigste Karawanenstraße an den Apurimac im Amazonasgebiet, die teilweise entlang des Urubamba, vorbei an dem später dort erbauten Machu Picchu verlief.

Um 1400 n. Chr. hatten die Inka das Tal von Cusco und die weitere Umgebung völlig unter ihre Kontrolle gebracht. Dieser Zeitpunkt fällt zusammen mit den ersten großen Expansionsbestrebungen in Richtung Titicacasee und – sehr bemerkenswert – mit einer erneuten Erwärmung des Klimas und damit stark erweiterten Anbaumöglichkeiten für Mais (Covey 2012).

INCA VIRACOCHA – DIE ERSTE EXPANSION AN DEN TITICACASEE

DAVID OSHIGE ADAMS

Einleitung

Nachdem die Inka die Herrschaft über andere Gruppen im Tal von Cusco und angrenzende Täler erlangt hatten, begannen sie eine Expansion, die später in den größten und bedeutendsten Staat mündete, der jemals in Südamerika errichtet wurde. Ihr erstes Ziel war das Becken des Titicacasees (Collasuyo), heute einer der ärmsten Orte in den Anden. Warum entschieden sich die Inka dafür, ihre erste Expansion in Richtung

Abb. 4.1
Vorhergehende Seite:
Das Trocknen von Aji
in der Küstenwüste Perus.
Foto: A. M. Gross/via

Abb. 4.2
Linke Seite:
Porträt des Inka Viracocha.
Staatliche Museen zu
Berlin, Stiftung Preußischer
Kulturbesitz, Ethnologisches
Museum. Foto: C. Obrocki

Abb. 4.3
Karte der Expansionen
des Inca Viracocha.
Kartengrundlagen: Covey
(2006: 188). Gestaltung:
FORMATION münchen.

dieses Gebietes zu lenken? Es gibt zwei sehr gewichtige Anlässe, die eng miteinander in Zusammenhang stehen: Die Vielfalt und Menge der ökonomischen Ressourcen der Region in der damaligen Zeit sowie religiöse und ideologische Beweggründe.

Die ökonomischen Gründe der Expansion

Das Becken des Titicacasees ist eine Hochebene, Altiplano genannt, kombiniert mit einigen geografischen Besonderheiten. Sie liegt auf einer Höhe von durchschnittlich 4.000 Meter ü.N.N., die umgebenden Berge erreichen sogar 5.000 Meter ü.N.N. Die Temperaturen schwanken sehr stark zwischen Tag und Nacht, so dass tagsüber 15° C bis 20° C erreicht werden, nachts jedoch Frost zwischen –9° C und –24° C herrscht (Atlas Regional del Perú, 2004, Tomo 7:15). Trotz dieser klimatisch wenig günstigen Bedingungen wurde diese Region von einigen Botanikern zum wahrscheinlichsten Zentrum der Domestikation der Kartoffel (Solanum Tuberosum) erklärt (Ochoa 1962). Der Grund hierfür liegt im Vorkommen der Wildform (Solanum stenototum) ebenso wie das gegenwärtige Vorhandensein von über 400 unterschiedlichen Kartoffelarten alleine in diesem Gebiet, eine höhere Zahl als irgendwo anders in den Anden. Außerdem wurden im Becken des Titicacasees und in den angrenzenden Gebieten auch die Quinoa (Chenopodum quinoa) und die Cañihua (Chenopodium pallidicaule) domestiziert. Beide sind durch ihren hohen Fett- und Proteingehalt sehr wertvolle Nahrungspflanzen.

Abb. 4.4
Der Titicacasee.
Foto: C. Cabrera

Abb. 4.5
In den Anden gedeihen zwischen 4.000 und 7.000 verschiedene Kartoffelarten. Einige davon kann man zu *chuño* (weiße Kartoffeln in der Mitte des Fotos) gefriertrocknen.
Foto: A. M. Gross/via

Abb. 4.6
Quinoa, das eiweißhaltigste Getreide der Welt.
Foto: A. M. Gross/via

Der Altiplano war gleichzeitig eines der Zentren der Domestikation der südamerikanischen Kameliden, Lamas und Alpakas. Bis heute existiert hier die höchste Konzentration von domestizierten und wilden Kameliden (Murra 1978: 85). Diese Kombination aus Höhenlandwirtschaft und Kamelidenzucht könnte der Schlüssel gewesen sein, um den Schwierigkeiten dieses Habitats entgegenzuwirken und die Entwicklung komplexer Gesellschaften bereits lange vor den Inka zu ermöglichen (Mujica 1991: 274).

Die Kamelidenherden und Händlerkarawanen

Der Jesuitenpater Bernabé Cobo kam im Jahre 1616 in das Gebiet des Titicacasees. Er berichtete, dass die Bestände an Lamas einer der größten Reichtümer seien, die die „Indios", wie die spanischen Eroberer die indigene Bevölkerung nannten, (Cobo 1979 [1653]: 216) hätten. Die Wolle wurde in Lagerhäusern gesammelt, wobei einen Teil die Dorfgemeinschaft bekam, einen weiteren der Inka und ein dritter wurde für die großen Rituale zurück behalten. Aus der Wolle fertigte man feine Gewebe, die man *cumbi* nannte. Die hoch spezialisierten Weber nannte man *cumbimayo*. Einige Wissenschaftler behaupten, dass die Kamelidenzucht, die Wollgewinnung und –verarbeitung der wichtigste Wirtschaftszweig der andinen Völker gewesen sei (Pease 2007: 78–79). Wenn der Inka sich auf Reisen begab, sei es aus friedlichen Gründen oder um Krieg zu führen, so verteilte er unterwegs stets Textilien, die aus Alpakawolle vom Titicacasee gewebt waren. Diese Verteilung von Textilien war einer der zentralen Mechanismen in den Verhandlungen, die die Inka mit lokalen Machthabern führten, um Allianzen mit ihnen zu schmieden und sie anschließend zu feiern. Diese von den Inka ausgehenden

Verbindungen dienten dazu, militärische Konflikte zu vermeiden und waren eine diplomatische Art, Unterwerfung einzufordern. Man muss jedoch davon ausgehen, dass die hauptsächliche Vorgehensweise der Inka, um sich Territorien und Ressourcen anderer Völker anzueignen, gewaltsam gewesen ist und potentielle Feinde von vorneherein ausgeschaltet werden sollten (Stanish 2003: 236).

Der Chronist Pedro Cieza de León (1984 [1554]: 271–272), der als Soldat an der Eroberung von Teilen des Andengebietes teilnahm und sich dann zum Historiker und Geschichtsschreiber wandelte, berichtet, dass die Region der Colla im Becken des Titicacasees die größte und am dichtesten besiedelte gewesen sei, die Hochebenen voller Wild und Weidegründe waren. Auch berichtet er von großen Völkern, die diese Region einst besiedelt haben. Er nennt als Hauptnahrungsmittel die Kartoffel, die man lernte, in der Sonne und mit Hilfe des Nachtfrostes gefrierzutrocknen, um sie für lange Zeit haltbar zu machen (chuño). Dieses Produkt war derart hochgeschätzt und begehrt (und ist es bis heute), dass viele Spanier damit reich wurden, indem sie chuño in der Minenstadt Potosí in Bolivien, der in der Kolonialzeit größten Silbermine der Welt, verkauften.

Die Kameliden wiederum lieferten den Menschen nicht nur Fleisch, Wolle, Fett und Brennstoff. Ihre getrockneten Exkremente benutzte man zum Feuer machen, eine Gewohnheit, die sich bis heute fortsetzt und die wegen des extremen Brennholzmangels auch sehr sinnvoll ist. Einer der größten Vorteile vor allem der Lamas ist es, dass sie sich als Tragetiere über weite Distanzen eignen. Die Lamakarawanen waren schon seit langer Zeit für die Ökonomien des Hochlandes und deren Interaktion mit verschiedenen Regionen von enormer Bedeutung. Diese Karawanen transportierten Güter, aber auch Ideologien entlang der Handelsrouten, die schon in sehr früher Zeit im zentralen Andenraum bestanden haben. Cieza de León (1984 [1554]: 272–273) beschreibt uns diesen Handel und deutet an, dass es in der Region der Colla niemals an Essen mangelte:

Abb. 4.9
Cocablätter. Foto: A. Langen

„niemals hörten sie auf, Mais, Cocablätter und Früchte aller Art und viel Honig heranzutragen…".

Man geht davon aus, dass es Lamakarawanen, die überregionale Handelsnetze bedienten, bereits in der Epoche des „Späten Archaikums", also ungefähr seit 2000 v. Chr. gegeben hat (Nuñez und Nielsen 2011: 14). Sie waren im ganzen Andengebiet berühmt und wer in der Lage war, sich ihrer zu bemächtigen, hatte dadurch Zugang zu einer großen Vielfalt von Gütern und Produkten, die aus sehr verschiedenen Regionen stammten.

So konnte man beispielsweise vom Pazifik Fisch oder Fischmehl erhalten; Ají von der Küste und Coca vom Ostrand der Anden; Schmucksteine wie Lapislazuli aus dem Süden des Beckens; Mais und andere Produkte aus den warmen Tälern von Cusco sowie Federn tropischer Vögel und Heilpflanzen aus dem Amazonasgebiet. Die angemessene und geregelte Verteilung dieser Güter und Produkte bei großen Festen und Banketten, die anlässlich religiöser Zeremonien veranstaltet wurden, waren die Grundpfeiler des Prestiges und der Macht der Eliten aus der Region des Titicacasees. Diese Strategie des Gewinnens sowohl von Anhängern als auch von Arbeitskraft reicht ebenfalls mindestens 3.500 Jahre zurück. Auch bei den Inka, die später ihren Staat formten und anfangs dabei die Eliten im Tal von Cusco reorganisierten, spielte der Zugang zu Prestigegütern eine sehr große Rolle bei der Expansionsstrategie (Covey 2006: 136). Dieser Bedarf entstand, weil die Inka-Verwalter geleistete Dienste mit dem Verteilen von exotischen Gütern belohnten, während die politisch-religiöse Elite dazu Festessen und Geschenke in Form von feinen Textilien, Cocablättern und Gegenständen aus Edelmetall im Sinne des gegenseitigen Ausgleiches verwendete.

Aus diesen Gründen, dem direkten Zugang zu lokal nicht zu erhaltenden Gütern und Produkten, eroberte der sich formierende Staat der Inka die Gebiete, in denen nicht nur die Lamakarawanen, sondern die Zentren der überregionalen Handelsnetze verankert waren. Darüber hinaus etablierten und institutionalisierten sie diplomatische Kontakte über weite Distanzen hinweg bis an die Pazifikküste oder mit den Eliten aus der Region des Titicacasees (Covey 2006: 137). Als die Inka einmal die Kontrolle über den Titicacasee und die ihn umgebenden Gebiete hatten, eigneten sie sich sofort die Handelsrouten zwischen dem Hochland und den tiefer gelegenen Regionen an, indem sie ihre Macht direkt ausübten. Dies geschah mittels kulturellen Anpassungsdrucks, Überformung lokaler Techniken wie bei der Keramik, gesellschaftlicher Eingriffe, religiösen Zwangs wie der Übernahme der höchsten Gottheit Inti (Sonne), der Integration der lokalen Wirtschaft sowie der Veränderung der lokalen Institutionen (Nuñez und Dillehay 1995: 128–129).

Gleichzeitig wurden die Möglichkeiten einer staatlichen Reorganisation jedoch stark erweitert und die Inka schafften es zum ersten Mal in der Geschichte dieser Region, eine funktionierende zentrale Verwaltung zu etablieren, die die Güterbewegung leitete und für Nachschub an Rohmaterialien sorgte. Dies funktionierte über die alten Prinzipien und Konzepte des gegenseitigen Austausches (Reziprozität), der sozialen Harmonie und der sozialen Beteiligung. Grundvoraussetzung dafür waren die völlige Neuverteilung von bebaubarem Land und die Ausbeutung von Ressourcen, die lokal nicht vorhanden waren. Die Inka eröffneten der lokalen Bevölkerung diesen Zugang und verbesserten dadurch die Versorgung.

Die Eroberung des Collao (Becken des Titicacasees)

Du bist der König von Cusco
Ich bin der König der Colla
Trinken wir
Essen wir
Sprechen wir
Alle sollen schweigen

Ich setze mich auf Silber
Du setzt dich auf Gold
Ich bete Wiraqocha Pachayachic an
Du betest die Sonne an ...

Dieses Gedicht wurde von dem indigenen Chronisten Juan de Santa Cruz Pachacuti Yamqui Salcamaygua veröffentlicht ([ca. 1613] in Julien 2004: 20; Rostworowski 1993: 10). Es wurde vom wichtigsten Häuptling oder Anführer der Colla, genannt Zapana, Rukisapana, Chucgi Qhapaq oder Colla Qhapaq (Arkush 2011: 38), während der Hochzeitsfeierlichkeiten und der gleichzeitigen Krönung des Inka Viracocha, dem späteren Eroberer, vorgetragen. Derselbe Chronist, kurz Pachacuti Yamqui genannt, berichtet auch, dass der Herr der Collas in einer Sänfte getragen wurde, elegant gekleidet war und Leibwächter hatte. Außerdem trug er die Figur einer Gottheit mit sich, die üppig geschmückt war (Santacruz Pachacuti Yamqui 1995: 55). Der Sinn dieses Auftretens und auch der Inhalt des Gedichtes war es, dem Inka die Gleichrangigkeit und den hohen Rang des Colla-Herrschers zu demonstrieren. Es war gleichzeitig eine Kampfansage an den Inka mit der innewohnenden Botschaft, sich niemals freiwillig zu unterwerfen.

Trotz dieser genauen Schilderungen der Beziehung zwischen dem Herrscher der Colla und dem Inka existieren in den Quellen widersprüchliche Aussagen über den Zeitpunkt der Eingliederung der Region des Titicacasees in den Inka-Staat (Stanish und Bauer 2011: 38). Einige Chronisten berichten, dass es Viracocha Inka war, der die Region eroberte, während andere behaupten, dass sich dieses Ereignis während der Herrschaft Pachacutecs abgespielt hat. Diese Verwirrung kann zwei Gründe haben. Der erste ist, dass ein Inka während seiner Herrschaftszeit nicht alle Eroberungen selbst durchführte, sondern sich von seinen Generälen vertreten ließ. Sie wurden für diese Heldentaten reich entlohnt und auch sehr berühmt. Dadurch blieben ihre Namen im Gedächtnis der Menschen. Der zweite mögliche Grund wäre, dass einer der vielen Söhne Viracochas, Inka Yupanqui – der spätere Pachacutec – seinen Vater auf seinen Feldzügen begleitete und einzelne Kampagnen selbst durchführte (D'Altroy 2002: 63). Es könnte sich beispielsweise so abgespielt haben, dass Pachacutec, als er die Macht übernahm, seinen Vater Inka Yupanqui in Cusco zurück ließ und dieser sich ins Exil zurückzog. Aber da er noch lebte, ist es möglich, dass man einen Teil der von Pachacutec durchgeführten Eroberungen immer noch Inka Viracocha zuschrieb.

Trotz dieser Probleme scheint es klar zu sein, dass der junge Inka-Staat erstmals eine Expansion begann und zwar in Richtung der Colla und dass der erste Vorstoß von Inka Viracocha geleitet wurde (Bouysse-Cassagne 2004: 80). Cieza de León berichtet, dass es vor der Ankunft der Inka in der Region zwei große Herrscher gegeben hat: Zapana und Cari, die die Colla und Lupaqa regierten. Sie waren in ständige Kämpfe verwickelt und erwarben sich die Freundschaft und das Wohlwollen des „Viracoche Inga", der in Cusco regierte (Cieza de León 1984 [1554]: 274).

Über das, was mit den Colla nach der Eroberung geschah gibt es unterschiedliche Aussagen. Offensichtlich wurde ein Teil der Colla-Elite als Arbeitskräfte in die Region Cusco gebracht, während der Elite der Lupaqa große Ehre von Seiten der Inka erwiesen wurde. Diese fand Ausdruck im Geschenk feiner *cumbi*-Textilien, Spondylus-Muscheln und dem Recht, in einer Sänfte getragen zu werden (Covey 2006: 137). Diese freundschaftliche Beziehung zwischen dem Inka und dem Herrscher der Lupaqa schien in der Region im Gedächtnis der Menschen verankert gewesen zu sein, wie ein von den Spaniern erhobener Zensus in der Provinz Chucuito aus dem Jahre 1567 belegt (Diez de San Miguel 1964 [1567]: 22–23; 34). In diesem Zensus berichten zwei *curacas*, lokale Herrscher, Martín Cari und Martín Cusi, dass sie von den Inka Kleidung, Lamas, *chuño*, Mais, Fisch, getrocknetes Fleisch *charqui*, Cocablätter und Diener als auch Dienerinnen erhalten hätten. Allerdings gelangte auch ein *quipu*, eine Knotenschnur, in die Hände des Spaniers, in dem notiert war, dass große Tributmengen hin zu den Inka geflossen waren. Dieser Tribut bestand größtenteils aus Arbeitsleistung, Kriegsdienst und Minenarbeit sowie Frauen als Dienerinnen. Auch mussten die Lupaqa Arbeitskräfte für den Bau von Häusern in Cusco stellen und Kinder, die bei den großen Ritualen geopfert wurden (Diez de San Miguel 1964 [1568]: 204).

Das Schicksal des Colla-Herrschers hingegen war bereits besiegelt, als er sich dafür entschied, den Inka zu brüskieren und ihm feindselig entgegen zu treten. Es gibt Berichte, dass alle Völker, die von Pachacutec unterworfen wurden, mit Gold, Silber und Textilien beladen nach Hatunqolla am Nordufer des Sees kommen mussten, wo sie der Inka erwartete. Sie wurden gezwungen, ihm zu huldigen und die Geschenke zu übergeben. Danach kehrte Pachacutec nach Cusco zurück, der Colla-Herrscher Chuchi Capac musste ihn als Gefangener begleiten. Pachacutec ließ ihn anschließend in Cusco enthaupten (Sarmiento de Gamboa 1988 [1572]: 105).

Inka Viracocha und die Heiligtümer am Titicacasee

Das andere bedeutende Motiv für die Expansion in Richtung des Titicacasees waren Fragen der Religion. Die Inka benutzten ideologische Manipulationen, um die Bevölkerungen in den verschiedensten Regionen der Anden zu kontrollieren. Es gab offensichtlich eine Politik der religiösen Inkorporation (Arkush 2005: 209), in der die lokalen Gottheiten in die Religion der Inka aufgenommen wurden. Darüber hinaus verlangten die Inka von den eroberten Gruppen, dass sie oder ihre Repräsentanten an den Ritualen in Cusco teilnahmen und Pilgerreisen zu den bedeutendsten Inka-Heiligtümern unternahmen.

Die religiöse Relevanz des Titicacasees ist derart groß, dass die Inka ihn in einen der heiligsten Orte des ganzen Tahuantinsuyu verwandelten. Dieses höchste Maß an religiöser Bedeutung wird daran deutlich, dass der Titicacasee neben Cusco und Pachacamac an der Küste zu einem der drei großen Pilgerzentren des Inka-Reiches wurde.

Abb. 4.10
Rekonstruiertes Heiligtum der Inka auf der Mondinsel.
Foto: I. Skipworth

Darüber hinaus gliederten die Inka den See geschickt als einen ihrer Ursprungsorte in ihre Mythen ein, um ihre Herrschaft in der Region zu legitimieren (Hernández Astete 2012: 267). Auf diese Weise schufen die Inka eine sakrale Landschaft am Ufer des Sees und vor allem auf den beiden größten Inseln, der Sonneninsel oder Isla Titicaca sowie der Mondinsel oder Isla Coatí. Sie schafften es, ihre Vorstellung, dass ihre Ahnen und auch die Sonne aus diesem Ort hervorgegangen waren, der lokalen Bevölkerung aufzuzwingen. „… erobernd, inkorporierend und die Heiligtümer der Inseln adelnd, erreichten die Inka einige wichtige ideologische Ziele. Die von den Inka etablierten staatlichen Pilgerzentren auf den Inseln und die dorthin führende Pilgerstraße wurden absichtlich zu dem Zweck errichtet, sich die ursprüngliche Ideologie der herrschenden lokalen Aymara-Elite anzueignen und zu absorbieren" (Bauer und Stanish 2011: 26–27). Diese Pilgerstraße war so bedeutend, dass sie der Augustinerpater Ramos Gavilán (1988 [1621]: 41), der am Ufer des Titicacasees lebte, mit dem Tempel des Apollon in Delphi verglich, dem wichtigsten Heiligtum des Alten Griechenland.
Der Chronist berichtet von weither gereisten Pilgern, die aus Gebieten in den heutigen Staaten Kolumbien, Ecuador und Chile stammten.

Die schriftlichen Quellen und die Ursprungsmythen der Inka

In den Ursprungsmythen von Königreichen und frühen Staaten der Welt nähert sich der Staatengründer häufig als „Fremder" oder er kommt aus einer anderen Welt. Er verfügt oft über übernatürliche Kräfte, eine entwickelte Technologie und begibt sich von einem Ort zum nächsten bis er schließlich denjenigen erreicht, der sein Herrschersitz wird (Urton 1990: 1). Im Falle der Inka war dieser Gründer Manco Capac, der in einem Ursprungsmythos erwähnt wird, der als Szenario eine Höhle am Ostrand der Anden in der Nähe von Cusco hat: Pacariqtambo.

Die Mythenerzähler der Inka und später die Chronisten haben diesen Mythos offensichtlich mit dem Mythos vom Titicacasee kombiniert. Auf diese Weise konnten die Inka die in Cusco regierende Elite mit dem wichtigsten religiösen Zentrum des Hochlandes verbinden. Einer von ihnen, Garcilaso de la Vega Inka, Sohn eines Spaniers und einer Inka-Prinzessin, schreibt, dass Manco Capac vom Titicacasee nach Cusco über Pacariqtambo gereist ist und die Nachkommen dieses mythischen Gründers sich so in Inkas königlichen Geblüts verwandelt haben (in Bauer 1996: 51; Pease 1985: 58–59).

Bernabe Cobo, der kurz nach der Eroberung nach Cusco kam, wurde die Information zugetragen, dass die Inka vom Titicacasee her kommend nach Cusco eingewandert waren, mit durchbohrten Ohrläppchen und großen goldenen Ohrringen darin (1979 [1653]: 103). Er erfuhr auch, dass der Schöpfergott Viracocha oder Ticciviracocha nach der Erbauung von Tiahuanaco der Sonne, dem Mond und den Sternen befohlen hatte, zur Sonneninsel zu ziehen und von dort aus in den Himmel zu steigen. Als die Sonne dazu bereit war, sprach sie in der Gestalt eines schillernden und leuchtenden Mannes mit Manco Capac und sagte ihm, dass er und seine Nachfahren viele Völker und Gebiete dominieren würden. Außerdem würden sie große Herrscher werden und ihn, die Sonne, immer als ihren Vater verehren (Cobo 1979 [1653]: 103).

Dies zeigt, wie sehr die Mythen den jeweiligen Machtbestrebungen und Herrschaftslegitimationen unterworfen waren und wie sehr sie angepasst wurden.

Die lange zurückreichende religiöse Bedeutung der Heiligtümer am Titicacasee

Die Inka bewunderten die Ruinenstätte von Tiahuanaco (Pärssinen 2003: 260–261), aber sie hinterließen nichts, was auf eine Überbauung oder sonstige bauliche Aktivität hinweisen könnte. Man geht davon aus, dass die Inka in dem Ort Copacabana im heutigen Bolivien eine Art „neues Tiahuanaco" erbauten, das wie viele andere Zentren auch, ein „kleines Cusco" werden sollte. Die Inka begannen in Copacabana und auf den beiden Inseln mit einer Umgestaltung zu religiösen Zwecken, erbauten Tempel und andere heilige Stätten, obwohl dort noch Nachfahren der Tiahuanaco lebten, die ihre alten Heiligtümer weiter verehrten (Bouysse-Cassagne 2004: 80).

Während der Periode des Tiahuanaco-Staates wurde die erste große Stätte auf der Sonneninsel in einer Zone erbaut, in der die Inka später den Geburtsort der Sonne sahen. Schon zu dieser Zeit gab es Pilgerreisen hierhin und auch zur Mondinsel, wo religiöse Zeremonien abgehalten wurden (Bauer, Covey und Terry 2004: 61). Sehr wahrscheinlich wurden die beiden Inseln im 6. Jahrhundert n. Chr. in den Herrschafts-

Abb. 4.11
Keramik in Form eines Lamakopfes mit Trense. Staatliche Museen zu Berlin, Stiftung Preußischer Kulturbesitz, Ethnologisches Museum. Foto: A. Dreyer

bereich von Tiahuanaco integriert. Nach dem Niedergang Tiahuanacos, während der Herrschaft der nachfolgenden Lupaqa, scheinen die beiden Inseln nicht von religiöser Bedeutung gewesen zu sein. Offensichtlich wurden sie erst von den Inka wieder entdeckt, da sich die Oberschicht der Inka mit Tiahuanaco ideologisch verbinden wollte (Stanish und Bauer 2011: 27). Möglicherweise liegt der Grund dafür darin, dass das rituelle Prestige und die große Bedeutung der Stätten im kollektiven Gedächtnis der Hochlandbevölkerung verankert geblieben waren und die Inka sich von der Wiederbelebung in ihrem Sinne einen Vorteil versprachen. So verwandelten sie ein regionales Heiligtum in den Geburtsort des Kosmos und den Ursprungsort der Verwandtschaftsgruppe des Gründers des Tawantinsuyu (Stanish und Bauer 2011: 63).

Die Inka kamen also in diese Region von dem Drang getrieben, sich ein damals sehr reiches Gebiet anzueignen. Der Hauptgrund waren sicher die Herden der Lamas und Alpakas sowie das überregionale Händlernetz, das über zahlreiche Lamakarawanen verfügte. Diese Region beherbergte jedoch ebenfalls sehr mächtige Kulte und Heiligtümer, bei denen der Schöpfergott Viracocha eine große Rolle spielte. Das kam vermutlich daher, dass sich die Natur dort mit dem größten Wasservorkommen des Andengebietes und damit der Fruchtbarkeit einerseits verband und andererseits mit der Sonne und dem Mond assoziierte. Die Inka erreichten ihr Ziel durch diplomatische Verhandlungen ebenso wie durch die Anwendung militärischer Gewalt. Um ihre Herrschaft über diese Region zu legitimieren, verwandelten sie die Landschaft in sakrale Orte und verbanden sich dadurch mythisch mit dem See und den lokalen Gottheiten.

PACHACUTEC INCA YUPANQUI – DIE ZWEITE EXPANSION

DORIS KURELLA

Pachacutec Inca Yupanqui ist der wohl berühmteste Herrscher der Inka. Er wird häufig und gerne mit anderen „Weltenveränderern" – so sein Namenszusatz – wie Alexander dem Großen oder Cäsar verglichen. Pachacutec werden die ersten sehr weiten Eroberungszüge zugeschrieben, wobei nicht ganz klar ist, wer sie wirklich durchgeführt hat. Zumindest Vater und Sohn, manchmal auch drei Generationen, waren beteiligt. Wer letztlich zurückblieb, nach Cusco zurückkehrte und dort abwartete und wer den eigentlichen Feldzug durchführte, lässt sich nicht mehr genau nachvollziehen. Fest

Abb. 5.1
Vorhergehende Seite: Porträt des Pachacutec Inca Yupanqui. Staatliche Museen zu Berlin, Stiftung Preußischer Kulturbesitz, Ethnologisches Museum. Foto: C. Obrocki

Abb. 5.2
Karte der Expansionen des Pachacutec Inca Yupanqui und seines Sohnes Tupac Inca Yupanqui. Kartengrundlage: Covey (2006: 188). Gestaltung: FORMATION münchen.

steht, dass unter Pachacutecs Regierungszeit vorwiegend kriegerische Unternehmungen in das nördlicher gelegene Hochland, bis hin nach Ecuador unternommen wurden. Dies mag einerseits aus dem Krieg gegen die Chanka (siehe folgendes Kapitel) resultiert haben, der die Inka in immer weitere Konflikte mit Feinden der Chanka führte. Andererseits haben die nördlichen Anden ein milderes und feuchteres Klima. Sie sind wesentlich besser für Landwirtschaft geeignet und leichter zugänglich, was einer der Hauptgründe für die Expansion in diese Gebiete gewesen sein könnte. Darüber hinaus musste sich auch Pachacutec neue Länder erobern, dessen Arbeitskräfte unter anderem für ihn und seine Großfamilie, die *panaca*, zu sorgen hatten.

Pachacutec hatte nach zahlreichen Kriegszügen, die er selbst angeführt hatte, seinen Sohn Tupac Yupanqui als obersten Feldherren eingesetzt und sich selbst nach Cusco zurückgezogen, von wo er jedoch weiterhin die Eroberungen steuerte und Befehle erteilte, welche Gebiete zu unterwerfen und dem Inka-Reich einzugliedern waren. In Cusco selbst widmete er sich der Architektur und begann, als eine neue, einem Großstaat angemessene Hauptstadt, das bis heute an den Mauern der ehemaligen Paläste erkennbare imperiale Cusco, erbauen zu lassen. Darüber hinaus ließ er sich mehrere Landsitze errichten, darunter Pisaq, Ollantaytambo und vor allem Machu Picchu.

Den Beginn seiner Karriere stellte offensichtlich der Krieg gegen das Volk der Chanka dar, dem anschließend ein kurzes Kapitel gewidmet ist.[1]

---

[1] Ich danke Dr. Kerstin Nowack für wertvolle Hinweise zu den Eroberungszügen des Inca Pachacutec Yupanqui.

PACHACUTEC INCA YUPANQUI UND DER KRIEG GEGEN DIE CHANKA

BRIAN S. BAUER / LUCAS C. KELLETT

Den Legenden der Inka zufolge fand am Rande von Cuzco eine folgenreiche Schlacht zwischen den Chanka und den Inka statt.[1] Laut dem Mythos hatten die Chanka, ein mächtiges Volk aus der circa 160 Kilometer von Cuzco entfernten Region Andahuaylas, damit begonnen, ihr Gebiet auf aggressive Weise zu vergrößern. Nachdem sie eine Reihe kleinerer Gruppen erobert hatten, soll ihr Heer weit in das Gebiet der Inka, ihren seit jeher größten Rivalen, eingedrungen sein. Während ein Großteil von Cuzcos Hochadel die belagerte Stadt verlassen hatte, übernahm ein junger Prinz namens Inca Yupanqui die Macht von seinem Vater und führte einen Gegenangriff an. Mit der Hilfe der Götter – die Felsen der Region Cuzco erwachten zu Leben und der Sonnengott gab den Inka eine Voraussage über den Ausgang der Schlacht – besiegte der junge Prinz die gewaltsam eingedrungenen Chanka. Die Legende endet damit, dass sich der junge Prinz von nun an Pachacutec – der, der die Welt verändert – Inca Yupanqui nannte und die Inka aus diesem Sieg als mächtigstes Volk der Zentralanden hervorgingen.

Da diese Legende von den Siegern des Konflikts, den Inka, erzählt wurde, erfahren wir relativ wenig über die Verlierer, die Chanka. Es kommt erschwerend hinzu, dass die Legende von den Spaniern erst ungefähr drei Generationen nach der Zeit, als die Ereignisse stattgefunden haben sollen, niedergeschrieben wurde. Und obwohl mehrere spanische Schriftsteller detaillierte Beschreibungen der letzten Schlacht liefern, geben sie nur wenige Informationen über die Entwicklungsgeschichte der Chanka an. Garcilaso de la Vegas Erzählung des Mythos (1966 [1609]), lässt beispielsweise vermuten, dass die letzte Kriegsschlacht mit tausenden von Kriegern auf jeder Seite geführt wurde. Andere Versionen der Legende beschreiben wiederum, dass die Chanka, als sie sich Cuzco näherten, eine Reihe von Fehlern begingen, die zu katastrophalen Verlusten führten (Betanzos 1996 [1557]; Sarmiento de Gamboa 2007 [1572]). Sie berichten außerdem davon, dass die Inka die gefallenen Chanka-Krieger häuteten und sie dann öffentlich zur Schau stellten (Cieza de León 1998 [1554]). Trotzdem wird kaum etwas darüber erwähnt, wie und warum die Chanka ihr Gebiet über Andahuaylas hinaus vergrößerten und wie ihr Heimatland aussah.

Historische Forschungsarbeiten über die Chanka konzentrierten sich meist auf die überlieferten spanischen Chroniken. Die Forscher verglichen die Informationen aus mehreren verschiedenen Berichten und fassten diese dann zusammen (Guillén 1946; Rowe 1946; Rostworowski 1953, 1978, 1988; Pardo 1969; Schaedel 1978; Niles 1999). Eine kürzlich durchgeführte archäologische Untersuchung der Region Andahuaylas ist jedoch gerade dabei, unser Verständnis des Heimatlands der Chanka zu verändern und stellt manche der Forschungsergebnisse bezüglich der frühen Expansion der Inka in Frage. Dies bedeutet in anderen Worten, dass wir uns jetzt auf archäologische Informationen berufen können, um einen Einblick in die Beziehungen zwischen den Inka und den Chanka zu erhalten und uns nicht mehr nur auf die Quellen verlassen zu müssen, die größtenteils die Errungenschaften der Inka preisen.

Jüngste archäologische Forschungen in der Region Andahuaylas klären uns allmählich über die Frühgeschichte dieses Gebiets auf (Bauer et al 2001). Eine 300 km² umfassende Begehung, Prospektion, in der Region Andahuaylas lieferte neue Daten über hunderte archäologischer Stätten und ermöglichte eine genauere zeitliche Einordnung regionaler Keramikfundstücke. Die Daten einiger Radiokarbonmessungen konnten dadurch ebenfalls verbessert werden. Außerdem können wir uns nun aufgrund dieser Untersuchungen auch der Erforschung widmen, wie und in welchem zeitlichen Ablauf die Interaktionen zwischen den Inka und den Chanka sattgefunden haben (Bauer und Kellett 2010, Kellett 2009).

Die Forschungsergebnisse deuten an, dass ungefähr um die Zeit 1000 n. Chr. ein erheblicher Wandel bezüglich der Siedlungsmuster in der Region Andahuaylas stattfand. Die tiefer gelegenen Regionen, die in der Zeit, als die ersten Dörfer entstanden, dicht besiedelt waren, wurden nun verlassen. Dafür wurde eine kleinere Anzahl von wesentlich größeren Siedlungen weiter oben auf den Bergkämmen gegründet. Einige dieser neuen Siedlungen verfügten über Verteidigungsgräben, die meisten jedoch nicht. Das gleiche Muster des Abwanderns aus den Tälern zugunsten einer Besiedlung der Bergkämme, setzte auch in vielen anderen Regionen der Anden während der Späten Zwischenperiode (1000–1400 n. Chr.) ein. Man ist sich weitgehend darüber einig, dass dieses Verhalten auf die größer werdende politische Konkurrenz und auf vermehrte Konflikte zurückzuführen ist, möglicherweise hervorgerufen durch einen Klimawandel.

Abb. 6.1
Die archäologische Stätte von Sondor, nordwestlich von Cuzco. Sondor war vermutlich ein von den Chanka errichtetes Heiligtum. Foto: Brian S. Bauer

Entgegen vieler geläufiger Modelle gibt es jedoch keinen Nachweis für die Herausbildung einer zentralen Macht, enormer Steigerung von Prestige oder Reichtum einzelner Personen oder Gruppen bei den Chanka der Späten Zwischenperiode. Obwohl herkömmliche Theorien nahelegen, dass die Expansion der Chanka in die Cuzco-Region als Katalysator für die Bildung des Inka-Staates diente, scheint diese Vermutung im Hinblick auf die archäologischen Funde unwahrscheinlich. Wir glauben, dass noch ein anderes Szenario denkbar wäre. Der Chanka-Inka-Konflikt wurde möglicherweise nicht durch die territoriale Expansion einer organisierten Gesellschaft der Andahuaylas-Region verursacht, sondern durch eine Reaktion auf die wachsende Zentralisierung politischer Macht im Kerngebiet der Inka. Frye und de la Vega (2005: 184) weisen darauf hin, dass es in der Region um den Titicacasee unter den Lupaqa zu ähnlichen Entwicklungen gekommen war. Sie schreiben: „*Trotz der Existenz großer befestigter Siedlungen im Gebiet der Lupaqa, scheint die Komplexität, die den Lupaqa in mehreren ethnohistorischen Dokumenten zugeschrieben wird, doch eher durch die Auswirkungen der fortschreitenden Expansion des Imperiums der Inka in Lupaqa-Gebiete hervorgerufen zu werden, als durch interne politische Entwicklungen*".

Ähnliche Schlussfolgerungen zieht Arkush (2006, 2008), die über die Colla gearbeitet hat. Das bedeutet in anderen Worten, dass die territoriale und ethnische Vereinheitlichung der Cuzco-Region möglicherweise kurze Perioden sozialer und politischer Zusammenschlüsse von Gruppen angeregt hat, die in der Peripherie des Gebiets lebten, wie zum Beispiel bei den Colla und Lupaqa im Südosten und den Chanka im Westen der Region. Trotzdem erwiesen sich diese kurzzeitigen Bündnisse als politisch fragil, als sie größeren und besser organisierten Truppen wie denen der Inka gegenüberstanden, die bereits über mehrere Jahrhunderte den Prozess der Herausbildung eines eigenen Kernlands in der Cuzco-Region durchlaufen hatten (Bauer 1992, 2004; Bauer und Covey 2002; Covey 2006).

Historische und archäologische Quellen deuten darauf hin, dass die Inka drei bis vier Generationen vor der Ankunft der Spanier in die Andahuaylas-Region eingefallen waren und sie darauf bedacht waren, in ihren Berichten über die Expansion die Leistungen ihrer adligen Vorfahren zu rühmen. Die imperiale Ideologie des Inka-Reiches beinhaltete auch ein stetiges Gedenken des Krieges mit den Chanka, bei dem die gegnerische Gruppe zu einem weitaus schlimmeren Gegner stilisiert wurde als sie es wohl in Wirklichkeit gewesen waren. Es wird nun immer klarer erkennbar, dass die Chanka, bevor sie in den Inka-Staat eingegliedert wurden, in verstreuten, dicht besiedelten, nach innen homogen organisierten, defensiv-ausgerichteten Bergkammsiedlungen in der Region Andahuaylas lebten. Dies steht im starken Kontrast zu den Siedlungsmustern der Cuzco-Region (Bauer und Covey 2002, Covey 2006). Bis 1300 n. Chr. hatten die Inka ein großes kulturelles Kernland gebildet und über ein Dutzend zuvor unabhängige regionale Gruppen unter sich vereint. Sie hatten einen klar zu erkennenden architektonischen Stil entwickelt, eine große zentrale Hauptstadt errichtet und waren dabei, die Landschaft durch enorme Terrassensysteme umzuformen (Bauer 2004). Es gibt, im Gegensatz zu der verbreiteten Annahme in der Wissenschaft, keine archäologischen Hinweise dafür, dass die Chanka zur Zeit der territorialen Ausbreitung der Inka eine streng gegliederte oder besonders mächtige ethnische Gruppe darstellten. Stattdessen ähnelt das Siedlungsmuster der Chanka in der Region Andahuaylas dem Muster anderer Gebiete in den Zentralanden und lässt darauf schließen, dass die Chanka eine von vielen, relativ kleinen Gruppen waren, die verschiedene Regionen zu dieser Zeit bewohnten. Mit Sicherheit kann man sagen, dass die Inka die Chanka erfolgreich in ihren expandierenden Staat eingliederten. Wie und wann dies jedoch geschah, konnte bisher noch nicht geklärt werden.

---

[1] Dieses Kapitel wurde einer wesentlich umfangreicheren Arbeit mit dem Titel *The Chanka: Archaeological Research in Andahuaylas (Apurimac) Peru* (2010) entnommen. Es erscheint hier mit freundlicher Genehmigung des Verlags Cotsen Institute of Archaeology Press.

MATTHEW PISCITELLI / BRIAN S. BAUER

DAS IMPERIALE CUZCO

Zur Zeit des ersten europäischen Kontaktes 1532 n. Chr., regierten die Inka von ihrer im Hochland der Anden gelegenen Hauptstadt Cuzco aus eine Bevölkerung von ungefähr 6 Millionen Menschen. Die Stadt Cuzco war der königliche Sitz für die herrschende Dynastie und das politische Herz des Inka-Staates; sie repräsentierte auch das geografische und spirituelle Zentrum des Imperiums.

Abb. 7.1
Vorhergehende Seite:
Cuzco, die ehemalige Inka-Hauptstadt. Foto: C. Wawra

Cuzco liegt auf 3.400 Meter ü.N.N. am Ende eines weiten und fruchtbaren Tales. Es wurde zwischen zwei kleinen Flüssen, dem Saphy und dem Tullumayo, gegründet. Im Zuge der Erweiterung der Stadt wurden ihre Ufer mit Mauern eingefasst und ihr Flusslauf begradigt und kanalisiert. Zahlreiche Brücken überqueren diese Flüsse, Opfer wurden an jeder Mündung eines ihrer Zuflüsse dargebracht. Zu seiner Hochblüte hatte Cuzco mehr als 20.000 Einwohner. Mehrere Tausend weitere lebten in vielen Dörfern, die im Tal verstreut waren.

Die Inka organisierten die Stadt Cuzco (und, erweiternd, ebenso ihr Imperium) in vier Regionen oder *suyus*. Die Stadt befand sich genau an dem Punkt, an dem diese vier Reichsteile zusammentrafen und war sowohl die Achse als auch das Zentrum der kosmologischen Ordnung der Inka. Die physische Unterteilung der Stadt und des sie umgebenden Tales gab die Teilung der Gesellschaft in Hälften, oder *moieties*, wieder. Die obere Hälfte von Cuzco, Hanansaya, war zusätzlich in zwei Viertel unterteilt. Das nordwestliche Viertel wurde Chinchaysuyu und das nordöstliche Antisuyu genannt.

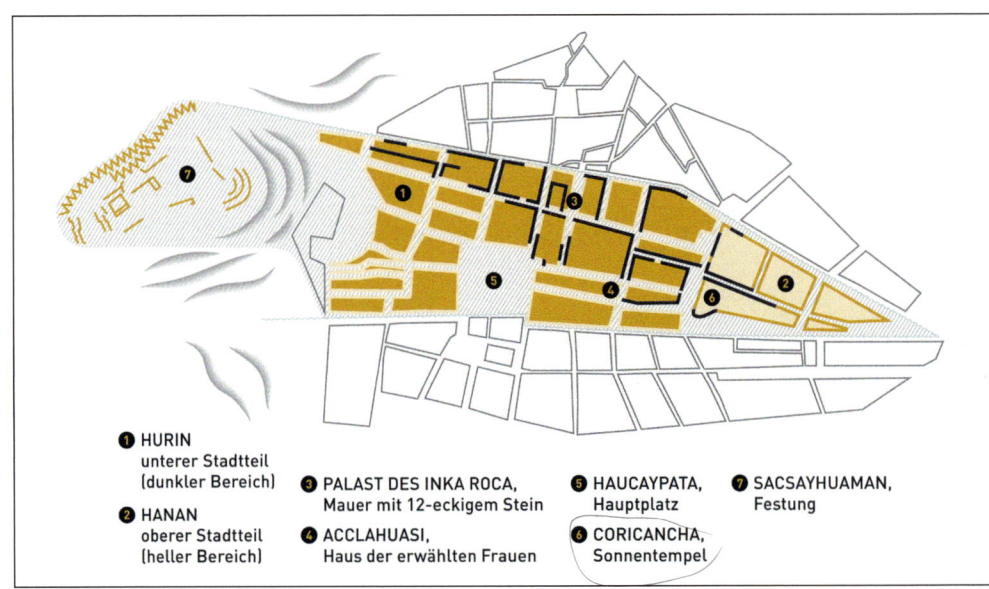

Abb. 7.2
Das Zentrum der Inka-Hauptstadt Cuzco. Kartengrundlage: Bauer (2004: 113). Gestaltung: FORMATION münchen

1. HURIN unterer Stadtteil (dunkler Bereich)
2. HANAN oberer Stadtteil (heller Bereich)
3. PALAST DES INKA ROCA, Mauer mit 12-eckigem Stein
4. ACCLAHUASI, Haus der erwählten Frauen
5. HAUCAYPATA, Hauptplatz
6. CORICANCHA, Sonnentempel
7. SACSAYHUAMAN, Festung

Abb. 7.3
Karte des Tahuantinsuyu mit Cuzco als Ausgangspunkt der vier *suyus*. Kartengrundlage: Kurella (2008: 258: Abb.114). Gestaltung: FORMATION münchen

Die untere Hälfte von Cuzco, Hurinsaya, war ebenfalls noch einmal in zwei Viertel unterteilt. Collasuyu lag im Südosten und Cuntisuyu im Südwesten. Diese vier großen geopolitischen Viertel hatten ihren Ausgangspunkt in einem sakralen Gebäudekomplex, der Coricancha genannt wurde. Für die Inka repräsentierte der Coricancha den heiligsten Ort in ihrer imperialen Stadt und vielleicht sogar des Universums.

Der zentrale Platz Cuzcos war ebenfalls ein wichtiger sakraler Ort. Tausende von Menschen versammelten sich dort mehrmals im Jahr, um die aufwändigen Feste in der

Stadt zu sehen und vor allem den regierenden Inka. Zu diesen Festen gehörten, unter anderem, die Sommer- und Wintersonnenwende im Dezember und Juni, ebenso wie Feste zu Ehren des Mais im August (Aussaat) und Mai (Ernte). Zu diesen Ereignissen holte man die Mumien ehemaliger Inka-Herrscher aus ihren Palästen und setzte sie, in der chronologischen Reihenfolge ihrer Regierungszeit auf den Platz (Bauer und Coello Rodríguez 2007). Wie das ganze Inka-Reich war auch der zentrale Platz in zwei Hälften geteilt. Der westliche Teil des Platzes war unter der Bezeichnung Cusipata bekannt, während der östliche Teil Haucaypata genannt wurde.

Der Platz von Haucaypata, heute unter Plaza de Armas bekannt, war auf drei Seiten von Palästen ehemaliger Inka-Herrscher eingerahmt. Ungefähr in der Mitte des Haucaypata gab es eine steinerne, mit Gold verkleidete Plattform, einen *ushnu*, auf der Inka-Adlige wichtige Rituale ausführten (Albornoz 1984 [1582]: 205). Am Fuße der Plattform befand sich ein Becken, in dem flüssige Opfergaben wie Maisbier, das man von oben hinuntergoss, aufgefangen wurden. Der *ushnu* wurde sehr bald nach dem Beginn der Eroberung durch die Europäer zerstört, aber der Platz bildet bis heute das Herz der modernen Stadt Cuzco.

Der Platz von Haucaypata wurde in seiner Größe von den Spaniern im Jahre 1559 beschnitten, um dort eine Kathedrale zu errichten. Im Zuge dieser Umbaumaßnahmen legten die Spanier eine dicke Schicht frei, die aus Sand von der Pazifikküste, der mit Opfergaben bestückt war, bestand. Die Inka bezogen dieses ungewöhnliche Baumaterial mit ein, um weit von der Hauptstadt gelegene Territorien ihres Reiches ideologisch zu integrieren. Die Spanier hingegen, begeistert von der hohen Qualität dieses Rohmaterials, verwendeten den Sand für den Zement, mit dem die Mauern der Kathedrale zusammengefügt wurden.

Abb. 7.4
Der Hauptplatz von Cuzco,
der ehemalige Haucaypata.
Foto: J. Böttcher

Abb. 7.5
Mauerreste des Amarucancha (links im Bild), des ehemaligen Palastes des Inka Huascar. Auf der rechten Seite im Bild die Mauerreste des *acclahuasi*, des Hauses der erwählten Frauen. Der Straßenname ist heute Calle Loreto. Foto: A. M. Gross/via

Die andere Hälfte des Platzes, von den Inka Cusipata genannt, mag einem anderen Zweck gedient haben, der bis heute nicht geklärt ist. Die Spanier bezeichneten es mit dem alt-aztekischen Nahuatl-Wort *tianguez*, das Marktplatz bedeutet (Betanzos 1996 [1557: Buch I, Kap. 3]: 13). Dies lässt vermuten, dass diese Seite des Platzes zumindest in der frühen Kolonialzeit als Ort für kommerziellen Handel genutzt wurde. Heute wird er Plaza de Regocijo genannt.

Den zentralen Platz umgaben die Paläste der Inka-Herrscher sowie eine Reihe weiterer bedeutender administrativer Gebäude. Eines der prachtvollsten Beispiele war der Casana, der sich an der nordwestlichen Ecke des Haucaypata am Ufer des Saphy-Flusses befand. Dieses beeindruckende Bauwerk diente als Palast des Huayna Capac, des letzten Inka-Herrschers, der ein geeintes Reich regierte. Es war von einer großen Mauer umgeben und beherbergte den größten überdachten Festplatz in Cuzco. Dieses lange, rechteckige Konstrukt war so riesig, dass es bis zu 3.000 Menschen beherbergen konnte. Außerdem war es möglich, dort rituelle Zweikämpfe abzuhalten (Garcilaso 1966 [1609: Teil 1, Buch 6, Kap. 40]: 321). Der Casana war der Ort, an dem sich Francisco Pizarro als erstes aufhielt, als er in Cuzco ankam und er bekam ihn als Beute zugesprochen als Cuzco von den Spaniern unter den Eroberern aufgeteilt wurde. Von diesem Gebäude sind noch Mauerreste in einem langgestreckten Haus, in dem kleine Läden untergebracht sind, vorhanden.

Ebenfalls bemerkenswert war der Hatuncancha. Dieser Gebäudekomplex, der sich in der südwestlichen Ecke des zentralen Platzes befand, war als die „Große Einfriedung" bekannt. Ähnlich wie der Palast Pachacutec Inca Yupanquis, beherbergte der Hatun-

Abb. 7.6
Mauerreste eines Inka-Palastes. Foto: A. M. Gross/via

Abb. 7.7
Mauer mit zwölfeckigem Stein. Vermutlich Mauerreste des Palastes von Inca Roca. Der Straßenname ist heute Calle Hatun Rumiyoc. Foto: A. M. Gross/via

cancha eine große Anzahl Spanier als sie erstmals Cuzco erreichten. Im Hatuncancha fand man das Schachtgrab einer unbekannten Frau von der Küste, möglicherweise einer Nebenfrau Pachacutecs. Ihre Herkunft erklärt sich durch den Küstensand, mit dem ihr Grab bedeckt war. Dieser Komplex, der dem Offizier Diego Maldonado zugesprochen wurde, befand sich in der Nähe des *acclahuasi*.

Die große Anlage des *acclahuasi* (Haus der Erwählten [Frauen]), beherbergte Hunderte von Frauen, die ihr Leben in den Dienst des Staates gestellt hatten. Dieser Gebäudekomplex bestand aus vielen Räumen, darunter aufwändig gestaltete Lagerstätten für Mais. Eine der wichtigsten Funktionen der erwählten Frauen war es, Maisbier, *chicha*, für die vom Staat abgehaltenen Rituale herzustellen. Während der Besetzung durch die Spanier wurde der *acclahuasi* weitgehend zerstört. Der Rest wurde dem Erdboden gleichgemacht als die Nonnen des Dominikaner-Ordens an dieser Stelle im Jahre 1605 das Kloster von Santa Catalina errichteten.

Zur Zeit seiner Hochblüte bestand Cuzco aus einem lose, gitterförmig angeordneten System dieser Gebäudekomplexe, durch enge Straßen unterteilt. Außen waren die „Gebäudekomplexe mit den großen Innenhöfen", *canchas*, durch dicke Mauern aus sehr fein gearbeiteten Steinen von der Außenwelt abgetrennt. Manche dieser Mauern erreichten eine Höhe von bis zu 5 Metern. Einige wenige dieser Außenmauern haben überlebt und können bis heute bewundert werden.

Cuzco war mit zahlreichen kleinen Heiligtümern ausgestattet. Im Prinzip war die ganze Stadt ein Heiligtum und Reisende beteten und opferten auf den umliegenden Bergen, wenn sie Cuzco das erste Mal erblickten. Es gab zwischen 300 und 400 die Stadt Cuzco umgebende Schreine, die von den Inka als heilig angesehen wurden. Viele dieser heiligen Stätten waren entlang von 42 Wegen angeordnet, die vom Coricancha ausgehend aus der Stadt Cuzco hinausführten, ähnlich den Speichen eines Rades. Dieser Komplex von Wegen, *ceques* genannt, war ein wichtiger Bestandteil der internen Organisation und Aufteilung Cuzcos und er war Gegenstand intensiver neuster Forschungen (Bauer 1998). Die exquisite Ausführung der Mauern, sowohl der Gebäudekomplexe als auch kleinerer Schreine vermitteln den Eindruck, dass das moderne Cuzco sich wenig vom Inka-zeitlichen Cuzco unterscheidet. Die überwiegende Zahl der kleineren Gebäude wurde jedoch zerstört, nachdem die Spanier die Stadt unter sich aufgeteilt hatten und damit begannen, sie nach europäischem Vorbild umzuformen. Darüber hinaus wurde ein erheblicher Teil Cuzcos nach der langen Belagerung im Jahre 1536 und dann wiederum nach dem großen Erdbeben im Jahre 1650 neu aufgebaut. Im Laufe dieser Wiederaufbauphasen setzten die Spanier viele neue Bauwerke auf ehemals bedeutende Inka-Bauten und Plätze auf. Dennoch hat so viel der ursprünglichen Inka-Architektur überlebt, dass die UNESCO die Stadt 1983 zum Weltkulturerbe ernannt hat. Mehr als eine Million Menschen besuchen Cuzco jedes Jahr, um seine archäologischen Stätten zu bewundern.

CHRISTIANE CLADOS
DIE INKA, *TOCAPU* UND VISUELLE KOMMUNIKATION

Die Kommunikation und der Transfer von Wissen erfolgten in der Kultur der Inka mittels verschiedener visueller Systeme. Neben einer reichen Ikonografie, die auch in der Kolonialzeit und selbst heute noch eindrucksvoll erkennbar ist, gab es mindestens zwei weitere Systeme, die der Vermittlung von komplexer Information dienten. Zum einen handelt es sich hier um die als *quipu* bezeichneten Knotenschnüre, zum anderen um das als *tocapu* benannte Symbolsystem, welches immer wieder eine heftige Diskussion zur Existenz und Nicht-Existenz von Schrift im alten Peru auslöst (Barthel 1971: 63–124; de la Jara 1972: 60–77). Gab es also eine Schrift im Inka-Reich? Diese Frage ist bis heute noch unbeantwortet, auch wenn viele rezente Publikationen trotz mannigfacher Hinweise auf den schrifthaften Charakter von *tocapu* voreilig von schriftlosen Gesellschaften in den Zentralanden sprechen. Schon der Tübinger Ethnologe Thoma Barthel wies 1968 auf dem Amerikanistenkongress in Stuttgart/München mit den

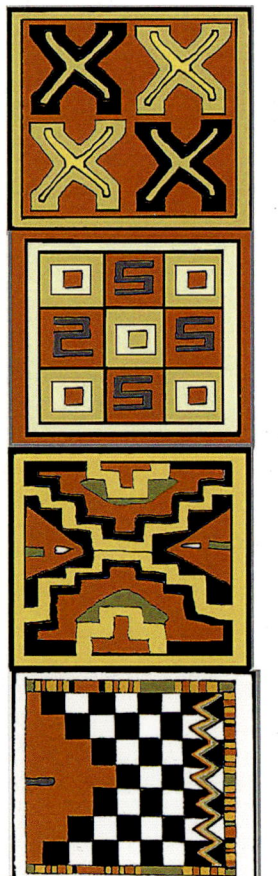

Abb. 8.1
Reihe mit *tocapu* auf einer Viracocha-Tunika. Robert Woods Bliss Collection, Dumbarton Oaks (B-518). Zeichnung: Christiane Clados.

Abb. 8.2 a, b
Hüftband-Tunika und Frauentracht mit diagonaler Anordnung von *tocapu*. 2 c. Viracocha-Tunika mit flächendeckender Anordnung von *tocapu*, und Vasallenkopfschmuck mit zentralem *tocapu*. Zeichnung: Christiane Clados.

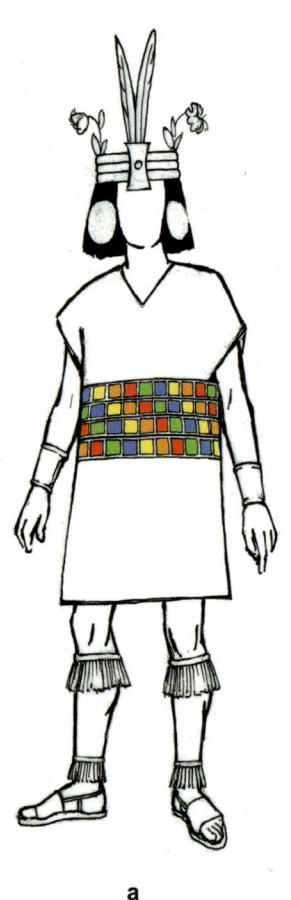

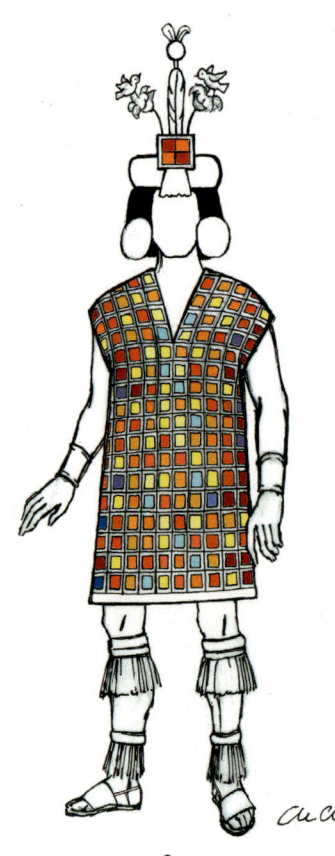

a   b   c

Abb. 8.3
Vorhergehende Seite:
Uncu mit Schrauben-
schlüssel-Motiv. Museum
für Völkerkunde München.
Foto: M. Franke

Worten darauf hin: „Altperu weiterhin als eine frühe Hochkultur ohne jegliche Schrift abzustempeln, dürfte jedenfalls künftig schwieriger werden". Diese Annahme wird zudem durch die Aussagen des spanischen Chronisten Pedro Cieza de León (1947 [1550]: 95) gestärkt, der *tocapu* als 'königliches Gewand' übersetzt und sie gar als Schriftsystem der Inka bezeichnet.

Das Symbolsystem der *tocapu* gehört zu den ungewöhnlichsten des indigenen Amerika. Sein Vorkommen gilt in dem Gebiet des heutigen Peru und Bolivien als gesichert. Während die mesoamerikanischen Schriftsysteme wie beispielsweise das der Maya-Kultur mit der Ankunft der Europäer der Alphabetschrift weichen, überdauert der Gebrauch von *tocapu* trotz Zwangsmissionierung, Minenarbeit, massiven Bilderstürmen, eingeschleppten Krankheiten und dem daraus resultierenden demographischen Kollaps den Kulturclash und erlebt in der Kolonialzeit gar eine Renaissance. Als *tocapu* werden heute gemeinhin meist polychrome Motiveinheiten in Form von Vierecken und Rechtecken bezeichnet, die mit geometrischen Figuren gefüllt sind. Ihre Anordnung erfolgt nach festgesetzten Regeln; in diagonalen Reihen (Adorno 1981: 100–105), nach Art eines Schachbretts (Rowe 1979: 248–256; Clados 2007: 86–91, 96–100) oder in Form sich wiederholender Sequenzen, die als weiteres Indiz dafür gelten dürfen, dass es sich bei *tocapu* um einen visuellen Code handelt (Abb. 2 a–b, 3). Häufig ist auch die verstreute Platzierung einzelner *tocapu* auf großer Fläche (Clados 2012) sowie ihre flächendeckende Anordnung auf den als Viracocha-Tuniken bekannten Männerhemden (Rowe 1996: 453–465). Bedeutende Trägermedien waren Textilien, Gebäude, Waffen und Gefäße aus Ton, Holz und Edelmetall. In der kolonialen und postkolonialen Periode finden sich *tocapu* auf Holzbechern, Keru, Kirchengerät, Wand- und Altardecken sowie Kleidungsstücken (Fischer und Noack 2005).

Abb. 8.4
Uncu mit *tocapu*, Schmetter-
lingsmotiv. Museum für
Völkerkunde Hamburg.
Foto: P. Schimweg

Die Gewänder hochrangiger Inka-Frauen und -Männer waren in der vorspanischen Zeit reich mit *tocapu* verziert. Spanische Chronisten bezeichnen *tocapu* 'Zeichen' und 'verschiedenfarbige Streifen', die dazu gedient hätten, ganze 'auf Kleider geschriebene Geschichten festzuhalten'. *Tocapu* verwiesen auf den sozialen Status und enthielten Angaben zur ethnischen Zugehörigkeit ihres Trägers, das Anbringen dieser Muster auf Kleidungsstücken oder anderen Trägermedien unterlag einer strengen Kontrolle durch die Inka (Kurella 2011: 200). Die restriktive Vergabe bestimmter *tocapu* führte zu einer Hierarchisierung der gesellschaftlichen Gruppen und regelte die Bindung der Ethnien an die Inka. Mit *tocapu* verzierte Textilien dienten ferner als Geschenke zur Festigung politischer Allianzen und nicht zuletzt dazu, Götterbilder und in der Kolonialzeit auch Marienbildnisse zu bekleiden. Ihre Bedeutung blieb selbst in der Kolonialzeit ungebrochen, was auch in der Schaffung neuer Zeichen zum Ausdruck kommt. Auf Ölgemälden der Cuzco-Schule von 1680 ist zu sehen, dass besonders der Inka-Adel und lokale Fürsten, *curacas*, von *tocapu* als Textildekoration starken Gebrauch machen. In ihnen manifestieren sich Ausdrucksformen, die auf Erhalt und Rückbesinnung vorspanischer Traditionen und sogar passiven Widerstand gegen die koloniale Regierung schließen lassen. So entstanden in dieser Zeit eine große Anzahl von Männerhemden,

sogenannte Hüftband-Tuniken, die nach vorspanischem Vorbild mehrere Reihen von *tocapu* in Hüfthöhe aufweisen. Auch die als Vasallenkopfschmuck benannte Kopfbedeckung, die in vorspanischer Zeit vom rangniederen Adel und Beamten getragen wurde, zeigte nun, oft in Verbindung mit europäischer Heraldik, reiche *tocapu*-Dekoration (Dean 1999: 133; Eckhout 2004: 305–323). In derselben Zeit wurden Holzbecher (*kerus*) neben Textilien zum wichtigsten Träger von *tocapu*. In Ermangelung an Bechern aus Gold, deren Gebrauch dem indigenen Adel nun verboten war, waren sie im Gegensatz zur vorspanischen Zeit nicht mehr auf rangniedere Fürsten beschränkt, sondern wurden zum Statussymbol der indigenen Eliten der Kolonialgesellschaft (Cummins 2002; Ramos Gómez 2006: 83–117). Der vorspanischen Tradition folgend wurden die Becher in Paaren angefertigt und in Trinkritualen verwendet, wodurch sie zur Festigung und Weiterführung alter Glaubensvorstellungen beitrugen. Auf ihnen verbanden sich nun vorspanische mit kolonialzeitlichen *tocapu* und traten in Verbindung mit szenischen Darstellungen, die sich von Themen beider Perioden ableiteten. Ob die auf kolonialzeitlichen Bechern aufgebrachten *tocapu*, wie seit langem diskutiert, tatsächlich Angaben zu historischen Ereignissen und Persönlichkeiten enthielten oder aber kosmologische Konzepte visualisierten, bleibt dabei weiterhin umstritten (Ziolkowski 2008: 170–173; Timberlake 2008: 177–193). Denn in rezenten Studien zu *tocapu* zeigt sich, dass klassisch schriftwissenschaftliche Ansätze zur Entzifferung der *tocapu* nur bedingt anwendbar sind (Clados 2012).

Im Zuge der Zerstörung zahlreicher "heidnischer" Gegenstände durch spanische Priester im 16. und 18. Jahrhundert reduzierte sich die Anzahl und Vielfalt von Objekten mit *tocapu*-Dekoration merklich. Dennoch werden auch noch in rezenten Quechuasprachigen Dorfgemeinschaften (Heckmann 2006: 171–192) Textilien für festliche Anlässe hergestellt, die mit auch als *pallay* bekannten *tocapu* verziert sind. Wie schon zur Zeit der Inka dienen sie dazu, das soziale Gedächtnis zu stützen und die direkte Verbindung zu den verehrten Vorfahren aufrechtzuerhalten.

BRIAN S. BAUER / MATTHEW PISCITELLI

DIE IMPERIALE RELIGION DER INKA – SCHREINE UND MUMIEN

Als die Europäer in den Anden einfielen (1532 n. Chr.), war das Inka-Reich der größte Staat in den Amerikas. Er umfasste über 6 Millionen Menschen und erstreckte sich vom heutigen Südkolumbien bis nach Zentralchile.[1] Nach der Mythologie der Inka gründete der erste Inka Manco Capac am nördlichen Ende eines großen, fruchtbaren Tals im Andengebirge die Hauptstadt Cuzco. Von dieser im Hochland gelegenen Stadt aus regierte eine adlige Sippe im Laufe von 13 dynastischen Herrschern über ein Gebiet, das in ihrer Muttersprache Quechua „Tahuantinsuyu" („vier Teile gemeinsam" oder „die vier zusammengehörenden Teile") genannt wird. Cuzco war nicht nur der Sitz der Königsfamilie des Inka-Reiches, sondern auch sein geographisches und spirituelles Zentrum. Im Herzen der Stadt lag der „Coricancha" („Goldener Innenhof"), von den Spaniern auch „Templo del Sol" („Sonnentempel") genannt. Dieser heilige, durch eine Mauer geschützte Hof war der Veranstaltungsort für die wichtigsten imperialen religiösen Riten im ganzen Reich, und er war der Mittelpunkt einer sakralen andinen Landschaft. Gemäß den Aufzeichnungen des spanischen Chronisten Juan Polo de Ondegardo (1916: 55 [1571]), *„war die Stadt Cuzco das Haus und der Wohnort der Götter. Daher gab es keinen Teil der Stadt, keinen Brunnen, keine Straße, keine Mauer, dem nicht ein Mysterium innewohnte."* Religion spielte eine wichtige Rolle in der Staatsführung der Inka und sie beeinflusste in erheblichem Maße die spanischen Bemühungen, das Inka-Reich zu erobern.

Schon bald nach dem ersten Kontakt mit den Europäern zogen diese sakrale Landschaft der Inka und die zentrale Rolle, die sie in deren Weltsicht spielte, die Aufmerksamkeit der Spanier auf sich. Die bedeutendsten heiligen Stätten im Imperium der Inka, wie der Sonnentempel in Cuzco, wurden von den Spaniern geplündert und zerstört, noch bevor sie ihre koloniale Herrschaft über das gesamte Inka-Reich ausdehnen konnten. Im Jahre 1539, als die Eroberungsbemühungen der Spanier einen unumkehrbaren Punkt erreicht hatten, sie aber dennoch erkennen mussten, dass sie die Religion nicht auslöschen konnten, leiteten sie eine Reihe von Maßnahmen gegen religiöse Aktivitäten der Inka, welche sie als „Götzenverehrung" betrachteten, ein.

Als den Spaniern klar wurde, wie wichtig die heiligen Objekte und Orte in der Gesellschaft der Inka waren, konzentrierten sich ihre Maßnahmen ganz besonders auf die Entdeckung und Zerstörung von heiligen Stätten im ganzen Inka-Reich. Diese im allgemeinen Sprachgebrauch als „heilige Stätten" oder „Schreine" bezeichneten Orte wurden von den Inka *huacas* genannt. Um seinen christlichen Mitbrüdern bei der Zerstörung der heiligen Stätten in den Anden zu helfen, verfasste der spanische Klerus genaue Anleitungen. Pablo José de Arriaga (1968 [1621: Ch. 15]), beispielsweise, einer der aktivsten und effektivsten Vertreter der Bewegung gegen „götzendienerisches" Verhalten, verfasste detaillierte Anweisungen, wie heilige Objekte und heilige Stätten der Inka zu erfassen und zu zerstören seien. Er betonte ausdrücklich, dass alle Tempeldiener und „Götzenverehrer" bestraft werden müssten, dass das Objekt der Verehrung pulverisiert werden müsse und dass alles Brennbare, was mit einer *huaca* assoziiert werden könne, ebenfalls erfasst und vernichtet werden müsse. Im Allgemeinen wurde dann an derselben Stelle des Heiligtums ein Kreuz errichtet, um die vollendete Auslöschung zu bekräftigen. Der spanische Chronist Cristóbal de Albornoz (1984 [ca. 1582]), gab ähnliche Ratschläge und wies seine christlichen Mitbrüder sogar an, bei der Zerstörung die Namen und Orte der Schreine und Objekte zu verzeichnen, damit sie später nochmals aufgesucht werden konnten, um etwaige Hinweise auf eine weiter fortgeführte „Götzenverehrung" zu bekommen.

Die Maßnahmen der Spanier gegen die autochthonen Religionen der Inka trafen auf massiven Widerstand und beschleunigten die Herausbildung zahlreicher millenaristischer Kulte. Beispielsweise waren die indigenen Völker der Zentralanden ab den 1560er Jahren von der zehn Jahre anhaltenden Taqui-Oncoy-Bewegung eingenommen, die eine Rückbesinnung auf antike Formen der religiösen Verehrung und eine Vertreibung spanischen Gedankenguts aus dem Hochland propagierte. Dieses gesellschaftliche Aufbegehren verstärkte jedoch wiederum die Bemühungen der Europäer, den Andenvölkern ihre Religion aufzuzwingen und die Religion der Inka zu entwurzeln und zu zerstören. Nichtsdestotrotz zeigen die gemeinsamen Bemühungen der Spanier und die Widerstandskraft der Inka, wie wichtig Religion und religiöse Riten für den letzten indigenen Großstaat der Anden gewesen ist.

Abb. 9.1
Vorhergehende Seite: Außenaufnahme der Coricancha-Mauer mit Convento de San Francisco.
Foto: A. M. Gross/via

Coricancha

Die Inka teilten das Cuzco-Tal (und im Weiteren auch ihr gesamtes Reich) in vier Regionen oder *suyus* ein. Die Stadt Cuzco befand sich an der Stelle, an der alle vier Teile sich an einem Punkt vereinten. Sie war die Achse und das Zentrum des Kosmos der Andenregion. Die Aufteilung der Stadt und des Tals, das sie umgab, spiegeln zudem die Teilung der Gesellschaft in Hälften wieder. Die obere Hälfte von Cuzco, Hanansaya, war nochmals in zwei Viertel geteilt. Das nordwestliche Viertel bezeichnete man als Chinchaysuyu, das nordöstliche als Antisuyu. Die untere Hälfte von Cuzco, Hurinsaya, bestand ebenfalls aus zwei Stadtvierteln. Collasuyu lag im Südosten und Cuntisuyu im Südwesten. Diese vier großen geopolitischen Viertel gingen strahlenförmig aus einem heiligen Komplex hervor, der als Coricancha bezeichnet wird und setzen sich im gesamten Inka-Reich fort. Für die Inka war der Coricancha der heiligste Ort im ganzen Universum.

Der von den Spaniern Sonnentempel genannte Coricancha bestand aus einer Reihe von Gebäuden und Hofanlagen, die von einer großen Außenmauer umgeben waren. Inner-

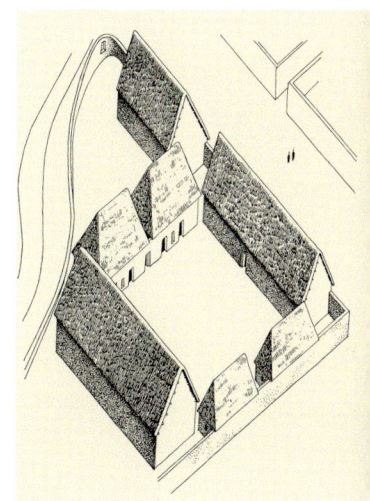

Abb. 9.2
Rekonstruktionszeichnung des Coricancha. Nach: Gasparini und Margolies, (1980: 229)

halb des Zeremonialkomplexes lagen Tempel, die verschiedenen Gottheiten geweiht waren sowie mehrere Räume für die Tempeldiener und die Lagerung der Opfergaben. Frühe Beschreibungen der Anlage lassen vermuten, dass ihre Mauern mit Gold verkleidet waren. Francisco de Xerez (1872 [1534]), dem Sekretär Francisco Pizarros zufolge, schmückten 700 Platten Feingold diejenigen Mauern, auf die die Sonne fiel. Eine weitere große Zahl von Goldblechen bedeckten andere Teile des Coricancha. Xerez berichtet von über 2.800 Platten.

Der Coricancha beherbergte viele der feinsten Gold- und Silberobjekte des Inka-Reiches. Er wurde 1533 teilweise geplündert, um den Lösegeldbetrag für den letzten Inka-Herrscher zusammenzutragen. In der zentralen Hofanlage gab es einen goldenen Altar, auf dem die größte Sonnenstatuette stand. Dieses hoch verehrte goldene Abbild der Sonne, das *punchao* („Sonnenlicht") stand für die Herrschaft der Inka. Mehrere Chronisten der Kolonialzeit schrieben, dass die Statuette die Gestalt eines Mannes hatte (Molina 1989 [ca. 1575]; Sarmiento de Gamboa 1907 [1572]). Der Coricancha

Abb. 9.3
Orejón, kleine Opfergabe in Form eines Inka-Adligen, erkennbar an den großen Ohrläppchen. Linden-Museum Stuttgart. Foto: A. Dreyer

Abb. 9.4
Frauenfigur aus Silber. Ministerio de Cultura del Perú – Museo Nacional de Arqueología, Antropología y Historia del Perú, Lima. Foto: D. Giannoni

beherbergte auch das silberne Abbild des Mondes, in Form einer weiblichen Statuette (Molina 1989 [ca. 1575]; Garcilaso de la Vega 1966 [1609]). Diese Heiligenfiguren gehörten zu den am meisten verehrten des Inka-Reiches.

Das herausragendste Merkmal des Coricancha jedoch war der so genannte „Garten der Sonne", der verschiedene lebensgroße Figuren aus Gold und Silber beherbergte. Pedro Pizzaro überlieferte einen frühen Augenzeugenbericht des Gartens:

„Abseits des Raumes, wo die Sonne sich zur Ruhe bettete, legten sie einen kleinen Acker an, der sich von einem großen Anbaufeld kaum unterschied und auf dem sie zur passenden Jahreszeit Mais aussäten. Sie bewässerten ihn von Hand mit Wasser, das als Geschenk an die Sonne herbeigebracht worden war. Und zu der Zeit, wenn sie ihre Feste feierten, was drei Mal pro Jahr geschah, nämlich: wenn sie Mais aussäten, wenn sie Mais ernteten und wenn sie orejones „machten, [männliche Initiationsriten durchführten bei denen kleinen adligen Jungen die Ohrläppchen durchbohrt wurden], füllten sie den Garten mit goldenen Maiskolben, deren Kolben und Blätter echtem Mais sehr ähnlich sahen. Sie bestanden

Abb. 9.5
Innenraum des Coricancha.
Foto: A. M. Gross/via

Abb. 9.6
Großer Mahlstein für Mais, stammt nach Angaben des British Museum aus dem Coricancha. © The Trustees of The British Museum. Foto: M. Row

Abb. 9.7
Goldenes Lama, Miniatur.
© The Trustees of The British Museum. Foto: M. Row

jedoch aus Feingold, allein zu dem Zweck aufbewahrt um zu dem gegebenen Anlass aufgestellt zu werden" (Pedro Pizzaro 1921 [1571]: 255).

Leider haben diese außergewöhnlichen Reichtümer die spanische Invasion nicht überstanden. Die reichen Schätze aus dem Coricancha wurden nach Cajamarca transportiert, eingeschmolzen und dann als Goldbarren nach Spanien gebracht.

Im Zuge der Aufteilung Cuzcos durch die Spanier übernahm Juan Pizarro, ein Bruder des berühmten Eroberers, die Kontrolle über den Coricancha (Hemming und Ranney 1982: 82; Rowe 1944: 40). Nach seinem Tode wurde der Tempel den Dominikanern übergeben, die das Zentrum der Welt der Inka allmählich zum Mittelpunkt einer mächtigen christlichen Institution umformten und den Tempel mit ihrem Kloster Santo Domingo überbauten. Trotz einer heftigen Erdbebenserie verblüfft der Coricancha noch heute seine Besucher. Die großen Außenmauern und die abgerundete westliche Ecke des ursprünglichen Sonnentempels sind weltberühmt für die Handwerkskunst der Inka und dienen als Zeugnis ihrer einst so mächtigen Religion.

Abb. 9.8
Becher aus der Gold-Kupferlegierung *tumbaga*.
Niedersächsisches Landesmuseum Hannover.
Foto: K. Schmidt

Ceques

Die meisten spanischen Aufzeichnungen berichten über die Zweiteilung (*hanan/hurin*) und die *suyu*-Einteilung des Cuzco-Tals, in dessen Mittelpunkt der Coricancha liegt. Der spanische Chronist Bernabe Cobo beschreibt außerdem noch ein damit zusammenhängendes, aber sehr viel komplexeres Aufteilungssystem der Inka (Cobo 1956 [1653]: 169–186; 1979 [1653]: 14–61; 1990 [1653]: 51–84 [1653: Bk. 13, Kap. 13–16]; auch in Rowe 1981 und Bauer 1998). Zusätzlich zu der Aufteilung Cuzcos in zwei Hälften (Hanansaya und Hurinsaya) und der Aufteilung des Tals in Viertel (Chinchaysuyu, Antisuyu, Collasuyu und Cuntisuyu), wurde die Region um Cuzco, so berichtet Cobo, nochmals durch 42 abstrakte Linien oder *ceques* unterteilt, die alle vom Zentralpunkt der Stadt ausgingen. Der Verlauf der *ceques* wurde durch den Standpunkt von 328 heiligen Stätten oder *huacas*, die Cuzco umgaben, bestimmt.

In seinem Bericht weist Cobo darauf hin, dass die ersten drei Viertel Chinchaysuyu, Antisuyu und Collasuyu jeweils neun *ceques* enthielten. Die Verteilung der *ceques* in

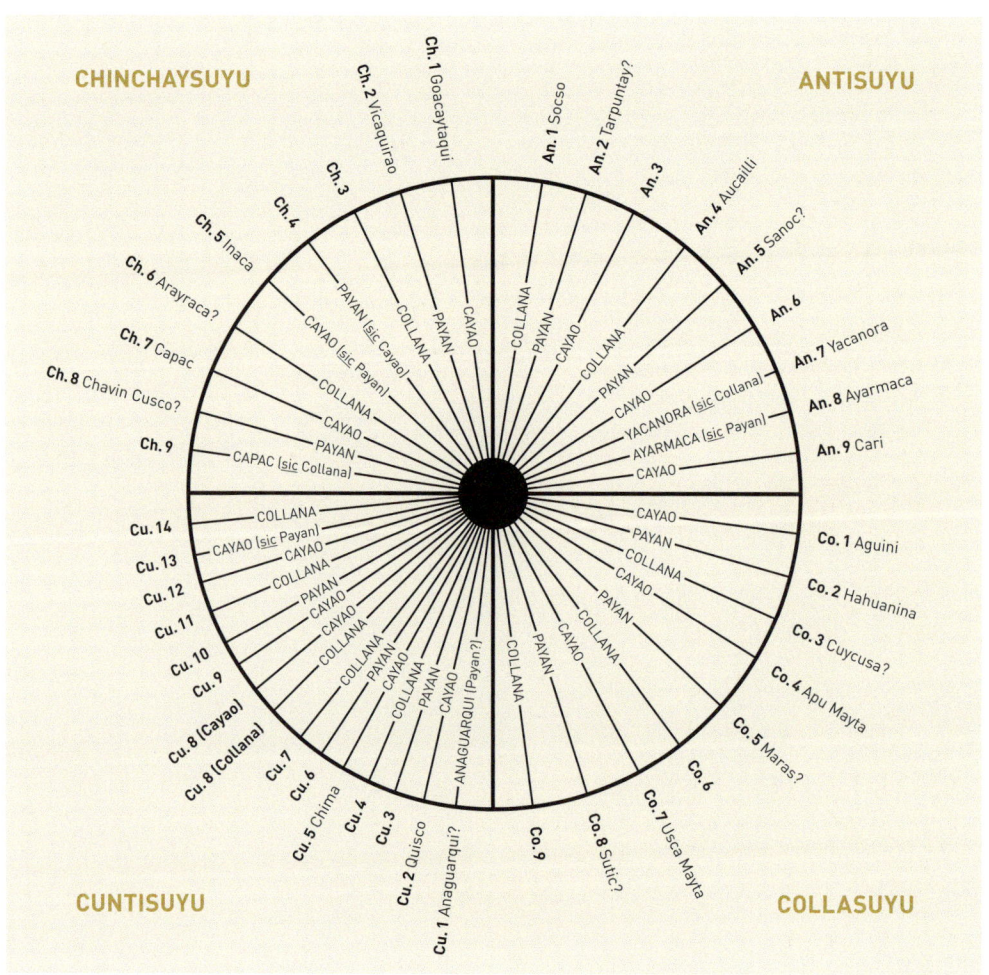

Abb. 9.9
Das System der *ceques*.
Kartengrundlage: Bauer (1998: 47); Gestaltung: FORMATION münchen

Cuntisuyu, dem vierten *suyu*, ist noch komplexer. In diesem *suyu* zählt Cobo 14 *ceques*, aber er berichtet, dass ein *ceque*, der achte, geteilt war und zwei verschiedene Namen hatte: Collana und Cayao. Feldforschungen in Cuzco ergaben, dass dieser *ceque* eigentlich aus zwei unterschiedlichen Linien bestand, die beide aus Cuzco in die Umgebung ausstrahlten. Demnach bestand Cuntisuyu nicht wie von Cobo berichtet aus 14, sondern insgesamt aus 15 *ceques*.

Ferner wird berichtet, dass die ersten drei Viertel Chinchaysuyu, Antisuyu und Collasuyu jeweils die gleiche Anzahl an *ceques* hatten, jedoch auf unterschiedlich viele Schreine verwiesen: Chinchaysuyu enthielt mindestens 84, Antisuyu hatte 78 und Collasuyu 85 heilige Stätten. Das letzte Viertel Cuntisuyu ist komplexer. Höchstwahrscheinlich enthielt Cuntisuyu 15 *ceques* und mindestens 80 Heiligtümer. Die *ceques* jedes einzelnen *suyus* wurden in Dreiergruppen unterteilt. Chinchaysuyu, Antisuyu und Collasuyu enthielten jeweils drei *ceques*-Gruppen, Cuntisuyu hatte dagegen fünf Gruppen. Die *ceques* innerhalb jeder Gruppe wurden entweder als *collana*, *payan* oder *cayao* beschrieben. Verschiedene Dokumente aus der Zeit der Eroberung und der Kolonialzeit weisen darauf hin, dass Begriffe, die mit *collana*- beginnen und mit -*cayao* enden mit der Höhe des Ansehens in Zusammenhang stehen.

Die Schreine oder *huacas* der Cuzco-Region waren oft natürliche Landschaftselemente wie Höhlen, Felsblöcke und Quellen, manchmal aber auch von Menschenhand geschaffene Bauwerke wie Häuser, Brunnen oder Wassersysteme. Viele dieser heiligen Stätten hatten ihren Status durch ein Ereignis in der Inka-Mythologie erlangt. Andere *huacas* wiederum wurden verehrt, weil sie in Verbindung mit einem bestimmten Herrscher der Inka standen wie besonders gekennzeichnete Plätze, an denen wichtige Ereignisse im Leben eines Inka stattgefunden haben sollen. Etliche Schreine im *ceque*-System dienten als Landgrenzen zwischen unterschiedlichen Gruppen oder hatten etwas mit dem Bewässerungssystem des Cuzco-Tals zu tun (Sherbondy 1982, 1986; Zuidema 1986). Gewisse heilige Stätten kennzeichneten symbolisch bedeutsame Orte, beispielsweise Bergpässe, von denen aus Cuzco als erstes zu sehen war. Andere waren Landmarken für astronomische Erscheinungen gemäß des Inka-Kalenders. Drei der *huacas* sollen beispielsweise Reihen von Türmen auf den Cuzco umgebenden Hügeln gewesen sein. Diese Türme sollen die Sonnenuntergänge an wichtigen Tagen des rituellen Kalenders der Inka markiert haben (Bauer und Dearborn 1995).

Cobo weist besonders darauf hin, dass Diener und Hilfskräfte der verschiedenen Ahnengruppen der Cuzco-Region (*panacas* und *ayllus*) dafür verantwortlich waren, bei den *huacas* bestimmter *ceques* Opfergaben zu bringen (Cobo 1979: 14 [1653: Bk. 13, Kap. 13]). Demnach scheint es, dass die räumliche Aufteilung des Cuzco-Tals, das durch den Verlauf der *ceques* bestimmt war, direkt mit der sozialen Organisation der Hauptstadt in Zusammenhang stand und zwar durch die rituellen Aufgaben, für die bestimmte Verwandtschaftsgruppen verantwortlich waren. Im weiteren Sinne dienten die *huacas* und *ceques* von Cuzco als Hilfsmittel zur Überwachung der heiligen Orte um Cuzco sowie zur Bestätigung der sozialen Ordnung der Inka. Demnach ist das *ceque*-System von Cuzco wahrscheinlich eines der komplexesten präkolumbischen Ritualsysteme, das je auf dem amerikanischen Doppelkontinent erfasst wurde.

Die königlichen Mumien

Abb. 9.10
Eine Inka-Mumie wird im November zum Totenfest getragen. Nach Guaman Poma 1615

Ein ganz besonderes heiliges Objekt oder *huaca* bei den Inka waren die mumifizierten Körper der verstorbenen Herrscher. Obwohl die Ahnenverehrung in der Andenregion weit in der Geschichte zurückreicht, erlangte sie im Inka-Reich höchste Vollendung. Als die Spanier eintrafen, waren sie erstaunt, in den Haupthöfen der Paläste von Cuzco die mumifizierten Inkakönige und Königinnen ausgestellt zu sehen, denen Orakel zugeordnet waren, die für sie sprachen und Diener, die ihre Bedürfnisse erfüllten. Mehrere Male pro Jahr wurden die Mumien in chronologischer Reihenfolge auf dem Hauptplatz von Cuzco versammelt. In der übrigen Zeit residierten sie in der Zurückgezogenheit ihrer Paläste oder in den nahe gelegenen königlichen Landsitzen. Die königlichen Mumien erfüllten gleich mehrere Zwecke: Sie gaben dem gegenwärtigen Herrscher seine Legitimation als Nachfahre einer langen dynastischen Abstammungslinie, dienten ihm als Ratgeber, waren Botschafter gegenüber fremden Gruppen und anderen königlichen Dynastien, und sie dienten den Adelshäusern von Cuzco als Mittel, ihren Einfluss und ihre Macht bei internen Angelegenheiten zu stärken, ohne den gegenwärtigen Inka-Herrscher direkt oder öffentlich in Frage stellen zu müssen (Bauer 2004; Bauer und Rodriguez 2007).

Die Spanier sahen die Mumien und ihre Kulte als geistliche und politische Bedrohung christlicher Herrschaft in den Anden. 1559 leitete Polo de Ondegardo, der oberste Magistrat von Cuzco, Maßnahmen gegen die Götzenverehrung ein, um die Region von jeglichen Überresten der Ahnenverehrung der Inka zu reinigen. Er ließ alle Königsmumien ausfindig machen und zerstören. Dadurch wollte er die „götzendienerischen" Riten um den Mumienkult offen legen. Polo de Ondegardo entdeckte und zerstörte einige der mumifizierten Inka-Könige und -Königinnen. Historischen Quellen zufolge wurden jedoch mehrere Mumien zum Vizekönig nach Lima geschickt, um sie dort im Krankenhaus San Andrés öffentlich auszustellen. Der spanische Chronist José de Acosta verfasste 1590 die beste Beschreibung der königlichen Mumien in Lima. Während des Transports von der kühlen, trockenen Region in Cuzco nach Lima in ein warmes, feuchtes Klima soll laut Acosta bei mehreren Mumien der Verwesungsprozess eingesetzt haben (Acosta 1986 [1590]). Der letzte Augenzeugenbericht, 1638 von Antonio de la Calancha (1981 [1638]) verfasst, zeigt jedoch, dass sich die königlichen Mumien noch immer im Krankenhaus San Andrés befanden.

Lange Zeit waren Wissenschaftler davon ausgegangen, dass die königlichen Mumien noch immer im Krankenhaus San Andrés zu finden sind. Jedoch war kein Versuch, die Mumien zu finden, erfolgreich. Im Rahmen des von der Stadt finanzierten Wiederaufbauprojekts von 1877 sowie einer archäologischen Ausgrabung von 1937 (Riva-Aguero 1966 [1938]), erreichte man eine deutlich erkennbare Gruft unterhalb der Kirche des Krankenhauses und entdeckte darin eine, vielleicht zwei weitere kleinere Gruften. Da dieser Abschnitt unglücklicherweise jedoch als Krankenhausfriedhof genutzt worden war, fand man dort tatsächlich menschliche Überreste. Die Inka-Mumien waren jedoch nicht darunter. 2001 wurde der Boden unterhalb des Krankenhauses mittels Radar untersucht, wobei mehrere Anomalien innerhalb der Erdschichten festgestellt werden konnten. 2005 wurden sie geortet, um sie auszugraben. Die archäologischen Untersuchungen brachten eine kolonialzeitliche Besiedlung und eine Abfallgrube der Kolonialzeit zu Tage, außerdem das Fundament eines Brunnens, einen Teil des Krankenhausfriedhofs aus der Kolonialzeit und ein verschüttetes Gewölbe (Bauer und Coelle Rodriguez 2007). Die gewölbten Räume, die sich außerhalb des Krankenhausfriedhofs befanden, bestanden aus einer steilen Treppe und einem langen Gang, der zu einer Kammer führte, die vielleicht einmal als Krypta gedient hatte. Trotz der unternommenen Anstrengungen wurde kein Hinweis auf die Königsmumien der Inka gefunden. Somit bleibt der endgültige Ruheplatz der mumifizierten Herrscher unbekannt.

Zusammenfassung

Das Inka-Reich war der letzte in einer langen Reihe von Staaten, die sich in der Geschichte der indigenen Bevölkerung Südamerikas herausgebildet hatten. Der Kern des inkaischen Staatswesens stützte sich auf eine stark ideologisch geprägte Machtstruktur, in der Religion und Riten als soziale Bindemittel dienten, um Allianzen zu schließen, um Unterwerfung zu erhalten und sogar um Kriege anzufachen. Die Inka bewohnten eine sakrale Landschaft, die übersät war mit heiligen Orten und Objekten. Ihre kosmische Weltsicht wurde im wörtlichen Sinne auf die Landschaft übertragen, da ihre Hauptstadt Cuzco mit ihrem Coricancha, dem heiligsten aller Orte, im Zentrum eines breiten sozialen Netzwerks lag. Die Religion der Inka spielte im Leben dieser Andenzivilisation eine so bedeutende Rolle, dass die Spanier über lange Zeit damit befasst waren, jedwede nicht-christliche Aktivität in den Anden zu beseitigen. Trotzdem ist die Religion der Inka mit ihren königlichen Mumien, dem Sonnentempel oder dem komplexen System der Schreine, bis heute ein faszinierendes Studiengebiet.

[1] Weitere Informationen zu diesem Thema in Bauer 1998 und 2004.

MACHU PICCHU UND DIE KÖNIGLICHEN LANDSITZE DER REGION CUZCO

KYLIE QUAVE / BRIAN S. BAUER

Fast vier Jahrhunderte nachdem die spanischen Truppen in den Anden eingefallen waren und den politischen Niedergang des Inka-Reiches herbeigeführt hatten, wurde Machu Picchu in der übrigen Welt bekannt gemacht. Dieses Ereignis bereitete den Weg für archäologische Forschungen im Großraum Cuzco, die über Jahrzehnte andauerten. Die Wissenschaftler erweiterten ihren Radius über die Hauptstadt des Inka-Reiches hinaus, und untersuchten neben Cuzco auch viele andere monumentale Ruinenstätten, die im Zentrum des Reiches lagen. In diesem Kapitel wird die Wiederentdeckung von Machu Picchu behandelt und erläutert, welche Erholungsstätten die Inka für ihr Herrschergeschlecht außerhalb der Stadt Cuzco bauten.

1908 unternahm Hiram Bingham eine Reise quer über den südamerikanischen Kontinent von Buenos Aires, Argentinien, nach Lima, Peru.[1] Bingham war fast am Ende seiner Reise angekommen, da erfuhr er von einem lokalen Beamten von einer riesigen Inka-Ruinenstätte namens Choqquequirau, zu der er erst kürzlich eine große Arbeitsgruppe geführt hatte, um dort nach Schätzen zu suchen. Choqquequirau war schon seit über einem Jahrhundert bekannt und man nahm an, dass es sich dabei um die Stadt Vilcabamba handelte, der letzten Hauptstadt der Inka. Die Lage der Stadt Vilcabamba war für Wissenschaftler von großem Interesse, da die Inka von dieser Stadt aus 40 Jahre lang (1536–1572 n. Chr.) gegen die Machtübernahme der Spanier in den Anden gekämpft hatten. Bingham brachte mehrere Tage damit zu, Choqquequirau zu fotografieren und zu untersuchen, bevor er seine Reise nach Lima fortsetzte.

Bis zu diesem Zeitpunkt war Bingham eher an der Kolonialgeschichte Lateinamerikas und an der Verfassung von Reiseberichten interessiert gewesen, als daran, gezielt Forschungen über die Inka anzustellen. Dies sollte sich bald ändern. Nach seiner Rückkehr in die USA erfuhr Bingham, dass man in der Wissenschaft mittlerweile die über lange Zeit bestehende Annahme anzweifelte, bei der Ruinenstätte Choqquequirau handele es sich um die verlorene Stadt Vilcabamba. Es waren mehrere Dokumente in den Archiven gefunden worden, die zusätzliche Informationen über die letzten Jahre des Widerstands der Inka in den Anden enthielten. Bingham organisierte daraufhin eine weitere Expedition nach Peru, bei der er mehrere Ziele verfolgte: Eines davon war es, die Inka-Städte Vilcabamba und Vitcos zu finden, die in der Zeit nach dem ersten Kontakt mit den Spaniern (1531–1572 n. Chr.) die zwei bedeutendsten Inka-Städte waren.

Es war ungewöhnlich, dass jemand wie Bingham diese Expedition organisierte, denn er war weder Archäologe, noch Bergsteiger, sondern Professor für die Geschichte Latein-

Abb. 10. 1
Vorhergehende Seite: Panoramablick auf Machu Picchu. Foto: C. Wawra

Abb. 10.2
Die Inka-Stätte Choqquequirau. Foto: B. S. Bauer

Abb. 10.3
Hiram Bingham.
Foto: H. Bingham. National Geographic Stock.

Abb. 10.4
Die Bingham-Expedition auf dem Weg nach Machu Picchu. Foto: H. Bingham. National Geographic Stock.

amerikas. Außerdem hatten sich seine Forschungsarbeiten bisher auf die südamerikanischen Unabhängigkeitsbestrebungen im frühen 19. Jahrhundert konzentriert. Trotzdem war Bingham ein erfahrener Entdecker und erhielt deswegen für seine Expedition Fördergelder der Universität Yale. Anfang Juli 1911 erreichte er Cuzco. Aufgrund von Informationen, die Bingham aus damals gerade entdeckten spanischen Dokumenten entnahm, die die letzten Jahrzehnte der Inka beschrieben und ihm von Carlos Romero (1909) überlassen wurden, vermutete er, dass Vilcabamba und Vitcos in der Nähe der Stadt Puquiura im Nordwesten von Cuzco zu finden seien. Sicher war er sich allerdings nicht, da bereits Antonio Raimondi vor vielen Jahren (1872) diese Region aufgesucht und nie von Ruinenstätten berichtet hatte.

Abb. 10.5
Machu Picchu, wie es sich Hiram Bingham präsentierte. Foto: H. Bingham. National Geographic Stock.

Abb. 10.6
Zwei indigene Bauern in den Ruinen von Pisac. Foto: F. Garreaud, Písac, Aufnahmezeitpunkt 1898–1900. Niedersächsisches Landesmuseum Hannover

Aufgrund mehrerer Tipps, die Bingham im Zusammenhang mit Inka-Ruinen bekam, die sich im unteren Urubamba-Tal befinden sollten, verließ er am 19. Juli Cuzco und erreichte Ollantaytambo am nächsten Tag. Bingham befolgte den Rat von Bekannten, vor allem den des Rektors der Universidad Nacional de Cusco, Albert Giesecke und beschloss, eine noch relativ neue Route entlang des Urubamba-Flusses zu nehmen. Zwei Abende später, als sie in der Nähe einer scharfen Flussbiegung ihr Lager aufschlugen, informierte sie ein Farmer darüber, dass es auf einem nahegelegenen Bergkamm Ruinen gäbe. Am nächsten Tag machte sich Bingham mit seiner Militäreskorte und dem Farmer auf, um die Ruinenstätte zu besuchen. Ein paar Stunden später stand er am Rande einer wunderbar erhaltenen, jedoch stark überwucherten Inka-Stadt. Kaum eine Woche nachdem er Cuzco verlassen hatte, war Bingham auf Machu Picchu, eine der großartigsten vorspanischen Stätten Perus, gestoßen.

Bingham weist in seinen frühen Berichten ausdrücklich darauf hin, dass er, im Gegensatz zur weitverbreiteten Ansicht nicht der Erste war, der von Machu Picchu gehört oder der die Ruinenstätte besucht hatte. 1875 erfuhr Charles Wiener (1880) von einer Reihe großer Ruinen flussabwärts des Urubamba, die Huayna Picchu und Machu Picchu genannt wurden. Er war jedoch nicht in der Lage, sie aufzusuchen. Eine Vielzahl von Personen ist den Fluss Urubamba entlang gereist und ohne Zweifel haben auch sie Geschichten von den Ruinen gehört, die hoch über den steilen Felshängen des Canyons liegen sollen, manche von ihnen haben sie vielleicht sogar besucht. Albert Giesecke hatte beispielsweise, im selben Jahr von den Ruinen von Machu Picchu gehört und gab seine Informationen in Cuzco an Bingham weiter. Außerdem merkt Bingham an, dass er in Cuzco einen Goldsucher befragte, der die Ruinenstätte möglicherweise schon gesehen hatte. Zudem wohnten mehrere Farmer in der Nähe der Stätte, als Bingham sie besuchte und einer von ihnen hatte, wie Bingham herausfand, seinen Namen mit der Jahreszahl 1902 auf eine der Mauern geschrieben.[2]

Da Bingham unbedingt auch die Region besuchen wollte, die im Allgemeinen als Vilcabamba bezeichnet wird, verbrachte er nur ein paar Tage in Machu Picchu, bevor er dann am Urubamba weiter flussabwärts reiste und anschließend den Zufluss, der Vilcabamba-Fluss genannt wird, flussaufwärts reiste. Im Laufe der folgenden zwei Wochen fand Bingham die Ruinen der Inka-Stadt Vitcos und besuchte die kaum bekannte archäologische Fundstätte Espiritu Pampa, die von Vegetation vollkommen bedeckt war. (Leider erfuhr Bingham nie, dass die Ruinen von Espiritu Pampa die Überreste von Vilcabamba waren, der berühmten letzten Hauptstadt der Inka.)

Nach der Besichtigung der Ruinen von Espiritu Pampa trat Bingham seinen langen Rückweg nach Cuzco an. Mit den Ergebnissen seiner Expedition war er außerordentlich zufrieden. Es war bemerkenswert, dass Bingham in weniger als einem Monat gleich eine Reihe von Inka-Stätten entdeckt hatte. Darunter waren Machu Picchu, Vitcos, Espiritu Pampa sowie ein paar kleinere Stätten. Wie Hemming (1970: 488) ganz richtig anmerkt: Obwohl Bingham 1912 und 1914–1915 eine Reihe von anderen Expeditionen in diese Region leitete, bei denen die von ihm gefundenen Ruinen gesäubert werden und weitere wissenschaftliche Informationen gesammelt werden sollten, *„reichte nichts, was bei diesen zwei großartigen Expeditionen entdeckt wurde, an die Brillanz und Bedeutsamkeit der Orte heran, die Binghams vierwöchiger erster Aufenthalt in der Region zu Tage brachte"*.

In seinen ersten veröffentlichten Berichten stand Bingham der Idee, dass es sich bei Espiritu Pampa um die Inka-Stadt Vilcabamba handeln könnte, zwiespältig gegenüber (1912a, 1912b; 1914). Einerseits war Bingham sorgfältig den Orten gefolgt, die in mehreren kolonialzeitlichen Dokumenten erwähnt wurden. Sie führten ihn direkt zur überwachsenen Stadt von Espiritu Pampa. Andererseits schien Espiritu Pampa kleiner zu sein als das, was sich Bingham unter der letzten Hauptstadt der Inka vorgestellt hatte. Außerdem verfügte die Ruinenstätte auch nicht über die beeindruckenden Steinarbeiten, die er in Machu Picchu gesehen hatte.

Als die Bedeutsamkeit und die architektonische Größe von Machu Picchu nach späteren Expeditionen ersichtlich wurden, wandte sich Bingham von seiner geradlinigen Interpretation historischer Dokumente, die seinen Forschungsarbeiten von 1911 zugrunde lagen, ab. Er erlag dem Zauber von Machu Picchu und entwickelte eine kaum unterstützte Theorie, dass Machu Picchu sowohl der mythische Ursprungsort der Inka war, als auch die letzte Hauptstadt des Inka-Reiches. Die Dokumente und archäologischen Aufzeichnungen wurden widersinnig interpretiert, was dazu dienen sollte, dem Geheimnis um Machu Picchu mehr Kraft zu verleihen. Während Bingham und die Mitglieder seines Forschungsteams in den darauffolgenden Jahren viele Wanderungen durch die Region Vilcabamba unternahmen, setzten sie die Forschungen an Espiritu Pampa nicht fort. Für sie endete die Suche nach der letzten Hauptstadt der Inka in Machu Picchu. Für andere Anden-Wissenschaftler jedoch sollte die Erforschung der Rolle, die Machu Picchu während des Inka-Reiches spielte, erst beginnen.

Die königlichen Landsitze der Region Cuzco

Nach einem Jahrhundert kontinuierlicher Forschungsarbeiten an Machu Picchu und an weiteren Inka-Stätten der Region Cuzco, haben Wissenschaftler plausible Erklärungen dafür gefunden, welche Rolle diese Orte während der Zeit der Inka spielten. Man nimmt heute an, dass Machu Picchu einer von mehreren ländlichen Palästen oder königlichen Landsitzen war, die in der Region um Cuzco während der Expansionsperiode der Inka (ca. 1400–1532 n. Chr.) errichtet wurden. Archäologen, Ingenieure und Historiker haben diese königlichen Landsitze und ihre architektonischen Merkmale untersucht. Die Forschungsergebnisse enthüllten die vielfältigen Funktionen, die die königlichen Landsitze in wirtschaftlichen, gesellschaftlichen, religiösen und politischen Bereichen im Inka-Reich innehatten. Anhand der Verknüpfung von Informationen aus Ausgrabungen mit den Informationen aus den Archiven der Kolonialzeit, kann man heute gut nachvollziehen, wie die Inka-Herrscher und ihre Angehörigen die königlichen Landsitze auf Dauer unterhielten – zumindest bis zur spanischen Invasion der 1530er Jahre.

Die königlichen Landsitze der Inka waren Orte des Vergnügens und der Erholung für die adlige Großfamilie des jeweiligen Herrschers. Sie waren jedoch auch ausgedehnte Anlagen, die zur umfangreichen Produktion landwirtschaftlicher Güter und zu anderen Formen der Schaffung von Wohlstand dienten. Im 13. Jahrhundert n. Chr. begannen die Inka aus Cuzco mit einer Umgestaltung der Region, die ihr Heimattal umgab (Bauer und Covey 2002). Ein wichtiger Bestandteil dieser Umwandlung war die Systematik, die mit der Einrichtung der königlichen Landsitze einherging. Die Herrscher und diejenigen, die ihrer adligen Großfamilie oder Verwandtschaftsgruppe, *panaca*, entsprangen, beanspruchten unbewohntes Land sowie die Gebiete von rebellischen benachbarten Siedlern (Covey 2011). Sie forderten Arbeit als Tribut um ihre Paläste zu errichten, bewässerte Terrassen für den landwirtschaftlichen Anbau anzulegen, Gebiete für Jagd und Holzgewinnung einzugrenzen und um Gärten, Weideland, Lagerhäuser, Salinen und vieles mehr anzulegen (Niles 1987, 2004). Im Namen des Herrschers und seiner *panaca* wurden neue Ressourcen erschlossen, was in der dauerhaften Beschäftigung von Arbeitskräften mündete, die hierher umgesiedelt wurden, um Nahrungsmittel und andere Güter für die Inka-Elite und ihr Personal zu produzieren (Covey und Amado 2008). Nach dem Tod des Herrschers wurden die Landsitze weiterhin betrieben, wahrscheinlich um für die Mumie des Herrschers zu sorgen und um ihr Opfergaben zu bringen (Bauer und Coello Rodríguez 2007, Cobo 1990 [1653]: 40–43), aber auch um das politische, religiöse und wirtschaftliche Wohl seiner hinterbliebenen Angehörigen zu sichern, denn diese ließen ihre Verbündeten, Diener und Untergebenen durch Feste an Glanz und Gloria auf dem Anwesen teilhaben um sich für ihre Loyalität und Arbeit zu bedanken.

Ein besonders wichtiges Element unter den Besitztümern eines jeden Herrschers war es, mindestens eine Landresidenz zu besitzen, die ihren Palast im Zentrum von Cuzco ergänzte. In anderen Worten: anstatt einen großen Palast zu haben, in dem alle aufeinander folgenden Herrscher residierten, errichteten die einzelnen Inka-Herrscher jeweils ihre eigenen Stadtpaläste und Landsitze, ausgestattet mit fruchtbarem Land und Personal, das dieses bearbeitete. Da die Bauwerke im Zentrum von Cuzco über lange Zeit hinweg immer wieder verändert und viele der Inka-Paläste dabei zerstört worden waren, schenkten die Archäologen der Architektur der Landresidenzen die meiste Aufmerksamkeit. Dies trifft vor allem auf die Projekte der peruanischen Regierung zu, die sich auf die architektonische Rekonstruktion und Restaurierung konzentrieren. Die Anwesen der Inka, darunter die königlichen Residenzen, die großen Plätze und die aufwändigen Sonnentempel, werden heute als Symbole der Staatsmacht interpretiert, die Ordnung schaffen und gleichzeitig den Menschen, die im Kerngebiet lebten, die Macht der Inka vor Augen führen sollten (Nair 2003, Niles 1999, Salazar und Burger 2004). Sie dienten aber auch als Veranstaltungsorte für große Zeremonien und Feste mit den Bewohnern und Arbeitern, die auf dem Anwesen tätig waren.

Die Errichtung der aufwändigen königlichen Landsitze, die hier diskutiert werden, beginnen mit den Herrschern Inca Roca, Viracocha Inca und Pachacutec Inca Yupanqui. Die Landsitze früherer Herrscher wurden zuerst noch innerhalb des Hochtals von Cuzco errichtet, spätere Könige bauten ihre Residenzen weiter von der Stadt entfernt. Viracocha Incas Anwesen Caquia Xaquixaguana lag beispielsweise in unmittelbarer Nähe des Urubamba-Tals (Covey 2006, Kendall et al. 1992). Ein kolonialzeitliches Dokument aus dem Archivo General de Indias (Sevilla) in Spanien listet einige ländliche Residenzen von Viracocha an auf:

Viracocha Inca in Caquia, Xaquixaguana und Paucartica und sein Sohn Pachacutec Inca Yupanqui in [Ollantay] tambo und in Pisac und Pachacuti Yupanquis Sohn Topa Inca Yupanqui in Chinchero und Guaillabamba und sein Sohn Huayna Capac im Tal von Yucay und der Siedlung Quispiguanca und Huascar Inca, der Sohn von Huayna Capac, in Calca und Mohina und der Siedlung Huascar, die alle zum Andenken an ihn und seine ayllu errichtet wurden (Rostworowski 1970: 82, Übersetzung durch den ersten Autor).[3]

Abb. 10.7
Ollantaytambo.
Foto: J. Böttcher

Abb. 10.8
Der königliche Landsitz in
Pisac. Foto: P. Goede

In der späteren Phase des Inka-Reiches gehörte jeder königliche Landsitz einer bestimmten *panaca*, der Großfamilie eines Inka.[4] Cuzcos Landresidenzen verfügten nicht nur über ergiebige Ressourcen, mit denen der Reichtum der *panacas* vermehrt und Zeremonien ausgerichtet wurden, sie dienten auch als Mittel zur Schaffung persönlicher Allianzen und zur Beschwichtigung bestimmter Gruppen. Mit dem Wohlstand, der auf den Anwesen geschaffen wurde, finanzierte man Gruppeninteressen und versorgte die Arbeiter. Man belohnte sie mit öffentlichen Bewirtungen im Rahmen von Festen und verpflegte sie täglich. Eine große Anzahl Bediensteter und Tributpflichtiger kümmerte sich um die Produktion auf dem Anwesen. Sie wurden aus eroberten, vor allem rebellischen Provinzen, herangebracht, um dortige Aufstände möglichst zu unterdrücken und um den Arbeiterpool näher zu den politisch wichtigen und ressourcenreichen Regionen zu bringen (Rowe 1982). Durch dieses Umsiedlungsprogramm waren die Inka-Herrscher in der Lage, ein beständiges Vermögen aufzubauen, das ihren Angehörigen und der Erhaltung ihres Vermächtnisses zu Gute kam.

Abb. 10.10
Intihuatana, Sonnenstein oder Sonnenuhr in Machu Picchu. Foto: C. Wawra

1987 veröffentlichte John Rowe ein Dokument aus dem 16. Jahrhundert, das Pachacutec Inca Yupanquis Besitztümer in „Picchu" beschreibt, welches nahelegt, dass Machu Picchu zu den Landsitzen dieses Königs gehörte. Seit Rowes Veröffentlichung gelten Machu Picchu sowie Ollantaytambo und Pisac als Teil des Bestands dieser *panaca*. Wissenschaftler wie Johan Reinhard (2007) nähern sich Machu Picchu aus einer sakralgeographischen Perspektive und argumentieren, dass der königliche Ruhesitz ein Teil einer größeren sakralen, auf Rituale ausgerichteten Landschaft war. Darunter gehörten auch Orte im Gebiet um den heute von Touristen begangenen „Inka-Trail". Reinhard beruft sich auf die Ausrichtung architektonischer Elemente in Bezug auf astronomische Gegebenheiten (dazu auch Dearborn und White 1983) und auf wichtige, als

Abb. 10.9
Plan von Machu Picchu.
Grafik: Kröner-Verlag

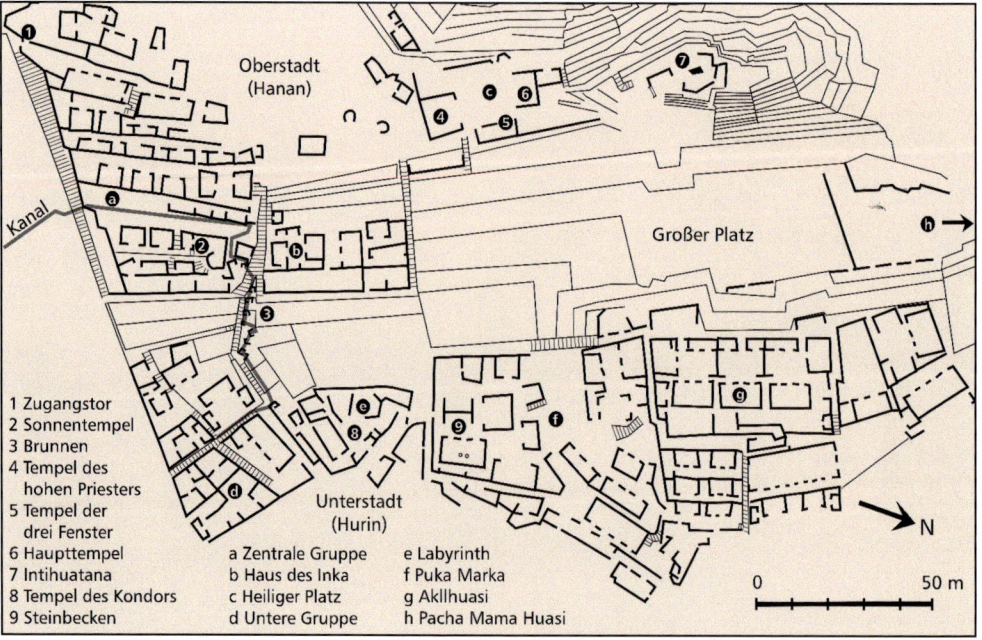

Gottheiten verehrte Berggipfel sowie auf die hohe Anzahl von Heiligtümern in Form von Quellen. Betrachtet man die robusten architektonischen Elemente und die Siedlungsmuster im Zusammenhang mit der erst vor kurzer Zeit vorgenommenen intensiven Analyse der archäologischen Sammlungen Hiram Binghams, dann bekommen die Forscher für bestimmte Hypothesen große Unterstützung: Machu Picchu war weitaus mehr als eine sakrale Landschaft mit Machu Picchu in ihrem Zentrum.

Die beste gegenwärtige Erklärung für die Funktion von Machu Picchu ist die, dass es sich dabei um einen königlichen Landsitz handelt (Burger und Salazar 2004), der in unterschiedliche architektonische Abschnitte unterteilt war: Ein Teil war religiösen oder sakralen Aktivitäten vorbehalten, ein anderer der landwirtschaftlichen Produktion (Wright und Valencia 2000). Es gab Wohnstätten für Herrscher und Adlige, sowie Komplexe, die der Bestattung von verstorbenen Dienern und Adligen dienten (Turner et al. 2009, Turner et al. 2010, Verano 2003). Architektonische Analysen ergaben 150 Bauwerke, die wahrscheinlich Häuser waren und 500–750 Menschen innerhalb des monumentalen Kerns der Anlage beherbergt haben könnten (Salazar 2004: 30). Binghams (1930) Ausgrabungen in Machu Picchu brachten eine Fülle von verzierten Krügen zu Tage, die zur Aufbewahrung und zum Ausschank von *aqha* oder *chicha*, einem fermentierten Maisgetränk benutzt wurden. Außerdem fand man unterschiedlichste verzierte Gebrauchsgegenstände zur Zubereitung von Speisen sowie Serviergefäße. Viele davon entdeckte man in Grabmälern, die meisten Krüge fand man jedoch hauptsächlich auf den zentralen Plätzen, auf denen, so glauben die Forscher, rituelle Aktivitäten und Feste stattgefunden haben (Bingham 1930: 178–79). Bei jüngeren Ausgrabungen fanden Archäologen die Überreste eines Privatgartens, auf dem Orchideen und essbare Getreidesorten angebaut wurden. Außerdem wurden ein königliches Bad und eine Latrine entdeckt. Alle Funde lagen in einem Abschnitt mit begrenztem Zutritt (Salazar 2004: 31–32). In den Bestattungen von Menschen in Machu Picchu fand man inkaische und exotische Töpferware sowie persönliche Metallgegenstände. Isotopische Analysen der menschlichen Überreste weisen darauf hin, dass unter den Verstorbenen auch Migranten waren (Turner et al. 2010), eine These, die durch ethnohistorische Berichte gestützt wird, denen zufolge Arbeiter zwangsweise umgesiedelt wurden. Sie lebten auf dem königlichen Landsitz oder in der Nähe und arbeiteten für die *panaca* als Diener und Experten für die Produktion von Nahrungsmitteln und anderen Gütern (Rowe 1982).

Bei Pachacutec Inca Yupanquis anderen ländlichen Wohnsitzen errichteten die Inka mehrere sich ähnelnde Heiligtümer und Tempel in der Umgebung von Wohnkomplexen. Ollantaytambo und Pisac verfügen über viele heilige Orte, darunter in den Fels gehauene Steinformationen und besonders wichtige Quellen sowie kleine unterirdische Kanäle, die den der Erholung dienenden, heiligen Brunnen speisten. Ollantaytambo beherbergt auch einen Tempel mit einem unverkennbaren polygonal zugeschnittenen rötlichen Rhyolit-Steinblock, dessen Herstellung mit erheblichem Arbeitsaufwand und technischem Fachwissen verbunden gewesen sein muss (Protzen 1993). Pisac weist

Abb. 10.11
Modell des Landbesitzes Macchu Picchu. Maßstab 1:150. HAWK – Hochschule für angewandte Wissenschaft und Kunst. Fakultät Bauen und Erhalten. Studienarbeit des Seminars „Außereuropäische Kulturkreise", WS'12/SS'13 Ltg. Prof. Dipl.-Ing. Martin Thumm.

einen vergleichbaren Tempel auf, der der Sonne geweiht war und zudem als königlicher Wohnsitz diente. Der aus eingepassten Quaderblöcken erbaute Tempel zeigt auf, wie wichtig die Staatsreligion mit der Verehrung der Sonne im Mittelpunkt für den Adel des Reiches war. Pisac war in der Nähe einer Siedlung aus der Zeit vor den Inka erbaut worden, nachdem Pachacutec Inca Yupanqui eine Gruppe, die sich dort im Tal niedergelassen hatte, besiegt hatte, ein Thema, das sich bei vielen königlichen Landresidenzen wiederholt (Covey 2006).

Zusätzlich zu den hochheiligen Elementen in Pachacutec Inca Yupanquis königlichen Landsitzen, verfügten Ollantaytambo und Pisac noch über große Ländereien, die der Landwirtschaft dienten, mit bewässerten Terrassen, ausgedehnten Kanalsystemen und geräumigen Lagerhäusern für die produzierten Überschüsse (Huaycochea 1994, Protzen 1993). Alle befinden sich in sehr produktiven Gebieten in der Umgebung des Urubamba-Flusssystems, das über fruchtbare Böden verfügt, in einer für die Landwirtschaft günstigen Höhe liegt und frisches Wasser im Überfluss bietet. Pachacutec Inca Yupanquis Residenzen haben eine stilistische Gemeinsamkeit: Sie gliedern sich alle in die natürliche Topographie und die sie umgebenden Felsformationen ein. Die Bauwerke sind um hügelige Berghänge errichtet, die Quellen und Brunnen in den Wohnanlagen und Tempeln auffällig positioniert.

Herrscher nach Pachacutec Inca Yupanqui folgten seinem Beispiel und ließen Residenzen in der Umgebung des Urubamba-Tals bauen. Laut Juan de Betanzos, einem spanischen Chronisten des 16. Jahrhundert entwarf und baute Pachacutec Inca Yupanquis Sohn und Thronfolger Tupac Inca Yupanqui den königlichen Landsitz in Chinchero als Anwesen für einen Teil von Cuzcos Elite sowie für sich selbst (1996 [1557]: 159). In Pachacutec Inca Yupanquis Landsitz Machu Picchu fanden Archäologen ebenfalls Hinweise für das gleiche Arrangement: Die Anlage diente als Königsresidenz, nahegelegene Wohnstätten waren für seine adlige Großfamilie gedacht (Salazar und Burger 2004: 342). Betanzos führte an, dass die Lage der Inka-Stätte in Chinchero wegen ihrer Nähe zum See Piuray gewählt wurde und dass der Herrscher die Pläne für den Bau selbst bereitgestellt hatte, die dann innerhalb von fünf Jahren umgesetzt wurden.

Tupac Inca Yupanqui ließ sein Anwesen in Chinchero in der Umgebung von fruchtbarem Weide- und Ackerland erbauen, auf dem man vorwiegend Knollenfrüchte anbaute. Ergänzt wurde die Residenz von den verbesserten Terrassenanlagen seiner *panaca*, weiter unten im Urubamba-Tal und den in der Nähe gelegenen Lagerhäusern. Wie bei den Landresidenzen davor, wurden auch in Chinchero die wichtigsten Elemente – Wohnstätten für den Adel und die großen Plätze – über den Berghängen platziert, die in Terrassen unterteilt und kultiviert wurden. Außerdem waren sie von fein gearbeiteten Steinen gesäumt. Die Hauptanlage ist von kleinen Heiligtümern flankiert, die aus dem Felsen gehauen wurden und um natürliche Quellen am Fuß des Berges angeordnet sind. Angrenzend an den Palast und die zwei großen Plätze befinden sich Pumas, die in den Stein gemeißelt wurden. Abseits des Berghanges, gegenüber der heiligen Wasserquelle, lebten vermutlich die Angehörigen von Tupac Inca Yupanqui in den um einen Innenhof angeordneten Wohnkomplex, der heute, wie in Ollantaytambo von modernen Häusern überbaut ist (Alcina 1970, Nair 2003).

Betanzos Beschreibung der Bauplanung und Ausführung von Huayna Capacs Landsitz klingt ganz ähnlich. Er berichtet, wie der vorletzte Herrscher des Inka-Reiches 150.000 Bewohner in Anspruch nahm, um Teile des Yucay-Tals in ein ertragreiches Agrarland umzuwandeln und um die Königsresidenz von Quispiguanca zu erbauen (1996 [1557]: 170). Betanzos erklärt ebenfalls, dass Huayna Capac zur Fertigstellung des Bauprojekts Untertanten umsiedeln ließ, die fortan in Yucay wohnten und dauerhaft dem Staat dienten. Der Palast Quispiguanca wurde aus rot angemalten Lehmwänden erbaut, die auf einem bearbeiteten Steinfundament fußten (Niles 1999), was eine stilistische Abwandlung der polygonalen eingepassten Quaderfassaden früherer Paläste darstellte. Die Anlage ist von einer Eingrenzungsmauer umgeben, die der Mauer von Chinchero ganz ähnlich ist. Wie in Tupac Yupanquis Landsitz, verfügt sie über dreifach eingetiefte Eingangsportale an zentralen Punkten. Huayna Capacs Landsitz wurde, im Gegensatz zu anderen Anlagen, in der Talebene erbaut, wo er näher an den landwirtschaftlich verbesserten und damit ertragreicheren Feldern lag, die der Herrscher seiner *panaca* als Teil ihres Vermögens überließ. Forscher verfügen über eine ungewöhnlich detaillierte Dokumentation bezüglich der Funktion und des Aufbaus von Huayna Capacs Landsitz (Covey und Amado 2008). Er war ausgestattet mit Salinen, Brücken und Jagdgebieten. Außerdem gab es Agrarland, von dem Teile der Sonne, der Coya, der Inka-Herrscherin, sowie verschiedenen Angehörigen und Vorfahren des Sapa Inka gehörten (Villanueva 1970). Um die 2.000 Bediensteten des Landsitzes blieben in den 1550er Jahren in der Region und gründeten mit Angehörigen anderer ethnischer Gruppen, die in Cuzco geboren waren oder auch aus anderen Provinzen stammten, eigene Haushalte (Covey und Elson 2007).

Abb. 10.12
Der königliche Landsitz Huayna Capacs, Quispiguanca. Zeichnung: Robert N. Batson in Niles (1999: 186–187)

Zu den gemeinsamen Merkmalen vieler bekannter königlicher Landsitze zählen Mauern, Tore und Türme, geschaffen zur Erhöhung der Privatsphäre und Sicherheit der Bewohner sowie bewässerte Terrassen an den Berghängen, Lagerhäuser, Sakralbauten, die in Bezug zu natürlichen Landschaftselementen standen sowie Wohnstätten für die Herrscher und andere Adlige. Außerhalb der Mauern, die den monumentalen Kern der Anlage umgaben, lebten hunderte oder tausende Arbeiter, die als Diener auf dem Landsitz arbeiteten und der Vielzahl von produktiven Beschäftigungen nachgingen, zu denen der Landbau, die Salzgewinnung oder das Weben von Textilien gehörte. Auf dem Landsitz Ollantaytambo halfen Steinschleifer und Architekten beim Bau der Anlage am Kachiqhata Steinbruch (Protzen 1985). In Machu Picchu standen Metallarbeiter im Dienste des Adels. Sie hatten die Aufgabe, Legierungen herzustellen und Objekte aus einer Bronze-Zinnlegierung zu gießen und zu schmieden (Rutledge und Gordon 1987). Die Töpfer in der Keramikwerkstatt auf Huayna Capacs Anwesen Quispiguanca verzierten Keramiken, die von den adligen Bewohnern des Landsitzes benutzt wurden (Quave 2012). Außerdem legten mindestens drei der letzten Herrscher – Pachacutec Inca Yupanqui, Tupac Inca Yupanqui und Huayna Capac – in den tiefer gelegenen Gebieten in der Nähe der Anwesen Felder für den Anbau von Coca-Sträuchern an (Covey 2006: 226–27). Das heißt, dass diese Landresidenzen mehr waren, als ein Ort der Entspannung außerhalb des Tumultes von Cuzco: Sie waren Orte der Produktion von Wohlstand.

Abb. 10.13
Machu Picchu mit Lama.
Foto: C. Wawra

Seit Hiram Binghams Expedition genoss Machu Picchu die meiste Aufmerksamkeit unter den Inka-Stätten im letzten Jahrhundert der Erforschung der Inka. Wissenschaftler tendieren heute jedoch zu einem schlüssigeren und integrativem Verständnis des Lebens auf den Landsitzen der Herrscher, Eliten und Arbeiter, die mit ihnen auf den Anwesen wohnten. Die architektonischen Überreste und übrig gebliebenen Artefakte verschaffen den Forschern einen tieferen Einblick in die weltlichen und sakralen Aktivitäten, die in diesen Siedlungen und ihrer Umgebung, etwas außerhalb des politischen Zentrums des Reiches, stattgefunden haben. Obwohl sie nur einen geringen Anteil des Landes innerhalb des Inka-Reiches umfassten, beinhalteten die Landresidenzen dennoch den Großteil der Ressourcen, die Cuzco umgaben. Damit beherrschen sie einen bedeutenden Anteil des natürlichen und kulturellen Reichtums der Region. Die königlichen Großfamilien lebten zu bestimmten Jahreszeiten in den Landsitzen selbst und in deren nächsten Umgebung innerhalb dieser großen Anwesen. Sie ließen ihr Gefolge von Dienern und Verwaltern zurück, um sich um die Nutzung der Ressourcen, die den königlichen Mumien und dem Adel zu Gute kamen, zu kümmern. Im Austausch für ihre Kooperation, erhielten die Arbeiter, die in unmittelbarer Nähe der Paläste lebten, Zugang zu den heiligen Orten und Festen, die vom Adel ausgerichtet wurden. Der Ausbau der Landresidenzen inmitten der ländlichen Kernzone des Inka-Reiches ermöglichte den verstärkten Aufbau von Reichtum in Reichweite der Hauptstadt und vereinfachte die Verpflegung der größer werdenden Adelsschicht. Außerdem boten die Anlagen auch die Möglichkeit zur Erholung und dienten dazu, nichtkonforme Bevölkerungsgruppen in der Umgebung und in weiter entfernten Gebieten unter Kontrolle zu halten (Covey 2006). Cuzcos Adelslinie erntete die Früchte der ausgedehnten und vielfältigen Ressourcen der Anwesen, die auch zum Aufbau des größten vorspanischen Reiches auf den amerikanischen Kontinenten beitrugen. Hiram Binghams Forschungsreise nach Machu Picchu weckte das Interesse an diesen beeindruckenden Konstruktionen und begann damit eine produktive Etappe der Erforschung der königlichen Landsitze des Inka-Reiches.

---

[1] Binghams (1915, 1916, 1922, 1930) Entdeckung von Machu Picchu wird sowohl in seinen eigenen Veröffentlichungen, als auch in Veröffentlichungen anderer Autoren detailliert beschrieben (A. Bingham 1989; Burger und Salazar 2004; Hemming 1970; MacQuarrie 2007). Dieser Bericht seiner Entdeckung basiert auf einer längeren Beschreibung, die in Bauer/Aráoz erscheinen wird (o.J.).

[2] Weitere Informationen zu den Erkundungen im Flusstal von Urubamba in der Nähe von Machu Picchu sind zu finden in: Buck (1993).

[3] Alan Covey fügt der vorstehenden Liste hinzu: Die Herrscherlinie von Yawar Huaca errichtete Anwesen in Paullu, Qhapaqkancha und Lamay. Viracocha Inca hatte außerdem ein Anwesen in Tipón und Pachacuti besaß Land in Machu Picchu, Amaybamba und Alca (2006: 170).

[4] Frühere Herrscher haben wahrscheinlich in Einzelresidenzen in Cuzco gewohnt und in große Bewässerungsprojekte im Cuzco-Tal investiert. Sie scheinen aber keine aufwändigen Paläste und ausgedehnten Landsitze gebaut zu haben (Covey 2006: 116). Mit Beginn des sechsten Herrschers Inca Roca wurde der persönliche Reichtum des Königs und seiner Königin, sowie der Reichtum ihrer genealogischen Linien durch Arbeitstribut generiert. Die dabei entstehenden landwirtschaftlichen Projekte bildeten die erste Form einer ländlichen Residenz (ebenda: 146).

TUPAC INKA YUPANQUI – DIE DRITTE EXPANSION

JÜRGEN GOLTE

Die Ausweitung eines Herrschaftsraumes kann vielerlei Gründe haben und verschiedenen Taktiken folgen, was gerade bei den Inka eine nicht zu übersehende Rolle spielte.

Je nach Charakter einer Gruppe verfügten die Inka über verschiedenartige Methoden, um diese in ihren Herrschaftsbereich einzufügen (Dillehay und Netherly 1998b). Als Beispiel sei hier nur eine durch Heirat konsolidierte Allianz angeführt, die jedoch durchaus mit einer militärischen Drohung beginnen konnte. Ziel der Inka war es, eine

Abb. 11.1
Porträt des Tupac Yupanqui. Staatliche Museen zu Berlin, Stiftung Preußischer Kulturbesitz, Ethnologisches Museum. Foto: C. Obrocki

Abb. 11.2
Die Expansionen des Tupac Inca Yupanqui. Kartengrundlage: Covey (2006: 188). Gestaltung: FORMATION münchen.

kleinere ethnische Gruppe effektiv dazu zu bringen, Abhängigkeitsbeziehungen zum Inka-Staat zu akzeptieren. Die Oberhäupter einer solchen Gruppe verhandelten dann mit dem Anführer der Truppen, wobei die spezifischen Verpflichtungen, aber auch die damit erworbenen Rechte ausgehandelt wurden. Das dadurch entstehende Verhältnis konnte durchaus vieldeutig sein. Die inkaischen Eroberer waren nicht nur „Nehmende" sondern häufig auch „Gebende". Zwar waren die unterworfenen Bevölkerungen meist zu Arbeitsleistungen für den Staat verpflichtet, aber der Staat konnte diese seinerseits mit der Übernahme von Arbeiten zur Erweiterung der Infrastruktur, z. B. Bewässerungswerke, einleiten und dadurch in Vorleistung treten. Die Ergebnisse der produktiven Arbeit der neuen Abhängigen mussten zwar jährlich an die inkaischen Wiederverteilungszentren abgeliefert werden, aber häufig wurden die Produzenten dort nicht nur bewirtet, sondern erhielten Güter und Produkte, die nicht in ihrem eigenen Gebiet hergestellt werden konnten (Morris und Thompson 1985; Murra 1968; Murra 1975).

Abb. 11.3
Aryballo-Träger. Staatliche Museen zu Berlin, Stiftung Preußischer Kulturbesitz, Ethnologisches Museum.
Foto: A. Dreyer

Abb. 11.4
Sonnentempel der Inka in Pachacamac an der Zentralküste Perus. Foto: P. Goede

Derartige Beziehungen wurden bei einer nicht unerheblichen Zahl von Gruppen durch eine Heirat zwischen einem Inka-Adligen und einer Tochter des regionalen Oberhauptes besiegelt. Die dadurch entstehenden Beziehungen waren nach den andinen Vorstellungen von verwandtschaftlichen Verpflichtungen interessant: Der Inka wurde durch die Heirat zum Schwiegersohn des ethnischen Anführers. Schwiegersöhne sind in dem gleichen System verpflichtet, die Bitten ihres Schwiegervaters zu berücksichtigen oder ihnen nachzukommen. Zumindest in der Verwandtschaftsordnung wurde der ethnische Anführer damit nicht nur zu einem Verwandten des Inka, sondern er gehörte zu einer Gruppe, die dem Inka Weisungen erteilen konnte. Man kann davon ausgehen, dass die so miteinander handelnden Personen, sich der hierarchischen Ungleichheit bewusst waren. Gleichwohl war die symbolische Horizontalität nicht bedeutungslos (Godelier 1974). Dies ist schon daraus ersichtlich, dass nach dem Tod eines Inka häufig die vorher ausgehandelten Abhängigkeitsformen aufgekündigt wurden. Zur Wiederherstellung bedurfte es nicht selten einer erneuten militärischen Drohung und einer erneuten Heirat.

Dies mag einer der Gründe dafür sein, dass die Expansion nicht selten einen zyklischen Charakter hatte. Für die Forschung und damit für das Verständnis des Expansionsprozesses entstanden aufgrund der Quellen häufig widersprüchliche Angaben über die Ausweitung des Staates. Das ergab sich daraus, dass eine von einem Inka angegliederte Region erneut erobert werden musste (Espinoza Soriano 1973; Hyslop 1998). Entsprechend wurden eine Reihe spezifischer Gruppen in einer dynastischen Folge mehrmals unterworfen (Hyslop 1998; Dillehay und Netherly 1998; Schaedel 1998).

Zum andern wird an dem Beispiel deutlich, dass „Verwandtschaft" eine wichtige politische Kategorie war. Häufig bezog sich diese nicht allein auf die miteinander handelnden Personen, sondern auch auf die mythischen Vorfahren derselben (Santacruz Pachacuti Yampui 1968). Für die Inka bedeutete die Expansion auch, dass eine Gruppe nicht nur die den Inka eigenen mythischen Vorfahren anerkannte, vor allem die Sonne (maskulin) und den Mond (feminin), sondern auch, dass sie ihrerseits die Vorfahren der unterworfenen oder eingegliederten Gruppe in ihr Pantheon integrierten. Die Herstellung von vermeintlicher oder realer gegenseitiger Abhängigkeit und ihre Ausweitung in einen Bereich der Verhältnisse zwischen mythischen Vorfahren, erklärte letztendlich, wie ein Großstaat wie der der Inka zusammengehalten werden konnte. Es handelte sich dabei nicht nur um eine Integration durch eine physische Infrastruktur (Straßen, Brücken, Wiederverteilungszentren, Nachschubdepots, ein Nachrichtensystem mit Botenläufern und Feuerzeichen, Bau von Bewässerungskanälen), sondern eben auch um eine verwandtschaftliche und ideologische.

Nicht vergessen werden sollte dabei, dass in als unsicher eingeschätzte Regionen und Gesellschaften Mitglieder anderer länger in den Staat eingebundener Gruppen umgesiedelt wurden (*mitimaes*).

Die Eroberung der Zentralküste

Tupac Inca Yupanqui, der zehnte Inka als Nachfolger seines Vaters, des Inka Pachacutec, begann schon in dessen Herrschaftszeit an den Kriegszügen teilzunehmen oder diese selber anzuführen. Die ersten führten in den Nordwesten, vor allem in die Bewässerungsoasen der Küste. Hier fand eine lange Auseinandersetzung mit Guarco im Cañetetal statt, die letztendlich durch eine Täuschung durch die Inka abgeschlossen wurde. Die dann von Guarco aus organisierte Resistenz endete mit seiner weitgehenden Zerstörung durch die Inka (Rostworowski 2004).

Die darauf folgende Angliederung von Ychsma, einer Stadt und eines Heiligtumes von zentraler Bedeutung im weiter nördlich gelegenen Rimac und Lurin-Tal im heutigen Peru zeigt wiederum die Problematik der Machtübernahme der Hochlandherrscher in den sozial komplexeren Küstengesellschaften. Diese hatten häufig einen weitergehenden Grad von Arbeitsteilung und entsprechend eine nicht einfach durch Austausch ersetzbare, der Komplexität der Arbeitsteilung angepasste, Lokalhierarchie. In der Regel gewann diese lokale, politisch-religiöse Elite ihre Legitimität durch die von allen akzeptierte Abstammung von Ursprungsgottheiten. Insofern ordnete sich die Macht in Ychsma durch die angenommene Verwandtschaft unter den Nachkommen der wichtigsten Ursprungsgottheit der Küste: Pachacamac. Dieser wurde als Herr der Unterwelt auch von den Inka verehrt. Dies umso mehr als in der Stadt ein weithin bekanntes Orakel im Namen von Pachacamac die Zukunft vorher sagte.

Tupac Yupanki näherte sich diesem Zentrum im Lurin-Tal zuerst als ein Pilger, der längere Zeit fastete. Nach umfangreichen Opfern von Kameliden und Textilien suchte er Rat bei dem Orakel, welches ihm vorhersagte, dass der Inka Erfolg bei seinen zukünftigen Eroberungen haben würde (Rostworowski 2001). Der Inka änderte daraufhin den Namen des Ortes in Pachacamac. Schon dieser Akt zeigt, dass der Pilger sich in eine bestimmende Person verwandelt hatte. Im Weiteren errichtete er in dem weitläufigen Ort einen Tempel für den Taggott, dem Sonnengott Inti, um ein Gegengewicht zum Gott Pachacamac zu schaffen, der als Herrscher der Unterwelt mit der Nacht verbunden war. Die Priester des Heiligtums des Nachtgottes mussten diesen Eingriff akzeptieren, damit weiterhin die mit dem Ort verbundene zentrale Gottheit in ihrem eigenen Tempel verbleiben konnte (Piñasco Carella 2010).

Der Übergang vom ratsuchenden Pilger zum bedrohlichen Herrscher, der eine größere Präsenz des Inka-Staates in einer der größten Küstenstädte einforderte, ist nicht weiter dokumentiert, aber in den Ergebnissen sichtbar. Neben dem Tempel des Taggottes wurde von den Inka ein weiträumiges Frauenhaus, ein *acclahuasi* errichtet. Ansonsten aber scheint es bei dieser massiven symbolischen Einmischung geblieben zu sein. Auf jeden Fall ist sie ein Hinweis darauf, dass der Staat, der sich im Hochland gebildet hatte,

Abb. 11.5
Die Chachapoya-Festung Kuelap in Nord-Peru.
Foto: J. Böttcher

Abb. 11.6
Der Kanal von Cumbemayo, Nord-Peru, aus der vorspanischen Zeit.
Foto: J. Böttcher

Lösungen suchte, um die komplexeren Küstengesellschaften in die Staatsorganisation einzubeziehen, ohne die dort vorhandenen Organisationsformen voll der inkaischen Verwaltung, die dem Hochland angepasst war, in ihren Modalitäten genau anzugleichen.[1] Die Chroniken sind nicht eindeutig, ob diese Eroberungen noch in der Zeit von Pachacutec stattfanden, oder ob Tupac Yupanqui dabei zumindest ein Co-Regent war.

Die Eroberung des nördlichen Hochlandes und der Chimú an der Nordküste

Das Gleiche mag auch für die weiteren Expeditionen nach Norden gelten. Von Pachacamac aus kehrte er ins Hochland zurück und folgte der Karawanenstraße in Richtung Cajamarca. Ernsthaften Widerstand erfuhr er dort nur durch die Chachapoya östlich von Cajamarca. Von hier aus scheint er sich wieder den Küstenkulturen zugewandt zu haben, die im Chimú-Staat integriert waren, der sich an der Küste zwischen der ecuadorianischen Grenze im Norden bis hin in die Täler nördlich von Lima im Süden ausdehnte. Wahrscheinlich wäre eine kriegerische Auseinandersetzung mit den Heeren der Chimú für die Krieger aus dem Hochland schwierig geworden. Tupac Yupanqui nutzte deshalb die zentrale Schwäche der Küstengesellschaften: die Versorgung mit Wasser aus dem Hochland. Mit seinen Truppen eroberte er den Einzugsbereich des Moche-Flusses. Der bewässerte zwar nur einen geringen Teil des von den Chimú beherrschten Flussdeltas an der Küste, aber dort versorgte er nicht nur das Moche-Tal, sondern auch die Hauptstadt der Chimú: Chan Chan. Indem er das obere Tal bis zur Ableitung der Hauptkanäle aus dem Fluss eroberte, gelang es ihm diese Hauptstadt von der Wasserversorgung abzuschneiden. Die Chimú-Herrscher mussten sich relativ schnell ergeben. Tupac Yupanqui kehrte dementsprechend nicht nur mit einer reichen Beute nach Cuzco

Abb. 11.7
Keramik, einen Langustenfischer mit Reuse darstellend. Linden-Museum Stuttgart. Foto: A. Dreyer

Abb. 11.8
Hälfte einer Spondylus-Muschel. Linden-Museum Stuttgart. Foto: A. Dreyer

Abb. 11.9
Schneckenhorn aus einer Strombus Galeatus. Staatliche Museen zu Berlin, Stiftung Preußischer Kulturbesitz, Ethnologisches Museum. Foto: A. Dreyer

zurück, sondern mit den hochspezialisierten Handwerkern der Chimú, die er in Cuzco ansiedelte, um die Stadt insgesamt weiter auszubauen, aber auch um einen aus in Goldblech nachgebildeten Garten beim Coricancha-Tempel im Mittelpunkt der Ritualorganisation der Stadt und des Staates anzulegen (Netherly 1968; Moseley 1982; Moseley 1992; Ramírez 1990).

In der Folge wandte er sich wieder nach Norden (Salomon 1968; Pärssinen 2003: 271 ff.). Die weitere Expansion führte nach Ecuador, aber Tupac Yupanqui scheint dabei nicht auf ernsthaften Widerstand gestoßen zu sein, vielmehr war sein Weg durch Allianzen mit regionalen Ethnien geprägt. Dies führte später, nach dem Tod seines Sohnes und Nachfolgers Huayna Capac, zu dem Bürgerkrieg zwischen seinen Söhnen Huascar und Atahualpa. Dieser Krieg erleichterte die Eroberung des Staates durch die Spanier, denn der Sieger war mütterlicherseits der Enkel des Herrschers von Quito, der wiederum von den Inka aus Cuzco nicht als Herrscher anerkannt wurde, weil er nur Sohn einer „Nebenfrau" war. Insofern verbündete sich die unterlegene „Huascar-Fraktion" schon in Cajamarca mit den Spaniern, um mit deren Hilfe in Cuzco wieder einen rechtmäßigen Nachfolger einzusetzen (Espinoza Soriano 1973).

Nicht zufällig wendete sich Tupac Yupanqui in Ecuador an die nördliche Küste, nach Manta, fast an der kolumbianischen Grenze gelegen. Diese Expedition zeigt wiederum den engen Zusammenhang zwischen den frühen Handelsnetzen und der inkaischen Expansion (Golte 1999). Der Ozean vor Manta war der Lebensraum der roten Stachelaustern (Spondylus) und der großen Strombus-Trompeten (die nur in den wärmeren Temperaturen des Äquatorialstromes, also nicht an der peruanischen Küste, gediehen), die schon im ersten Jahrtausend bis nach Bolivien hin gehandelt wurden. Schon lange vorher wurden sie zum Beispiel in dem Ritual- und Austauschzentrum Chavin geopfert und fanden sich dort als wichtige Attribute der Gottheiten. Beide Meerestiere spielten eine

Abb. 11.10
Spondylus-Schmuck.
Staatliche Museen zu
Berlin, Stiftung Preußischer
Kulturbesitz, Ethnologisches
Museum. Foto: A. Dreyer

hervorragende Rolle in den andinen Riten. Aus den Hälften der rötlichen Stachelaustern sowie aus deren in schmalen Scheiben gesägten Stacheln, die im Innern ein Loch hatten, wurden auch Ketten und Brustschmuck hergestellt. Von diesen nahm man an, dass sie ein Nahrungsmittel der Unterweltgottheiten gewesen seien, während die großen Strombus-Trompeten bei Krieg und rituellen Auseinandersetzungen benutzt wurden.

In Manta scheint Tupac Yupanqui längere Zeit verbracht zu haben. Offensichtlich schiffte er sich mit einer größeren Zahl von Soldaten auf den dort benutzten Balsa-Flößen ein. Die Meeresreise soll mehrere Monate gedauert haben. In den Chroniken wird berichtet er habe die Inseln Ninachumbi und Auachumbi erreicht (Sarmiento 2007; Cabello de Balboa 2011; Murúa 1987). Es ist unklar, wo sich diese Inseln befanden. Gleichwohl ist es mehr als unwahrscheinlich, dass es sich dabei um Inseln in Ozeanien oder die Galápagos-Inseln gehandelt hat, wie vielerorts behauptet wird (Busto Duthurburu 2006).

Bei Tupac Yupanqui wird besonders deutlich, dass seine Eroberungen darauf zielten, Regionen, die vorher durch das Karawanennetz miteinander verbunden waren, in ein politisch kontrolliertes Austauschsystem einzugliedern.

Die Eroberungen in Amazonien, bei den Araukanern und im heutigen Nordwest-Argentinien

Insofern ist es nicht verwunderlich, dass seine Expeditionen nach Norden nicht weiter nach Kolumbien, sondern nach seiner Rückkehr nach Cuzco zuerst in den Osten führten. Sein Ziel waren das Antisuyu, die Vorberge der Anden östlich von Cuzco (Pärssinen 2003: 306 ff.) und dann weiter ins südliche Collasuyu, das heißt vor allem Nordwest-Argentinien und Chile.

Das östlich gelegene Antisuyu lag nicht nur in der unmittelbaren Nachbarschaft von Cuzco, sondern spielte als Lieferant von bunten Federn, Hölzern, Heil- und Ritualpflanzen (insbesondere Coca) eine wichtige Rolle. Die Hochlandsbewohner benutzten dabei Salz als wichtigstes Tauschmittel. Salz war im Tiefland knapp und gesucht. Nicht zufällig fand sich in Maras, unmittelbar neben dem Urubambatal nahe der Orte Pisac und Ollantaytambo, ein komplexes Terrassensystem, in dem man salzhaltiges Quellwasser zu Beginn der Trockenzeit auf die Terrassen leitete, um dort durch die Verdunstung des Wassers reines Salz herzustellen. Die Salzproduktion und der Salzhandel florierten auch noch in der Kolonialzeit und in beschränktem Umfang stellt man dort bis heute Speisesalz her. Von dort aus führten die Wege direkt ins Urubambatal und folgten dabei der Route, an dem sich die Inka-Stadt Machu Picchu befand und die darüber hinaus noch weiter nach Osten führte (Camino 1989; Palomino Meneses 1985).

Allerdings war die Expansion nach Osten zweifelsohne schwierig. Dies lag nicht nur an der anders gearteten, durch Feuchtwälder geprägten Natur, sondern auch daran, dass die Bewohner dieser Gebiete in egalitär organisierten Kleingruppen lebten, die von der Jagd und vom Schwendbau, auch Brandrodungsfeldbau genannt, lebten. Die Möglichkeiten, derartige Gruppen in einen Staat einzubinden sind extrem beschränkt und wenn, dann nur durch Allianzen erreichbar. Das mag ein Grund dafür sein, dass Tupac Yupanqui die Expansion ins östliche Antisuyu schnell einem seiner Brüder überließ (Sarmiento 2007 [1572]).

Die Expansion nach Süden hingegen war von den landschaftlichen Voraussetzungen her einfacher. Man konnte zum einen mit großen Heeren vordringen und zum anderen Lamakarawanen zum Transport von kriegswichtigen Gütern einsetzen. Der Süden war vor allem deshalb interessant, weil man dort Metalle und Halbedelsteine einhandeln oder fördern konnte.

Die ersten Eroberungen südlich des Hochtals zwischen den Andenketten, führten nach Nordwest-Argentinien. Die schon vorher zum Staat gehörenden Provinzen Charcas und Carangas waren dabei der Ausgangspunkt von Expeditionen in Richtung der heutigen Stadt Tucumán. Sie folgten den schon vorher bestehenden Handelsstraßen, z.B. im Bereich der Diaguita, die aufgrund ihrer lange bestehenden Verbindungen mit den zentralen Anden bereit waren, eine Allianz zu akzeptieren (Lorandi 1998).

Gleichwohl erwiesen sich die Kriegszüge nach Nordwest-Argentinien und nach Mittel-Chile aus sozialen Gründen als mühsam und schwierig. Der Hauptgrund dafür war wohl der gleiche, der auch die Spanier später daran hinderte, diese Regionen einzunehmen. Sowohl Chile, wie auch die argentinische Pampa waren von Gesellschaften ohne eine hierarchische Organisation besiedelt (Dillehay und Gordon 1998). Die ohne ethnische Anführer lebenden Gruppen der Araukaner hatten jedoch Institutionen, die es erlaubten, sich im Falle eines Angriffs von außen zusammenzuschließen und unter einem Kriegsherren (*lonko*) Widerstand zu leisten. Insofern war die Situation ähnlich

Abb. 11.11
Papagei. Foto: J. Böttcher

wie die bei den Tieflandsethnien im Bereich des amazonischen Regenwaldes. Während die Leute in Amazonien aber Interesse an einem Austausch hatten, war das im Süden nicht der Fall. Anscheinend verfügten die Araukaner durch Feldwirtschaft, Jagd, Sammeltätigkeit und Viehhaltung über die lebenswichtigen Güter. In ihrer alltäglichen sozialen Organisation war darüber hinaus sichtbar, dass sie Wert auf die familiäre (oder Kleingruppen) Unabhängigkeit legten. Von daher mag es verständlich sein, dass die inkaischen Heere, trotz einer großen Zahl von Soldaten, Schwierigkeiten hatten.

Die Inka wählten deshalb eine Art Expansion durch Besetzung: sie eroberten ein Tal, verschanzten sich dort in geschlossenen Siedlungen und legten von da ausgehend zum Beispiel Bewässerungssysteme an, die zweifelsohne die lokale Produktivität der Feldwirtschaft, die vorher durch lange Brachezeiten geprägt war, erhöhte. Jedoch zeigt sich in diesen Regionen, dass der so erreichte Vorteil die Araukaner (Mapuche, Pehuenche, Pikunche) nicht vollends überzeugte, denn sie verlangte eben auch die Anpassung an die für die Verwaltung eines Bewässerungssystems notwendigen sozialen Verhältnisse. Immer wieder kam es zur Aufkündigung von Allianzen. Hierdurch entsteht in den Quellen zu der Expansion nach Süden wieder die Folge, dass die gleichen Gebiete wohl mehrfach erobert wurden. Zwar wird die Expansion vor allem Tupac Yupanqui zugeschrieben, aber dabei ist nicht immer klar, ob es nicht schon Expansionsversuche vorheriger Herrscher gegeben hatte oder ob nicht Huayna Capac, sein Nachfolger, die Eroberungen „erneuern" musste (León 1983). Durch diese wechselnden Herrschaftsallianzen ist es auch schwierig, die südliche Grenze des Inka-Staates genau festzulegen. Die meisten Chronisten sprechen vom Rio Maule als südliche Grenze, dort sei ihnen die Flussüberquerung durch die Pikunche verwehrt worden (Inca Garcilaso de la Vega 1985 [1609], Libro i; Cap. III).

Dies ist nicht unwahrscheinlich, denn der wasserreiche Fluss ist aufgrund seiner Breite und starker Wasserführung nur schwer zu überqueren. Angaben, wie die von Molina (1968 [1574–75]: 77), die Inka seien bis zur Magellan-Straße gelangt, sind offensichtlich falsch. Gleichwohl ist zu bedenken, dass es vom Rio Maule nach Cuzco etwa 1.500 Kilometer sind. Der Fluss eignete sich zweifelsohne für die Anlage von Grenzfestungen, denn seine Wasserführung ist durch den hohen Anteil von Gletscherwasser ganzjährig stark und eignet sich daher ebenfalls für die Anlage von Bewässerungssystemen. Gleichwohl wird angenommen, dass Tupac Yupanquis Sohn, Huayna Capac, die Ausweitung des Staates weiter nach Süden, bis zum Rio Biobio, der ebenso wasserreich ist wie der Río Maule, vorangetrieben hat. Doch dürfte eine solche Ausweitung nur kurzfristig gewesen sein. Sowohl bei den Eroberungen von Tupac Yupanqui, wie auch denen von Huayna Capac muss man davon ausgehen, dass die Inka von Argentinien oder den chilenischen Anden aus über die Kordillere in die chilenischen Küstenbereiche vordringen konnten (Sternberg und Carvajal 1998).

Abb. 11.12
Die Salzterrassen von Maras im Urubambatal.
Foto: J. Böttcher

---

[1] Vielleicht wirft die spätere Geschichte ein Licht auf das Verhältnis zwischen lokalen Herrschern und Inka. Nach der Gefangennahme des Inkas Atahualpa in Cajamarca, verlangten die Spanier, dass man dort einen größeren Raum mit Geld füllen müsse. Dieses Gold soll weitgehend aus Goldblechen bestanden haben, die man von den Wänden des Taggottes in Pachacamac ablöste. Die zentrale Christusfigur in der heutigen Stadt Lima ist zweifelsohne ein christianisierter Pachacamac.

KERSTIN NOWACK

KRIEG BEI DEN INKA

Da die eigentlichen Inka nur aus den Bewohnern Cuzcos bestanden, wurden ihre Heere von den Angehörigen der verbündeten oder unterworfenen Ethnien gebildet. Kriegsdienst wurde wie andere Arbeitspflichten als Steuer für das Inka-Reich geleistet. Planten die Inka einen Feldzug, erging der Befehl in die Provinzen, zu einem bestimmten Zeitpunkt eine festgelegte Anzahl von Soldaten bereitzustellen. Dabei war es üblich, Soldaten aus den zuletzt unterworfenen Ethnien bevorzugt für die nächsten Feldzüge einzusetzen, wodurch den neu eroberten Gebieten die Möglichkeit genommen war, gegen die Inka zu rebellieren (Betanzos 2004).

Angehörige einer ethnischen Gruppe blieben im Heer zusammen und wurden zu Versorgungszwecken und zur Verteilung von Aufgaben in hierarchisch gestaffelte Einheiten von 10, 100 und schließlich 1.000 Männern unterteilt. Die Größe inkaischer Heere wird in den spanischen Quellen häufig übertrieben, aber auf den langen Feldzügen von Tupac Inca und Huayna Capac wurden vermutlich Heeresstärken von 10.000 bis 20.000 Mann erreicht. Angehörige des Inka-Adels und der Ethnien aus dem Kernland um Cuzco dienten als Elitetruppen und Leibwache des Herrschers. Vermutlich aus ihren Reihen rekrutierten sich außerdem Spezialisten für den Bau von Straßen und Festungen (Nowack und Schweitzer 1991).

Die Bewaffnung der Inka unterschied sich nicht von der ihrer Gegner: Als Fernwaffen dienten Steinschleudern, *bolas* und Speere; Pfeil und Bogen kamen zum Einsatz, wenn Bewohner der Regenwälder am Ostabhang der Anden rekrutiert wurden. Als Nahkampfwaffen benutzte man Keulen mit runden oder sternförmigen Köpfen aus Stein oder Bronze sowie hölzerne Schwertkeulen. Schützen konnte sich der einzelne Soldat durch wattierte Kleidung, kleine Schilde und Helme.

Den Befehl über die Truppen führten Vertreter der lokalen Eliten. Die Führungspositionen im Heer waren Angehörigen des Inka-Adels vorbehalten, also meistens näheren oder entfernten Verwandte des Herrschers oder sogar dem Herrscher selbst. Später, gegen Ende des Inka-Reiches, gelang es offenbar Männern, die nicht dem Inka-Adel angehörten, in die höchsten Führungspositionen aufzusteigen, ein Hinweis auf die zunehmende Professionalisierung militärischer Aufgaben. Von den Militärführern wurde erwartet, aktiv am Kampf teilzunehmen. Die Herrscher genossen das Privileg, auf dem Marsch und in der Schlacht in ihrer Sänfte getragen zu werden und von dort das Geschehen zu verfolgen.

Die inkaische Kriegsführung zeichnete sich durch langfristige Planungen und eine ausgeklügelte Logistik aus. Die überall im Reich gebauten Straßen, Raststätten und

Abb. 12.1
Helm eines inkaischen Kriegers. Staatliche Museen zu Berlin, Stiftung Preußischer Kulturbesitz, Ethnologisches Museum. Foto: A. Dreyer

Abb. 12.2
Keule mit Metallkopf. Linden-Museum Stuttgart. Foto: A. Dreyer

Speicher stellten die schnelle Bewegung und gute Versorgung der Truppen sicher; ein System von Botenläufern (*chasqui*) übernahm die Kommunikation. Für die Nachrichtenübermittlung verwendete man Knotenschnüre (*quipu*), die besonders geeignet waren, Zahlen über Menschen und Material festzuhalten. Feldzüge wurden sorgfältig vorbereitet, erstreckten sich häufig über mehrere Jahre – zuletzt sogar über ein Jahrzehnt – und waren oft in eine Haupt- und verschiedene Nebenkampagnen aufgeteilt (Nowack 2011).

Die Inka zogen es vor, bei ihren Eroberungen politisch vorzugehen und verzichteten auf die Möglichkeit, den Gegner überraschend anzugreifen. Planten sie die Eroberung neuer Gebiete, forderten sie die Bewohner durch Botschafter zunächst auf, sich friedlich zu unterwerfen. Gingen die lokalen Führer auf das Angebot ein, versprach man ihnen gute Behandlung und gewährte Privilegien und Geschenke. Gleichzeitig wurde mit den Nachbarn dieser Gruppe verhandelt, damit diese sich im Kriegsfall – sollte das Angebot abgelehnt werden – neutral verhielten. Das gelang auch meistens, wobei die Inka ausnutzten, dass selbst kulturell und sprachlich verwandte Gruppen meist politisch uneins und untereinander verfeindet waren (Bischof 2005; Ogburn 2008). Zu den Vorbereitungen eines Feldzugs gehörten weiterhin Opferungen und die Konsultation wichtiger *huaca* über die Aussichten des geplanten Unternehmens. Heilige Objekte, oft größere Steine, die Gottheiten repräsentierten, wurden mitgeführt, um die eigenen Truppen zu unterstützen. Gleichzeitig sollten die Rituale die *huacas* der Gegner schwächen.

Abb. 12.3
Mumie eines *capitáns*.
Museum der Kulturen Basel.
Foto: M. Gruber

Kam es zum Krieg, marschierten die Inka mit einem möglichst großen Heer in das gegnerische Territorium ein und versuchten, eine Entscheidungsschlacht zu erzwingen. In der Schlacht selbst wandten die Inka keine besonders ausgefallenen Taktiken an. Zuerst kamen die Fernwaffen zum Einsatz, dann suchte man möglichst schnell den Nahkampf und versuchte, den Gegner durch die eigene höhere Truppenzahl zu überwältigen. Der Einsatz einer Reserve, die im entscheidenden Moment eingreifen konnte, kam ebenfalls vor. Beliebte Schlachttaktik war es, eine Flucht vorzutäuschen und den Gegner in eine Falle zu locken. Um selbst solchen Gefahren auszuweichen, sicherten sich inkaische Heerführer beim Marsch in feindlichem Gebiet durch Kundschafter ab. Das Lager wurde ebenfalls durch vorgeschobene Wachposten geschützt. Zogen sich die Gegner in Festungen zurück, wurden diese eingeschlossen und belagert, bis Mangel an Wasser – viele Höhenfestungen hatten keine eigene Wasserversorgung – oder Nahrungsmitteln die Besatzung zur Aufgabe zwangen. Alternativ versuchten die Inka einen Sturmangriff.

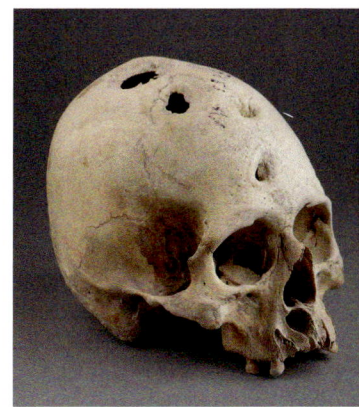

Abb. 12.4
Operative Schädelöffnungen im Stirnbereich und Schädelverletzung durch Keulenhieb oder Steinschleuder. Ministerio de Cultura del Perú – Museo Nacional de Arqueología, Antropología e Historia del Perú, Lima. Foto: D. Giannoni

Eine Strategie beim Vormarsch in neue Gebiete bestand darin, kleinere politische Einheiten zu umgehen und sich auf den gefährlichsten Gegner zu konzentrieren. Bei sehr schwierigen Feldzügen sicherten sich die Inka durch den Bau eigener Festungen ab, wie beispielsweise die Festungen von Pambamarca im nördlichen Ecuador. Die Festungen dienten als Nachschublager und Operationsbasis sowie als Rückzugsort bei einer Niederlage (Arkush 2011). Aber auch bei langandauernden Kriegen schonten die Inka die Ressourcen der Gegner und verzichteten darauf, Dörfer zu zerstören und

Felder zu verwüsten. Die Inka verloren ihre politischen Ziele, die Gewinnung neuer und produktiver Untertanen, nicht aus den Augen.

Dabei bewiesen sie Geduld und verlegten sich wenn nötig auf langfristige Strategien. Für die Unterwerfung der politisch stark zersplitterten Chachapoya, die in den Bergregenwäldern des nordöstlichen Perus siedelten, benötigten sie beispielsweise drei Generationen. Die Ostabhänge der Anden waren ein Gebiet, wo die Feldzüge der Inka häufig scheiterten und sie danach auf weitere Eroberungsversuche verzichteten. Hier sicherten in bestimmten Regionen Perus und Boliviens Festungen die Grenzen (Oberem 1980). Die Besatzungen bestanden aus Umsiedlern, *mitimaes*, die zu den wenigen berufsmäßigen Soldaten im Inka-Reich gehörten.

Siegten die Inka in der Schlacht – und häufig war dies der Fall –, konnten die Gegner auf Milde hoffen, wenn sie sich schnell ergaben. Zu blutigen Racheaktionen kam es nur, wenn eine Ethnie durch Rückzug in Festungen oder durch eine Guerillataktik längeren Widerstand geleistet hatte. Zumindest die Angehörigen der Führungsschicht mussten dann damit rechnen, von den Inka getötet zu werden. Teile der Bevölkerung wurden in solchen Fällen häufig in andere Gebiete umgesiedelt, und fremde Siedler in die neu eroberte Provinz gebracht. Bei Aufständen im Reich kam es allerdings durchaus zu Massakern an der gesamten Bevölkerung, denn die Inka interpretierten Rebellionen als Widerstand gegen ihre von übernatürlichen Mächten gewollte Ordnung.

Nach Beendigung des Krieges kehrten der Inka-Herrscher und das Heer nach Cuzco zurück, wo sie ihren Sieg mit einem triumphalen Einmarsch feierten. Gefangene Herrscher wurden mitgeführt und öffentlich gedemütigt. Wie es heißt, unterwarfen die Inka sie danach einer Art Gottesurteil in einem Gefängnis voller gefährlicher Tiere wie Schlangen und Jaguaren. Wer überlebte, galt als vertrauenswürdig und durfte wieder nach Hause. Dieses Gefängnis, das *sangahuasi*, diente offenbar zur Abschreckung, ebenso wie die Trophäen-Becher aus Schädeln und die Trommeln aus Menschenhaut, die die Inka aus ihren gefährlichsten Gegnern fertigten (Ogburn 2008).

Abb. 12.5
Uncu eines *capitáns*. Staatliches Museum für Völkerkunde München. Foto: M. Franke

DORIS KURELLA

QHAPAQ ÑAN – DIE STRASSEN DER INKA

Abb. 13.1
Vorhergehende Seite: Inka-Straße am Ufer des Titicacasees, Pomata, Puno. Abschnitt: Cusco-Desaguadero. Foto: W. Hupiú. Nachweis: Ministerio de Cultura del Perú – Proyecto Qhapaq Ñan – Sede Nacional – mit freundlicher Genehmigung des Generalkonsulats der Republik Peru in München

Die Qhapaq Ñan, die „königlichen Wege", bis heute faszinieren sie durch teilweise aufregende Wegeführung, ihren guten Erhaltungszustand und vor allem die fast unglaubliche Dimension der Gesamtstrecke von insgesamt 40.000 Kilometern (Hyslop 1984). Qhapaq Ñan, das war nicht nur ein Straßennetz, sondern auch ein komplexes Verwaltungs-, Transport- und Kommunikationssystem, angelegt in einem der unwegsamsten Gelände der Welt. Vom Staat gebaut und unterhalten – spanische Eroberer beschrieben es als den europäischen Straßen der damaligen Zeit weit überlegen – diente es nahezu ausschließlich staatlichen Zwecken. Bis heute sind einzelne Streckenabschnitte erhalten und werden immer noch genutzt.

Abb. 13.2
Karte der Inka-Straßen. Kartengrundlage Hyslop (1984: 4). Gestaltung: FORMATION münchen.

Vier Hauptstraßen begannen im Zentrum von Cusco, der Hauptstadt des Imperiums und führten jeweils in eines der *suyus*. Zwei bildeten parallele Hauptrouten, die in Nord-Süd-Richtung verliefen und durchschnittlich 8 Meter breit waren. Eine davon erstreckte sich entlang der pazifischen Küste, die zweite parallel dazu im Hochland. Zahlreiche Querverbindungen zwischen diesen beiden Hauptachsen und einzelne „Stichstraßen" zu wichtigen Orten sowie in einzelne Regionen des Amazonasgebietes boten eine lückenlose Erschließung des gesamten Reiches. Das Straßennetz verband die unterschiedlichen ökologischen Zonen, an deren Produkte zu gelangen eines der Hauptanliegen der Inka gewesen ist. Es verband dicht besiedelte Regionen, was den Zugang zu Arbeitskraft, dem eigentlichen Reichtum des Imperiums, ermöglichte. Einige Straßen führten zu bedeutenden Heiligtümern, manche Streckenabschnitte wurden absichtlich so gelegt, dass Bergheiligtümer sichtbar waren (Duffait 2012: 628).

Die Erbauer dieser Straßen waren wie bei anderen staatlichen Bauten, die Arbeitskräfte, die ihre Steuern durch Arbeitsleistung, *mit'a*, an den Staat erbringen mussten. Um den

Abb. 13.3
Gepflasterte Inka-Straße.
Foto: A. Langen

Abb. 13.4
Vorhergehende Seite: Inka Straße am Hang entlang des Mullucochasees, Yauyos, Lima. Abschnitt: Xauxa-Pachacamac. Nachweis: Ministerio de Cultura del Perú – Proyecto Qhapaq Ñan – Sede Nacional – mit freundlicher Genehmigung des Generalkonsulats der Republik Peru in München

Abb. 13.5
Hängebrücke Keswa Chaca über den Rio Apurimac.
Foto: R. Cortright

Ausbau schnell zu bewerkstelligen verband man zu Zeiten verschiedener Vorläuferkulturen angelegte Verbindungswege zu einem ausgedehnten Wegenetz, das der jeweiligen Topografie und auch Nutzung des Gebietes, das es durchquerte, optimal angepasst war. In schwierigen Gebirgsregionen konnten die Straßen zu schmalen Pfaden werden. Große Steigungen bezwang man durch Treppen, über kleine Flussläufe errichtete man Brücken aus Stein oder Holz. Steile Schluchten überwanden die bis heute hergestellten Hängebrücken aus Pflanzenfasern. In sumpfigen Gebieten sicherten Drainagen den Bestand der Straße, die hier in der Regel auf Dämmen verliefen. An der wüstenhaften Küste vermied man eine zu lange Wegeführung durch wasserlose Gebiete. Hier machten die Straßen immer wieder „Abstecher" ins Landesinnere, um die Trinkwasserversorgung der Straßenbenutzer sicherzustellen. War es unumgänglich, dass eine Straße ein fruchtbares Gebiet mit Feldern kreuzte, errichtete man rechts und links hohe Schutzmauern, so dass die Felder vor Schäden durch die Reisenden geschützt waren (Regal 1972).

Die „Reisenden", die das Inka-Reich auf den Straßen durchquerten, waren zunächst die Soldaten des Inka-Heeres und die Arbeitskräfte, die häufig in weit von ihren Heimatorten entlegenen Gebieten Arbeitsleistung erbringen mussten oder sogar selbst ein Teil des Heeres waren. Umsiedlungen ganzer Dorfgemeinschaften zur Steigerung der wirtschaftlichen Produktion in fruchtbaren Gebieten waren zudem ein wesentlicher Bestandteil der Inka-Ökonomie, so dass die Umgesiedelten, die *mitimaes*, ebenfalls Nutzer dieser Wege waren. Man kann sicher davon ausgehen, dass sich alleine diese drei Gruppen ständig in hoher Anzahl auf den Inka-Straßen bewegten. Lamakarawanen transportieren Textilien, Nahrungsmittel sowie Rohstoffe wie Schmucksteine – Lapislazuli oder Türkis aus dem heutigen Chile –, Gold, Silber und Federn tropischer Vögel aus Amazonien oder Spondylus von der Küste Ecuadors über weite Distanzen an ihre Bestimmungsorte, meist große Lager- und Verwaltungszentren oder Cusco selbst. Es wird berichtet, dass sich der Inka stets frischen Seefisch aus dem Pazifik an seine jeweiligen Aufenthaltsorte bringen ließ.

Auch die Beamten der Inka, die Statthalter und vor allem die *quipu*-Kundigen, *quipu-camayoq*, waren ständig unterwegs um die Arbeitsleistung und damit Steuererträge zu kontrollieren und die erwirtschafteten Produkte zu zählen. Insofern waren die Inka-Straßen auch eine wichtige Voraussetzung für die Kommunikation im Inka-Reich, die hervorragend funktionierte. Die Verantwortlichen für das rasche Übermitteln von Botschaften und *quipu* waren die *chasqui*, die Botenläufer. Diese jungen Männer, zwischen 16 und 20 Jahre alt, wurden aus dem ganzen Reich rekrutiert. Sie absolvierten eine Art „Staffellauf" indem sie möglichst schnell und absolut zuverlässig eine Knotenschnur von einem Meldeposten zum nächsten brachten, an dem dann der neue Läufer wartete. Solche Meldeposten waren in der Regel je nach Beschaffenheit des Geländes bis zu 30 Kilometer voneinander entfernt. Fehlkommunikation oder das Nicht-Erreichen des nächsten Postens wurde mit dem Tode bestraft. Die Läufer kündigten ihr Erreichen des Meldepostens mit einem Signalton aus einem Schneckenhorn an, damit sich der darauf folgende Läufer vorbereiten konnte. Für die *chasqui* gab es eigens errichtete Wartehäuschen, die *chasquihuasi*. Sicher waren sie auch in den zahlreich entlang der Straßen verteilten Raststätten, den *tambos* untergebracht.

Abb. 13.6
Botenläufer *chasqui*. Nach Guaman Poma 1615

Die Lage der großen Verwaltungszentren wie Huanuco Pampa direkt an den Inka-Straßen verdeutlicht ebenfalls die zentrale Funktion des Straßennetzes für die Wirtschaft und die Verwaltung des Imperiums. Entlang der Straße zwischen Quito und Cusco finden sich die meisten dieser Zentren, was diese Verbindung als die wichtigste im Reich erscheinen lässt. Man errechnete, dass zur Überwindung dieser über 3.000 Kilometer langen Strecke insgesamt 375 Meldeläufer zum Einsatz kamen. Die Botschaft erreichte innerhalb von 3–5 Tagen ihr Ziel. Die *tambos*, Versorgungsstationen für Botenläufer und Reisende, letztlich nichts anderes als Raststätten mit Übernachtungsmöglichkeit, lagen ebenfalls direkt an den Straßen und waren in der Regel eine Tagesreise voneinander entfernt. Noch heute tragen Orte in ihrem Namen diese Bezeichnung, wie beispielsweise das berühmte Ollantaytambo im heiligen Tal der Inka.

Der anspruchsvollste Reisende auf den Inka-Straßen war der Inka selbst. Er reiste stets von hochrangigen Fürsten, in einer Sänfte getragen, mit seinem engsten Hofstaat.

Abb. 13.7
Tambo aus der Inka-Zeit in der Nähe des Nationalparkes Chungará in Nord-Chile. Foto: D. Kurella

KAROLINE NOACK

DIE STAATSSTRUKTUR

Einleitung

Zum Zeitpunkt der Ankunft der Spanier in Peru (1532) hatte das Tahuantinsuyu eine beispiellose Größe erlangt. Kein vorspanischer Staat in den Amerikas lässt sich in der territorialen Ausdehnung auch nur in Ansätzen mit dem Inka-Staat vergleichen. Unter der Kontrolle der Inka-Herrscher lebten zu diesem Zeitpunkt schätzungsweise zwischen sechs und dreizehn Millionen Einwohner (Verano 1992: 16). Die Ausdehnung des Staates mit der Hauptstadt Cusco als politischem und sakralem Zentrum reichte zu Beginn des 16. Jahrhunderts im Norden über das heutige Ecuador bis in das südliche Kolumbien und schloss im Süden und Südosten Bolivien, den Norden Chiles und den Nordwesten Argentiniens ein. Als die Spanier, angeführt von Francisco Pizarro in der Nähe von Tumbes, im heutigen Ecuador, eintrafen, um das Tahuantinsuyu zu erobern, war der Inka-Staat unter Huayna Capac gerade um Gebiete im Norden Ecuadors erweitert worden.

Angesichts einer derartig weiträumigen territorialen Ausdehnung, die in einem historisch sehr kurzen Zeitraum von weniger als einhundert Jahren erzielt wurde, muss man sich fragen, mit welchen Mitteln es die Inka vermochten, einen Staat zu errichten, von dem die spanischen Eroberer sich so beeindruckt zeigten, dass sie ihn mit dem Römischen Reich verglichen. Erst einhundert Jahre zuvor waren die Inka nur eine von vielen kleineren sozio-politischen Einheiten gewesen, die im südlichen Hochland um Cusco lebten. Für ihren Erfolg und das enorme Tempo der Expansion gibt es keine einfache Erklärung. Sie lassen sich nur verstehen, wenn wir uns die sozio-ökonomischen, politischen und religiösen staatlichen Strukturen, die die Inka im Zuge ihrer Eroberungen entwickelten, in einem Zusammenhang ansehen.

Reziprozität und *mincca*

Die Struktur des Inka-Staates, die sich im Zuge der territorialen Expansionen nach und nach herausbildete, baute unmittelbar auf den sozialen und politischen Grundlagen der von den Inka unterworfenen lokalen Gesellschaften auf. Das Spektrum dieser lokalen Gesellschaften vor der Inka-Herrschaft reichte von kleineren regionalen Gruppen oder Häuptlingstümern (*curacazgos*) bis hin zu mächtigen Staaten. *Curacazgos* waren auf der Basis von *ayllus*, Verwandtschaftsgruppen, organisierte, sozial mehr oder weniger geschichtete Gruppen. Die sozialen Beziehungen innerhalb des *ayllu* waren auf der Grundlage kollektiven Landeigentums und dem Prinzip der Reziprozität bzw.

Gegenseitigkeit strukturiert. Die „gegenseitige Hilfe" oder *mincca* kam den Mitgliedern des *ayllu* oder der Dorfgemeinschaft bei der landwirtschaftlichen Arbeit oder beispielsweise beim Hausbau zugute. Auch die Felder der Anführer (*curacas*) wurden auf deren formale Bitte hin gemeinschaftlich bearbeitet und ihre Haushalte mit Brennholz und Wasser versorgt. Die *curacas* hatten wiederum dafür zu sorgen, dass den Arbeitenden nie die *chicha* (Maisbier) und das Essen ausging. Je nach Komplexität der sozio-politischen Organisation richteten darüber hinaus die *curacas* nach Beendigung eines Arbeitsturnus ein Fest aus, auf dem sämtliche Mitglieder der jeweiligen Gruppe bewirtet wurden (Murra 1980: 92). Die *curacazgos* in der Region unmittelbar um Cusco beherrschten die Inka direkt, über größere politische Einheiten wie die Chanka weiter westlich von ihnen und den Chimú-Staat an der Nordküste Perus übten sie eine indirekte Herrschaft aus. Sie sandten Amtsträger aus Cusco in die Zentren der eroberten Gebiete und brachten die entmachteten Anführer in die Hauptstadt. Hier wurden sie zu einem Teil der politischen Hierarchie des Inka-Staates. In diesem neuen Zustand der Abhängigkeit erwarben die Anführer erneut die politische Macht über ihre Herkunftsgruppe. Doch über ihnen spannte sich nun wie ein Schirm die aus Inka-Amtsträgern zusammengesetzte staatliche Verwaltung auf (D'Altroy 2002: 231). Die Sozialorganisation des *ayllu* blieb dabei im Wesentlichen unangetastet. Der *ayllu* blieb Grundlage der Häuptlingstümer (*curacazgos*) und der Staaten in den Anden. Auf diese Weise wurde es möglich, dass die Gegenseitigkeit, häufig allerdings nur noch in ihrer ritualisierten Form, zur Schlüsselinstitution auch des mächtigen Inka-Staates werden konnte (Rostworowski und Morris 1999: 777).

Redistribution und *mit'a*

Die Eroberung und die sich anschließende Integration in den Inka-Staat vollzog sich vielfach in den Formen einer ritualisierten Gegenseitigkeit, die im Austausch von Geschenken wie beispielsweise kostbaren *cumbi*-Textilien zwischen Inka-Herrschern und den *curacas* zum Ausdruck kam. Diese hatten dafür die Autonomie ihrer Gruppe aufzugeben. Akzeptierten letztere die Geschenke des Inka nicht, drohte Krieg, wie es unter anderem bei den Collique der Fall war (ebenda: 778). Akzeptierte der Anführer aber die Unterwerfung unter die Inka-Herrschaft, die darüber hinaus durch Heiratsallianzen begleitet sein konnte, so begannen die Arbeitsleistungen der dorfgemeinschaftlichen *mincca* die Form der staatlichen *mit'a* anzunehmen.

Die *mit'a* war eine Form der Arbeitsorganisation nach dem Rotationsprinzip, die dem Staat den Zugriff auf Arbeitskräfte aus allen unterworfenen Gebieten und für sämtliche Bereiche der Wirtschaft sowie für die Armee ermöglichte: Der Inka-Herrscher bat dabei zuerst den *curaca* der eroberten Provinz um Abgaben und Dienstleistungen, doch diese Abhängigkeitsverhältnisse gestalteten sich mit zunehmender Größe des Staates immer weniger gegenseitig und nahmen mehr und mehr die Form von unmittelbarer Herrschaft und auch Ausbeutung an, deren wichtigste Grundlage die *mit'a* wurde.

Abb. 14.1
Vorhergehende Seite: Das Colca Tal in der Nähe von Arequipa. Es ist die größte erhaltene Terrassenanlage aus der Inka-Zeit.
Foto: A. M. Gross/via

Abb. 14.2
Aus einer Schale trinkender *curaca*. Staatliche Museen zu Berlin, Stiftung Preußischer Kulturbesitz, Ethnologisches Museum.
Foto: A. Dreyer

Arbeiter aus den besiegten Provinzen, die in den Großbauprojekten des Staates, im Bergbau, in der Landwirtschaft sowie in der Keramik-, *chicha*- und Textilproduktion oder aber im Heeresdienst arbeiteten, lösten einander bei der *mit'a* gruppenweise rotierend ab. Zur *mit'a*-Arbeit waren die verheirateten Männer zwischen 25 und 50 Jahren verpflichtet, die den Haushalten in den *ayllus* vorstanden, wobei jüngere unverheiratete Männer diese unterstützt haben dürften (Murra 1980: 104).

Die Arbeitsleistungen für den Staat liefen dabei strukturell in der gleichen Weise wie vor der Eroberung für den *curaca* ab, der für die Organisation der Arbeit in der Landwirtschaft oder beim Bau eines Hauses innerhalb seiner Gruppe verantwortlich war. Auch wenn die zur *mit'a* verpflichteten Familienoberhäupter, meist begleitet durch

Abb. 14.3
Cumbi-Textil. Staatliche Museen zu Berlin, Stiftung Preußischer Kulturbesitz, Ethnologisches Museum.
Foto: A. Dreyer

Abb. 14.4
Großer *aryballo*. Staatliche Museen zu Berlin, Stiftung Preußischer Kulturbesitz, Ethnologisches Museum.
Foto: C. Obrocki

Frauen und größere Kinder, im Dorf zeitweise nicht anwesend waren, garantierte dort die *mincca* die fortlaufende landwirtschaftliche Produktion und den Unterhalt dieser Familien. Der Inka bewies nach Beendigung eines großen Bauprojekts oder nach einem bestimmten Arbeitsturnus ritualisierte Großzügigkeit, indem er ein Fest für die Arbeiter ausrichtete, auf dem auch Geschenke verteilt wurden, wodurch ein Teil der produzierten Güter formal wiederverteilt wurde. Trotz seiner Machtfülle in einem immer mehr expandierenden Staat musste auch der Inka-Herrscher den in den *ayllus* etablierten Normen folgen und sich bei der Bewirtung mit *chicha* und Geschenken wie Textilien ausreichend generös zeigen. Tat er das nicht, konnte die Bitte des Inka, ihm bei den Bauprojekten oder anderen Arbeiten zu helfen, vom *curaca* auch abgelehnt werden.

Abb. 14.5
Kartoffelaussaat im Dezember. Der Mann benutzt einen Grabstock, eine *chaquitaclla*, den „andinen Spaten". Nach Guaman Poma 1615

Im Bau von Straßen, Lagerhäusern, Tempel- und Palastanlagen, von kompletten Verwaltungszentren sowie durch die Bearbeitung der Felder des Inka materialisierte sich die Herrschaft der Inka im gesamten Territorium des Tahuantinsuyu und signalisierte ihre Präsenz und Allgegenwart. Bauprojekte und Landwirtschaft waren voneinander abhängig und sowohl für die Expansion des Staates als auch für dessen inneren Zusammenhalt entscheidend. Die von *mit'a*-Arbeitern gebauten und von Raststationen, *tambos*, gesäumten Straßen und Brücken verbanden Siedlungen und Dörfer in den Provinzen mit den urbanen Verwaltungszentren wie Huánuco Pampa in den nördlichen Zentralanden, Chiquitoy Viejo an der Nordküste Perus oder Hatun Colla am Titicacasee im Süden miteinander. Die inkaischen Verwaltungszentren waren Zentren der Textil- und *chicha*-Produktion und enthielten umfangreiche Speicheranlagen für landwirtschaftliche und handwerkliche Produkte wie Kleidung und Waffen, die für den Staat hergestellt wurden. Bei den Lebensmitteln waren dies vor allem Mais, der in großen Tongefäßen aufbewahrt wurde sowie kühl und trocken gelagerte Knollenfrüchte. Die Verwaltungszentren im typischen Inka-Stil stellten eine Manifestation staatlicher Macht in den Provinzen dar und bildeten wichtige Knotenpunkte im logistischen Netzwerk der Inka. Dessen vier wichtigste Straßen trafen in Haucaypata, dem langen rechteckigen Platz im Zentrum der Hauptstadt Cusco zusammen, wo Menschen aus allen Teilen des Landes lebten (Rostworowski und Morris 1999: 790). Straßen dienten dem Transport von Waren, der Übermittlung von Nachrichten durch *chasqui*-Botenläufer sowie dem schnellen Fortkommen von Abgesandten der Inka-Verwaltung und inkaischer Truppen. Das gewaltige Potential dieses Systems konnte sich in dem Moment voll entfalten, als die Inka begannen, die Bevölkerung in neuen, mit der vorhandenen politischen Gliederung verschränkten Zähleinheiten zu organisieren.

Dezimalverwaltung

Angenommen wird, dass der Inka-Herrscher Tupac Inca Yupanqui die Dezimalverwaltung in die eroberten Territorien eingeführt hatte (Rowe 1958: 500). Die Bevölkerung in Dezimaleinheiten wurde zusammen mit den lokalen Ressourcen erfasst und die Angaben auf *quipus* (Knotenschnüren) dokumentiert. Auf dieser Grundlage organisierten die inkaischen Amtsträger in den Provinzen zusammen mit den *curacas* die *mit'a*-Arbeitsleistungen. Eine Provinz umfasste idealerweise 20.000 bis 30.000 Haushalte und wurde als einzige Einheit direkt von einem Inka-Gouverneur, dem *tocricoc*, kontrolliert. Die Bevölkerung war in hierarisch gestaffelte Dezimaleinheiten unterteilt, beginnend mit dem *hunu* von 10.000 Haushalten über die *huaranga* mit 1.000 Haushalten bis zur *pachaca* mit 100 Familien. Die kleinste Einheit bestand aus 10 Haushalten, spielte aber in der praktischen Verwaltung keine große Rolle. Jede Dezimaleinheit wurde von den lokalen *curacas* unterschiedlichen Rangs geleitet, von dem kleinen Anführer der *ayllus* bis zu den lokalen Herrschern der *curacazgos*. Die sozio-politische Rangordnung war also gleichzeitig die Hierarchie, die die *mit'a* organisierte und über die die Inka ihre indirekte Führung ausübten. Zur Verwaltung auf lokaler Ebene gehörten auch die *quipucamayoc*, *quipu*-Spezialisten, die Bevölkerungsstatistiken sowie Aufzeichnungen über Arbeitsleistungen, Abgaben und Bestände von Speichern kontrollierten (Murra 1980: 110).

Auch die politischen und wirtschaftlichen Aufgaben des *tocricoc* oder „Inka-Gouverneurs" waren direkt mit der *mit'a* verknüpft. Er trug die Verantwortung über die Durchführung der öffentlichen Arbeiten, für die Auswahl der dafür notwendigen Arbeiter

Abb. 14.6
Kartoffelfeld in der Nähe von Cusco.
Foto: A. M. Gross/via

und für die Einlagerung der Produkte und Abgaben in die Speicherhäuser. Darüber hinaus übte der *tocricoc* aber auch militärische und rechtliche Funktionen aus, offensichtlich jedoch zu Beginn der Expansion der Inka in einem viel größeren Maße als im Moment einer stärkeren Konsolidierung des Staates zu Beginn des 16. Jahrhunderts (Guillén-Guillén 1962: 165–166, 173–175). Die Zahl der Provinzen, die sich über die vier *suyus* des Tahuantinsuyu verteilten, wird von den Augenzeugen der spanischen Eroberung unterschiedlich angegeben, aber auf mindestens 80 geschätzt (Julien 1991; D'Altroy 2002: 232). Jede Provinz wiederum war in zwei oder drei hierarchische Teile gegliedert, *sayas* genannt (ebenda). Die *sayas* spiegelten offenbar sprachliche und kulturelle Differenzen. Überlieferungen berichten, dass die Inka bestimmte Bekleidungsstile, Farben und verschiedene Formen von Kopfbedeckungen nutzten, um diese Unterschiede auch sichtbar zu machen.

Abb. 14.7
Uncu mit Diamant-Motiv *tocapu*. Museum of World Cultures, Göteborg. Foto: H. Anderzen

Spezialisierte Produktion

Die Expansionen des Staates und die Ausweitung des *mit'a*-Systems, in deren Verlauf das Netz an Straßen, Lagerhäusern und Verwaltungszentren immer feinmaschiger wurde, waren außerordentlich dynamische Prozesse. Bei einer grundsätzlichen Beibehaltung sozialer Organisationsformen wie die des *ayllu* und der *mit'a* kam es aber im Zuge der staatlichen Konsolidierung und Integration auch zur Herausbildung neuer Abhängigkeitsverhältnisse. Auch dabei stützten die Inka sich auf bereits existierende Formen der Arbeits- und Sozialorganisation wie im Falle der *mitimaes*. In den zentralen und südlichen Anden mit ihren vielfältigen Mikrolandschaften und -klimata wurde Landwirtschaft nicht nur auf einer einzelnen Höhenstufe betrieben, um beispielsweise Mais in

Abb. 14.8
Verschiedene Maisarten auf dem Markt von Pisac. Foto: M. Kurella

Abb. 14.9
Maisfeld in der Nähe von Chinchero. Foto: A. M. Gross/via

einer Höhe von ca. 3.000 Metern oder Kartoffeln in den Höhenlagen der Puna anzubauen. Dorfgemeinschaften kontrollierten mit der Anlage von Tochtersiedlungen oder Archipelen mehrere vertikale Höhenstufen, um so ein größeres Spektrum an landwirtschaftlichen Produkten zu gewinnen. Dabei handelte es sich um permanente Kolonien, die häufig von *mitimaes* unterschiedlicher Herkunftssiedlungen bewohnt waren (Murra 1975: 59–115). Die Inka siedelten systematisch Familien, handwerklich spezialisierte Gruppen oder auch ganze Dorfgemeinschaften um. Als *mitimaes* bauten sie Mais, Coca und Chili-Pfeffer ausschließlich für den Inka an, dienten als Soldaten in Garnisonen an strategisch wichtigen Orten oder aber produzierten Textilien, Keramik oder Metallobjekte, wie beispielsweise in den Dörfern Sunicaya und Cupi (Lupaqa) am Titicacasee, in denen nur Gold- und Silberschmiede bzw. Töpfer lebten (Julien 1983: 75). Charakteristisch ist, dass die *mitimaes* arbeitsteilig und hoch spezialisiert waren. Diese Arbeitsteilung ging mit der Herauslösung von Individuen, einzelnen Familien oder größeren Gruppen aus den Sozialverbänden der unterworfenen Gesellschaften einher.

Dies trifft auch auf die *acllas* zu, junge Frauen aus den Provinzen, die von inkaischen Amtsträgern ausgewählt wurden, ihre Familien verlassen und in den Verwaltungszentren in *acllahuasi* zusammenleben mussten. Von den spanischen Chronisten wurden sie fälschlicherweise als Sonnenjungfrauen bezeichnet. Sie arbeiteten in eigens eingerichteten Produktionsstätten, wie in Huánuco Viejo, in einer hochgradig spezialisierten, häufig auch religiös konnotierten Textilproduktion ausschließlich für den Inka-Adel, vor allem jedoch für den Herrscher selbst.

Abb. 14.10
Acllahuasī in Pachacamac.
Foto: P. Goede

Der Inka-Adel in Cusco und staatliche Integration

Die ehemals kleine regionale Gruppe der Inka hatte sich im Laufe der Eroberungsprozesse zu einer in Cusco residierenden Adelsschicht gewandelt. Sie war in den *ayllus* strukturell durchaus ähnlichen *panacas* organisiert und hatte sich den Dorfgemeinschaften, Häuptlingstümern und schließlich auch Staaten als herrschende Elite übergestülpt. Aus der Bezeichnung „Inka" für eine lokale Gruppe ist dabei der Name für den Herrscher geworden. Auch die engen Verwandten des Herrschers, die wegen ihrer durch die Schmuckpflöcke stark geweiteten Ohrläppchen als *orejones* oder „Großohren" bezeichnet wurden, nannte man Inka. In der *ayllu*-Struktur des Adels spiegelte sich die soziale Nähe zu den Nachbarn der Inka wider, die diese zuerst unterworfen hatten.

Auch der Inka-Adel war wie die anderen soziopolitischen Einheiten und ihre Anführer dual organisiert (Rostworowski und Morris 1999: 785). Das Tahuantinsuyu war in eine obere (*hanan*) und in eine untere (*hurin*) Hälfte gegliedert. Die soziale und politische Dualität fand in der Planung und Anlage Cuscos ihren Ausdruck, das ebenfalls in eine obere und in eine untere Hälfte unterteilt war. In der oberen Hälfte befand sich Haucaypata, der Platz, an dem die vier wichtigsten Straßen des Inka-Reiches zusammenliefen. Auch diese Teile waren jeweils wiederum zweigeteilt, so dass Cusco, wie das Tahuantinsuyu insgesamt, in vier Teile gegliedert war. Jeweils zwei *suyus* waren mit der oberen bzw. der unteren Hälfte der Hauptstadt verknüpft (*hanan* Cusco mit Chinchaysuyu und Andesuyu im Norden und Osten, *hurin* Cusco mit Condesuyu und Collasuyu im Westen und Süden). *Hanan* Cusco und *hurin* Cusco waren wiederum durch die *ceques* untergliedert. Auf diese Weise wurde Cusco selbst zum Mittelpunkt einer sakralen Landschaft, zum „Nabel" der Welt.

Im Sonnentempel Coricancha wurde der Sapa Inka, der „einzige Inka", als göttlicher Herrscher und Sohn der Sonne verehrt. Ob er, wie in den Quellen behauptet wird, allein für die Kriegsführung, die Ausübung der Religion und die Verwaltung des Staates verantwortlich war, darf allerdings bezweifelt werden. Aufgaben konnte der Inka an „Generäle" und an den Sonnenpriester delegieren. Die gewaltigen politischen Transformationen, die zu einer verstärkten Integration des Staates führten, werden dem neunten Inka Pachacutec zugeschrieben. Die Quellen berichten außerdem, dass seit Tupac Inca Yupanqui die Schwesternheirat praktiziert und damit vom Inzestverbot abgewichen wurde (Rostworowski und Morris 1999: 780). Seine Schwester regierte als Hauptfrau mit ihrem Mann gemeinsam und trug den Titel der *Coya*. Andere Inka-Frauen waren die *palla*, die Töchter wurden *ñusta* genannt (D'Altroy 2002: 91–93). Symbolisch sollte durch die Schwesternheirat die Reinheit der Nachkommen aus einer nur sehr kleinen Gruppe von Verwandten garantiert werden. Außerdem wurde auf diese Weise der Kreis der möglichen Nachfolger des Herrschers stark eingeschränkt, wodurch man hoffte, Nachfolgekonflikten vorbeugen zu können. Auch die Herausbildung des inkaischen Mumienkultes ist in diese Zusammenhänge der Festigung der Staatsstruktur einzuordnen. Dieser Kult trug wesentlich zur Dynamik der inkaischen Expansion bei. Inkaische

Herrscher blieben auch nach ihrem Tod als verehrungswürdige Ahnen Vorstand ihrer Familien und Inhaber des Besitzes, den sie zu Lebzeiten erworben hatten. Paläste und ausgedehnte Ländereien für ihren Unterhalt blieben im Besitz der *panaca*, des Nachkommenverbandes, um den beständigen Bedarf der mumifizierten Ahnen an den sehr feinen *cumbi*-Textilien, in die sie immer wieder neu „eingekleidet" wurden, sowie an Speisen und Getränken zu stillen. Bei Festen und Prozessionen wurden die Mumienbündel regelmäßig ausgestellt. Als Repräsentanten ganzer Generationen verstorbener Inka waren sie immer präsent und nahmen am Leben der Menschen teil. Der neu an die Macht gekommene Inka übernahm die Herrschaft von seinem Vorgänger, aber nicht dessen Besitz. Daher sah er sich gezwungen, die Eroberungsprozesse voranzutreiben, um sich Ländereien zu verschaffen und durch die *mit'a* eigene Paläste und Landsitze errichten zu lassen, die er seinerseits wieder den Nachkommen seiner *panaca* überlassen konnte.

Resümee

Wie gelang es also den Inka, in einer so kurzen Zeit einen Staat von einer solch großen Ausdehnung zu errichten? Die Erklärung dafür liegt in dem Ineinandergreifen von in den andinen Gesellschaften tief verankerten Strukturen, wie die *mincca*, die untrennbar mit dem *ayllu* verknüpft war, und der für die Menschen fast unmerklichen Nutzung dieser Strukturen für die neuen staatlichen Interessen in der *mit'a*, für die neue redistributive Formen und ideologisch-religiöse Begründungszusammenhänge geschaffen worden sind. Den Inka gelang es dabei, ein diffiziles Gleichgewicht zwischen Diversität durch die Beibehaltung lokaler Strukturen und Vereinheitlichung durch eine Sprachenpolitik, eine neue Staatsreligion, den Mumienkult und die staatliche Verwaltung aufrechtzuerhalten.

HUÁNUCO PAMPA MONICA BARNES

Es liegen uns Berichte von Augenzeugen vor, die die letzten Tage des Inka-Reiches, Tahuantinsuyu, selbst miterlebt haben. Darüber hinaus existieren Chroniken von Berichterstattern, die nicht bei der Eroberung durch die Spanier zugegen waren, aber Zeitzeugen begegneten und sie befragten (Cieza de León 1962 [1553]; Guaman Poma de Ayala 1980 [1614]). Dennoch können diese Beschreibungen nicht vollständig erklären, wie ein so weitläufiges Gebiet von einer anfangs sehr kleinen Gruppe erobert und beherrscht werden konnte, die weder über hochentwickelte Militärtechnologie, noch über ein alphabetisches Schriftsystem oder Glyphen verfügte. Dass die Inka es trotzdem schafften, diesen Staat zu formen, könnte darin begründet liegen, dass sie erfolgreiche Militärstrategien mit Diplomatie, Heiratsallianzen, einer effektiven Verwaltung, weitgehend fehlerfreien wirtschaftlichen Praktiken und einer überzeugenden Ideologie kombinierten.

Abb. 15.1
Ushnu, Huánuco Pampa. Junius Bird Laboratory of South American Archaeology. Courtesy of the Division of Anthropology, American Museum of Natural History, New York. Foto: Craig Morris

Die Inka kontrollierten nicht nur ein sehr großes Gebiet, sondern sie besetzten auch viele unterschiedliche ökologische Zonen und bewirtschafteten diese. Darunter waren Anbaugebiete in klimatisch gemäßigten Hochlandtälern, wie zum Beispiel ihr Herkunftsort Cusco, bis hin zu hochgelegenem Weideland, bewässerten Küstentälern am Pazifik sowie die warmen und feuchten Nebelwälder der östlichen Anden. Die Erzeugnisse dieser unterschiedlichen ökologischen Zonen waren nötig, um Wohlstand und Stabilität aufzubauen und zu erhalten. Die Inka wandten verschiedene Strategien und Taktiken an, um eine möglichst hohe Anzahl unterschiedlicher und weit entfernter fruchtbarer Gebiete innerhalb dieser Zonen zu erschließen. Das Straßennetz der Inka, das Qapac Ñan (Hyslop 1984) verband die Regionen und hielt das System zusammen. Die wichtigsten Stationen auf den Inka-Straßen waren die „neuen Cuscos". Darunter verstand man Orte, in denen die wichtigsten Merkmale der Hauptstadt des Inka-Reiches dupliziert wurden. Neben *tambos* und militärischen Einrichtungen gab es einen Palast für den Inka-Herrscher und seinen Hofstaat sowie einen Sonnentempel, ein *acclahuasi*, ein Haus für die auserwählten Frauen, die heiligen Jungfrauen der Inka. Außerdem gab es Lagerhäuser, *collcas*, in denen Nahrungsmittel, Cocablätter, Kleidung, Waffen, Feuerholz und alle übrigen, im Alltag benötigten Dinge gelagert wurden. Jedes neue Cusco hatte mindestens einen großen Platz für Zeremonien, Feste, rituelle Kämpfe und Versammlungen. Auf dem Platz oder in der Nähe des Platzes befand sich ein *ushnu*, eine Plattform auf der Riten abgehalten wurden. Ein *ushnu* war mit einer Abflussrinne ausgestattet, in die flüssige Opfergaben wie Maisbier, *chicha*, oder Blut hineingegossen werden konnten. Gelegentlich verfügte er auch über eine heilige Säule oder einen Sitz (Hyslop 1985).

Abb. 15.2
Moderner Plan. Courtesy of the Division of Anthropology, American Museum of Natural History, New York. Zeichnung: Craig Morris

Archäologen untersuchten über einen Zeitraum von mehreren Jahren einige größere Siedlungen entlang des zentralen Abschnitts der durch das Hochland führenden Inka-Straße. Wenn man der Straße von dem im Süden gelegenen Cusco nach dem im Norden gelegenen Quito folgt, so trifft man neben vielen anderen Orten auf Pumpu, am Ufer des Sees Junin im heutigen Peru (Matos 1994). Man passiert außerdem Hatun Xauxa (Jauja) im fruchtbaren Mantaro-Tal, das ungefähr 45 Kilometer nordwestlich des heutigen Huancayo liegt (D'Altroy 1992) (siehe auch Karte in Kap. 12). Abgesehen von Cusco, ist die Stadt Huánuco Pampa, die früher auch Huánuco el Viejo genannt wurde, eine der prächtigsten Hochlandstädte überhaupt. Alle diese Orte haben Gemeinsamkeiten, die uns dabei helfen können, die politischen, gesellschaftlichen, militärischen, ökonomischen und religiösen Strukturen der Inka zu erkennen. Dieser Aufsatz konzentriert sich auf Huánuco Pampa.

Huánuco Pampa liegt etwas höher als 3.800 Meter ü.N.N. und besteht aus mehr als 4.000 Bauwerken, die den östlichen Abschnitt einer langen, relativ flachen, von Hügeln umgebenen Ebene bedecken (Morris und von Hagen 1993: 116). Derart breite Ebenen sind in den Anden sehr selten und dieser Ort muss den Inka als etwas ganz Besonderes erschienen sein. Möglicherweise galt er auch als heiliger Ort. Obwohl unveröffentlichte archäologische Untersuchungen andeuten, dass es damals bereits

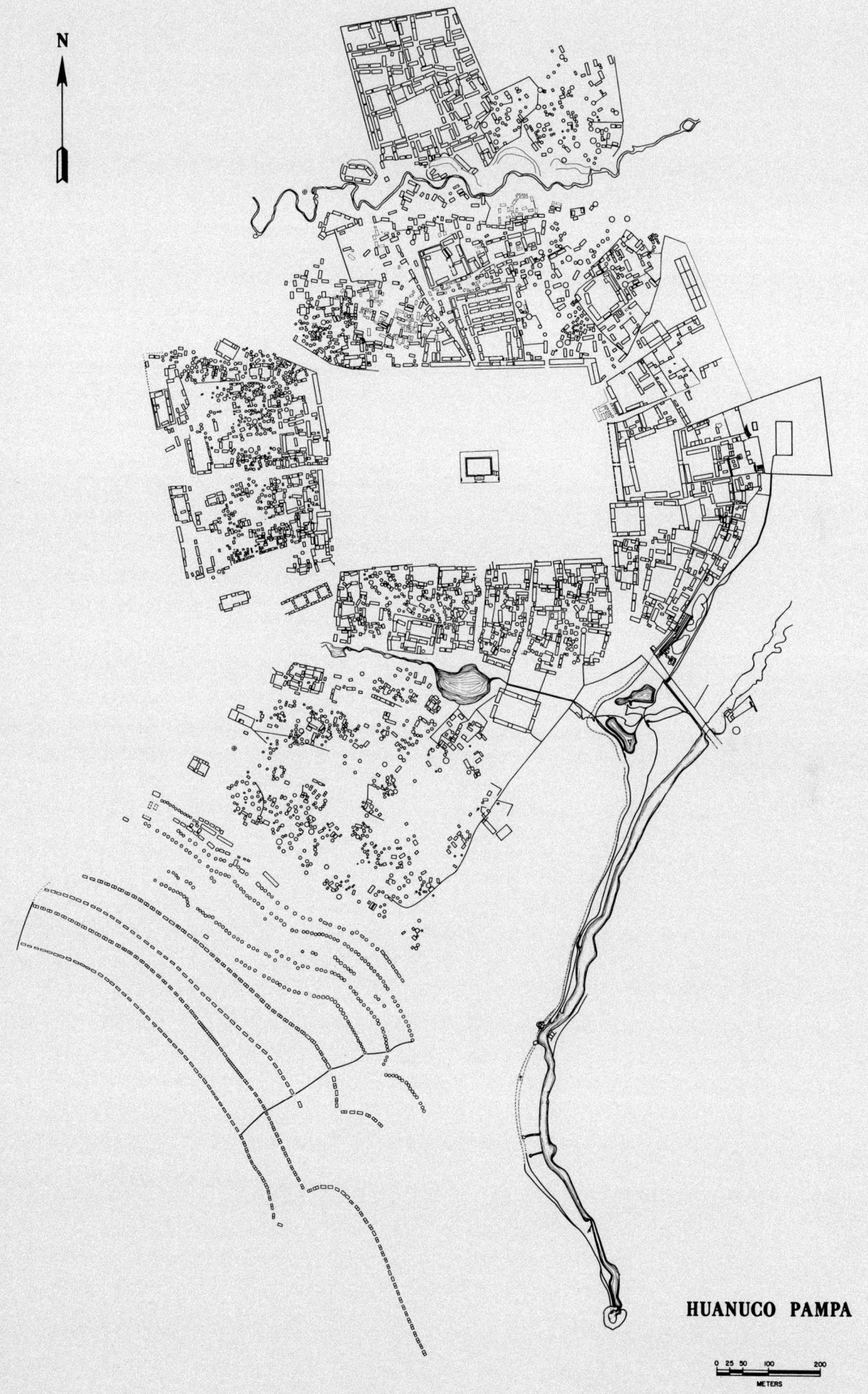

Bauwerke auf dieser Hochebene gegeben hatte, ist anzunehmen, dass die Inka eine unbewohnte Gegend für ihre neue Stadt auswählten. Die Stadt wurde mit großer Eile erbaut – worauf die einfache Bauweise mancher Gebäude schließen lässt – und war zur Zeit der spanischen Eroberung noch unvollendet. In den ersten Jahren nach der Ankunft der spanischen Heere, wurde die Stadt abrupt und fast vollständig verlassen. Daher ist dieser Ort ein hervorragendes Beispiel für einen reinen Inka-Stil, der in nur kurzer Zeit entstanden sein musste. Dies steht im Kontrast zu Siedlungen wie La Centinela im Küstental von Chincha, das bereits bewohnt war, als die Inka die Herrschaft übernahmen oder sogar zu Cusco selbst, das vorher ebenfalls besiedelt war und bis heute immer wieder modifiziert wurde.

Obwohl Huánuco Pampa wegen seiner abgelegenen Lage nur von wenigen Touristen besucht wird, wurden reisende Wissenschaftler schon seit dem späten 18. Jahrhundert von diesem Ort angezogen und hinterließen Aufzeichnungen der zahlreichen Veränderungen, die er durchlaufen hatte. Da der Qapac Ñan quer über den mächtigen Zentralplatz von Huánuco Pampa verläuft, war der Ort leichter zugänglich. Auch Armeen erreichten den Ort über diesen Weg und lieferten sich zu unterschiedlichsten Zeiten Kämpfe: In den 1530er und 40er Jahren leisteten die Truppen der Inka den spanischen Eroberern Widerstand. Weitere Schlachten fanden während des Unabhängigkeitskrieges in den frühen 1820er Jahren statt sowie während des Pazifikkrieges (1879–1882), in

Abb. 15.3
Inka-Palast, Huánuco Pampa. Die Schäden an der Steinmauer stammen vermutlich aus Artilleriebeschuss während militärischer Aktionen im 19. Jahrhundert.
Foto: Mahlon Barash 2013.

dem sich Peru und Bolivien gegen Chile verbündeten. Die Anlage scheint auch durch Artilleriebeschuss Schaden genommen zu haben, der wahrscheinlich während der Kämpfe im 19. Jahrhundert stattfand.

Huánuco Pampa hatte unterschiedliche, aber sich ergänzende Funktionen. Pedro Cieza de León, ein junger Soldat, der von 1538 bis 1551 durch die Anden reiste, betonte damals, zu einer Zeit, als es noch viele Menschen gab, die sich an das Inka-Reich erinnerten, die besondere Bedeutung des Ortes für die Inka. Er berichtet, dass 30.000 Indigene in Huánuco Pampa dienten (Cieza 1962 [1553]: Chapter LXXX, S. 229; auch in: Vázquez de Espinosa 1942: 582). Was genau er mit dieser Aussage meinte, bleibt unklar. Vielleicht hielten sich nicht alle zur gleichen Zeit und durchgehend in Huánuco Pampa auf. Einige von ihnen waren möglicherweise Verwalter auf Lebenszeit oder Diener der Inka, *yanacona*, und lebten ständig in der Stadt. Andere waren vielleicht Menschen, die regelmäßig in der Stadt arbeiteten, aber dort nicht lebten, sondern ihren Arbeitsdienst, die *mit'a*, ableisteten. Vielleicht zählte Cieza auch diejenigen hinzu, die nicht in der Stadt wohnten, die aber eine Abgabe in Form von Nahrungsmitteln an die Stadt abliefern mussten und sich deswegen dort aufhielten. Es mussten Güter nach Huánuco Pampa gebracht werden, denn die unmittelbare Umgebung hätte nicht genügend Ertrag hervorgebracht, um eine so große Enklave zu versorgen. Das Weideland, das die inkaische Stadt umgab, bot genügend Platz für große Bestände an Lamas und Alpakas. Auch Kartoffeln und andere Knollenfrüchte konnten in Huánuco Pampa angebaut werden, aber die Erträge waren gering. Andere Grundnahrungsmittel wie Mais und Früchte mussten aus tieferen Lagen herangebracht werden. Die wirtschaftliche und politische Fragilität von Huánuco Pampa zeigt sich auch an der Tatsache, dass die Stadt bereits in den ersten Jahren nach Eintreffen der Spanier so rasch verlassen wurde. Während der Kolonialzeit verblieb dort lediglich ein kleiner *tambo*. Im frühen 17. Jahrhundert wurden in und außerhalb der Ruinen Ställe für Rinder und Schafe eingerichtet, die von einigen wenigen Familien unterhalten wurden (Vázquez de Espinosa 1942: 581). Noch heute weidet Vieh auf der Hochebene.

Warum war Huánuco Pampa trotz all dieser Schwierigkeiten so wichtig für die Inka, dass sie es zu einem ihrer „neuen Cuscos" machten? Das sie eine große Population auf einer hochgelegenen, kalten, windigen Ebene versorgten (Guaman Poma 1980 [1614]: 185 [187], S. 162)? Trotz jahrzehntelanger archäologischer Forschung konnte diese Frage bis heute nicht eindeutig geklärt werden. Die Hochebene, auf der sich Huánuco Pampa befindet, soll erst relativ spät in der Geschichte der Inka erobert worden sein, und zwar von Tupac Inca Yupanqui, dem 11. Inka der überlieferten inkaischen Genealogie (Vázquez de Espinosa 1942: 581). Die strategisch günstige Lage auf der Hochebene direkt an der Inka-Straße gelegen, darf nicht unterschätzt werden. Victor von Hagen, ein deutsch-amerikanischer Entdecker, der die Anlage in den 1950er Jahren besuchte, merkte an, dass die Lage einerseits bei der Unterwerfung des kämpferischen Chachapoya-Volkes im Norden nützlich gewesen sein könnte. Andererseits konnten die Inka von hier aus leichter die warmen tropischen Hänge der Ost-Anden erreichen, die

Abb. 15.4
In der Mitte des Fotos ist die zerstörte, mit Steinen ausgekleidete Rinne auf der östlichen Seite des *ushnus* von Huánuco Pampa während der Ausgrabungen John Murras zu sehen. Die Rinne wurde wahrscheinlich benutzt um flüssige Opfergaben wie das Maisbier *chicha* hindurchfließen zu lassen. Foto: John Murra Archive, Junius Bird Laboratory of South American Archaeology. Rollo 33, foto 17, 1965: Foto: Luis Barreda. Courtesy of the Division of Anthropology, American Museum of Natural History, New York.

sie mit Bauholz, Früchten und schönen Federn versorgten. Von Huánuco Pampa aus konnte man außerdem über eine seitliche Verbindungsstraße ins Casma-Tal absteigen, das südlich des reichen Wüstenkönigreiches der Chimú lag. Ferner konnte man auch weiter in den Norden in Richtung Quito gelangen (von Hagen 1955).

Als ein neues Cusco doppelte Huánuco Pampa viele der Hauptmerkmale der Inka-Hauptstadt. Im Herzen von Huánuco Pampa liegt das augenscheinlichste Element der Stadt: der große zentrale Platz, der 550 x 350 Meter misst. In der Mitte des Platzes befindet sich der *ushnu*, eine dreistufige Steinplattform, dessen massive oberste Ebene an ihrer Basis 32 x 48 Meter misst (Morris und Thompson 1985: 58–59). Die Steinblöcke, die diese Ebene bilden, wurden alle genau zugeschnitten und passend eingesetzt. Sie erreichen zwar nicht die Steinmetzkunst, die man in Cusco und Machu Picchu vorfindet, sind aber nicht weniger imposant. Die Oberseite des *ushnu* erreicht man über eine Stufe, die über zwei Zugänge verfügt, die jeweils von zwei stark erodierten Tierfiguren bewacht werden. Diese Vollplastiken stellen vermutlich Pumas dar und bestehen aus jeweils zwei Figuren, deren Rückseiten sich aneinanderfügen. Neben jedem Zugang stehen zwei Doppelfiguren, also insgesamt acht Pumas. Frühe Beobachter nahmen an, dass es sich bei dem *ushnu* um eine Festung handelte. Sein offener, zeremonieller Eingang lässt diese Funktion jedoch als unwahrscheinlich erscheinen. Im Laufe der Zeit wurden viele der Steine, die die Stufen bildeten, entfernt, um sie zum Bau von anderen Gebäuden zu benutzen, wie zum Beispiel einer Plattform für ein Kreuz, das vor 1922 errichtet und in den 1960er Jahren wieder abgerissen wurde (Barnes; im Druck).

In die *ushnu*-Plattform ist ein von Steinen umsäumter Abfluss eingebettet, der für flüssige Opfergaben wie Maisbier oder Blut gedacht war. Dieser Abfluss mündete wahrscheinlich in einem stabil gebauten, von Steinen umsäumten, abgedeckten Kanal, der sich durch die östliche Seite der Anlage schlängelte (Barnes *et al.* 2012). Laut schriftlicher Überlieferungen benutzten die Inka *ushnus*, um Zeremonien abzuhalten, wie z. B. Opfer- und Initiationsriten, Gebete und Ansprachen. Außerdem dienten sie zur Sammlung und Neuverteilung von Abgaben, zum Empfang des Inka-Adels und zur Verkündung von Urteilen (Morris *et al.* 2011: 42). Um diese Zeremonien zum richtigen Zeitpunkt abzuhalten, brauchten sie einen genauen Kalender. Die Sichtachsen des *ushnu* von Huánuco Pampa wurden verwendet, um die Sonnenwenden und Tag- und Nachtgleichen zu berechnen (Pino 2005). Andere Inka-Plattformen auf der Hochebene von Huánuco wurden wahrscheinlich ebenfalls in ihr Observationssystem von Sonne und Mond integriert (Cotter 1964).

Der *ushnu*-Platz wird immer als ein leerer Platz ohne weitere Gebäude beschrieben und doch fand man hier die Überreste von ungefähr 38 Bauwerken (Morris *et al.* 2011: 62, Abb. 31). Sie wurden wahrscheinlich von den Spaniern während ihrer kurzen Belagerung von Huánuco Pampa in den späten 1530er und frühen 1540er Jahren errichtet. In diesem Fall könnten sie nicht den Inka zugeschrieben werden. Sicher ist aber nur, dass die Spanier diese Strukturen zumindest „benutzt" haben. Archäologische Forschungen konnten die zeitliche Abfolge der Gebäude nicht vollkommen aufklären. Trotzdem ist die Frage weiterhin von großer Bedeutung, denn ein einzelner, großer Freiraum konnte für bestimmte Riten genutzt werden, wie zum Beispiel die *tincuy*-Kämpfe, rituelle Zweikämpfe, oder auch für große Feste, bei denen gesungen und ge-

Abb. 15.5
Zwei der monumentalen Portale in Huánuco Pampa, mit dem nördlichen und südlichen Teil der *kallanka* dahinter. An dem Hügel befanden sich die Lagerhäuser, *collcas*. Foto: Mahlon Barash, 2013.

tanzt wurde sowie für die Mobilisierung der Kampftruppen. Zu wissen, wie der Hauptplatz zu Inkazeiten ausgesehen hatte, ist wichtig, um zu verstehen, wie er genutzt wurde.

Nach dem *ushnu* und dem ihn umgebenden Platz, ist die bekannteste architektonische Besonderheit von Huánuco Pampa eine Reihe von Gebäuden im östlichen Teil der Anlage. Diese Gebäude wurden stets als Inka-Palast angesprochen, möglicherweise sogar als der des Tupac Inca Yupanqui (Guaman Poma 1980 [1614]: 1087 [1097], S. 1003). Um in diesen Komplex zu gelangen, muss man zuerst sechs zu einer Geraden angeordnete gewaltige Portale passieren. Diese sind sehr fein gearbeitet, stehen aber in Doppelmauern, die aus rustikalen Feldsteinen errichtet und mit Bruchstein gefüllt sind. Am wahrscheinlichsten ist es, dass das rohe Mauerwerk mit weichem Lehm verkleidet und anschließend bemalt wurde, um den Gebäuden den Anschein edler Bauwerke zu verleihen. Die Inka-Paläste in Cusco wurden dagegen nur mit genau eingepassten Mauersteinen errichtet. Der Palast in Huánuco Pampa scheint in viel kürzerer Zeit erbaut und deswegen in einfacherer Bauweise errichtet worden zu sein. Die Portale wurden mit Flachreliefpaaren bestückt und zeigen das Seitenprofil von Tieren, die sich gegenseitig anblicken. Obwohl sie schwer zu identifizieren sind, lassen sich die Charakteristika von Pumas, Affen und Echsen erkennen, von denen die letzten beiden Tierarten Bewohner der tropischen Wälder im Osten von Huánuco Pampa sind.

Am hinteren Ende des Palast-Komplexes befindet sich ein Bad, das wahrscheinlich sowohl einen rituellen, als auch einen praktischen Zweck erfüllte, und das ein wichtiger Bestandteil des Wassersystems von Huánuco Pampa war. Eine Karte der Anlage aus dem 18. Jahrhundert, die von Padre Antonio Sobreviela und seinem Zeichner Lorenzo de

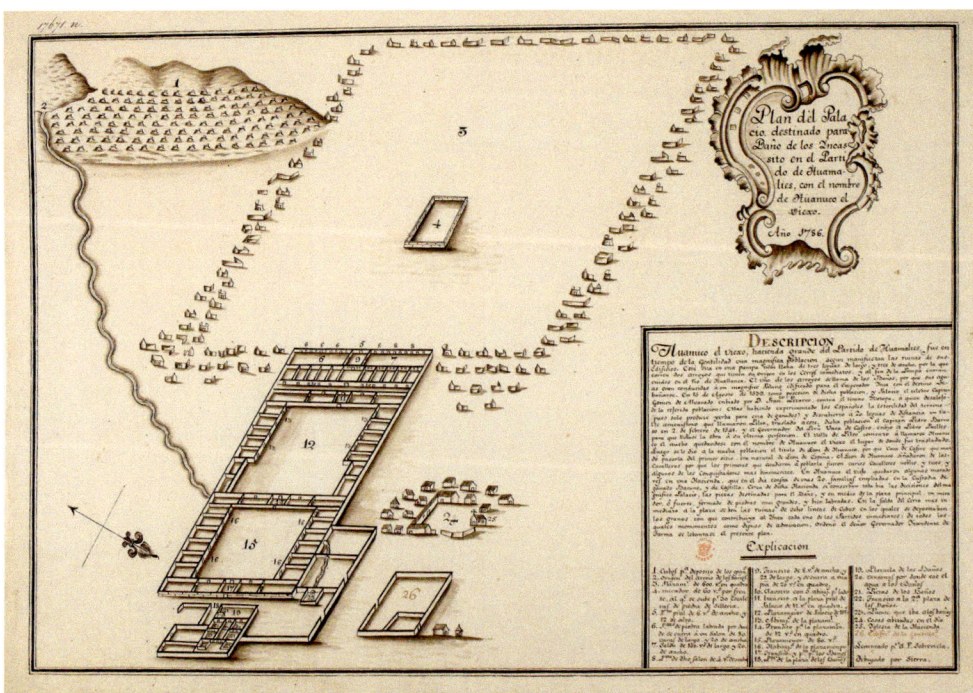

Abb. 15.6
Karte von Huánuco Pampa, gezeichnet im Jahre 1786 von Antonio Sobreviela und Lorenzo de la Sierra. British Library, Add. MS. 17671.

Abb. 15.7
Der Bad-Komplex in Huánuco Pampa nach der Ausgrabung durch Luis Barreda Murillo, der unter der Betreuung von John Murra arbeitete. Zu vergleichen mit der Karte von Sobreviela und Sierra 1786 (Abb. 6). Foto: John Murra Archive, Junius Bird Laboratory of South American Archaeology. Rollo 35, foto 6, 1965: Foto: Luis Barreda. Courtesy of the Division of Anthropology, American Museum of Natural History, New York.

la Sierra entworfen wurde, zeigt, dass vom Fuß des „Berges der Collcas" Wasser unter den zweiten Platz des Palastes geleitet wurde. Von dort aus floss es in ein Reservoir und dann weiter in verschiedene Räume, die jeweils um einen kleinen Innenhof angeordnet waren. Auch wenn heute nur noch eines dieser schönen Steinbecken aus diesem Teil der Anlage zu sehen ist, enthüllten Ausgrabungen, die in den 1960er Jahren unter der Leitung von John Victor Murra durchgeführt wurden, ein architektonisches Muster, das dem auf der Karte eingezeichneten Leitungssystem sehr ähnlich ist.

Aufzeichnungen aus der Kolonialzeit berichten, dass zu Inka-Zeiten Güter aus einem weitläufigen Gebiet als Abgabe nach Huánuco Pampa herangeschafft wurden (Ortiz 1967, 1972 [1562]). Die Inka kannten keine Märkte, daher diente ihnen die Anlage als Lager und Wiederverteilungszentrum. Für die Lagerung von Waren benutzten sie einen weiteren auffälligen Bestandteil der Anlage. Auf einem Hügel südwestlich des *ushnu*-Platzes standen fast fünfhundert Lagerhäuser, *collcas*, auf insgesamt elf Reihen verteilt. Es handelt sich dabei um runde oder quadratische Baustrukturen, die aus einem oder mehreren Räumen bestanden. Ihre Mauern waren aus Feldsteinen, die Dächer vermutlich mit Stroh gedeckt. Ungefähr ein Viertel dieser Bauten wurden in den 1960er Jahren von Craig Morris ausgegraben. Zwischen 1971 und 1981 übernahm Morris dann die Leitung aller archäologischen Ausgrabungen in Huánuco Pampa (Morris und Thompson 1985, Morris *et al.* 2011). Obwohl bereits mehrere hundert Menschen, darunter Archäologen, Archäoastronomen, Architekten, Freiwillige und Bauern aus der Umgebung in Huánuco Pampa gearbeitet haben, wird Morris am häufigsten mit der Anlage in Verbindung gebracht. In den 1960er Jahren erkannte er bereits, dass die Bauweise dieser Lagerhäuser sowohl eine Belüftung, Trocknung und Regelung der Temperatur sicherte. Er fand heraus, dass sie Gefäße zur Lagerung und Nahrungsmittel enthielten, vor allem Mais und Kartoffeln. In den *collcas* wurden außerdem Holzkohle als Brennstoff und Stroh für die Lagerung aufbewahrt. Morris entdeckte in den Lagerhäusern sowohl präkolumbische als auch moderne Strohbündel, Kartoffeln und Seile, *pirwas* (Morris 1967: 92–93, 96–97).

Fotos, die 1964 während einer archäologischen Untersuchung unter der Leitung von John Murra gemacht wurden, enthüllen, dass es außer den Lagerhäusern, die Morris untersucht hatte, noch eine weitere Gruppe von mindestens 80 *collcas* auf der westlichen Seite gab. Sie standen auf einem Teil der Hochebene von Huánuco, der Muyuwaynin genannt wird. Die Bedeutung der Steinkreise konnte bei früheren Ausgrabungen nicht erkannt werden. Erst als Craig Morris und der bolivianische Archäologe David Pereira 1993 und 1994 damit begannen, die *collcas*, die im Tal von Cochabamba in Bolivien gefunden wurden, zu kartieren und auszugraben, konnten sie als solche identifiziert werden. Diese *collcas* wurden zur Lagerung von Mais verwendet, der in Cochabamba angebaut wurde. Die *collcas* von Muyuwaynin erscheinen nicht auf dem Plan des gesamten Komplexes von Huánuco Pampa, der von Craig Morris und Donald Thompson in

Abb. 15.8
Steinfundament eines Lagerturms, *collca*, in Cotapachi bei Cochabamba, Bolivien.
Foto: Junius Bird Laboratory of South American Archaeology.
Foto: Craig Morris, 1993.
Courtesy of the Division of Anthropology, American Museum of Natural History, New York.

Abb. 15.9
Rekonstruierter *collca* in Huánuco Pampa.
Foto: Mahlon Barash 1965.

den 1980er Jahren veröffentlicht wurde (Morris und Thompson 1985: Abbildung 5) (siehe Abb. 2). Von den Lagerhäusern von Cochabamba und Muyuwaynin blieben nur Kreisformationen aus passend zugeschnittenen Steinen und Kies- oder Steinböden übrig. Über ihnen müssen einmal Mauern errichtet gewesen sein, die aus verderblichen Materialien wie Lehmziegeln, Grasblöcken oder Flechtwerk, *quincha*, bestanden, versehen mit luftdurchlässigen Dächern aus Pfosten und Stroh. In Muyuwaynin gibt es zwei Reihen von Lagerhäusern, zwischen denen man durchgehen konnte.

Die Lagerhäuser in Huánuco Pampa dienten eindeutig nicht nur zur Unterbringung der Reserven für Hungerzeiten, *chuñu*, gefriergetrocknete Kartoffeln, bleibt beispielsweise sieben Jahre lang essbar. Die großen Vorräte waren sicher dafür gedacht, Gäste großer Versammlungen und Festlichkeiten zu versorgen: Überreste tausender Behältnisse, aus denen Maisbier, *chicha*, getrunken wurde sowie Teller, auf denen man Essen servierte, entdeckten die Archäologen auf den kleineren Plätzen auf der Seite des Inka-Palastes (Morris und Thompson 1985: 90). Auch heute noch wird die Anlage von den Anwohnern als Versammlungsort genutzt. Das Kulturministerium von Peru, das Instituto Nacional de Cultura, ermutigt sie sogar dazu. Denn so genannte Pachamancas gehören zur Tradition in Huánuco Pampa: Picknicke, bei denen Fleisch und Kartoffeln langsam in kleinen Gruben gegrillt werden. Seit dem frühen 20. Jahrhundert wird auf dem *ushnu* das Señor de Mayo-Fest gefeiert, bei dem das Heilige Kreuz geehrt wird (Barnes o. D.). Die Winter-Sonnwendfeier, das *Inti Raymi*, das im Juli abgehalten wird, wurde wieder neu eingeführt. Jeden Dezember wird außerdem das Fest der christlichen Jungfrau Maria in und um die katholische Kapelle von Huánuco Pampa gefeiert, die 1714 teilweise aus inka-zeitlichen Quadern der Anlage und teilweise aus Lehmziegeln erbaut wurde.

Für die Unterhaltung im Inka-Staat und für Zeremonien waren die *acclas* besonders wichtig: Jungfrauen, die von hochrangigen Inka wegen ihrer physischen Makellosigkeit ausgewählt wurden. Diese Frauen dienten dem Staat in vielerlei Hinsicht. Einige von ihnen waren für wichtige *huacas* verantwortlich. Laut Überlieferungen aus der Kolonialzeit haben die *acclas* in Huánuco Pampa dem Sonnentempel gedient (Cieza 1962 [1553]: Kapitel LXXX, S. 220). Ihr Konvent soll das Mutterhaus der ganzen Provinz gewesen sein und die 30.000 Indigenen, die sich in Huánuco Pampa aufhielten, sollen den *acclas* gedient und Tribut für sie eingetrieben haben (Vázquez de Espinosa 1942: 582). Ein spezieller Sonnentempel, der dem Coricancha in Cusco ähnelt, konnte in Huánuco Pampa zwar nicht ausfindig gemacht werden. Ein Sonnentempel diente jedoch unter anderem auch zur Observation des Sonnenjahres. Es ist nachgewiesen worden, dass der *ushnu* von Huánuco Pampa unter anderem auch zu diesem Zweck gebaut wurde. Daher ist anzunehmen, dass es sich dabei um einen *ushnu* handelt, der in den frühen Berichten der Spanier erwähnt wird und der den Inka vermutlich auch als Sonnentempel gedient hatte.

Für manche *acclas* änderte sich ihr Status, wenn sie mit Männern verheiratet wurden, die die Inka ehren wollten. Andere wiederum wurden geopfert. Eine ihrer wichtigsten gesellschaftlichen Aufgaben war jedoch wirtschaftlicher Natur. Sie lernten, wie man den feinen und wertvollen Stoff *cumbi* webt, der als Statussymbol und als Wertanlage der Inka sehr wichtig war. Außerdem kochten sie und bereiteten *chicha* für die Feste zu. Obwohl für den Sonnentempel bisher in Huánuco Pampa kein eigenes Gebäude identifiziert werden konnte, ist die Anwesenheit der *acclas* durch archäologische Funde belegt. Auf der Nordseite, direkt im Anschluss an den *ushnu*-Platz von Huánuco Pampa befand sich eine gleichmäßige Siedlung von ungefähr 50 Häusern, die jetzt Ruinen sind und die nur einen gemeinsamen Zugang hatten. Da die *acclas* einen sehr hohen Status hatten, jedoch ein sehr zurückgezogenes Leben führten, scheint dieser Komplex für ein *acclahuasi* in Frage zu kommen. Außerdem lag er nicht weit vom *ushnu* entfernt. Funde, die bei Morris' Ausgrabungen gemacht wurden, unterstützen diese Hypothese. Sein Team entdeckte in diesem Komplex Kochtöpfe, eine Ausrüstung zum Brauen von Maisbier und viele Webwerkzeuge.

Es ist unklar inwiefern eine militärische Präsenz in Huánuco Pampa nötig war. Beobachtungen aus jüngerer Zeit lassen vermuten, dass Huánuco Pampa im Gegensatz zu vielen kleineren, früheren Siedlungen in Perus zentralem Hochland über keine Außen- und damit Verteidigungsmauer verfügte. Antonio Vázquez de Espinosa, der die Anlage im frühen 17. Jahrhundert gesehen hatte und dessen Beschreibungen sich immer als sehr präzise herausgestellt haben, schreibt jedoch, dass Huánuco Pampa komplett von einer Mauer umgeben war. (Vázquez de Espinosa 1942: 486). Ein Foto, das von John Todd Zimmer 1922 gemacht wurde, zeigt eine gewaltige Struktur in Huánuco Pampa, die er „rampart" – Schutzwall – nennt. Es handelt sich dabei wahrscheinlich um die Mauer, die Vázquez de Espinosa erwähnt hatte. Sie verschwand vor den 1960er Jahren, vermutlich wurden die Steine für andere Bauwerke verwendet. Leider trifft das auf zahlreiche Bauten der Anlage zu. Ein Vergleich zwischen den Fotos, die von John Murras Team Mitte der 1960er Jahre gemacht wurden, und dem heutigen Anblick der Anlage, zeigt, wie viel davon verloren gegangen ist – und das nur in den letzten 50 Jahren. Der peruanische Architekt Emilio Harth-Terré, der die Anlage zwischen den 1930er und den 1960er Jahren mehrmals besucht hatte, merkte an, dass das Mauerwerk schon damals in erhöhtem Maße durch Diebstahl abgetragen wurde (Harth-Terré 1964).

Gleichgültig, ob eine Schutzmauer existierte oder nicht – allem Anschein nach hat es wohl Soldaten in Huánuco Pampa gegeben. Im entfernteren nördlichen Teil der Anlage, in Sektor VI A, befindet sich ein Komplex mit einem zentralen Platz, den die Inka *cancha* (Gebäude in rechtwinkliger Anordnung, die einen Hof umgeben) nannten. Vermutungen zufolge handelt es sich dabei um eine Kaserne. Lange rechteckige Gebäude, die heute auch *callancas* genannt werden, umgeben den zentralen Platz von Huánuco Pampa. Auch diese Gebäude scheinen dafür geeignet zu sein, gemeinschaftliche Aktivitäten, vielleicht sogar militärische Versammlungen durchzuführen. Obwohl eines dieser Gebäude von Craig Morris vollständig und weitere Gebäude teilweise ausgegraben wurden, konnte nie ganz geklärt werden, welchem Zweck sie dienten. Vielleicht hat ihre Nutzung als Viehpferche in der Zeit nach den Inka damals noch vorhandenes Beweismaterial endgültig zerstört.

Bisher wurden lediglich die Bereiche Huánuco Pampas erwähnt, die die Oberschicht der Inka-Gesellschaft betreffen. Vermutlich wurde die Anlage aber auch von einer großen Anzahl Menschen aus den unteren Gesellschaftsschichten bewohnt, worauf die vielen einfachen runden und rechteckigen Steinbauten der Anlage hindeuten. Sie könnten als einfache Häuser oder Lagerhäuser benutzt worden sein. Viele dieser Häuser müssen von den Menschen bewohnt worden sein, die dem Inka-Staat in Huánuco Pampa gedient haben. Aber woher kamen Sie? Die Ebene, auf der Huánuco Pampa liegt, ist am ehesten zur Haltung von Lama- und Alpakaherden geeignet, eine Beschäftigung, die keine große Anzahl von Menschen und daher keine dichte Besiedlung erfordert. Es scheint, dass viele dieser Bewohner von den Inka hierhergebracht wurden und die Inka hier die so genannte *mitma* anwandten. Hierbei handelte es sich um ein System, bei der die Inka ganze Gruppen in Gebiete zwangsumsiedelten, die oft weit entfernt von deren Heimatregionen lagen. Dadurch konnten die Inka besser deren Arbeitsleistung überwachen und ihre politische Loyalität kontrollieren. Inspektionsrreisen spanischer Verwaltungsbeamter im 16. Jahrhundert zeigten, dass es tatsächlich *mitmaq*-Kolonisten (*mitimaes*) in der Umgebung von Huánuco gegeben hatte (Ortiz 1967, 1972), doch man kann sie nicht genau verorten (Morris und Thompson 1985: 160–162). Es ist ebenfalls unklar, welche Arbeiten sie in Huánuco Pampa verrichteten. Die Regelungen, die die Inka für sie getroffen hatten, scheinen immer nur vorübergehend gewesen zu sein und sich nach den jeweiligen Bedürfnissen des Staates gerichtet zu haben. Darauf scheint auch das rasche Verlassen der Stadt nach der Niederlage der Inka gegen die Spanier hinzuweisen. Sollte ihre Hauptaufgabe tatsächlich darin bestanden haben einen bedeutenden Sonnentempel zu betreuen, dann hätte es keinen Sinn gemacht, nach der Abschaffung des Sonnenkultes durch die Spanier weiter an diesem Ort zu verbleiben.

In Huánuco Pampa wurde bisher noch kein Friedhof gefunden. Angesichts der großen Anzahl an Menschen, die diese Anlage, wenn auch nur kurzzeitig, genutzt zu haben scheinen, ist das überraschend. Natürlich kann immer noch jederzeit ein Gräberfeld entdeckt werden. Es wäre allerdings denkbar, dass die Menschen, die zu Huánuco Pampa gehörten, ihren familiären Bezug ganz woanders hatten und sie, wenn sie in Huánuco Pampa starben, dorthin gebracht wurden, um in ihrer Heimat bestattet zu werden. Einige wenige Skelette, Mumienbündel und menschliche Überreste, die in Zusammenhang mit rituellen Praktiken standen, wurden in Huánuco Pampa ausgegraben, aber die Beschreibungen mit zwei Ausnahmen noch nicht in Forschungsberichten veröffentlicht (Barnes *et al.* 2012; Morris und Thompson 1985: Tafeln 45, 46). Es ist also schwierig, Aussagen über ihre Bedeutung zu treffen. Die Verstorbenen könnten beispielsweise geopfert worden sein. Es könnte sich auch um Ahnen gehandelt haben oder beides zutreffen.

Wie in diesem Aufsatz deutlich wird, berufen wir uns sowohl auf frühe schriftliche Überlieferungen, als auch auf Forschungsarbeiten von Archäologen und anderen Wissenschaftlern, die direkt vor Ort und in Forschungseinrichtungen durchgeführt wurden, um sich ein Bild von Huánuco Pampa zu machen. Obwohl der Soldat Pedro Cieza de León, Autor einer der frühesten und bekanntesten Überlieferungen über das Inka-Reich, Huánuco Pampa nie gesehen zu haben scheint, hatte er offensichtlich mit Leuten gesprochen, die dort gewesen waren. Durch ihn gelangen wir an Informationen, die archäologisch nur schwer in Erfahrung zu bringen wären, zum Beispiel die Anzahl der Menschen, die sich dort aufhielten. Auch der Chronist Guaman Poma de Ayala, der indigener Herkunft war, besuchte offensichtlich nie die Stadt Huánuco Pampa, bekräftigte jedoch, seine Vorfahren seien hochrangige Mitglieder der Inka-Elite des Ortes gewesen. Daher verfügte er möglicherweise über besonderes Wissen bezüglich der Anlage und berichtet über Feste und Rituale, die archäologisch nie fassbar wären. Guaman Poma enthüllt ebenfalls Facetten der Siedlung. Er weist beispielsweise darauf hin, dass die Inka den Menschen von Huánuco hohe Ämter anvertrauten (Guaman Poma 1980 [1614]: 345 [347], S. 317). So wie viele andere Gesellschaften in den Anden, war auch Huánuco Pampa unterteilt in zwei Hälften, die die Anthropologen *moieties* nennen (*ebenda*: 110 [110], S. 91, 1030 [1038], S. 949). Guaman Poma beschreibt und erklärt einen Fest-Tanz von Huánuco Pampa, der *wawku* genannt wird (*ebenda*: 320 [322], S. 295) und gibt an, dass die Lieder, die den Tanz begleiteten auf Quechua gesungen wurden (*ebenda*: 321 [323], S. 294, *296 ff.*).

Die Berichte von Cieza, Guaman Poma und Vázquez de Espinosa sind sehr allgemein gehalten. Glücklicherweise haben auch detailliertere Aufzeichnungen die Zeit überstanden. Dabei handelt es sich um die Berichte der *visitas*, der offiziellen Inspektionen, die in den Gemeinden im Umkreis von Huánuco Pampa im 16. Jahrhundert relativ bald nach der spanischen Eroberung der Anden durchgeführt wurden (Ortiz 1967, 1972). Sie beinhalten genaue Details über die Bevölkerungszahl, die Orte, aus denen die Bewohner ursprünglich stammten, über die Gebiete, die sie beanspruchten, über ihren

Personenstand, die Namen der Anführer der indigenen Bevölkerung, die Anzahl ihrer Ehefrauen sowie über den Tribut, den jeder an die Inka zahlen musste.

Die erste bekannte Karte von Huánuco Pampa wurde 1786 von Padre Manuel Sobreviela und seinem Zeichner Lorenzo de la Sierra gezeichnet (Sobreviela und Sierra 1786). Sie beinhaltet Details wie die vollständige Architektur des Bereichs des königlichen Bades sowie der inzwischen verschwundenen Räume, die auf der östlichen Seite des *ushnu*-Platzes an die *callancas* im Norden und Süden angrenzten. Viele Elemente von Sobrevielas und Sierras Karte, darunter auch die bereits erwähnten Details, wurden Mitte der 1960er Jahre durch Fotos von John Murras Team bestätigt. Eine neue Karte des zentralen Bereichs von Huánuco Pampa wurde in der Mitte des 19. Jahrhundert von dem italienisch-peruanischen Wissenschaftler Antonio Raimondi angefertigt. Diese Karte wurde jedoch 1943 durch ein Feuer in der Nationalbibliothek von Peru zerstört. Alles, was heute noch von Raimondis Karte existiert, ist der Teilausschnitt, der 1887 von George Squier veröffentlicht wurde (Squier 1887: Bildtafel zwischen den Seiten 216 und 217). Der peruanische Architekt Emilio Harth-Terré veröffentlichte einen umfassenderen Plan von Huánuco Pampa sowie einige Fotos, die er zwischen den 1930er und 1960er Jahren machte, als er immer wieder dort arbeitete (Harth-Terré 1964). Grundlegend erforscht und kartiert wurde die gesamte Anlage von Huánuco Pampa allerdings erst zwischen 1963 und 1966, nachdem John Murra sein Projekt *A Study of Provincial Inca Life*, „Die Erforschung der Lebensumstände in den Inka-Provinzen", ins Leben gerufen hatte. Die Kartierung wurde von Craig Morris in den 1970er Jahren fortgeführt.

Murra wollte in seinem Projekt sowohl ethnografische und ethnobotanische, als auch archäologische und ethnohistorische Aspekte miteinbeziehen. Murra war klar, dass weder die Archäologie, noch historische Dokumente allein ein umfassendes Bild vom Leben der Inka entwerfen konnten. Er wollte beide Elemente kombinieren, um dadurch so viele Informationen wie möglich zu erhalten. Murra glaubte außerdem, dass viele Praktiken und religiöse Bräuche der Inka in abgelegenen Teilen der Anden überlebt hatten. Er war der Meinung, dass ethnografische und ethnobotanische Studien diese ans Tageslicht bringen würden und dass sie dazu benutzt werden können, das Leben der Inka zu rekonstruieren. Von 1963 bis 1966 leitete Murra ein Team, das aus peruanischen und amerikanischen Archäologen und Historikern, nordamerikanischen Studenten, Freiwilligen des Friedenskorps und ortsansässigen Bauern bestand. Sie führten vor Ort archäologische Studien zur Architektur des monumentalen Bezirks von Huánuco Pampa durch und rekonstruierten die Gebäude. Darunter waren der *ushnu*, mehrere Gebäude auf dem zentralen Platz, die Gebäude mit den Portalen, die *callanca* im nördlichen Bereich, das Bad, ein Bauwerk, das sie für einen unvollendeten Tempel hielten, und die *collcas*. Leider ging der größte Teil der Ergebnisse von Murras Forschungen verloren, als Mitte der 1970er Jahre das Labor, in dem er sie aufbewahrte, zu einem Privatanwesen umfunktioniert wurde. Im Rahmen dieses Projektes rekonstruierte Murras Team eine Vielzahl der inkaischen Gebäude mit feinem Mauerwerk von Huánuco Pampa (Barnes 2010). Der Großteil seiner Arbeit blieb jedoch unveröffentlicht.

Craig Morris, der die Lagerhäuser in Huánuco Pampa ausgrub, entwickelte sich zu einem der führenden Inka-Experten weltweit. Er stellte seine Forschungsarbeiten über die *collcas* als Teil seiner bahnbrechenden Dissertation *Storage in Tawantinsuyu* (Morris 1967) vor, einer Studie der Lagerhaltung im gesamten Inka-Staat. Als Morris 1980 Kurator für südamerikanische Archäologie am American Museum of Natural History in New York wurde, führte er die Analysen seines Projektes am Museum fort. Die noch verbliebenen Aufzeichnungen Murras und die Dokumentation der Arbeiten von Morris in Huánuco Pampa werden im Junius Bird Laboratory of South American Archaeology des AMNH aufbewahrt.

Im späten 20. Jahrhundert begannen Archäologen des Kulturministeriums von Peru, dem Instituto Nacional de Cultura (heute Ministerio de Cultura genannt) erneut mit Ausgrabungen und architektonischen Forschungen in der Anlage, die innerhalb des größeren Qapac-Ñan-Projekts durchgeführt wurden. Eines der herausragenden Ergebnisse dieses Arbeitsprojekts war José Pinos Matos' Bestätigung, dass der *ushnu* tatsächlich als astronomisches Observatorium gedient hatte (Pino 1995). Momentan leitet Carlo José Ordoñez Inga die Arbeiten in der Anlage von Huánuco Pampa.

Nur ein Bruchteil der Millionen Besucher, die nach Peru kommen, um die Überreste seiner archäologischen Kulturen zu erkunden, reist nach Huánuco Pampa. Diese Anlage ist jedoch genauso wichtig für unser heutiges Verständnis der Inka wie Cusco oder Machu Picchu. Huánuco Pampa ist eine der ausgedehntesten und am eingehendsten studierten Inka-Stätten in den Anden. Trotzdem hat ihre isolierte Lage sie nicht vor Schaden bewahrt. Auch wenn Huánuco Pampa oft als makellos beschrieben wird, wurde die Inka-Stätte über die Jahre schwer beschädigt. Häufig wurden die Steine entwendet, um sie bei neuen Bauprojekten einzusetzen. Huánuco Pampa nahm aber auch Schaden durch Militäroperationen und heimlich durchgeführte Ausgrabungen, die wertvolle Artefakte zu Tage bringen sollten. Außerdem gingen auch Artefakte verloren, die von Archäologen einst entdeckt worden waren. Ein Vergleich von Fotografien aus den 1920er, 1950er und 1960er Jahren mit Fotografien aus dem Jahr 2013 zeigt, wie die einst so imposanten Gebäude allmählich verschwanden. Die Inka-Stätte kann wegen ihrer isolierten Lage nur schwer geschützt werden. Obwohl Huánuco Pampa für die Menschen vor Ort, für Peru und für die Welt einen kostbaren Schatz darstellt, sieht seine Zukunft daher düster aus.

DIE ARCHITEKTUR IM INKA-REICH
KERSTIN NOWACK

Inkaische Bauten hatten einen rechteckigen Grundriss und waren gewöhnlich eingeschossig. Die Mauern der wichtigsten Gebäude wurden aus sorgfältig behauenen Steinen über einem Kern aus Geröll und Lehm errichtet. Die Steine waren fugenlos aneinander gepasst und entweder rechteckig und in präzisen Reihen verbaut, wie am Sonnentempel in Cuzco, oder aus unregelmäßigen Blöcken zusammengefügt. Die Zickzackmauern der Festung über Cuzco, Sacsayhuaman, zeigen, welche monumentale Größe einzelne Steine erreichten. Türen und Nischen in Trapezform gliederten das Innere und Äußere der Bauwerke, Fenster gab es nicht, die Dächer waren strohgedeckt. Stampflehm kam besonders in jenen selten Fällen zum Einsatz, wo Gebäude sehr hoch oder sogar zweigeschossig waren (Gasparini/Margolies 1980).

Abb. 16.1
Die Festung von Sacsayhuaman. Foto: J. Böttcher

Abb. 16.2
Hypothetische Rekonstruktion des Gebäudekomplexes von Sacsayhuaman. Zeichnung: N. Schmidt

Abb. 16.3
Aufsicht auf die Anlage von Sacsayhuaman, oberhalb der Festungsmauer. Foto: Bobby Haas/National Geographic Stock.

Typische Bauform war die *kancha* aus drei oder vier rechteckigen Gebäuden um einen Hof, einräumig und nicht miteinander verbunden. Diese Hofgruppen dienten in Cuzco und auf Landsitzen der Inka-Herrscher als Wohn- und Tempelbauten. Der zweite wichtige Bautyp waren große Hallen, *kallanka*, von einer Länge bis zu 78 Meter, die man ebenfalls in Cuzco sowie in den Provinzzentren fand (Gasparini/Margolies 1980, Niles 1999). Diese Provinzorte beeindruckten durch ihre geplante Anlage rund um einen Hauptplatz, auf dem sich eine kleine Plattform, *usnu*, befand, von wo aus der Inka oder seine Vertreter an Festen teilnahmen. Der Platz war umgeben von Hallen und Hofgruppen. Die Hallen dienten ebenfalls dazu, Feste abzuhalten und vielleicht auch, um Reisende und Soldaten unterzubringen; die Hofgruppen werden meist als Sonnentempel und als Wohnsitz der auserwählten Frauen, *acllahuasi*, interpretiert. Weiter außerhalb fanden sich einfachere Wohngebäude und Speicheranlagen (Hyslop 1990).

Inkaische Orte, besonders die Landsitze der Herrscher, waren so angelegt, dass immer wieder besondere Blicke auf Landschaft, auf Berge oder Quellen gewährt wurden. Dies geschah durch die spektakuläre Lage selbst, wie in Ollantaytambo oder Machu Picchu, sowie durch die Nutzung von Höhenunterschieden in den Siedlungen, den Bau von Terrassen und die Positionierung von Wegen, Kanälen, Quelleinfassungen und Gebäuden. Einzelne Gebäude, die in Teilen aus Felsen gehauen waren oder Felsen und Quellen umschlossen, demonstrierten ebenfalls die enge Verbindung zur natürlichen Umgebung. Damit zeigten die Inka, dass sie durch die Mächte der Natur legitimiert waren und über sie herrschten (Dean 2010). Auch die Wahl des vorherrschend rechteckigen Grundrisses war eine solche Demonstration von Macht: Die Inka setzten sich damit deutlich von den typischen Rundbauten ihrer Zeit ab und knüpften an die Architektur vergangener Reiche wie Tiahuanaco und Huari an (Gasparini/Margolies 1980).

LENA BJERREGAARD

QUIPU – DER INFORMATIONSTRÄGER DER INKA

Die Inka benutzten keine Schrift im herkömmlichen Sinn, sondern entwickelten ein System, um alles zu dokumentieren, was in dieser durchorganisierten Gesellschaft vor sich ging: den *quipu*. Eine solche Knotenschnur ist ein mnemonisches Gerät (Informationsträger und Gedächtnisstütze), das durch Symbole und Beziehungen Ereignisse, aber auch Information über Steuern, Menschen und Objekte festhält.

Abb. 17.1
Vorhergehende Seite:
Eine Knotenschnur, *quipu*.
Linden-Museum Stuttgart.
Foto: A. Dreyer

Textilherstellung war die am weitesten entwickelte Handwerkskunst im präkolumbischen Peru und jeder *quipu* ist ein einzigartiges, komplexes Textil. Die Knotenschnüre wurden hauptsächlich aus Baumwollfasern hergestellt; einige beinhalten auch Kameliden- und Pflanzenfasern. Der *quipu* ist eine Zusammenstellung aus gesponnenen und gedrehten Fäden, die nach weitgehend noch immer unbekannten Regeln von einem professionellen Knotenschnur-Kundigen, einem *quipucamayoc*, zusammengebunden und geknotet wurde. Dadurch war es möglich, klar, und auch leichtgewichtig über weite Distanzen zu kommunizieren.

Von den frühen Chroniken (Cieza de León 1962 [1533], Murúa 1962 [um 1600], Guaman Poma de Ayala 1980 [1615]), und von modernen Wissenschaftlern (Locke 1923, Ascher 1981, Urton 2003, 2009), die die erhaltenen rund 850 *quipus* studiert haben, wissen wir, dass die Knotenschnüre administrative Akten staatlicher Organe waren. Sie wurden beispielsweise benutzt, um Steueraufkommen aus den verschiedenen Provinzen festzuhalten. Die Ergebnisse von Volkszählungen wurden eingetragen, um Leute zu Arbeitseinsätzen für den Staat einzuteilen. Die Erträge der lokalen Produktion wurden ebenso in den *quipus* vermerkt.

Rund 20 % der noch existierenden *quipus* unterscheiden sich von diesen Administrations-*quipus* und beinhalten wahrscheinlich Informationen, die geschichtsschreibenden oder gar fiktionalen Charakter haben. Ein Großteil der Informationen, die in den Administrations-*quipus* verborgen sind, wird mittlerweile von den Wissenschaftlern verstanden, aber es ist noch immer unklar wie Erzählungen mit den Knotenschnüren komponiert wurden.

Abb. 17.2
Inka-Verwalter mit einem *quipu*. Nach Guaman Poma 1615.

Ein *quipu* besteht aus einer dicken Hauptschnur, an der dünnere Nebenschnüre hängen – oft in wiederholten Gruppen geordnet. Einige haben auch Topschnüre. Drei verschiedene Knoten geben die Menge von Ereignissen/Objekten an: der Achterknoten am Anfang einer Schnur gibt die Zahl 1 an; die Langknoten geben die Zahlen 2–9 an. Die Zahlen 10, 100 oder 1.000 usw. wurden durch einfache Knoten dargestellt und ihre

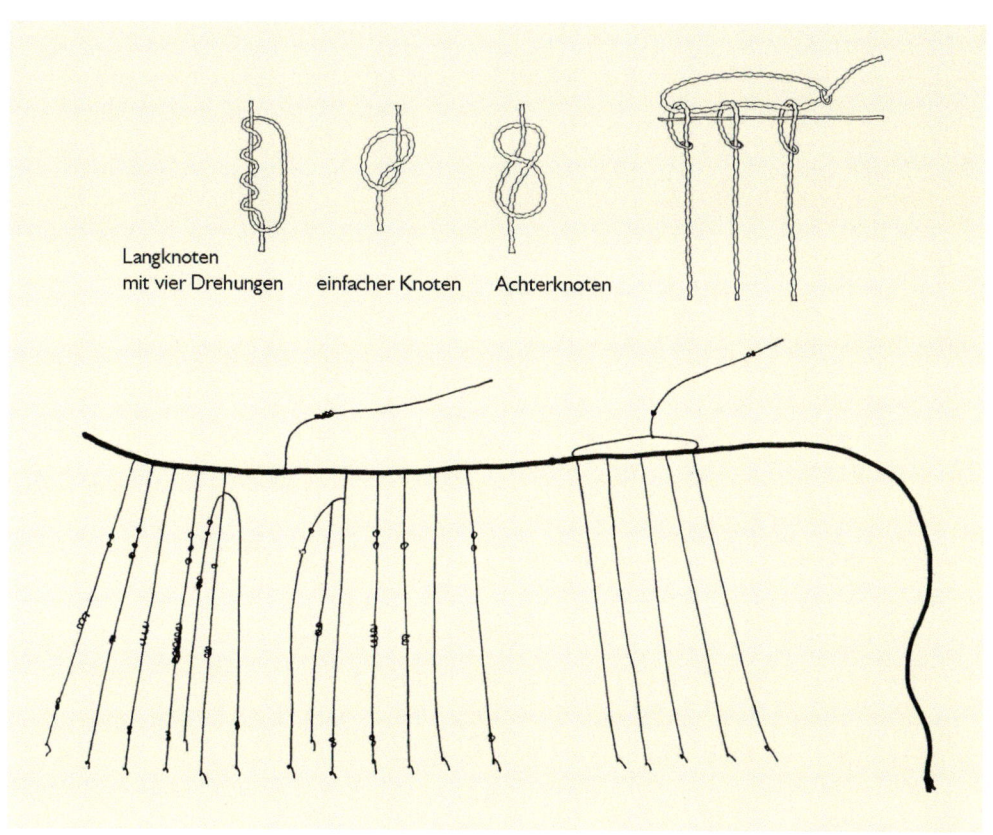

Abb. 17.3
Schematische Darstellung eines *quipu*. Zeichnung: Lena Bjerregaard und Ulrich Gebauer.

Abb. 17.4
Knotenschnur *quipu*. Linden-Museum Stuttgart. Foto: A. Dreyer

verschiedenen Werte durch ihre Position auf einer Nebenschnur gekennzeichnet. Die Werte der einzelnen Knoten auf einer Schnur werden zu einem Gesamtwert zusammen gerechnet. Position, Dicke, Länge, Farbe, Material, Drehung, Knoten und Richtung der Befestigung dieser Nebenschnüre beschreiben welche Objekte/Ereignisse auf dem jeweiligen *quipu* zu finden sind.

Bis 1583 wurden *quipus* als Beweismittel vor Gericht anerkannt. Koloniale Gerichtsdokumente, die die in den *quipus* festgehaltenen Informationen erklären und sie in Schriftsprache übersetzen, bestehen noch. Allerdings existieren die dazugehörigen *quipus* leider nicht mehr, weswegen wir immer noch auf den "Rosetta-Stein", der uns erlaubt, die *quipus* umfassend zu dechiffrieren, warten.

Im Jahr 1583 wurden die *quipus* von den Spaniern zu gefährlichen, heidnischen Objekten erklärt und man befahl ihre Zerstörung. Das war der endgültige Schlag gegen die Infrastruktur des Inka-Reiches.

Heute wird in einigen entlegenen Andendörfern eine sehr einfache *quipu*-Variante von den Hirten benutzt, um ihre Herden zu zählen. Eine Handvoll Dörfer bewahrt einige alte *quipus* für zeremonielle Zwecke auf (Salomon 2004).

Prof. Dr. Gary Urton von der Harvard University, der sein Leben dem Studium der *quipus* verschrieben hat, hat vor kurzem die Datenbank seines *quipu*-Projektes der Öffentlichkeit zur Verfügung gestellt: khipukamayuq.fas.harvard.edu. Dort sind sämtliche *quipus*, die er weltweit studiert hat, allen Interessierten im Detail zugänglich. Die größte Sammlung präkolumbischer *quipus*, ungefähr 340 Stück, befindet sich in der Sammlung präkolumbischer Kunst im Ethnologischen Museum Berlin.[1] Das Linden-Museum Stuttgart hat drei große, gut konservierte und sehr interessante *quipus*, die darauf warten analysiert und in der internationalen Database registriert zu werden.

---

[1] Staatliche Museen zu Berlin, Stiftung Preußischer Kulturbesitz, Ethnologisches Museum. Fachreferat Amerikanische Archäologie.

DER BERGBAU UND DAS HÜTTENWESEN IN DER INKA-ZEIT

RAINER SLOTTA

Das Montanwesen in den Anden ist noch weitgehend unerforscht. Die nachweisbaren berg- und hüttenmännischen Aktivitäten der Rohstoffgewinnung und -verarbeitung bzw. -veredelung sind spätestens seit dem Mittleren Horizont (um 450/500 n. Chr.) insofern gesamtkulturell und -gesellschaftlich prägend, als sie überregionale Tauschnetzwerke, die politische und militärische Einigung und auch die Kunstentwicklung des Andenraumes angeregt und gefördert haben (Stöllner 2011). Neben den nutzbaren Vorkommen von Farberden (z. B. Rötel), Schmucksteinen (Amethyst/Quarz, Sodalith, Lapislazuli und Türkis), Salz und Obsidian waren es vor allem die Metallerzlagerstätten, die das Interesse schon der frühen Andenkulturen und auch der nachfolgenden Inka auf sich gezogen haben. Besondere Aufmerksamkeit kam dem Gold zu, das vor allem als Waschgold (Seifen), aber auch als Gangerz (Berggold) gewonnen worden ist. Weitere wichtige Metalle waren vor allem Kupfer und Silber, die als Reinerze und in ihren Erzverbindungen sowohl im Tage- als auch im Tiefbau – allerdings vergleichsweise oberflächennah – hereingewonnen worden sind. Metalllegierungen (z. B. die Gold-Kupferlegierung *tumbaga*) fanden eine weite Verbreitung.

In der Inka-Zeit muss es ein straff organisiertes Montanwesen in Form der *mit'a*, eine Art staatlich verordneten Arbeitsdienst im Zuge einer dirigistisch gelenkten Rohstoffgewinnung gegeben haben. Dies berichten spanische Geschichtsschreiber wie Garcilaso de la Vega (1985 [1609]) und Hernando de Santillán (1968 [1563]). Die Berg- und Hüttenarbeiter waren als Spezialisten anerkannt: „... *es arbeiten nicht alle Indianer der Provinz* [im Bergbau], *sondern nur diejenigen, deren Beruf es war und die diese Kunst kannten.*"; (Garcilaso de la Vega 1985 [1609]), sie mussten verfügbar sein und konnten auch innerhalb der Reviere verlegt werden.

Soweit die bislang durchgeführten montanarchäologischen Surveys und Untersuchungen an den erhaltenen Bergwerken Rückschlüsse zulassen, waren die Bergwerke in der Regel klein an Ausdehnung und in technischer Hinsicht vergleichsweise einfach gewesen. An Werkzeugen nutzte man ausschließlich Steingeräte, hölzerne Schaufeln und Brechstangen; geflochtene oder lederne Säcke dienten dem Transport. Die Verhüttung fand in der Regel nicht weit entfernt von den Bergwerksstandorten an Schmelzplätzen mit oft ganzen Batterien von Verhüttungs- und Schmelzöfen, *huayrachina*, statt, Wohnsiedlungen lagen nicht weit entfernt von den Arbeitsstätten.

Daneben existierten in der Inka-Zeit auch einige wenige Bergwerkszentren: z. B. in Potosí, im heutigen Bolivien, in Nord-Peru, in Ecuador und im Norden Chiles: Der

Abb. 18.1
Stufenförmiger Becher aus Silber. Staatliches Museum für Völkerkunde München. Foto: M. Franke

Abb. 18.2
Rekonstruktionszeichnung eines Schmelzofens aus der Inka-Zeit, *huayrachina*. Zeichnung: Pablo Cruz.

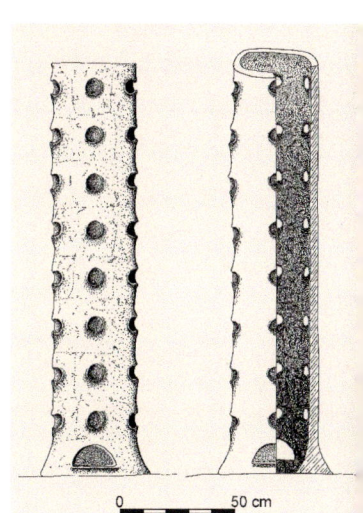

Metallreichtum dieser letzt genannten Regionen scheint offenbar mit der Ausweitung des Inka-Reiches in einem unmittelbaren Zusammenhang zu stehen, die Suche nach neuen Lagerstätten ist als ein „Expansionsmotor" zu interpretieren. Den Metallen selbst kam dabei nicht so sehr ein materieller Wert zu, die Bedeutung bestand vielmehr in ihrer Verbindung zu den Göttern und den übernatürlichen Kräften. Die Inka konnten ihre privilegierte Spezialistenstellung innerhalb der Produktionskette von der Gewinnung der Erze bis zur Verhüttung und zum Schmelzen nach der spanischen Eroberung zunächst noch behaupten. Die Einführung der Quecksilberamalgamation durch die Spanier führte dann für die Inka aber zum definitiven Verlust ihrer wirtschaftlichen Bedeutung und ihrer politischen Macht (Téreygeol 2012: 107).

Abb. 18.3
Fundamente von Schmelzöfen *huayrachina* des inkazeitlichen Schmelzplatzes von Viña del Cerro, bei Copiapó, Chile. Deutsches Bergbau-Museum Bochum.
Foto: R. Slotta

KERSTIN **RELIGION – DIE WELT DER HUACA**
NOWACK **IM INKA-REICH**

In den Anden zur Zeit der Inka verehrten die Menschen heilige Orte und übernatürliche Wesen, die sich an diesen Orten manifestierten. Beides nannten sie auf Quechua *huaca*. *Huaca* waren meist Bestandteile der Landschaft wie Berge, Flüsse, Seen und Quellen und besonders häufig Felsen. *Huaca* waren wie Familienangehörige. Die Vorfahren hatten sie getroffen, als die übernatürlichen Wesen noch in der Welt der Menschen unterwegs gewesen waren. In den Mythen wurde berichtet, dass sie Liebesbeziehungen hatten und heftige Kämpfe untereinander austrugen, die ganze Landschaften veränderten. Sie konnten sich für Kränkungen und Missachtung durch die Menschen rächen, waren manchmal komisch, undurchschaubar und rücksichtslos und dabei sehr menschlich – weibliche *huaca* fanden zum Beispiel Gefallen an Männern, die leicht bekleidet für sie tanzten. Die Menschen sorgten für die *huaca*, gaben ihnen Opfergaben und veranstalteten Feste zu ihren Ehren. Im Gegenzug kümmerten sich die *huaca* um die Menschen, bewahrten sie vor Krankheiten und ihren Feinden, vor schlechten Ernten und vor Unglück aller Art (Huarochirí-Manuskript [1608] 1991; Arriaga [1621] 1968; Urton 2002).

Abb. 19.1
Vorhergehende Seite:
Tempel des Viracocha in Raqchi.
Foto: A. M. Gross/via

Welt und Schöpfung

Neben den vertrauten, oft nahebei lebenden *huaca* gab es mächtigere Wesen, die mit der Welt und ihren grundlegenden Bestandteilen assoziiert wurden. Erde und Meer, Pachamama und Mama Cocha, waren weibliche Gottheiten, die anscheinend schon immer vorhanden gewesen waren. Die Erscheinungen des Himmels wie die Sonne, die bei den Inka Inti hieß, und der Mond, eine weibliche Gottheit namens Mama Quilla, waren Ergebnisse einer urzeitlichen Schöpfung. Nach einer weit verbreiteten Überlieferung stammten sie von zwei Inseln im Titicacasee, der Isla del Sol und Isla de la Luna (Bauer und Stanish 2001). Die Inka verehrten außerdem eine besondere Erscheinungsform der Sonne, Punchao, den jungen Tag. In dieser Form war das Gestirn dem Gründer des Inka-Reiches Pachacuti erschienen und hatte ihm Unterstützung in einer entscheidenden Schlacht zugesagt.

Weitere Objekte am Himmel wie Sterne, Sternbilder und dunkle Flecken kosmischen Staubs in der Milchstraße wurden ebenfalls als übernatürliche Wesen angesehen. Je nach Region wurden sie unterschiedlich benannt und zugeordnet. Das Sternbild der Plejaden (Collca oder Oncoy) galt offenbar überall als Garant einer guten Ernte. Andere Sternbilder waren für das Gedeihen von Lamas und Alpakas zuständig oder wurden zum Schutz vor gefährlichen Tieren angerufen, deren Herren und Schöpfer sie waren.

So betrachtete man eine Konstellation namens Chuqui Chinchay als verantwortlich für Jaguar, Bär und Puma und das Sternbild Machacuay als zuständig für die Schlangen. Ein rätselhaftes Wesen, das ebenfalls mit Himmelserscheinungen verbunden war, hieß Amaro, eine fliegende Schlange, die als doppelköpfig oder mit einem Hirschkopf versehen geschildert wird (Albornoz [1583–84] 1984).

Neben diesen übernatürlichen Mächten gab es Gottheiten, die als überregionale Schöpferwesen verehrt wurden. Dazu zählte beispielsweise Viracocha, der in den Überlieferungen der Inka als Schöpfer von Sonne und Mond galt und für den Huayna Capac in Cacha (Raqchi) einen bedeutenden Tempel errichten ließ. Bei den aymarasprachigen Ethnien am Titicacasee hieß der Schöpfergott Tunupa. In der Gegend von Huamachuco (Departamento de La Libertad) verehrte man Ataguju und an der Küste Con und Pachacamac. Manche dieser Gottheiten wie Atagujo hielten sich von den Angelegenheiten der Menschen weitgehend fern, andere verfügten über Heiligtümer und konnten in schwierigen Fragen als Orakel konsultiert werden. Beispielsweise war Pachacamacs Kultstätte im Lurín-Tal südlich von Lima ein bedeutendes Pilgerzentrum, wo die Inka einen eigenen Tempel errichtet hatten (Curatola und Ziólkowski 2008).

Huaca und der Ursprung ethnischer Gruppen

Weitere bedeutende *huaca* waren solche, die als Vorfahren der Bewohner einer Region oder einer ethnischen Gruppe galten. Dazu zählten beispielsweise Guarivilca, die wichtigste *huaca* in der Gegend von Huancayo (Departamento de Junín), Pariacaca in Huarochirí (Departamento de Lima), Coropuna nordöstlich von Arequipa (Departamento de Arequipa) oder Catequil in Huamachuco (Albornoz [1583–84] 1984; Curatola und Ziólkowski 2008).

Oft wurden diese *huaca* mit einem Berg identifiziert, aber es gab auch heilige Flüsse und Seen. Zu ihnen gehörte beispielsweise der Apurimac-Fluss mit einem Orakel, das aus einem Baumstamm sprach. Der Ort, an dem die *huaca* lokalisiert wurde, war häufig auch als *pacarina* oder *pacarisca* zu verstehen, das heißt, es handelte sich um die mythischen Ursprungsorte verwandter Menschengruppen wie *ayllus* oder ganzer Ethnien.

Allerdings hingen nicht alle Ursprungsorte direkt mit einer *huaca* zusammen. Die Inka glaubten beispielsweise, aus Pacaritambo, einer Höhle etwa hundert Kilometer südlich von Cuzco, hervorgegangen zu sein (Urton 2002). Diese Höhle sahen sie als heiligen Ort an, aber nicht den Berg, an dem sie lag. Von den Ahnen, die aus der Höhle hervorgegangen waren, verwandelte sich einer (in den meisten Berichten ist es Ayar Uchu) bei Cuzco in einen Felsen auf einem Berg, und beides, der Fels und der Berg Guanacauri, ergaben die wichtigste *huaca*, mit der die Inka an ihre Ursprungsgeschichte erinnerten.

Huaca und ihre Rituale

Die meisten Feste für die *huaca* fanden jährlich statt und standen mit dem Zyklus von Aussaat und Ernte in Verbindung. Auch für die Herden hielt man Rituale ab, um Fruchtbarkeit und Gesundheit zu sichern. Die zuständigen Priester beobachteten den Mondzyklus oder den Sonnenstand, um den richtigen Zeitpunkt für den Festbeginn festzulegen. Näherte sich dieser, bereitete man sich durch Fasten und rituelle Bäder vor und stellte die Opfergaben zusammen.

Abb. 19.2
Der Landsitz Tambomachay.
Foto: C. Wawra

Der genaue Ablauf der Rituale variierte erheblich und griff oft Elemente der Mythen auf, die über den Ursprung dieses Kults erzählt wurden. Wichtige religiöse Feste begannen häufig mit einer feierlichen Pilgerreise oder Prozession zu dem Ort, an dem die *huaca* angesiedelt war. Dort angekommen, ehrten die Teilnehmer die übernatürlichen Wesen mit Tänzen, Musik und Gesängen. Die Tänzer konnten dabei maskiert und kostümiert sein, auch die Details der Kleidung waren vielfach genau festgelegt. Rasseln, Trommeln und verschiedene Flöten begleiteten die Aufführungen. Wichtiger Bestandteil der Rituale war der Konsum von reichlich Maisbier und in einigen Regionen auch Halluzinogenen, um den Kontakt mit der übernatürlichen Welt zu erleichtern. Auch nächtliche Wachen dienten dazu, einen außergewöhnlichen Bewusstseinszustand hervorzurufen und das Nichtalltägliche des Festes zu unterstreichen. Fast alle Feste zogen sich über mehrere Tage hin (Arriaga [1621] 1968; Molina [1574–75] 1989).

Die Übergabe der verschiedenen Opfergaben war ein weiterer fester Bestandteil der Rituale. Tiere wurden getötet, ihr Blut oft aufgefangen und in Gefäßen dargeboten oder man bestrich mit ihm die Teilnehmer. Die übrigen Opfergaben wurden niedergelegt, vergraben oder verbrannt, Maisbier wurde ausgegossen. In allen Phasen der Rituale wandten sich die Gläubigen mit Anrufungen an die *huaca* und baten sie um Wohlwollen und Hilfe, aber auch um Auskünfte über die Zukunft. Wenn man sich an eine *huaca* wandte, ob nun in einem Ritual oder auch alleine, machte man dabei eine spezielle Geste der Verehrung, die *mocha* genannt wurde. Dabei blickte der Gläubige in Richtung der *huaca*, streckte die Arme zu ihr aus und machte gleichzeitig ein Geräusch wie bei einem Kuss.

Für die Begegnung mit dem Heiligen musste man sich in einem Zustand ritueller Reinheit befinden, der durch Fasten erreicht wurde. Dafür verzichteten die Gläubigen auf bestimmte Nahrungsmittel wie Fleisch, Maisbier, Chilipfeffer und Salz. Sexuelle Enthaltsamkeit war ebenfalls Bedingung. Je bedeutender die *huaca*, umso länger musste der Einzelne fasten. Verstieß man gegen die Fastenvorschriften, konnte dies zu Krankheit und Unglück führen. Solche Verstöße gegen die Kultvorschriften, aber auch Vergehen wie die Tötung von Menschen, Ehebruch oder Diebstahl konnten gebeichtet werden. Diese Beichten fanden anscheinend bei Bedarf statt, das heißt, nach einem Vergehen oder vor einem Ritual. Die religiösen Spezialisten, die die Beichte anhörten, ordneten danach zur Sühne Opfer und rituelle Reinigungen an (Molina [1574–75] 1989).

Solche Reinigungsrituale durch Bäder in fließendem Wasser dienten allgemein auch der Vorbereitung auf den Kontakt mit der übernatürlichen Welt. Die normale Bevölkerung suchte zur rituellen Reinigung Flüsse auf; bei den Inka gehörten kunstvoll ausgebaute Kanäle, Brunnen und Becken zu den Bestandteilen von Bauanlagen, beispielsweise in Tambomachay, einem Landsitz des Inka-Herrschers Pachacuti bei Cuzco, oder in Tomebamba (heute Cuenca), einem wichtigen Provinzzentrum im südlichen Hochland Ecuadors. Solche Bäder waren vermutlich für den Inka-Herrscher oder wichtige Funktionäre bestimmt, wenn sie bei Besuchen an Festen teilnahmen. Atahualpa hielt sich vor seiner Begegnung mit den Spaniern im November 1532 in den Bädern bei Cajamarca auf, wahrscheinlich um sich auf das wichtige Capac-Raymi-Fest im Dezember vorzubereiten.

Abb. 19.4
Rechte Seite:
Miniaturfederschmuck. Staatliche Museen zu Berlin, Stiftung Preußischer Kulturbesitz, Ethnologisches Museum. Foto: M. Franken

Abb. 19.3
Miniaturtextil, Schachbrettmotiv. Staatliche Museen zu Berlin, Stiftung Preußischer Kulturbesitz, Ethnologisches Museum. Foto: A. Dreyer

Abb. 19.5
Opfergefäße *conopas* für Alpakafett. Museo de Arte del Sur Andino. Foto: D. Giannoni

Auch die Opfergaben mussten frei von Fehlern sein. Tiere durften beispielsweise keine Narben und schadhaften Stellen im Fell aufweisen. Opfergefäße mussten ebenfalls sauber sein, was möglicherweise erklärt, weshalb gerne Miniaturgefäße eingesetzt wurden, denn sie waren für den alltäglichen Gebrauch ungeeignet und konnten somit nicht verschmutzt sein. Als Opfergaben wählte man Maisbier, Teigklöße aus Maismehl, Cocablätter oder Lamafett aus. Bei wichtigen Anlässen opferte man Lamas und Alpakas, bei weniger bedeutenden Ritualen Meerschweinchen. Bei Ritualen der Inka selbst konnten kleine Figuren aus Gold, Silber oder Muschelschalen die Kameliden als Opfer ersetzen – und entsprechende Menschenfiguren das Opfer von Menschen (siehe unten). Eine weitere beliebte Opfergabe waren die Muscheln, Schalen der „Stacheligen Auster" oder Spondylus, die in den warmen Gewässern des Pazifiks nördlich von Peru vorkamen. Sie wurden entweder im Ganzen, zu Schmuck verarbeitet oder wie erwähnt in Form von Tierfiguren dargeboten. Bevorzugt hinterließ man sie an den Kultstätten von *huaca*, die mit Wasser in Verbindung standen, wie Flüssen und Quellen (Polo de Ondegardo [1559/1585] 1985).

Besonders die mächtigen *huaca* benötigten Priester, weil es gefährlich war, als gewöhnlicher Mensch mit ihnen Kontakt aufzunehmen. Priester konnten sowohl Männer als auch Frauen sein, wobei Frauen hauptsächlich im Kult weiblicher Gottheiten tätig waren. Das Amt des Priesters wurde manchmal innerhalb von Familien vererbt, denen man eine besonders enge Beziehung zu einer *huaca* nachsagte. Andere religiöse Spezialisten wurden durch ein Erlebnis berufen, wie eine Krankheit oder das Überleben eines Blitzschlags. Der Übergang von Priestern, die ihr Amt mehr oder weniger als Beruf ausübten, zu Heilern, Wahrsagern und anderen Spezialisten, die meist nur gelegentlich und im privaten Bereich tätig wurden, war fließend (Arriaga [1621] 1968).

In den Haushalten spielten sich eine Vielzahl kleiner Rituale ab, bei denen um Gesundheit, gutes Gelingen, reichliche Ernten und gesunde Tiere gebeten wurde. Auch die Ereignisse im Lebenszyklus wurden von Ritualen begleitet, bei denen man häufig auch die lokalen *huaca* anrief. Dazu gehörte einige Tage nach der Geburt die feierliche Einbettung in die Wiege, bei der das Neugeborene den Verwandten vorgestellt und um übernatürlichen Schutz nachgesucht wurde. Besondere Rituale begleiteten die Geburt von Zwillingen, die als Unglück angesehen wurde, weshalb sich die Eltern von den Sünden, die dieses Missgeschick hervorgerufen hatten, reinigen mussten. Im Alter von ein bis vier Jahren folgte das Fest des Ersten Haarschnitts *rutuchico*, bei dem ein Verwandter dem Kind eine Haarlocke abschnitt und lokale *huaca* anrief, denen das abgeschnittene Haar geopfert wurde. Anderswo wurde das Haar im Haus aufbewahrt, wie überhaupt die Details dieser Rituale viele regionale Variationen aufwiesen. Beim *rutuchico* erhielten die Kinder offenbar ihren ersten Namen, den sie beim Initiationsritual *huarachico* (für Jungen) und *quicochico* (für Mädchen) gegen einen zweiten Namen tauschten. Die Initiation erfolgte bei den Mädchen nach ihrer ersten Menstruation, bei den Jungen etwa im selben Alter oder etwas später. Danach konnten die jungen Leute heiraten, was ohne größere Rituale ablief. Wichtig war die Errichtung eines eigenen Hauses und damit die Etablierung des neuen Haushalts, weshalb das Decken des Dachs Anlass für weitere Opferrituale und Anrufung der *huaca* bot (Albornoz [1584–85] 1984; Arriaga [1621] 1968).

Welche Rolle die *huaca* bei den Ritualen am Lebensende spielten, ist dagegen weniger klar. Hier ging es vor allem darum, den Toten den Weg in die andere Welt zu weisen (die man sich teilweise bei den *huaca* dachte, die ein *ayllu* oder eine Ethnie geschaffen hatten), sich vor schädlichen Einflüssen durch den Kontakt mit den Toten zu reinigen und wichtige Tote in Ahnen zu verwandeln, die ihre Nachkommen beschützten.

Capaccocha – Menschenopfer und die Befragung der *huaca* in Cuzco

Einmal im Jahr oder vor wichtigen Unternehmungen wie einem großen Kriegszug aber auch beim Tod eines Sapa Inka versammelten die Inka tragbare Repräsentationen der wichtigen *huaca*, meist wohl ein Stein oder kleiner Fels, zusammen mit ihren Priestern in Cuzco und befragten sie über die Ereignisse des kommenden Jahres oder die Aussichten des geplanten Unterfangens (Duviols 1976). Sollte es Trockenheit geben oder eine gute Ernte, griffen vielleicht Feinde das Inka-Reich an und wie erging es dem Inka-Herrscher selbst? Wenn die Antworten einer *huaca* sich als richtig erwiesen, erhielten ihre Begleiter bei dem nächsten Capaccocha-Ritual besonders viele Opfergaben. Nach einer Beschreibung gehörte es zu dem Ritual, die Delegationen mit dem Blut von Opfertieren zurückzuschicken. Das Blut musste in einem Gefäß auf möglichst geradem

Weg zu der *huaca* getragen werden, wo man eine Schleuder nahm und das Gefäß in Richtung auf die *huaca* warf. Dort zerbrach es und der Inhalt erreichte auf diese Weise seinen Empfänger.

Es gab noch eine zweite wichtige Opfergabe, die von Cuzco in die Provinzen gesandt wurde: Menschen. Menschenopfer hatten eine lange Tradition in den Anden, und lassen sich zum Beispiel an der Küste bei den Moche (etwa 200 bis 600 n. Chr.) gut nachweisen. Doch hier waren es meist Erwachsene, häufig junge männliche Kriegsgefangene, die geopfert wurden. Die Inka hingegen wählten bevorzugt Kinder und Jugendliche als Opfer aus. Vielleicht wollten sie damit den Gottheiten das Kostbarste anbieten, was menschliche Gemeinschaften in den Anden besaßen: Ältere Kinder und Jugendliche hatten die schwierigen Jahre der frühen Kindheit mit ihrer hohen Sterblichkeit überwunden und gute Aussichten, demnächst produktive Mitglieder ihrer *ayllus* zu werden. Opferte man sie, gab man ein Stück der eigenen Zukunft preis. Gleichzeitig erfüllten sie die Kriterien der rituellen Reinheit, jene Makellosigkeit und Vollkommenheit, die andine *huaca* offenbar von Opfergaben erwarteten.

Die Opfer waren Angehörige der unterworfenen Ethnien. Manche kamen aus den Reihen der jungen Mädchen, die man wegen ihrer Schönheit in ein *acllahuasi* gebracht hatte, wo sie lernten, kostbare Gewänder für den Inka zu weben sowie Maisbier und Essen herzustellen, die in den Ritualen verwendet wurden. In einem Fall bot ein lokaler Herrscher seine eigene Tochter an, um damit die Unterstützung der Inka zu gewinnen und sein Ansehen zu erhöhen. Ansonsten fehlen Informationen dazu, wie die Opfer ausgewählt wurden (McEwan und van de Guchte 1992).

Die Mumien von geopferten Kindern und Jugendlichen gehören zu den spektakulärsten Funden aus den letzten Jahrzehnten. Zusammen mit Beigaben wie Keramik oder Gold- und Silberfiguren von Menschen und Kameliden wurden solche Opfer auf Berggipfeln im südlichen Peru, in Bolivien, Chile und Argentinien entdeckt. Bekannt sind besonders die Funde vom Ampato, einem Berg im Süden Perus, auf dem insgesamt vier Mumien gefunden wurden. Ein Mädchen, Juanita genannt, lag direkt unterhalb des 6.312 Meter hohen Gipfels, Mumien von zwei Mädchen und einem Jungen befanden sich an der Westseite des Berges auf 5.850 Metern. Bei den Toten fanden sich Figuren aus Gold, Silber und Spondylus-Muscheln, Essensbeigaben, Stofftaschen, Keramik und bei einer der weiblichen Mumien an der Westflanke ein Federkopfschmuck (Reinhard und Ceruti 2010; Besom 2009).

Ceque und *suyu* – die Ordnung der *huaca* in Cuzco

In Cuzco war die Vielzahl der *huaca* so groß – und erhöhte sich überdies ständig –, dass bereits Pachacuti, der Gründer des Inka-Reiches, ihren Kult organisiert hatte. Dafür teilte er die verschiedenen *huaca* zunächst den vier Stadtteilen oder *suyu* zu,

Abb. 19.6
Capaccocha-Figur. The Arts and Heritage Agency of the Flemish Community und Museum Aan de Stroom, Antwerpen. Foto: H. Maertens

die wiederum die Einteilung des Inka-Reiches in vier Teile spiegelten. Drei der vier Stadtteile enthielten jeweils neun imaginäre Linien (*ceque*), der vierte Stadtteil Cuntisuyu 14 Linien. Die Linien verliefen von einer *huaca* zur anderen und erfassten diese so vom Sonnentempel über das Stadtgebiet bis ins Umland. Die erste Linie hieß *collana*, die zweite *payan* und die dritte *cayao*, dann folgte wieder eine *collana*-Linie usw., wobei *collana* so etwas wie „die erste, die beste" bedeutet. Den meisten Linien war wiederum

Abb. 19.7
Mann und Frau, Figurenpaar aus Silber. Linden-Museum Stuttgart, Foto: A. Dreyer

ein Familienverband aus Cuzco zugeordnet, der für den Kult der *huaca* an dieser Linie zuständig war (Bauer 1998).

Diese Familienverbände bestanden einmal aus den Nachkommen der einzelnen Herrscher (*panaca*) und zum zweiten aus *ayllus*, die ursprünglich mit den Inka eingewandert oder in Cuzco ansässig gewesen waren. Zwischen diesen Familienverbänden bestanden Rangunterschiede – die *ayllus* waren von niedrigerem Rang als die Nachkommen der Herrscher, und die Nachkommen früher Herrscher waren weniger bedeutend als die Nachkommen der späteren Herrscher. Diese Rangfolge drückte sich in der Zuordnung der Familienverbände zu den Stadtteilen und Linien aus. Zwischen diesen bestand ebenfalls eine Hierarchie, nämlich bei den Stadtteilen von Chinchaysuyu und Antisuyu über Collasuyu zu Cuntisuyu und bei den Linien von *collana* über *payan* zu *cayao*.

Pachacuti hatte also eine äußerst komplexe Ordnung eingeführt, die die Bevölkerung der Stadt Cuzco mit ihren Heiligtümern und ihrer Geographie eng verband. Zu den einzelnen Linien gehörten durchschnittlich etwa zehn heilige Orte. Die Ausnahme bildete das Cuntisuyu mit 14 Linien (zwei *ceque* mit 14 bzw. 15 *huaca*, 12 *ceque* mit je drei bis fünf *huaca*). In der detaillierten Beschreibung der Linien und Heiligtümer werden 332 *huaca* genannt; eine weitere Quelle erwähnt einige zusätzliche *huaca*, so dass man von etwa 340 oder mehr heiligen Orten insgesamt ausgehen kann. Die meisten waren Quellen und Felsen, dazu kamen Schluchten, Pässe, Höhlen, Bäume sowie menschengemachte Objekte wie Felder, Steinbrüche und Straßen, aber auch Paläste, Grabanlagen und Türme zur Beobachtung der Sonne. Es gab eine *huaca*, die für den Hagel zuständig war und an die man sich vermutlich wandte, um die Ernte zu beschützen; eine weitere *huaca* half Menschen mit schlechten Träumen; eine dritte sollte verhindern, dass die Kinder jung starben (Bauer 1998). Verschiedene der *huaca* bezogen sich auf Ereignisse der Inka-Geschichte, wie die Felsen Pururauca, die sich nach der Überlieferung für den Kampf gegen die Chanca in Krieger verwandelt hatten. Auch Paläste und Landsitze der Herrscher gehörten zu den Heiligtümern, und die *huaca* übernahmen damit die Funktion von Erinnerungsorten. Ob sie darüber hinaus kalendarische und astronomische Aufgaben hatten, wie vermutet worden ist, bleibt unklar. Auffällig ist zumindest, dass die Gesamtzahl der *huaca* sich der Zahl der Tage im Sonnenjahr annäherte (ursprünglich vielleicht einmal 90 *huaca* in vier *suyu*, also 360 *huaca* insgesamt) (Albornóz [1583–84] 1984).

Doch Pachacutis ideale Ordnung war nicht auf Dauer angelegt, da durch die nächsten Herrscher neue *huaca* und ein neuer Nachkommenverband hinzukamen. Die Zuordnung von *huaca* an Linien und von Linien an Familienverbände musste ständig angepasst werden, und die abweichende Organisation des Cuntisuyu-Stadtteils deutet auf eine solche Neuordnung hin. Trotz dieser Anpassungen zeugt die Erfassung der Heiligtümer in Zahlen und Kategorien vom Ordnungswillen der Inka, den sie der übernatürlichen Welt genauso aufzulegen versuchten wie ihren Untertanen (Bauer 1998).

CONSTANZA CERUTI

INKA-OPFERUNGEN AUF DEN HÖCHSTEN GIPFELN DER ANDEN

Die Inka waren die erste Zivilisation, die jemals die höchsten Gipfel der Anden bezwungen haben, um dort religiöse Zeremonien abzuhalten. An den Capaccocha-Ritualen, die dort stattfanden, waren königliche Priester, Gehilfen aus der lokalen Bevölkerung und als Opfer ausgewählte Kinder beteiligt. Die Kinder waren tausende von Kilometern durch wüstenhafte Landschaften gelaufen um schließlich die Gipfel von über 6.000 Meter hohen Bergen zu besteigen. Zwischen 1470 n. Chr. und der Ankunft der Spanier in Peru im Jahre 1532 n. Chr. wurden mehr als einhundert Schreine auf Berggipfeln errichtet. Geopferte Menschen – Kinder und junge Frauen – waren die wichtigsten Opfergaben, die auf den heiligsten Gipfeln dargeboten wurden.

Die Chronisten berichten, dass die Capaccochas aus mehreren Gründen durchgeführt wurden. Dazu gehörten Schlüsselereignisse im Leben des Sapa Inka wie Krankheit oder sein Tod. In weiter entfernt gelegenen Regionen des Imperiums fand Capaccocha statt, um Naturkatastrophen wie Dürren, Erdbeben oder Vulkanausbrüche zu stoppen oder Epidemien zu beenden. Manche Capaccocha-Rituale hielt man ab um die neuen Grenzen des Inka-Reiches nach einer erfolgreichen Expansion zu markieren. Andere wurden wahrscheinlich in periodischen Abständen zu den wichtigen imperialen Festen durchgeführt.

Frühe Berichte von Menschenopfern auf den Gipfeln der Anden gehen in das späte 19. Jahrhundert zurück, aber erst die Entdeckung des gefrorenen Körpers eines Jungen aus der Inka-Zeit, die von Schatzjägern 1954 auf dem Gipfel des El Plomo in Chile gemacht wurde, weckte die Aufmerksamkeit der Archäologen. 1964 fanden Bergsteiger dann den gefrorenen Körper eines erwachsenen Mannes auf dem Berg El Toro, in West-Argentinien. Es waren ebenfalls Bergsteiger, die den mumifizierten Körper eines Inka-Jungen an den oberen Abhängen des Aconcagua, dem höchsten Berg der Anden, 1985 entdeckten. Der Archäologe Juan Schobinger leitete die Bergung beider Mumien, die gleichzeitig die erste Studie solcher Mumien direkt vor Ort und in ihrer ursprünglichen Umgebung gewesen ist. Zahlreiche Hochgebirgs-Expeditionen des US-amerikanischen Anthropologen Johan Reinhard fanden schon einige Zeit vor und dann auch nach der Entdeckung von Juanita, dem „Gletschermädchen vom Apato" in den südwestlichen Anden Perus, statt (Reinhard und Ceruti 2010).

Während einer von der National Geographic Society finanzierten Expedition zu den Gipfeln der Anden Nord-Argentiniens, die im Jahre 1999 durchgeführt wurde, entdeckten Johan Reinhard und die Autorin drei perfekt erhaltene Gletschermumien und mehr als einhundert Objekte im Inka-Stil. Darunter waren Gold- und Silberfiguren,

Abb. 20.1
Die Autorin legt eine der von ihr gefundenen Gletschermumien frei.
Foto: Constanza Ceruti

Keramiken im Inka-Stil, Nahrungsmittel und etwas Kleidung. Das ältere Mädchen, das jüngere Mädchen und der kleine Junge, die die Inka auf dem Gipfel des Llullaillaco-Berges opferten, waren die am bisher besten erhaltenen Mumien die jemals gefunden wurden (Ceruti 2003). Mit einer Höhe von 6.739 Metern ü. N. N. ist die Opferstätte auf dem Gipfel dieses Vulkans mit Sicherheit die höchstgelegene archäologische Fundstätte der Welt (Reinhard 2005).

Abb. 20.2
Die Gletschermumien vom Llullaillaco. Foto: J. Reinhard

DIEGO DURAND — PURUCHUCO-HUAQUERONES – EIN INKA-FRIEDHOF IN LIMA

Am Ende des 15. Jahrhunderts n. Chr. wurde Ychsma, eine politische Einheit an der zentralen Küste des heutigen Peru, von Inca Tupac Yupanqui in den Inka-Staat eingegliedert. Ychsma lag in den Küstentälern der Flüsse Rimac und Lurin und setzte sich aus kleineren Häuptlingstümern, *curacazgos*, zusammen. Im Rimac-Tal bestanden diese *curacazgos* aus den Siedlungen Sulco, Maranga, Lati und Huadca (Rostworowski, 1972, 1978).

Die archäologische Stätte von Puruchuco-Huaquerones liegt auf der linken Seite des Flusses Rimac im heutigen Bezirk Ate-Vitarte in der peruanischen Hauptstadt Lima. Hier befand sich das politische Zentrum des *curacazgo* Lati, in dem der Häuptling dieser Siedlung seine Residenz hatte, den „Palast von Puruchuco" (Villacorta, 2000). Außerdem befindet sich dort der größte Inka-Friedhof, der in Peru je ausgegraben wurde.

Auf dem Friedhof von Puruchuco-Huaquerones wurden über tausend Grabstätten aus der Zeit des „Späten Horizontes" (1474–1535 n. Chr.) geborgen. Da der trockene Boden der peruanischen Wüste die Körper auf natürliche Art mumifiziert hatte, sind sie bis heute erhalten. Auf dem Friedhof wurden die Körper auf unterschiedliche Weise bestattet. Es gab Einzelgräber und Mehrfachbestattungen. Kinder platzierte man meist unbekleidet in einer ausgestreckten Position auf dem Rücken liegend im Grab. Sie wurden auf eine aus Schilf bestehende und mit Baumwollstoff umwickelte Auflage gelegt. Die Erwachsenen hingegen bestattete man in den meisten Fällen mit einem Lendenschurz und einem Hemd, *uncu*, bekleidet. Sie wurden sitzend in gebeugter Position im Grab platziert. Zusätzlich umwickelte man die Körper mit mehreren Schichten eines Baumwollstoffs, zwischen die eine Füllung aus Rohbaumwolle gelegt wurde. Auf diese Weise

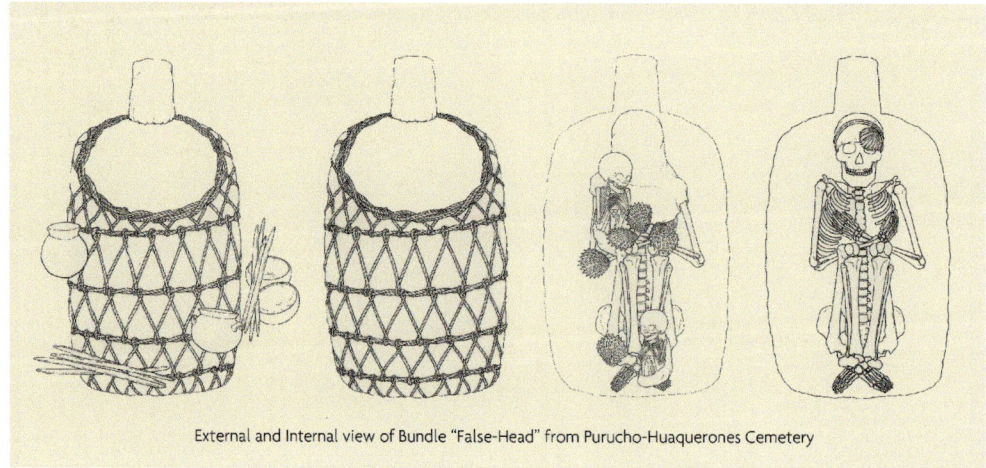

Abb. 21.3
Schematische Darstellung zweier Mumienbündel aus Puruchuco-Huaquerones. Zeichnung: Jorge Gamboa (Proyecto Arqueológico Puruchuco-Huaquerones)

entstand ein Mumienbündel. Bei Einzelbestattungen von Kindern wurde der Leichnam in eine flache Grube mit wenigen Opfergaben gelegt. Wurden die Kinder jedoch bei Mehrfachbestattungen mit ihren Eltern begraben, fand man sie in tieferen Schichten wieder, ausgestattet mit weitaus hochwertigeren Opfergaben. Einige Opfergaben wie Keramiken und bestickte Textilien, legte man außen neben die Bündel, andere wickelte man mit hinein. Die Keramikgefäße enthielten Speisen und Getränke und waren mit kleinen Kürbissen verschlossen. Unter den Beigaben im Inneren befanden sich kleine textile Bündel, die Webwerkzeuge enthielten und Säckchen mit Coca-Blättern. Dazu kamen Metallartefakte, wie zum Beispiel Gewandnadeln, *tupus*, Pinzetten sowie Federn und Muscheln, vor allem Spondylus- und Jakobsmuscheln (Cock, 2002; Cock und Goycochea 2004).

Es gab auch aufwändigere Mumienbündel, die über einen „Scheinkopf" verfügten. Dabei handelte es sich um einen Aufsatz aus Stoff, der auf der Mumie platziert wurde, manchmal noch mit einer Perücke aus Pflanzenfasern versehen. Dadurch entstand der Eindruck einer menschenähnlichen Form. Wichtig scheint, dass größere Bündel in der Regel mehr als einen Leichnam enthielten (Cock, 2002; Tabio, 1965, 1969). Untersuchungen an den sterblichen Überresten dieser Individuen ergaben, dass es soziale Abstufungen unter den Mitgliedern der von den Inka dominierten Gesellschaft gegeben hatte. Die Personen mit einer aufwändigeren Bestattung und wertvollen Opfergaben gehörten eindeutig zur oberen Gesellschaftsschicht und standen in Verbindung zum Ahnenkult. Die meisten dieser Individuen mit einem hohen gesellschaftlichen Status wurden mit Objekten im Inka-Stil bestattet, zum Beispiel amphorenartigen Krügen, *aryballos*, und dekorierten Textilien mit Inka-Motiven. Beides stammte aus lokaler Produktion. Diese Objekte weisen auf die Gegenseitigkeit der Beziehung zwischen der Elite vor Ort einerseits und dem Inka-Staat andererseits, hin. Die Inka, wie bereits in vorherigen Artikeln erwähnt, spendeten als Belohnung für Loyalität gegenüber dem Staat hoch geschätzte Statusobjekte, die die Macht der regionalen Elite wiederum stärkten.

In der Kosmologie der Anden wurde der Tod als Erweiterung des menschlichen Lebens in die Welt der Ahnen gesehen. Der Status eines Ahnen war allerdings nur wenigen vorbehalten und um ihn zu erwerben, mussten die Hinterbliebenen ein Begräbnisritual durchführen. Da die Toten als Lebensspender betrachtet wurden, hingen diese Rituale auch eng mit Fruchtbarkeit und dem immer wieder zu erneuernden Kreislauf des Lebens zusammen (Kaulicke, 2000). Die lokale Elite nutzte diese Kulte als politisches Mittel, um ihre Macht für rechtmäßig zu erklären indem sie sich als diejenigen präsentierten, die die Fruchtbarkeit der Felder und den Erhalt des Kreislaufs des Lebens garantieren konnten.

Auch nach der Ankunft der Spanier behielt Puruchuco-Huaquerones weiterhin seine Bedeutung. Bei Ausgrabungen wurden Überreste von Inka-Soldaten gefunden, die gestorben waren, als die Eroberung des Inka-Reiches einsetzte. Ihre Leichname weisen die Einwirkung von Gewalt auf und man erkennt Spuren einer anderen Technologie: Feuerwaffen. 1536 n. Chr. begann Manco Inca, einer der letzten Sapa Inka, mit seiner großen Rebellion und griff Lima, die von den Spaniern neu gegründete „Stadt der Könige", an. Während des bittereren Kampfes der dort geführt wurde, kamen Quiso Yupanqui, (ein General Manco Incas und wahrscheinlich Sohn des Inca Tupac Yupanqui), 40 seiner Heerführer und viele Inka-Soldaten ums Leben. Geschlagen zog sich die Inka-Truppe nach Südosten in Richtung Yauyos zurück. In der Nähe von Puruchuco wurden sie von den Spaniern und ihren Verbündeten angegriffen und starben im Kampf. Die Überreste dutzender Inka-Soldaten wurden hastig auf dem östlich gelegenen Hang der Puruchuco-Hügel nahe der Oberfläche und ohne Opfergaben begraben. Die Tradition ihrer Vorfahren und die Möglichkeit zum Ahnen zu werden blieb ihnen damit verwehrt (Cock, pers. komm.).

Abb. 21.1
Drei Mumienbündel, eines davon mit einem „Scheinkopf" mit Grabbeigaben aus dem Grab Nummer 59, Sektor Nummer 15.
Foto: Guillermo Cock und Elena Goycochea (Proyecto Arqueológico Puruchuco-Huaquerones)

HUAINA-CCAPAC, INCA XII.

PEGGY GOEDE
MONTALVÁN

HUAYNA CAPAC UND DIE UNKLARE ERBFOLGE – DAS REICH ZERFÄLLT

Huayna Capac und die letzte Expansion

Der Inka-Herrscher Tupac Yupanqui hinterließ nach seinem Tod im Jahre 1493 seinen Sohn Titu Cusi Huallpa als Nachfolger. Da dieser bei der Thronbesteigung noch sehr jung war, nannte ihn sein Großvater stolz in Huayna Capac, junger König, um (Rowe, 2011: 72).

Abb. 22.1
Vorhergehende Seite:
Porträt des Inca Huayna Capac. Staatliche Museen zu Berlin, Stiftung Preußischer Kulturbesitz, Ethnologisches Museum. Foto: C. Obrocki

Der junge Sapa Inka Huayna Capac unternahm zahlreiche Erkundungsexpeditionen und Feldzüge, um die Verhältnisse in den Randgebieten des Inka-Reiches zu stabilisieren. Im Süden war es mit den Mapuche (siehe Golte Kap. 11 in diesem Band) und im Norden mit zahlreichen ethnischen Gruppen zu blutigen Kämpfen gekommen. Auf dem Höhepunkt um 1500 erstreckte sich das Tahuantinsuyu vom Norden des heutigen Ecuador bis nach Zentralchile und bedeckte damit ein Areal von insgesamt ca. 900.000 km² (Velasco, 1981 [1739], 2: 34).

Eine besondere Bedeutung kam der Region der kriegerischen Cañari zu, die im Norden des Inka-Reiches, auf dem Territorium des heutigen Ecuador, siedelten. Grund dafür war die zentrale Inka-Straße, die durch ihr Gebiet führte. Diese hatte eine hohe militärische Bedeutung, da sie von bereits eroberten Gebieten zu weniger kontrollierten Territorien im Norden führte. Außerdem verband die Straße zwei wichtige Inka- und Cañarizentren, Tomebamba und Ingapirca. Die strategisch günstige Lage und die Verbundenheit zu der Heimat seiner Mutter ließen Huayna Capac im Jahre 1517 in seinen Geburtsort Tomebamba zurückkehren, den er zum inkaischen Administrationszentrum für neu eroberte Gebiete im Norden ausbaute. Huayna Capac ließ hier prächtige Paläste erbauen, darunter den Mullu Cancha. Der Name weist auf eine Verbindung zum Coricancha, dem Sonnentempel in Cusco, hin. Während Cori Cancha, im Quechua „goldener Hof" bedeutet, übersetzt sich Mullu Cancha mit „Spondylus-Hof". Die vor der Pazifikküste vor Ecuador gewonnene Spondylusmuschel war für die Inka genauso wertvoll wie Gold. Die Mauer des Mullu Cancha war innen mit Spondylusmuscheln und Streifen von Gold und Silber geschmückt und der Boden mit Gold gepflastert (Rowe, 2011: 73). Durch die Verwendung verschiedener Materialien aus unterschiedlichen Regionen wurden auch diese Teile des Inka-Reiches symbolisch miteinander verbunden.

Huayna Capac ließ in der Stadt noch weitere Tempel zu Ehren des Schöpfergottes Viracocha sowie des Blitzgottes Illapa erbauen und reproduzierte alle Heiligtümer

Cuscos in und um Tomebamba (Cabello de Balboa, 3. Teil, Kap. 21, 1951 [1586]: 364–65; Murúa, Buch 1, Kap. 31, 1962–64 [1590], I: 81). Nach inkaischer Tradition errichtete er somit ein „neues Cusco".

Neben großen Bautätigkeiten kam es unter dem 11. Sapa Inca auch zu großen Umsiedlungsaktionen. Teile der lokalen Bevölkerung der Cañari setzte er als Soldaten in

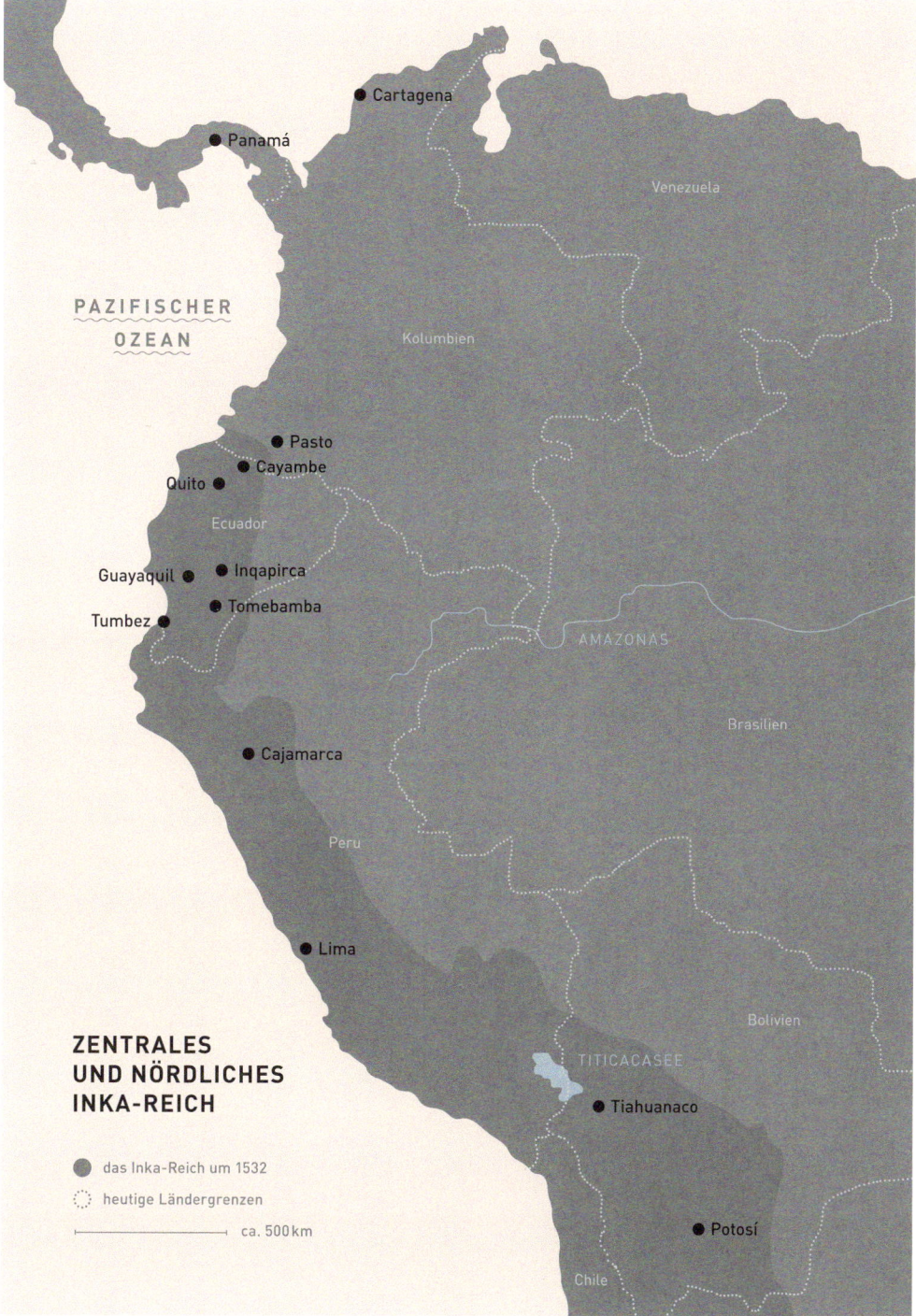

Abb. 22.2
Karte des zentralen und nördlichen Inka-Reiches, Gestaltung: FORMATION münchen

seinen Eroberungszügen ein. Andere wurden nach Cusco geschickt, wo eine große Gruppe von ihnen im Tal von Yucay am Landsitz Quispiguanca für den Inka arbeitete. Die folgenden Jahre der Inka-Herrschaft waren hart, die Cañari wurden von einem Ort zum anderen getrieben. In ihrer eigenen Heimat wurden währenddessen Gruppen aus Cusco und anderen Teilen des Reiches angesiedelt. Solche Zwangsumgesiedelten wurden als *mitimaes* bezeichnet.

Es ist nicht sicher, wo die nördlichen Grenzen der Eroberungen Huayna Capacs verliefen, doch lagen sie wahrscheinlich nicht sehr viel weiter nördlich als Quito im heutigen Ecuador. Das vorspanische Quito war Hauptsitz der gleichnamigen ethnischen Gruppe, die sich mit anderen Ethnien verbündet hatte, um gegen die Inka-Herrschaft vorzugehen.

Auch die im nördlichen Gebiet Ecuadors lebenden Cayambis und Pastos unterstanden keiner zentralisierten Regierung, kämpften jedoch gemeinsam gegen die inkaischen Invasoren. An die blutige Eroberung der Cayambis erinnert heute noch der Name eines Sees, der Yaguar Cocha, Blutsee, getauft wurde. Auch die südliche Gruppe der Pastos unterlag schließlich den Inka. Die inkaischen Truppen wurden diesmal von einem der Söhne Huayna Capacs, Atahualpa, angeführt, der später noch eine entscheidende Rolle spielen würde. Dieser unterlag den Pastos und floh. Huayna Capac übernahm daraufhin wieder das Kommando und beendete den Krieg (Rowe, 2011: 75).

Am Ende der Herrschaft Huayna Capacs waren die inkaischen Institutionen fast überall im ecuadorianischen Hochland eingeführt worden.

Abb. 22.3
Sonnentempel von Ingapirca, Ecuador. Foto: P. Goede

Während der Regierungszeit des 11. Sapa Inka landeten die ersten Spanier an der Küste Ecuadors und brachten die Beulenpest und Pocken ins Land. Huayna Capac erlag schließlich im Jahre 1527 in Quito den eingeschleppten Seuchen.

Die unklare Herrscherabfolge – Die Krise beginnt

Der Ablauf der Nachfolge Huayna Capacs wird von diversen spanischen Chronisten in unterschiedlicher Art und Weise beschrieben. Einige Quellen sprechen davon, dass Huayna Capac kurz vor seinem Tod seinen Sohn Ninan Cuyochi zum Nachfolger ernannte, der jedoch wie sein Vater an den eingeschleppten Pocken starb. Möglicherweise ernannte Huayna Capac nun seinen Sohn Huáscar zum Thronfolger. Vielleicht wurde dieser aber auch erst nach dem Tod des Vaters von den Adligen Cuscos, den *orejones*, als Sapa Inka unterstützt und krönte sich selbst (Niles, 1999: 105–106). Möglich ist auch, dass die Regierung, dem dualen Herrschaftssystem der Inka folgend, von Anfang an auf zwei Söhne aufgeteilt wurde, Huáscar und Atahualpa.

Die spanischen Chronisten stritten in ihren Werken über die Rechtmäßigkeit der Herrschernachfolge. Für Pedro Cieza de León war Huáscar der einzige legitime Erbe des Inka-Reiches, da er der Sohn der Hauptfrau und Schwester Huayna Capacs war und aus der Inka-Hauptstadt Cusco stammte. Atahualpa dagegen war, zumindest den Aussagen seines Bruders Huáscar zufolge, der Sohn einer Nebenfrau Huayna Capacs, die der ethnischen Gruppe der Cañari entstammte. Der spanische Eroberer Francisco Pizarro nutzte das später unter anderem als Vorwand, um Atahualpa hinrichten zu lassen, der sich vermeintlich unrechtmäßig die Krone angeeignet hatte (Cieza de León, 1971 [1553] Kap. 14+21, Buch 2: 16). Der Chronist Juan de Betanzos dagegen spricht Atahualpa die rechtmäßige Herrschaft zu, da dieser fünf Jahre älter als Huáscar war. Außerdem wurde er Betanzos zufolge in Cusco geboren und war Nachkomme einer Frau aus dem oberen, höherwertigen, Herrschaftsgebiet Cuscos, dem *hanan* Teil, während Huáscar der unteren, *hurin*-Hälfte entstammte (Niles, 1999: 111).

In jedem Fall wurde die Herrschaft des Inka-Reiches in den ersten Jahren unter den Brüdern geteilt.

Die Missachtung inkaischer Traditionen – Die Entmachtung der *panacas*

Huáscar regierte anfangs den südlichen Teil des Inka-Reiches, in dem auch die Hauptstadt Cusco lag. Beim Tod seines Vaters war er mit 19 Jahren relativ jung und hatte keinerlei Erfahrung mit der Verwaltung eines Reiches oder der Leitung des Militärs. Einige Mitglieder seiner Familie und Angehörige der *panacas*, der königlichen Großfamilien, neideten ihm seine Stellung. Darunter war auch sein Bruder Cusi Atauchi, der eine Verschwörung gegen Huáscar anzettelte. Huáscar konnte diese jedoch abwenden und ließ Cusi Atauchi wegen Hochverrats hinrichten. Aus Angst vor weiteren Intrigen umgab er sich danach vornehmlich mit Adligen zugewanderter Ethnien, Chachapoyas und Cañaris, was großen Unmut bei den *panacas* hervorrief, da sie traditionsgemäß für das Wohl und die Sicherheit des Sapa Inka verantwortlich gewesen wären. Darüber hinaus nahm Huáscar an keinem der öffentlichen Festessen teil, bei denen die Familienbande und der Austausch mit den *panacas* gepflegt und verstärkt wurden. Juan de Betanzos spanischer Chronik zufolge eignete sich Huáscar außerdem die Ländereien und Besitztümer verstorbener Inka-Herrscher an. Diese gehörten

Abb. 22.4
Porträt des Inca Huáscar.
Staatliche Museen zu
Berlin, Stiftung Preußischer
Kulturbesitz, Ethnologisches
Museum. Foto: C. Obrocki

jedoch inkaischem Recht zufolge nach dem Tod eines Sapa Inca seiner *panaca*, so dass sich jeder neue Herrscher durch eigene Eroberungen seine Gebiete und Besitztümer sichern musste. Da die Stadt Cusco jedoch durch die vorherigen zwölf Inka bereits aufgeteilt war und für Huáscar nur Außengebiete blieben, setzte er sich über diese Tradition hinweg. Als er ankündigte, die Herrschermumien seiner Vorgänger zu begraben, die nach wie vor in ihren Palästen „wohnten", brachte er neben den *panacas* auch den Rest des Volkes gegen sich auf, da die Mumien nun nicht mehr traditionell verehrt werden konnten. Er ging sogar so weit sich an Land zu vergreifen, das der Sonne und ihrem Kult vorbehalten war.

Abb. 22.5
Porträt des Inca Atahualpa.
Staatliche Museen zu Berlin, Stiftung Preußischer Kulturbesitz, Ethnologisches Museum.
Foto: C. Obrocki

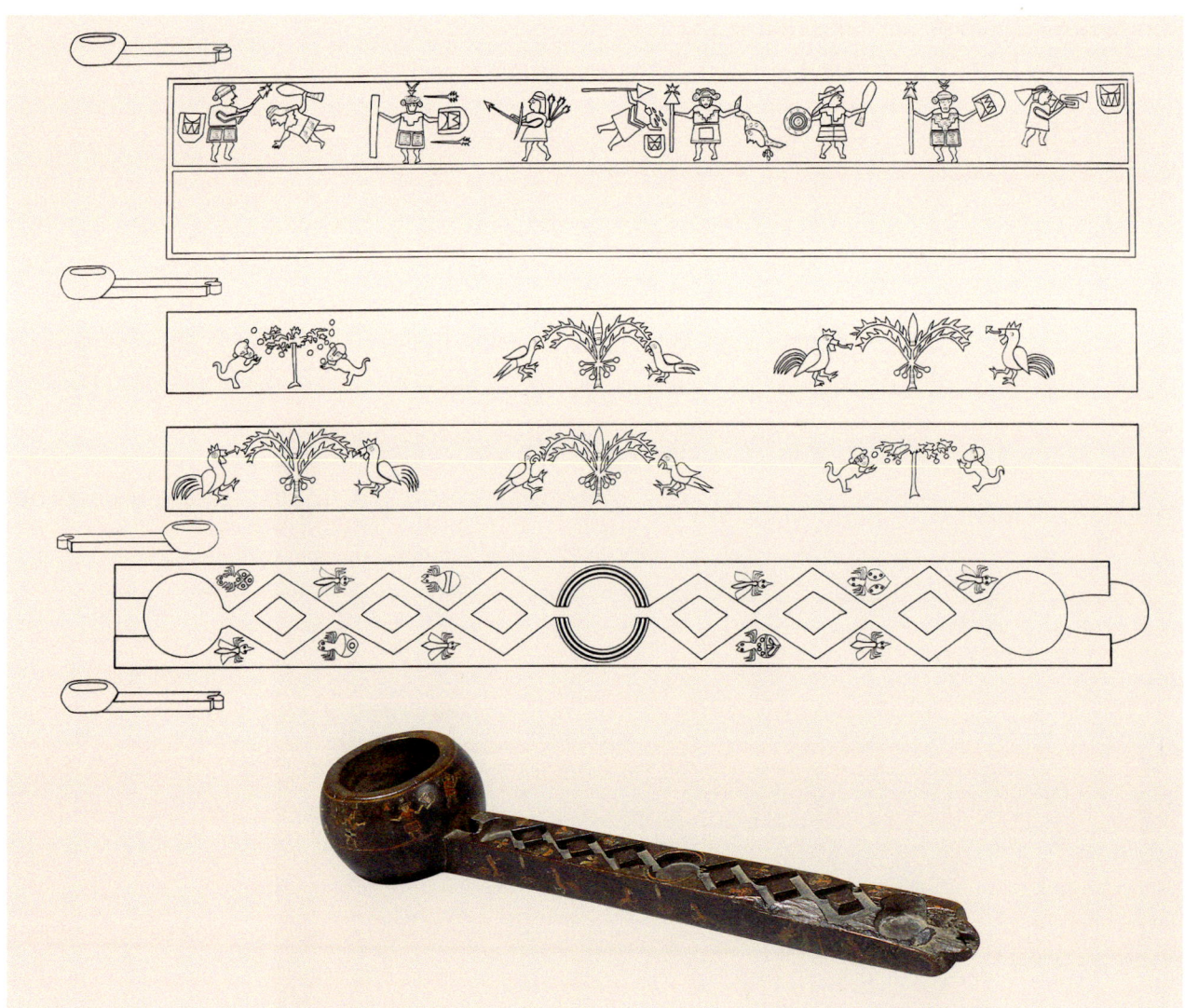

Abb. 22.6
Trankopfergefäß, *paccha*, mit Kampf der Inka.
Museo de América, Madrid.
Foto: J. Otero Úbeda,
Zeichnung: A. Moltí

Kampf um die Inka-Krone – Der Krieg zwischen Huáscar und Atahualpa

Huáscars Bruder Atahualpa herrschte über den Norden des Reiches und gab sich anfangs damit zufrieden. Doch Atahualpa war ehrgeizig und stellte eine Armee aus Ethnien des Nordens zusammen, die aufgrund früherer inkaischer Eroberungszüge einen Groll gegen die Inka aus dem südlichen Hochland hegten.

Huáscar beobachtete beunruhigt die Aktionen seines Bruders und fürchtete immer mehr eine Rebellion. Im Jahre 1531 beschloss er alle seine Brüder, mögliche Thronanwärter, zu eliminieren und bestellte sie dafür unter einem Vorwand nach Cusco. Atahualpa wurde jedoch gewarnt und blieb im Norden des Reiches. Stattdessen sandte er Repräsentanten und Boten mit Geschenken zu Huáscar, die dieser aus Wut über die Befehlsverweigerung grausam töten ließ.

Diverse spanische Chronisten berichteten über die folgenden Vorkommnisse (Cabello de Balboa 1951 [1586]: 128–151; Velasco, 1981 [1739], 3: 87 ff.). Als Atahualpa von der Ermordung seiner Boten erfuhr, ging er nach Quito, um das seiner Ansicht nach ihm zustehende Erbe mit Waffengewalt zu verteidigen (Velasco, 1981 [1739], 3: 82 ff). Auch Huáscar bereitete sich vor.

Die Auseinandersetzungen eskalierten schließlich in einem blutigen Bürgerkrieg, in dem sich die verschiedenen ethnischen Gruppen jeweils einem der Brüder anschlossen. Besonders die Cañaris, die sich auf die Seite Huáscars stellten, spielten in dem Krieg eine große Rolle. Mit ihrer Hilfe gelang es, Atahualpa eine zeitlang gefangen zu setzen (Cieza de León, 1971 [1553], Buch 2, Kap. 22). Dieser konnte sich jedoch befreien und richtete unter den Einwohnern ein Massaker an (Velasco, 1981 [1739], 3: 88). Exakte Zahlen über die Verluste unter den Cañari fehlen, doch Quellen sprechen von einem Bevölkerungsrückgang von 50.000 auf 3.000 Einwohner. Dabei bleibt zu bedenken, dass nicht alle Cañari getötet wurden, sondern viele zuvor geflohen waren. Atahualpa ließ danach Tomebamba dem Erdboden gleich machen, so dass die Spanier, die im 16. Jahrhundert durch das Cañarigebiet zogen, von der einst prächtigen Stadt nur noch verlassene Ruinen vorfanden. Die Cañari wollten sich von der Herrschaft Atahualpas befreien und sich an ihm rächen. Ein Bündnis mit den Spaniern bot ihnen später dazu die Gelegenheit.

Atahualpa hatte seine Erfolge maßgeblich seinen erfahrenen aber auch sehr rücksichtslosen Generälen Rumiñahui, Calicuchima und Quizquiz zu verdanken. Sie durchzogen das ganze Tahuantinsuyu und hinterließen eine Spur der Verwüstung. Allein der Verdacht, Huáscar zu unterstützen, konnte die Auslöschung einer Siedlung oder einer ganzen ethnischen Gruppe zur Folge haben.

Nach jahrelangen Kämpfen gelang es den Generälen endlich Huáscar nahe Cusco gefangen zu nehmen. Um der Gefahr einer erneuten Rebellion vorzubeugen, ließen sie nicht nur ihn, sondern auch seine ganze Familie hinrichten, um auch die letzten möglichen Thronanwärter zu eliminieren. Atahualpa hatte den Krieg gewonnen und ließ sich zum Herrscher über das ganze Tahuantinsuyu ausrufen.

Der lange Bürgerkrieg hatte das Land ins Chaos gestürzt. Die zahlreichen Kämpfe waren mit großer Gewalt geführt worden und resultierten in Zerstörungen und Hass. Durch die Einbeziehung der verschiedenen ethnischen Gruppen in die blutigen Auseinandersetzungen wurden diese gegeneinander aufgebracht. Die herrschenden Inka wurden als Besatzer empfunden. Auch nach Ende des Krieges sahen die einstigen Anhänger Huáscars den in ihren Augen unrechtmäßigen Herrscher Atahualpa nach wie vor als Feind an. Von einem geeinten Inka-Reich konnte daher bei Ankunft der Spanier keine Rede mehr sein.

ZEIT DES UMBRUCHS – DIE SPANISCHE EROBERUNG DES INKA-REICHES

PEGGY GOEDE MONTALVÁN

Glaubenskriege in Spanien

Im Jahre 711 n. Ch. eroberten die nordafrikanischen Mauren Teile der iberischen Halbinsel. Spanien war zu dieser Zeit in diverse Königreiche unterteilt und wurde erst im ausgehenden 15. Jahrhundert, nach der erfolgreichen Rückeroberung eines großen Gebietes durch die spanischen Heere, durch die Heirat zwischen den dominierenden katholischen Königen, Isabella von Kastilien und Ferdinand von Aragón, geeint. Zusammen gelang es ihnen 1492, nach fast acht Jahrhunderten voller Kriege, die letzte Bastion islamischer Herrschaft, Granada, zurückzugewinnen. Der Sieg entfachte ein neues, positives Lebensgefühl, einen starken Nationalismus und einen religiösen, christlichen Fanatismus. Gleichzeitig hinterließ die lange Zeit der Rückeroberungskriege, der *reconquista*, wirtschaftlich ruinierte Länder und eine verarmte und verrohte Bevölkerung. Eine besondere Rolle in der *reconquista* spielten die Angehörigen des spanischen Niederadels, die *hidalgos*, die gelernt hatten durch Eroberungen, die häufig mit dem Segen der Kirche geführt wurden, ihren sozialen Status zu verbessern (Kurella 2002: 59). Nach dem Ende der Kriege in Spanien suchten sie nun nach neuen Möglichkeiten, Reichtümer zu erringen.

Abb. 23.1
Porträt des Francisco Pizarro, Staatliche Museen zu Berlin, Stiftung Preußischer Kulturbesitz, Ethnologisches Museum. Foto: C. Obrocki

Entdeckung und Eroberung einer Neuen Welt

Im Jahre 1492 landete Christoph Kolumbus in Amerika. Die unerwartete Entdeckung ließ die spanischen Juristen und Kleriker über die rechtliche Begründung einer Eroberung nachdenken. Ihre Schlussfolgerung basierte auf der Annahme, dass die geistliche und weltliche Oberherrschaft in der Hand des Papstes vereint seien und es daher allein in seiner Macht lag, die legitime Regierungsgewalt zu vergeben. Nach Kolumbus' Rückkehr sprach Papst Alexander VI. daher den Königen Isabella und Ferdinand die alleinige Oberherrschaft über die neu entdeckten und noch zu entdeckenden Völker in Amerika zu und übertrug ihnen die Missionierung und den Aufbau der dortigen Kirche. In seiner Schenkungsbulle „Inter cetera" bezeichnete der Papst die beiden als „wahre katholische Könige und Fürsten". Sie führten von da an den Titel „Reyes Católicos".

Ursprünglich wollte Spanien in der Neuen Welt friedliche Handelsniederlassungen gründen. Im Laufe des 15. Jahrhunderts gab die spanische Krone jedoch aus Geldmangel die Eroberung Amerikas für private Investoren frei, die durch königlichen Auftrag rechtlich gebunden waren. Für Privatpersonen, die die gesamten Kosten der Expeditionen selbst tragen mussten, war jedoch der schnelle Gewinn ausschlaggebend und auch die Krone profitierte davon, da ein Teil des Ertrags vertraglich an sie abgeführt werden musste. Eine Ausbeutungspolitik erwies sich einträglicher als Handelsniederlassungen. Amerika entwickelte sich zum Einwanderungsland für alle, die der Armut in Spanien entfliehen wollten. Der Kontinent wurde mit rastlosen Soldaten, Abenteurern und verschuldeten *hidalgos* überschwemmt, die ihr Glück in der Neuen Welt suchten.

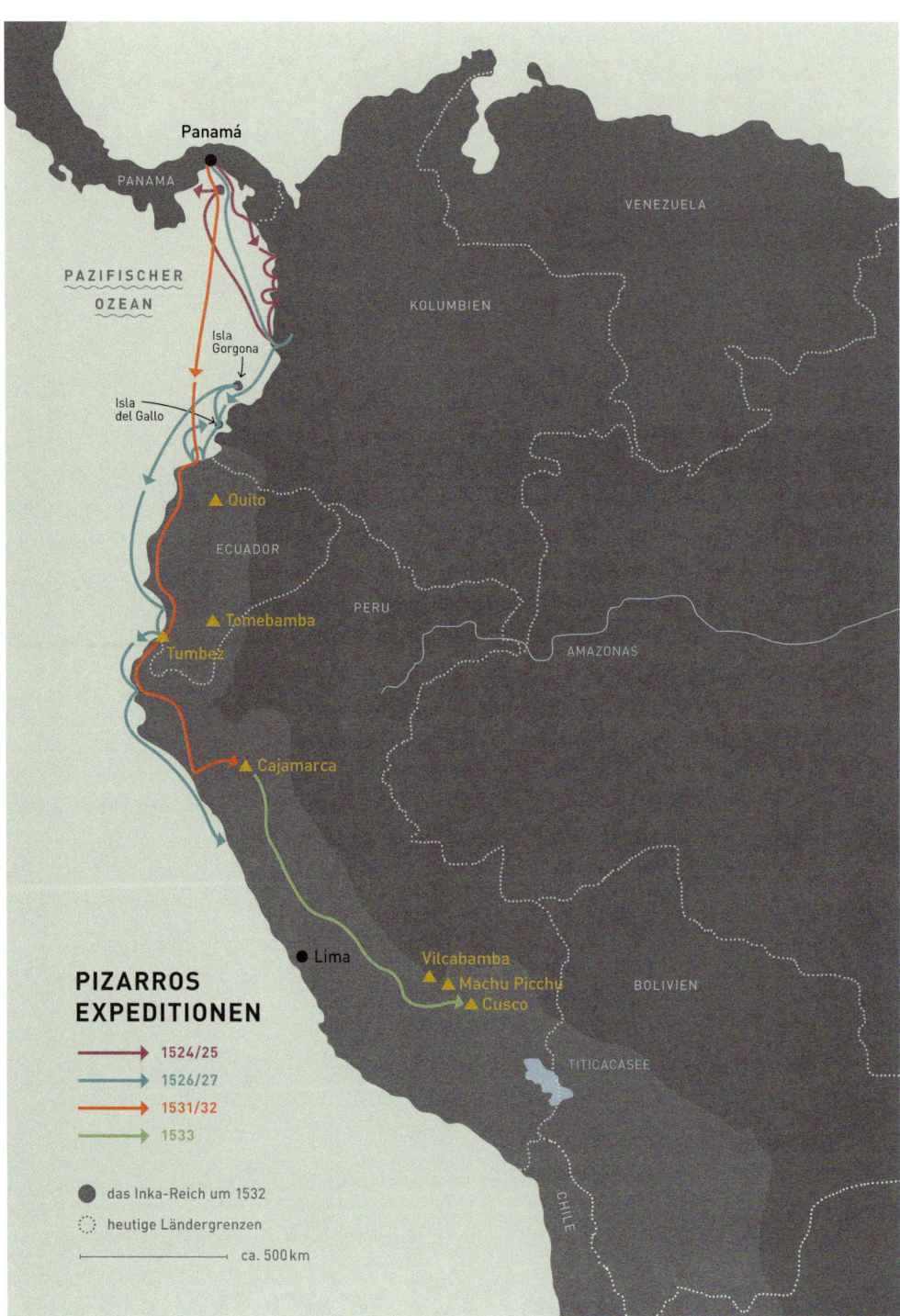

Abb. 23.2
Karte der Eroberungszüge Francisco Pizarros, Gestaltung: FORMATION münchen

Abb. 23.3
Relief mit Francisco Pizarro und Konquistadoren, Teil eines Frieses mit Szenen aus der Geschichte Amerikas. Constantino Brumidi, 1871, für das Capitol in Washington D.C., USA, © Architect of the Capitol

Nach den ersten Entdeckungsfahrten bauten die Spanier gegen Ende des 15. Jahrhunderts einen Stützpunkt auf der Insel Santo Domingo (heutige Dominikanische Republik) auf. Von hier aus wurden die Nachbarinseln Puerto Rico, Kuba und Jamaica und fast zeitgleich Teile der Nordküste des heutigen Kolumbien und Panama besetzt. Die ersten wirklichen Schätze fanden die Spanier allerdings erst vor, als sie von 1519–21 unter Führung von Hernán Cortés das mächtige Azteken-Reich im heutigen Mexiko eroberten.

Die spanische Eroberung des Inka-Reiches

Während der Eroberung Panamas vernahmen die Spanier Gerüchte von einem gebirgigen Land voller Gold und Silber südlich des Flusses Virú. Fortan war die Legende um das Goldland *„Peru"* geboren (Landázuri, 1988: 72 ff.). Einer der Begleiter von Cortés namens Francisco Pizarro beschloss daraufhin, sein Glück in einer eigenen Eroberung zu suchen.

Nach zwei Erkundungsreisen, die er von Panama aus antrat, brachte ihn die dritte Reise im Jahre 1531 auf drei Schiffen an die Küste Ecuadors. Von dort zog er mit 180 Spaniern und 27 Pferden weiter nach Süden. Auf ihrem Marsch, der von Plünderungen begleitet war, stießen sie vereinzelt auf den Widerstand der Bevölkerung, doch fanden sie auch viele Verbündete (Velasco [1739], Zitiert in: Landázuri, 1988: 79). Pizarro erfuhr vom Bürgerkrieg zwischen den rivalisierenden Inka-Herrschern Huáscar und Atahualpa und dem frischen Sieg des Letzteren. Er zog weiter nach Cajamarca, im Norden des heutigen Peru, wo der Sapa Inka sich aufhielt. Unterwegs trafen die Spanier auf die Cañari, die wegen der Zerstörung ihrer Stadt Tomebamba und der Ermordung vieler Einwohner einen tiefen Groll gegen Atahualpa hegten. Sie verbündeten sich mit den Spaniern und trafen gemeinsam mit ihnen am 15. November 1532 in Cajamarca ein.

Abb. 23.4
Silberne Mitra, Bischofsmütze, Museo de América, Madrid.
Foto: J. Otero Úbeda

Abb. 23.5
Erstes Zusammentreffen von Atahualpa und Pizarro in Cajamarca, nach Poma de Ayala, 1615

Eroberung Cajamarcas

Bei der ersten Begegnung zwischen Atahualpa und Pizarro in Cajamarca war auch ein Priester anwesend, der dem Inka-Herrscher mit Kreuz und Bibel in der Hand entgegen trat und ihm ein Dokument vorlas. Dieses sogenannte *requerimiento* erklärte dem Inka die spanischen Rechte und Gesetze und verlangte seine Unterwerfung unter die spanische Krone und seine Bekehrung zum christlichen Glauben (Hemming 2003: 41). Unklar ist allerdings, ob es tatsächlich verlesen und auch übersetzt wurde. Entsprechende Berichte spanischer Chronisten sollten Pizarro in jedem Fall eine rechtliche Grundlage für sein Handeln sichern. Da Atahualpa mit der ihm gleichzeitig angebotenen Bibel nichts anfangen konnte, entriss er sie dem Priester und warf sie zu Boden (Pareja Diézcanseco 1979). Pizarro nutzte diesen Affront, ließ seine Soldaten angreifen und Atahualpa überraschend gefangen nehmen. Der Sapa Inka galt als Sohn der Sonne jedoch als heilig und durfte von seinen Untergebenen nicht einmal direkt angeschaut, geschweige denn berührt werden. Ihren unantastbaren Herrscher nun in Gefangenschaft zu sehen, muss seine Begleiter in einen Schockzustand versetzt haben. Wahrscheinlich leisteten sie daher trotz ihrer Übermacht kaum Gegenwehr. Mit Hilfe seiner indigenen Bündnispartner, den Cañari, ließ Pizarro die inkaischen Soldaten und Beamten gefangen nehmen und töten. Tausende Indigene fielen so dem Angriff zum Opfer, was eine relativ schnelle Einnahme Cajamarcas ermöglichte. Häufig wird in der neueren Literatur die Frage aufgeworfen, wie eine „Handvoll" Spanier ein ganzes Reich erobern konnte. Zu Bedenken ist jedoch, dass Pizarro von knapp 200 erfahrenen Soldaten begleitet wurde, die ihr Leben mit dem Kampf gegen die Mauren verbracht hatten. Die Spanier waren außerdem in Besitz von metallenen Rüstungen, Schusswaffen und doppelschneidigen Schwertern, die zu den besten Waffen gehörten, die Europa in dieser Zeit zu bieten hatte. Auch war der Einsatz von Pferden und Bluthunden von enormem Vorteil, wobei die psychologische Wirkung der fremdartigen Tiere und Waffen sicher nicht zu unterschätzen ist. Entscheidend waren jedoch die Tausenden von indigenen Verbündeten, die sich den Spaniern anschlossen in der Hoffnung, die verhassten inkaischen Besatzer endlich loszuwerden.

Um sich aus seiner unwürdigen Gefangenschaft zu befreien, bot Atahualpa den Spaniern ein reichhaltiges Lösegeld an. Berühmt wurde sein Versprechen, einen Raum vollständig mit Schätzen zu füllen. Während Gold und Silber aus allen Teilen des inkaischen Reiches nach Cajamarca gebracht wurden, musste Atahualpa ein Jahr lang in Gefangenschaft bleiben. Pizarro erwies sich auch hier als geschickter Stratege und nutzte die Zwangslage des Inka-Herrschers, um ihn aus dem Gefängnis heraus das Land regieren zu lassen und die einheimische Bevölkerung dadurch unter Kontrolle zu halten. Gleichzeitig lernte Pizarro wie das Inka-Reich funktionierte, was den Spaniern beim Aufbau der Kolonialverwaltung sehr zu Gute kam.

Die königlichen spanischen Beamten bedrängten Pizarro jedoch, Atahualpa zu töten, da sie seinen Einfluss fürchteten. Unter dem zunehmenden Druck und aus Angst vor einem möglichen inkaischen Aufstand ordnete Pizarro schließlich eine schnelle Verhandlung an. Atahualpa wurde unter anderem wegen Hochverrats gegen die spanische Krone aufgrund von Aufwiegelei und wegen des Mordes an seinem Bruder Huáscar angeklagt und zum Tode verurteilt (Pareja Diézcanseco, 1979: 292). Diese eigenmächtige Verurteilung wurde Pizarro später in Spanien vehement vorgeworfen, da er als Untergebener der Krone nicht die Machtbefugnis gehabt hatte, einen Herrscher zu verurtei-

Abb. 23.6
Koloniales Kreuz, Staatliche Museen zu Berlin, Stiftung Preußischer Kulturbesitz, Ethnologisches Museum.
Foto: A. Dreyer

len. Atahualpa sollte auf dem Scheiterhaufen verbrannt werden. Da die Verehrung der unversehrten königlichen Mumie jedoch essentiell für sein symbolisches Weiterleben war, ging Atahualpa auf einen letzten Handel mit den Spaniern ein und ließ sich taufen, wodurch er seine Verbrennung verhindern konnte. Am 26. Juli 1533 starb er den Erstickungstod durch die Garotte.

Der Tod des Sapa Inka sorgte in weiten Teilen der andinen Bevölkerung für Entsetzen, da seine Untertanen von der Unbesiegbarkeit des göttlichen Inka überzeugt gewesen waren. Gleichzeitig bemühten sich viele *curacas*, lokale indigene Herrscher, um ein Bündnis mit den Spaniern, um endlich der Unterdrückung durch die inkaischen Besatzer entkommen zu können. Das riesige Inka-Reich, das durch den Krieg zwischen den letzten Herrschern schon stark geschwächt gewesen war, begann endgültig auseinanderzubrechen.

Eroberung Cuscos

Abb. 23.7
Koloniales Gemälde des Santiago Mataindios, Museo de Arte del Sur Andino, Cusco, Foto: D. Giannoni

Von Cajamarca aus marschierten die Spanier zur inkaischen Hauptstadt Cusco. Von den Reichtümern der Stadt geblendet, brach unter ihnen die Gier aus und zahlreiche Tempel, darunter der mit Gold verkleidete Sonnentempel, der Coricancha, wurden geplündert.

Nach der Einnahme Cuscos suchten die Spanier nach einem Standpunkt für eine neue Hauptstadt, da Cusco zu hoch und für den Handel zu weit vom Meer entfernt lag. Sie entschieden sich schließlich für den vorspanischen Ort Rimac, nahe dem Pazifik. Am 6. Januar 1535 wurde hier die spanische Stadt Ciudad de los Reyes, die „Stadt der Könige", gegründet, die bald unter dem Namen Lima bekannt wurde.

Natürlich gab es auch Widerstand gegen die neuen spanischen Besatzer. Atahualpas Armeen, die vergeblich versucht hatten den Inka zu befreien, führten zahlreiche Kämpfe gegen die Spanier und ihre Verbündeten. Besonders einer der Generäle, Quizquiz, leistete jahrelang unbarmherzigen Widerstand, und wurde erst durch den Verrat seiner eigenen Leute besiegt und von diesen ermordet.

Pizarro hatte indessen Manco Capac II., einen weiteren Sohn Inca Huayna Capacs, als Inka eingesetzt, der seiner zugedachten Rolle als Marionettenherrscher zunächst gerecht wurde. Er ging sogar so weit, Pizarro indigene Truppen zur Seite zu stellen, um gegen die inkaischen Generäle vorzugehen. Sein Verhalten ging sicher auf alte Rivalitäten mit seinem Halbbruder Atahualpa und dessen Anhängern zurück. Die Spanier hatten jedoch keinerlei Respekt vor dem Inka und demütigten ihn. Als sie darüber hinaus seine Frau, die Coya, schwer misshandelten und ermordeten, wandte sich Manco endgültig gegen sie. Im Februar 1536 kam es zum ersten großen Aufstand (Hemming 2003: 41). Überall im Land erhob sich die indigene Bevölkerung. Die Stadt Cusco wurde belagert und Lima angegriffen (Velasco, 1981 [1739], 4: 171; López de Gómara, 1979 [1562], 133: 192–93). Mancos einstige Unterstützung der Spanier hatte ihm jedoch den Groll

Abb. 23.8 a.b
Keru-Darstellung mit spanischen Eroberern, Privatsammlung – Leihgabe an die Bonner Altamerika-Sammlung, Universität Bonn, Foto: A. Dreyer. Umzeichnung nach einer Abrollung von A. Dreyer: N. Schmidt

seiner Landsleute eingebracht und er hatte außerdem gegen Intrigen seiner Verwandten zu kämpfen, die selbst gerne die Macht übernehmen wollten. Der Inka konnte daher die Anarchie, die sich wie im Flug im alten Tahuantinsuyu ausbreitete, nicht verhindern und fand sich bei seiner Rebellion einer Übermacht aus Spaniern und Indigenen gegenüber. Monatelang kämpfte Manco verbissen, doch er musste sich schließlich geschlagen geben und floh in die Berge.

In der Zwischenzeit kam Diego de Almagro, ein Partner Pizarros bei der Eroberung Perus, nach Cusco. Da Pizarro sich weigerte, ihn an den Gewinnen zu beteiligen, kam es zum Eklat, der im jahrelangen Bürgerkrieg zwischen den Familien der spanischen Eroberer gipfelte. Wie im vorherigen Krieg zwischen Atahualpa und seinem Bruder Huáscar, versuchten nun auch die spanischen Parteien, große Teile der indigenen Bevölkerung auf ihre Seite zu bringen und zogen sie dadurch mit in den Krieg hinein.

Manco nutzte die Kämpfe und das entstehende Chaos. Er verließ die Berge und führte vermehrt Angriffe durch. Wieder wurde der Inka von den Spaniern und ihren indigenen Verbündeten geschlagen und zog sich ins Tal von Vilcabamba zurück. Von hier aus organisierte er über Jahre hinweg Überfälle auf die Spanier, erst von Ollantaytambo und später von Vitcos aus, bis er schließlich von spanischen Spionen in seinem Lager ermordet wurde. Der Amerikaner Hiram Bingham machte sich im 20. Jahrhundert auf die Suche nach diesen letzten Inka-Städten und stieß dabei zufällig auf Machu Picchu. [siehe Quave und Bauer, Kap. 10 in diesem Band]

1571 kam Tupac Amaru an die Macht und setzte den Widerstand gegen die Spanier fort. Um ein Exempel zu statuieren wurde er dafür im selben Jahr auf Anordnung des Vizekönigs Francisco de Toledo in Cusco geköpft. Damit starb der letzte offizielle Inka-Herrscher und der Widerstand erlosch. Den Spaniern gelang es somit erst 40 Jahre nach ihrer Ankunft in Südamerika das Inka-Reich zu erobern.

EINE NEUE ÄRA BEGINNT – DIE KOLONIALZEIT

PEGGY GOEDE MONTALVÁN

Die frühe Besiedlungsphase

Schon bald nach den ersten Eroberungen begannen die Spanier, sich in der Neuen Welt niederzulassen. Auf den karibischen Antillen-Inseln errichteten sie Festungen und Anlagehäfen, die sie als Ausgangsbasis für Expansionen nutzten.

Anfangs konnten sich die europäischen Siedler in dem fremden Land mit seiner spezifischen Flora und Fauna und teilweise extremen Klimabedingungen jedoch kaum eingewöhnen und sich selbst versorgen. Sie siedelten daher bevorzugt in Regionen, die ihrer jeweiligen spanischen Heimat landschaftlich und klimatisch am ähnlichsten waren. Eine strukturierte Siedlungsstrategie gab es in den ersten Jahren nicht. Durch diese punktuellen Niederlassungen lagen die von Spaniern bewohnten Gebiete weit voneinander entfernt, wodurch die Kommunikation und der Austausch zwischen ihnen schwierig waren. Weitere Hürden ergaben sich aus den geringen Kenntnissen über die zu erobernden ethnischen Gruppen und aus den Schwierigkeiten einer sprachlichen Verständigung mit diesen.

In dieser Situation griffen die Spanier auf lokale indigene Herrscher, *curacas*, zurück, die für sie Nahrung, Gebrauchsgegenstände und Hilfstruppen organisierten (Cummins 1991: 204). Im Gegenzug erhielten die *curacas* Ländereien, Pferde und politische Privilegien. Damit bot sich ihnen die Möglichkeit, ihre gehobene soziale Stellung zu halten. Von Anfang an bemühten sich die Spanier auch um Heiratsallianzen mit indigenen Adelsfrauen. Ihre Kinder, die Mestizen, gelangten zu großem Ansehen. Trotz aller Gewalt zerstörten die spanischen Invasoren die indigenen Gesellschaftsstrukturen daher nicht vollständig, sondern nutzten diese vielmehr zu ihrem Vorteil.

Die durchschnittliche indigene Bevölkerung litt jedoch stark unter der Ankunft der Europäer. Schon bald nach dem Eintreffen von Kolumbus kam es zu einem rapiden Bevölkerungsrückgang von bis zu 90%, der durch eingeschleppte Krankheiten und die Eroberungskämpfe bedingt war.

Das *encomienda*-System

Ein weiterer Faktor für die demografische Katastrophe war die extensive Ausbeutung der Indigenen durch die Kolonisten. Bereits kurz nach der Eroberung wurden die ersten

Abb. 24.1
Vorhergehende Seite: Koloniales Hochzeitsgewand, *llicIla*. © The Trustees of The British Museum. Foto: M. Row

Abb. 24.2
Koloniales Gemälde eines *curacas*, Niedersächsisches Landesmuseum Hannover, Foto: K. Schmidt

encomiendas vergeben. Bei diesem System wurden spanischen Eroberern, *conquistadores*, als Belohnung für ihre Verdienste eine Gruppe Indigener überantwortet (span. *encomendar* = anvertrauen). Diese waren dem *encomendero* gegenüber zu Arbeitsleistungen und Tributabgaben verpflichtet und unterstanden dafür seinem Schutz. Darüber hinaus erhielten sie, aus Sicht der Krone, das „Geschenk" der Christianisierung. In der Praxis war der Austausch jedoch nur einseitig. Die Indigenen, die in der Hauswirtschaft, in den Gold- und Silberminen oder auf den *haciendas*, Plantagen, eingesetzt wurden, waren meist Opfer exzessiver Ausbeutung und arbeiteten häufig unter unmenschlichen und gesundheitsschädigenden Bedingungen. Das System der *encomiendas* entwickelte sich zu einer Form der Zwangsarbeit und gipfelte letztendlich fast schon in Sklaverei.

Zeit der Unruhe: Rebellion der *encomenderos* und Tod des letzten Inka-Herrschers

Um dem drastischen Bevölkerungssterben entgegenzuwirken, führte die spanische Krone im Jahre 1542 die „Neuen Gesetze", *nuevas leyes,* ein, die unter anderem die Abschaffung der *encomiendas* vorsahen (Armas Medina, 1953: 119). Dieser Umstand verursachte große Unruhen, die schließlich zu einer Rebellion seitens der Kolonisten gegen die spanische Krone unter ihrem neuen König, Karl V., führte. Erst 1548 konnten sich die Königstreuen durchsetzen und der Aufstand beendet werden. Die „Neuen Gesetze" hatten sich dagegen in der Praxis nicht durchsetzen können, da die Macht der kolonialen Elite in Amerika nach wie vor zu stark war. In abgeschwächter Form blieb das *encomienda*-System bis zum Ende der Kolonialzeit erhalten.

Gestört wurde der Prozess der langsam einsetzenden Kolonialisierung durch indigene Aufstände. Die inkaische Bevölkerung hatte die überall im Land ausbrechenden Kämpfe für vermehrte Aufstände gegen die spanische Kolonialmacht genutzt. Diese endeten mit der Niederlage der Inka und der Hinrichtung des offiziell letzten Sapa Inka, Tupac Amaru I., im Jahre 1572. So konnte erst Mitte des 16. Jahrhunderts eine koloniale Gesellschaft im Sinne Spaniens etabliert werden.

Errichtung einer kolonialen Verwaltung

Die fortwährenden Aufstände in Amerika hatten gezeigt, dass durch die große räumliche Distanz eine wirkliche Kontrolle von Spanien aus schwierig war. Daher wurden in der Neuen Welt Vizekönigreiche errichtet. Anfangs gab es das Vizekönigreich Neu-Spanien (heutiges Mexiko) und das von Neu-Kastilien, bald Vizekönigreich Peru genannt, das einen Großteil Südamerikas umfasste. Später wurden diese in weitere Vizekönigreiche unterteilt. Der jeweilige Vizekönig repräsentierte dabei den König von Spanien und übte in den Kolonien die oberste Regierungsgewalt aus. Für die Ausübung der Rechtsprechung wurden nach spanischem Vorbild königliche Gerichtshöfe, *real audiencias*, errichtet, denen Richter, *oidores*, vorstanden. Übergeordnetes Berufungsgericht war der Indienrat, *consejo de indias*, in Sevilla. Dieses zunächst eher informelle Gremium wurde gleich nach den ersten Reisen des Kolumbus ins Leben gerufen. Seine Aufgabe war es, die Besitzverhältnisse in der Neuen Welt zu regeln. Im Laufe der Zeit entwickelte es sich zur obersten Kolonialbehörde und war nun für die gesamte Verwaltung des Spanischen Amerika und der Philippinen zuständig. Auf lokaler Ebene wurden

Abb. 24.3
Karte des Vizekönigreichs Peru. Kartengrundlage: (Rishel 2006). Gestaltung: FORMATION münchen

nach dem Vorbild der spanischen Munizipalverwaltung so genannte *corregimientos* etabliert. Diesen standen in den einzelnen Gemeinden und Städten *corregidores* als oberste Kolonialbeamte vor. Daneben existierte das Amt des *alcalde mayor*, der jeweils einem, aus mehreren indigenen Gemeinden gebildeten, Bezirk vorstand. Die jedes Jahr neu gewählten *alcaldes* übten hier die Rechtsprechung und Polizeigewalt aus, beschnitten damit jedoch die Befugnisse der *curacas*. Die koloniale Verwaltung zielte darauf ab, jegliche Form von indigener Selbstverwaltung zu beenden.

Gold und Silber für Spanien

Eines der Hauptinteressen bei der Eroberung und Besiedlung des amerikanischen Kontinents war die wirtschaftliche Ausbeute. Anfangs dominierte die Jagd nach Gold, das meist durch Plünderungen gewonnen wurde. Das änderte sich jedoch Mitte des

Abb. 24.4 Minenarbeiterviertel in Potosí mit Blick auf den Cerro Rico, Bolivien. Foto: E. Endacott

a   b

16. Jahrhunderts durch die Entdeckung der Silberminen von Zacatecas im Vizekönigreich Neu-Spanien und Potosí im Vizekönigreich Peru. Besonders Potosí, im heutigen Bolivien gelegen, wurde zum Symbol für Reichtum und Macht und verwandelte die Stadt in eines der größten urbanen Zentren des spanischen Amerika. Die Mehrzahl der Bewohner waren Indigene aus zahlreichen Provinzen des Landes, doch lebten hier auch Spanier und andere Europäer, Mestizen, ebenso wie Afrikaner (Creischer, 2010: 245).

Diese stetig wachsende Bevölkerung musste versorgt werden, doch das karge Land bot kaum Ressourcen, so dass es im 16. Jahrhundert zu einer riesigen Importbewegung kam, die Lebensmittel, Bau- und Brennholz, Textilien, aber auch Luxusgüter wie Porzellan und chinesische Seide nach Potosí brachte (Creischer, 2010: 4). Eigens angelegte Straßen gewährleisteten die Verbindung zu den Häfen, von wo aus das Silber nach Spanien verschifft wurde. Die unglaublichen Schätze wurden maßgeblich dafür genutzt, die spanische Herrschaft und die europäischen Kriege zu finanzieren.

Um größtmögliche Gewinne zu erwirtschaften, bediente sich Vizekönig Francisco Toledo seit dem Jahre 1572 einer vorspanischen Form der Arbeitsorganisation, der *mit´a*. Dieses Prinzip fußte auf rotierenden Arbeitsleistungen (Noack, Kap. 14 in diesem Band), die von Toledo jedoch in eine dauerhafte Zwangsarbeit, die *mita*, umgewandelt wurde. Das groß angelegte System bot zahlreiche, billige und zuverlässige Arbeitskräfte und wurde auch in der Textilindustrie und in der Land- und Viehwirtschaft effektiv eingesetzt. Doch die sozialen Folgen waren für die indigene Bevölkerung weitreichend. Wie unter inkaischer Herrschaft kam es erneut zu Zwangsumsiedlungen, die indigene Gemeinden auseinanderrissen und das soziale Gefüge zerstörten. Die Arbeiten waren gefährlich und kräftezehrend und Coca wurde in großen Mengen konsumiert, um die schwere Arbeit verrichten zu können, was die Spanier schnell als Markt zu nutzen wussten. Zahlreiche Indigene entzogen sich der Arbeit durch Flucht,

Abb. 24.5a.b
Keru. Szenische Darstellung der kolonialen Gesellschaft. Linden-Museum Stuttgart. Foto: A. Dreyer; Zeichnung nach einer Abrollung von A. Dreyer: N. Schmidt

Abb. 24.6
8 Reales Silbermünze aus Potosí, Bolivien. Staatliche Münzsammlung, München, Foto: N. Kästner

auch weil der spärliche Lohn der *mita*-Arbeit längst nicht ausreiche, den eigenen Haushalt zu unterhalten und die verlangten Abgaben an die Spanier zu zahlen. Zusätzlich waren die zurückkehrenden Arbeiter zu geschwächt, um ihr eigenes Land zu bestellen. All das führte zu einer rapiden Abnahme der andinen Hochlandbevölkerung, so dass das *mita*-System im Jahre 1812 offiziell abgeschafft wurde.

Die christliche Missionierung

Neben der wirtschaftlichen Ausbeutung der Kolonien stand bei der Entdeckung und Besiedlung Amerikas besonders die Etablierung des Christentums im Fokus. Der schwer erkämpfte Sieg gegen die islamischen Mauren hatte Spanien im Glaubenskampf geeint und einen religiösen Fanatismus zur Folge. Der Katholizismus stellte nun einen Teil der spanischen Identität dar. Im 16. Jahrhundert fand in Europa allerdings eine Reformbewegung, ausgelöst durch Martin Luther, statt. Durch die Machtkämpfe mit den Protestanten stand die Katholische Kirche unter enormem Druck, ihre einstige Vormachtstellung behaupten zu können. Das riesige neue Kolonialreich Amerika bot dafür eine willkommene Chance.

Mit den spanischen Eroberern kamen daher christliche Missionare in das Andengebiet Die anfängliche Zeit wurde jedoch zu sehr von Eroberungskämpfen und einem Bürgerkrieg der Spanier geprägt, als dass eine wirkliche Christianisierung hätte vonstattengehen können. Außerdem gab es in den ersten Jahren nur wenige Missionare, die auf ein ausgedehntes Territorium verteilt waren. Um offiziell Erfolge vorweisen zu können, wurden daher anfangs, oftmals unter Zwang, Massentaufen durchgeführt während die Bevölkerung ihrem andinen Glauben weiterhin heimlich anhing.

Abb. 24.7
Jesuitenkirche La Companía, Cusco, Peru. Foto: P. Goede

Abb. 24.8
Santo Domingo und Coricancha, Cusco, Peru. Foto: A. M. Gross/via

Die Zerstörung der *huacas*

Um das Christentum zu etablieren wurden viele vorspanische Tempel in Kirchen umgewandelt. So wurde das erste Kloster in Peru im Jahre 1534 von den Dominikanern auf dem inkaischen Sonnentempel, dem Coricancha, in Cusco erbaut. Darüber hinaus wurden auch zahlreiche Götterstatuen zerstört. Um diese zu schützen versteckte die indigene Bevölkerung sie an diversen Orten und sogar in den christlichen Kirchen selbst, bis die Geistlichen Hinweise auf die Verstecke erhielten.

Im 17. Jahrhundert kam es im Andengebiet schließlich zu einer extensiven Kampagne zur „Ausrottung des heidnischen Glaubens". Ausgelöst wurde diese durch den Jesuitenpriester José de Arriaga (siehe Bauer und Piscitelli Kap. 9 in diesem Band). Für Arriaga waren die Indigenen „*bemitleidenswerte, unwissende, Geschöpfe Gottes, die vom Teufel verführt worden waren und deren Seelen es zu retten galt*" (Arriaga 1968 [1621]). Ein alleiniges Verbot alter religiöser Formen schien ihm zu wenig, er wollte bis zu den Wurzeln des „heidnischen Glaubens" vordringen. Arriaga bemühte sich daher, die indigenen Kulturen so gut wie möglich zu erforschen, um diese anschließend systematisch zerstören zu können. Er zeichnete daher alles auf, was mit der indigenen Religion zusammenhing: Gottheiten, Rituale, Welt- und Wertvorstellungen.

Auch wenn viele indigene Rituale verboten, und Tempel und religiöse Objekte bei solchen Kampagnen vernichtet wurden, blieben den Indigenen jedoch ihre *huacas*, Naturgottheiten und heilige Stätten wie Berge, Seen usw., so dass eine vollständige Zerstörung der andinen Religion nicht möglich war.

Vermischung von Glaubensinhalten

Trotz der extensiven Zerstörungen waren einige Missionare auch bemüht, die fremdartige Kultur kennenzulernen, um einen Zugang zur indigenen Bevölkerung zu erhalten. Bereits bei den ersten christlichen Missionsversuchen, kurz nach Ankunft der Spanier in der Neuen Welt, erlernten Prister wie Ramón Pané die Sprache der Indigenen und befassten sich mit ihrer Kultur. So entstanden schon Ende des 15. Jahrhunderts erste ethnographische Beschreibungen der verschiedensten indigenen Gruppen Amerikas und Wörterbücher wurden erstellt, Schriften, die uns heute wertvolle Hinweise geben (Pietschmann 1994: 239). Sie sahen die Indigenen jedoch nicht als gleichwertig an, sondern bestenfalls als verwirrte Kinder, die es zu führen galt. Es gab Geistliche, wie Juan de Acosta, die die Vernichtung der vorspanischen Kulturen bedauerten. Er kritisierte seine Mitbrüder, die in allem Fremden „Götzenverehrung und Heidentum" sahen, und animierte sie, die Aspekte der indigenen Kultur, die nicht den Regeln des Christentums widersprachen, zu akzeptieren und sogar zur Konvertierung zu nutzen.

Im Laufe der Zeit änderten die Missionare daher ihre Taktik und passten die christlichen Kulte der neuen Umgebung an (Armas Medina, 1953: 70). Um die Evangelisierung vor-

anzutreiben wurden schließlich junge Indigene zu Geistlichen ausgebildet. Sie lernten, die Gebete und Doktrinen jedoch häufig nur auswendig, um sie dann ohne wirkliches Verständnis weiterzugeben. Trotz der Diversitäten gab es Ähnlichkeiten in den beiden Religionen, so dass z.B. sowohl die andine als auch die christliche Religion einen Schöpfergott kannte.

Als Konsequenz kam es zu Vermischungen von Glaubensinhalten, Synkretismen, in denen die panandine Gottheit Viracocha mit Gottvater oder Maria, die Mutter Gottes, mit Pachamama, der andinen Mutter Erde, gleichgesetzt wurde. Eine wirkliche Konvertierung, zumindest der bäuerlichen Landbevölkerung, scheiterte daher.

Als wirksames Mittel der Missionierung entdeckten die Geistlichen bald die Musik und die Kirchenausstattung. Die Herrlichkeit der christlichen Zeremonien beeindruckte die Indigenen und erinnerte sie an ihre eigenen großen Rituale. Daher hielten die Missionare regelmäßig prächtige Prozessionen ab, trugen auch bei den täglichen Messen feierliche Gewänder und verwendeten kostbare liturgische Instrumente. Eine besondere Bedeutung bei der Missionierung kam jedoch der Kunst zu.

Abb. 24.9
Maria mit göttlicher Dreifaltigkeit, Andengebiet. Museo de Arte del Sur Andino, Cusco. Foto: D. Giannoni

Die koloniale Kunst

Die Verbreitung der christlichen Orden hatte im ganzen Andengebiet einen Bauboom von Kirchen und Klöstern zur Folge. Die dafür verwendete prachtvolle religiöse Ausstattung führte zu einer Blütezeit in der Kunst des Spanischen Amerika.

Kunstwerke, besonders Bilder, dienten in der frühen Kolonialzeit vor allem zur Verbreitung des neuen, christlichen Glaubens. Die visuelle Darstellung biblischer Themen

Abb. 24.10
Altar im Kloster San Agustín, Quito, Ecuador. Foto: P. Goede

Abb. 24.11
Kolonialer Balkon, Lima, Peru. Foto: A. M. Gross/via

war allen anderen Missionierungsmethoden überlegen, da komplizierte christliche Glaubensinhalte, insbesondere durch die Sprachbarrieren, nur schwer vermittelt werden konnten. Außerdem hatte sich die Praxis der bildlichen Unterweisung bereits in Europa, das damals einen hohen Anteil an Analphabeten aufwies, bewährt.

Gemälde konnten aufgrund ihrer guten Transportfähigkeit leicht von Europa nach Amerika verschifft werden und dort als Vorbilder dienen, so dass solche Importe schon seit der frühen Kolonialzeit häufig stattfanden. Darüber hinaus dienten, den europäischen Gepflogenheiten entsprechend, auch Stiche und Statuen als Vorbilder. Herausragende Künstler wichen allerdings in vielen Elementen von der Vorlage ab und entnahmen ihr nur Details wie vereinzelte Figuren oder Gruppierungen, die sie in einer eigenen Geschichte neu anordneten.

Abb. 24.12 Koloniales Gemälde der *virgen hilandera*, Cuscoschule, Peru. Museo de Arte del Sur Andino, Cusco, Foto: D. Giannoni

Die koloniale Kunst Amerikas wurde von europäischen Stilrichtungen, wie der Spätrenaissance und dem Manierismus beeinflusst, die von italienischen, flämischen und spanischen Künstlern geprägt wurden. Vor allem die reiche Ornamentik des Barock fand bei Indigenen und Kreolen, in Amerika geborenen Spaniern, großen Anklang. Ebenso fand sich in der lateinamerikanischen Kolonialkunst mit dem sogenannten *mudéjar*-Stil ein starker islamischer Einschlag wieder, der von der jahrhundertelangen Besetzung großer Teile Spaniens durch die Mauren herrührte. Dieser Stil wird durch komplizierte geometrische Muster in Holzeinlegearbeiten oder Perlmutt charakterisiert wie sie besonders an den Kirchendecken und auf kolonialen Möbeln zu finden sind. Zudem gab es einen wechselseitigen Austausch innerhalb der spanischen Kolonien. So gelangten über die peruanische Pazifikküste auch Einflüsse von den Philippinen und aus China auf den amerikanischen Kontinent. Aus all diesen Eindrücken entstanden zusammen mit indigenen Traditionen neue Stilrichtungen, die mit den europäischen Vorbildern nicht mehr zu verwechseln waren.

Mit den Kunstwerken kamen auch Mönche und etwas später europäische Künstler nach Amerika, die die Indigenen in der Ikonographie und Technik der Alten Welt unterwiesen. Die qualitätvollen Werke entstanden für gewöhnlich in Zusammenarbeit in Werkstätten, so dass das Endprodukt meist keinem bestimmten Künstler zugeordnet war. Nur die Werkstattmeister gewannen zeitweise ein solches Ansehen, dass sie ihre Werke signierten.

Aufgrund ihres Lokalkolorits entstanden für die jeweiligen Regionen charakteristische Malschulen. Neben den Schulen in Quito, Lima und Potosí, gelangten besonders die Werkstätten der sogenannten „Cuscoschule", die Mitte des 17. Jahrhunderts im Vizekönigreich Peru gegründet wurden, zu besonderem Renommee. Im Gegensatz zur stark spanisch geprägten Küstenstadt Lima trafen Kunstströmungen der Alten Welt in der ehemaligen inkaischen Hauptstadt Cusco mit erheblicher Verspätung ein. Die indigenen und mestizischen Künstler setzten daher die europäischen Vorlagen nach eigenem Verständnis um, wodurch traditionelle Inhalte aus vorspanischer Zeit dort stärker

auflebten. Einheimische Pflanzen und Tiere, regionale Kleidung und eine besondere Farbigkeit, durch die sich die Malerei aus Cusco von der eher akademischen Kunst Limas unterschied, traten auf den Bildern in Erscheinung. Doch nicht nur indigene Stile und Ikonografien blieben in der Kolonialzeit bestehen, sondern auch Techniken und Materialien, die eine rituelle Bedeutung für die Andenbevölkerung hatten. Insbesondere die andinen Textilien und *kerus* stechen hervor.

Bis zum Ende des 17. Jahrhunderts blieben Darstellungen sakralen Inhalts dominant. Die Repräsentationen verschiedener Madonnen, aber auch Heiliger waren beliebte Motive der kolonialzeitlichen Ikonografie. „Himmlische Erscheinungen" erwiesen sich als äußerst effektiv, um den Glauben der konvertierten Indigenen zu stärken, die aus ihrer vorspanischen Tradition heraus eine starke Affinität zu übernatürlichen Phänomenen hatten.

Neben der Kirche gaben im Laufe der Kolonialzeit der spanische Adel, hohe Beamte und die zu Reichtum gelangten Kreolen religiöse Kunstwerke in Auftrag, um ihre Gläubigkeit, aber auch ihren Wohlstand zu demonstrieren.

Die inkaische Oberschicht entdeckte die Malerei ebenso als Propagandamittel. Um ihre soziale Stellung durch die Betonung ihrer adligen Herkunft zu verbessern, kam es um 1700 zum *renacimiento inca*. Im Stile europäischer Herrscherbilder ließen *curacas* Porträts anfertigen, die sie als Inka-Nachkommen darstellten, während sie gleichzeitig ihre

Abb. 24.13
Koloniales Textil mit Inka-Herrschern, Wappen und Sirenen, © The Trustees of The British Museum.
Foto: M. Row

Abb. 24.14
Kolonialer *uncu*, Staatliche Museen zu Berlin, Stiftung Preußischer Kulturbesitz, Ethnologisches Museum.
Foto: C. Obrocki

Abb. 24.15
Kolonialer *uncu*, Staatliche Museen zu Berlin, Stiftung Preußischer Kulturbesitz, Ethnologisches Museum.
Foto: A. Dreyer

Zugehörigkeit zu einer kolonialen Oberschicht demonstrierten. So erscheinen auf den Bildern inkaische Statussymbole wie die *mascaypacha*, ähnlich einer Krone, während im Hintergrund ein europäisches Wappen zu sehen ist. Bedeutsam waren auch Kleidung und Schmuck des Dargestellten. Sie repräsentierten eine koloniale Gesellschaft, in der der *curaca* unter einem inkaischen Hemd, einem *uncu*, eine europäische Hose trug (vgl. Abb. 24.2).

Die Berichte spanischer Chroniken machten einen Großteil der indigenen Bevölkerung zu scheinbar passiven Empfängern europäischer Kultur. Dadurch entwickelte sich in der modernen Literatur die Tendenz, die Kolonialzeit getrennt von der vorspanischen Zeit zu sehen. Man sah sie als eine Zeit, in der die europäische Gesellschaft alle vorhandenen indigenen Spuren vollständig ausgelöscht hatte. Erst gegen Ende des 20. Jahrhunderts wurde diese sogenannte *clean state*-Theorie überdacht, und auch indigenen Kulturen ihr Einfluss auf die koloniale Gesellschaft zuerkannt.

Abb. 24.16
Casta-Gemälde, Spanier, Indigene und Mestize.
Museo Nacional de Antropología de Madrid.
Foto: M. A. Otero Úbeda

KATALOG

EIN PAAR VON TELLERN

Dieses noch erhaltene Paar von Tellern belegt sehr schön das Weltbild der Hälftenteilung, der Dualität. Die typischen Inka-Keramiken waren meist mit stilisierten Maismotiven bemalt.

Ton, Engobebemalung
H: 2 cm; B: 10 cm
Peru, Inka-Kultur, 15.–16. Jh. n. Chr.
Museo de Arte del Sur Andino, Cusco.
Foto: D. Giannoni

· 1

UNCU EINES HUARI-ADLIGEN

Die Textilien der Huari-Kultur bestechen durch den hohen Abstraktionsgrad ihrer Motive. Köpfe bedeutender Gottheiten, wie hier der des Pumas, wiederholen sich in Variationen von Farbe und Orientierung. Solche *uncus* wurden ausschließlich von der politisch-religiösen Elite der Huari bei Ritualen getragen.

Alpakawolle
L: 105 cm; B: 105 cm
Peru, Huari-Kultur, 7.–12. Jh. n. Chr.
Staatliches Museum für Völkerkunde München.
Inv-Nr. X-448. Foto: M. Franke

· 2

EIN PAAR KLEINER *ARYBALLOS*

Die amphorenartigen Keramiken, von den Inka *aryballos* genannt, sind die wohl typischste Keramikform des Inka-Reiches. Sie bildeten einen wichtigen Bestandteil des inkaischen Stilrepertoirs, das die dem Staat gehörenden Dinge leicht erkennbar machte. Bei großen Festen und Ritualen wurden die Teilnehmer aus solchen *aryballos* mit Maisbier bewirtet.

Ton, Engobebemalung
H: 20 cm; B: 17 cm; D: 14 cm
Peru, Inka-Kultur, Imperiale Phase,
15.–16. Jh. n. Chr.
Museo de Arte del Sur Andino, Cusco.
Foto: D. Giannoni

· 3

FEDERTURBAN

Das Zahlenspiel dieser Kopfbedeckung eines Adligen dreht sich um die Zahl vier. Jeder Würfel hat vier Punkte, jede Reihe zwölf Würfel. Jede Zahl die entsteht, ist durch vier teilbar. Die Punkte mögen ein stilisiertes Sternbild, das Kreuz des Südens, sein oder auf die viergeteilte Kosmologie hinweisen.

Totora-Rohr, Baumwollgewebe, Baumwollrocken, Federn, Maisstärke
H: 21 cm; D: 29 cm
Peru, Huari-Kultur, 7.–12. Jh. n. Chr.
Linden-Museum Stuttgart. Inv.-Nr. M 32205 L.
Foto: A. Dreyer
Objekt wird nur in Stuttgart gezeigt

· 4

KAPPE

Diese kleinen Kappen wurden für Erwachsene der politisch-religiösen Huari-Elite hergestellt. Sie sind, ähnlich wie das Textil, mit abstrakten Gottheitsdarstellungen verziert. Hier scheint es ein im Profil dargestellter Raubtierkopf zu sein.

Alpakawolle
L: 18 cm; B: 18 cm; H: 12 cm
Peru, Huari-Kultur, 7.–12. Jh. n. Chr.
Linden-Museum Stuttgart. Inv.-Nr. 122148.
Foto: A. Dreyer

· 5

KAPPE

Auf dieser Kappe sieht man eine Gottheit, die ein Mischwesen ist. Sie hat den Körper eines Lamas und Flügel eines Kondors auf dem Rücken. Das Motiv wiederholt sich, aber immer in wechselnden Farbkombinationen.

Alpakawolle
L: 16 cm; B: 16 cm; H: 12 cm
Peru, Huari-Kultur, 7.–12. Jh. n. Chr.
Linden-Museum Stuttgart. Inv.-Nr. M 31857.
Foto: A. Dreyer

· 6

• 1

• 2

• 3

• 4

• 5

• 6

• 7

• 8

• 9

• 10

• 11

• 12

KAPPE

Diese Kappe ist mit den bei den Huari so beliebten Vierecken verziert, das an den Aufbau eines *chacana*, eines andinen Kreuzes, erinnert. Die Zipfel der Kappe sind federartig gestaltet.

Alpakawolle
L: 17 cm; B: 16 cm; H: 11 cm
Peru, Huari-Kultur, 7.–12. Jh. n. Chr.
Linden-Museum Stuttgart. Inv.-Nr. M 32670.
Foto: A. Dreyer

• 7

KERAMIK IN FORM EINES KRIEGERS

Der Krieger trägt als Kopfbedeckung einen Keulenkopf. Auf seiner Brust sind ein abgetrenntes menschliches Bein und ein abgeschlagener Kopf zu sehen. Menschenopfer wurden zum Erbitten von Regen und Fruchtbarkeit dargebracht. Die Opfer waren meist adlige Soldaten, die in rituellen Zweikämpfen unterlegen waren.

Ton, Engobebemalung
H: 15 cm; B: 10 cm; T: 7 cm
Peru, Huari-Kultur, 7.–12. Jh. n. Chr.
Linden-Museum Stuttgart. Inv.-Nr. 119016.
Foto: A. Dreyer

• 8

KAPPE

Die Kappen sind mit einem einzigen, durchlaufenden Faden mit Hilfe einer Nadel gefertigt. Die Fäden der dekorativen Elemente werden gleich mit eingearbeitet und am Ende dann als Motive aufgestickt. Dieses Umschlingen verschiedener Fäden ist eine typische andine Technik. Sie empfindet das Ineinander verwoben sein, die sich ergänzenden Gegensätze, nach.

Alpakawolle
L: 16 cm; B: 18 cm; H: 11 cm
Peru, Huari-Kultur, 7.–12. Jh. n. Chr.
Linden-Museum Stuttgart. Inv.-Nr. M 32499 L.
Foto: A. Dreyer

• 9

KALKBEHÄLTER

Die kleine, sitzende Figur ist ein Priester, der ein Gefäß in den Händen hält. Er trägt vermutlich eine Maske, mit den Zügen einer Raubkatze, die die Zähne fletscht. Der Inhalt dieses Gefäßes war entweder Kalk, den man zum Kauen von Cocablättern benötigt oder eine zu Pulver gemahlene halluzinogene Droge. Diese Drogen benutzten die Priester, um sich in Trance zu versetzen.

Holz
H: 9 cm; B: 7 cm; T: 9 cm
Peru, Huari-Kultur, 7.–12. Jh. n. Chr.
Linden-Museum Stuttgart. Inv.-Nr. M 33006 L.
Foto: A. Dreyer

• 10

RÜCKENSCHMUCK MIT SCHULTERSTÜCKEN

Dieser Rückenschmuck aus Silber gehörte einem Huari-Adligen. Erst vor kurzer Zeit fand man in der Nähe von Cusco, der ehemaligen Inka-Hauptstadt ein Grab, in dem ein nahezu identischer Rückenschmuck mit einer Silbermaske lag. Ein Beweis für die Präsenz der Huari in dieser Region.

Silber
L: 55 cm; B: 44 cm
Peru, Huari-Kultur, 7.–12. Jh. n. Chr.
Linden-Museum Stuttgart. Inv.-Nr. M 31039.
Foto: A. Dreyer

• 11

KERAMIK IN FORM EINES LAMAS

Das Lama ist das als erstes domestizierte Tier in den Anden. Schon in den frühen Kulturen wurde es als Fruchtbarkeitssymbol verehrt.

Ton, Engobebemalung
H: 67 cm; B: 54 cm
Peru, Huari-Kultur, 7.–12. Jh. n. Chr.
Ministerio de Cultura del Peru – Museo Nacional de Arqueologia, Antropologia e Historia del Peru. Inv.-Nr. 19924. Foto: D. Giannoni

• 12

LENDENSCHURZ

Der Lendenschurz zeigt eine Fläche aus roten Federn, auf die zwei hellblaue Fische aufgenäht sind. Es ist typisch für das Andengebiet, das Element Luft, hier durch die Federn repräsentiert, mit dem Element Wasser, den Fischen, zu kombinieren. Wir finden hier wieder das Prinzip der sich ergänzenden Gegensätze.

Baumwollgewebe, Federn
L: 17 cm; B: 35 cm
Peru, Huari-Kultur, 7.–12. Jh. n. Chr.
Linden-Museum Stuttgart. Inv.-Nr. M 31816.
Foto: A. Dreyer

• 13

KERAMIK, KOPF EINES TIAHUANACO-ADLIGEN

In der Tiahuanaco-Kultur, die in der Nähe des Titicacasees ihre gleichnamige Hauptstadt hatte, sind solche Kopfgefäße sehr häufig. Sie zeigen Mitglieder der politisch-religiösen Elite. Die Kopfbedeckung ist mit dem *chakana*-Motiv verziert, einer stilisierten Darstellung des Sternbildes „Kreuz des Südens".

Ton, Engobebemalung
H: 16 cm; D: 13 cm
Bolivien, Tiahuanaco-Kultur, 7.–11. Jh. n. Chr.
Museo de Arte del Sur Andino, Cusco.
Foto: D. Giannoni

• 14

LENDENSCHURZ

Die Federn des Lendenschurzes stammen aus dem Tiefland Amazoniens. Schon die Huari importierten Federn tropischer Vögel um Kleidung und Schmuck für die politisch-religiöse Elite herzustellen. Damit demonstrierte man die überregionalen Handelskontakte, über die man verfügte.

Baumwollgewebe, Federn
L: 20 cm; B: 41 cm
Peru, Huari-Kultur, 7.–12. Jh. n. Chr.
Linden-Museum Stuttgart. Inv.-Nr. M 31826.
Foto: A. Dreyer

• 15

RÄUCHERGEFÄSS

Der Puma und der Jaguar waren bedeutende Symbole für Kraft und Macht sowie für übernatürliche Wesen. Räuchergefäße waren Bestandteile religiöser Rituale. Die Götter nahmen in der Vorstellung der Andenbewohner Opfer in Form von Rauch auf.

Ton, Engobebemalung
H: 21 cm; B: 25 cm
Bolivien, Tiahuanaco-Kultur, 7.–11. Jh. n. Chr.
Museo de Arte del Sur Andino, Cusco.
Foto: D. Giannoni

• 16

LENDENSCHURZ

Die Farb- und Formgebung des Motives ist auffällig. Die grünen Federn lassen an Amazonien, Regen und Fruchtbarkeit denken. Ineinander geschachtelte Vierecke kommen bei den Huari sehr häufig vor. Für diesen Schurz verwendete man über 350 Federn.

Baumwollgewebe, Federn
L: 13 cm; B: 60 cm
Peru, Huari-Kultur, 7.–12. Jh. n. Chr.
Linden-Museum Stuttgart. Inv.-Nr. M 32276 L.
Foto: A. Dreyer

• 17

• 13

• 14

• 15

• 16

• 17

• 18

• 19

• 20

• 21

• 22

KERU MIT PUMA-MOTIV

Dieser *keru* zeigt einen eleganten Puma, der jedoch ein Mischwesen ist. Seine Pfoten sind der Kopf eines Kondors, der Körper könnte eine Schlange sein. Eine typische Gottheit aus den Anden, die aus verschiedenen Wesen kombiniert ist. Der Puma für Macht, der Kondor als Gott der Lüfte und die Schlange für Fruchtbarkeit.

Ton, Engobebemalung
H: 20 cm; D: 15 cm
Bolivien, Tiahuanaco-Kultur, 7.–11. Jh. n. Chr.
© The Trustees of the British Museum.
Inv.-Nr.1961 Am 03.2. Foto: M. Row

• 18

KLASSISCHER *KERU*-BECHER

Die Tiahuanaco-Kultur gilt als der Erfinder der sich nach unten verjüngenden Becher, *kerus* genannt. Sie konnten aus Holz oder Keramik gearbeitet sein. Dieser *keru* hat als Dekor das Treppe-Welle-Motiv, das vermutlich für Wasser und Feldbauterrassen stand. Die Welle ist gleichzeitig ein Raubtierkopf.

Ton, Engobebemalung
H: 18 cm; D: 14 cm
Bolivien, Tiahuanaco-Kultur, 7.–11. Jh. n. Chr.
Linden-Museum Stuttgart. Inv.-Nr. M 30395.
Foto: A. Dreyer

• 19

UNCU AUS FEDERN

Dieser *uncu*, Männerhemd, ist ein einzigartiges Beispiel der Chimú-Federkunst. Er zeigt das getreppte Viereck, das als *chakana*, das stilisierte Sternbild „Kreuz des Südens" interpretiert wird. Das Wellenmotiv und darunter in unterschiedlichen Farbkombinationen das „Mondtier", das ebenfalls als Sternbild gedeutet wird.

Baumwollgewebe, Federn
L: 149 cm; B: 73 cm
Peru, Chimú-Kultur, 11.–15. Jh. n. Chr.
Linden-Museum Stuttgart. Inv.-Nr. M 30376 L.
Foto: A. Dreyer

• 20

TEMPELMODELL

Das Tempelmodell stammt vermutlich aus der Chimú-Hauptstadt Chan Chan. Es bildet zwei Räume nach, deren oberer Bereich mit einem Band von Treppenmotiven aus Perlmutt verziert ist. In der Chan Chan benachbarten Mondpyramide, einem Heiligtum, fand man zwei vergleichbare Modelle, die noch mit Figuren bestückt waren. Eines stellt ein Bestattungsritual nach, das andere ein religiöses Ritual mit Musikanten.

Holz, Perlmutt
H: 24 cm; B: 67 cm; T: 43 cm
Peru, Chimú-Kultur, 11.–15. Jh. n. Chr.
Linden-Museum Stuttgart. Inv.-Nr. 69169.
Foto: A. Dreyer

• 21

SCHMUCKSCHEIBEN FÜR OHRPFLÖCKE

Diese Schmuckscheiben wurden nur von Adligen getragen. Auf ihnen erkennt man eine hochrangige Persönlichkeit mit ausladendem Kopfschmuck und großen Ohrringen. Sie hat eine Keule, einen Schild und eine Standarte in den Händen. Daneben befindet sich ein Trophäenkopf. Wahrscheinlich ist es ein Opferpriester, der Menschen für Fruchtbarkeitskulte opferte.

Holz, Perlmutt, Spondylus, Grünstein, Harz
T: 10 cm; D: 9 cm
Peru, Chimú-Kultur, 11.–15. Jh. n. Chr.
Linden-Museum Stuttgart. Inv.-Nr. M 32248a+b L.
Foto: A. Dreyer

• 22

KRAGEN AUS SPONDYLUSPERLEN

Die Spondylus-Muschel kommt in den warmen Gewässern vor der ecuadorianischen Küste vor. Sie taucht nur in der Region der Chimú-Kultur auf, wenn das Wetterphänomen El Niño auftritt und es in der Wüste zu regnen beginnt. Das Motiv zeigt Affen, die einen toten Affen im Sarg zu Grabe tragen und das Wellenmotiv, eine enge Verbindung zwischen Fruchtbarkeit und Tod.

Perlen aus Spondylus, Baumwollgewebe, Rohbaumwolle
L: 33 cm; B: 29 cm
Peru, Chimú-Kultur, 11.–15. Jh. n. Chr.
Linden-Museum Stuttgart. Inv.-Nr. M 32204.
Foto: A. Dreyer

• 23

GOLDKETTE MIT PINZETTE

Gesichtshaare galten als Schönheitsmakel, bei Männern wie bei Frauen. Indigene Männer haben im Gegensatz zu Europäern keinen Bartwuchs. Diese Pinzetten benutzte man, um lästige Barthaare auszuzupfen. Darstellungen von Männern mit Bart sind in der präkolumbischen Kunst extrem selten.

Gold-Kupferlegierung *tumbaga*
L: 17 cm
Peru, Chimú-Kultur, 11.–15. Jh. n. Chr.
Linden-Museum Stuttgart.
Inv.-Nr. M 31930.
Foto: A. Dreyer

• 24

GOLDFEDER

Teil eines Kopfschmuckes, wurde vorne an der Stirn in ein Band eingesteckt.

Gold-Kupferlegierung *tumbaga*
H: 17 cm; B: 3 cm
Peru, Chimú-Kultur, 11.–15. Jh. n. Chr.
Linden-Museum Stuttgart.
Inv.-Nr. M 33220.
Foto: A. Dreyer

• 25

KERAMIK, EIN RELIGIÖSES RITUAL DARSTELLEND

Vier Männer halten eine große Schale, unter der ein Ritual stattfindet. Eine kleine Person unter der Schale schöpft Maisbier, *chicha*, aus einem großen Krug. Daneben steht ein großer Mensch, vielleicht der Priester. Die Schale war möglicherweise mit Wasser gefüllt, damit sich die Sterne darin spiegeln konnten.

Ton, reduzierender Brand
H: 16 cm; D: 23 cm
Peru, Chimú-Kultur, 11.–15. Jh. n. Chr.
Linden-Museum Stuttgart. Inv.-Nr. M 30177.
Foto: A. Dreyer

• 26

OHRPFLÖCKE AUS GOLDBLECH

Gold als Symbol für die Sonne durfte nur von hochrangigen Mitgliedern der politisch-religiösen Elite getragen werden. Im innersten Kreis der Ohrpflöcke sehen wir das Wellenmotiv, im zweiten Vögel und im dritten wieder Wellen. Die Vögel waren möglicherweise Guano-Kormorane, deren Kot ein wertvoller Dünger war.

Gold-Kupferlegierung *tumbaga*
H: 4 cm; D: 8 cm
Peru, Chimú-Kultur, 11.–15. Jh. n. Chr.
Linden-Museum Stuttgart. Inv.-Nr. M 32357a+b L.
Foto: A. Dreyer

• 27

KERAMIK IN FORM EINES LAMAKOPFES MIT TRENSE

Das Lama war das wichtigste Nutztier im Inka-Reich. Vor über 6.000 Jahren domestiziert, diente es als Trägertier für den Transport, als Opfertier für die Rituale, als Fleischlieferant. Die Wolle des Lamas ist härter als Alpakawolle und wurde daher vorwiegend für Seile und Taschen verwendet.

Ton, Engobebemalung
L: 21 cm; B: 14 cm; H: 22 cm
Peru, Inka-Kultur, Imperiale Phase, 15.–16. Jh. n. Chr.
Staatliche Museen zu Berlin, Preußischer Kulturbesitz, Ethnologisches Museum.
Inv.-Nr. Va 4242. Foto: A. Dreyer

• 28

KERAMIK IN FORM EINES LAMAS MIT GEPÄCK

Ein Lama kann je nach Größe bis zu 45 Kilogramm Gewicht oder mehr tragen. Es legt am Tag in einer Karawane ungefähr 15 Kilometer, auch in unwegsamem Gelände, zurück. Da Lamas nur bei Tageslicht fressen, muss die Karawane frühzeitig anhalten.

Ton, Engobebemalung, Pflanzenfasern, Baumwollgarn, Rohbaumwolle
L: 38 cm; B: 17 cm; H: 20 cm
Peru, Inka-Kultur, Imperiale Phase, 15.–16. Jh. n. Chr.
Linden-Museum Stuttgart. Inv.-Nr. 108454.
Foto: A. Dreyer

• 29

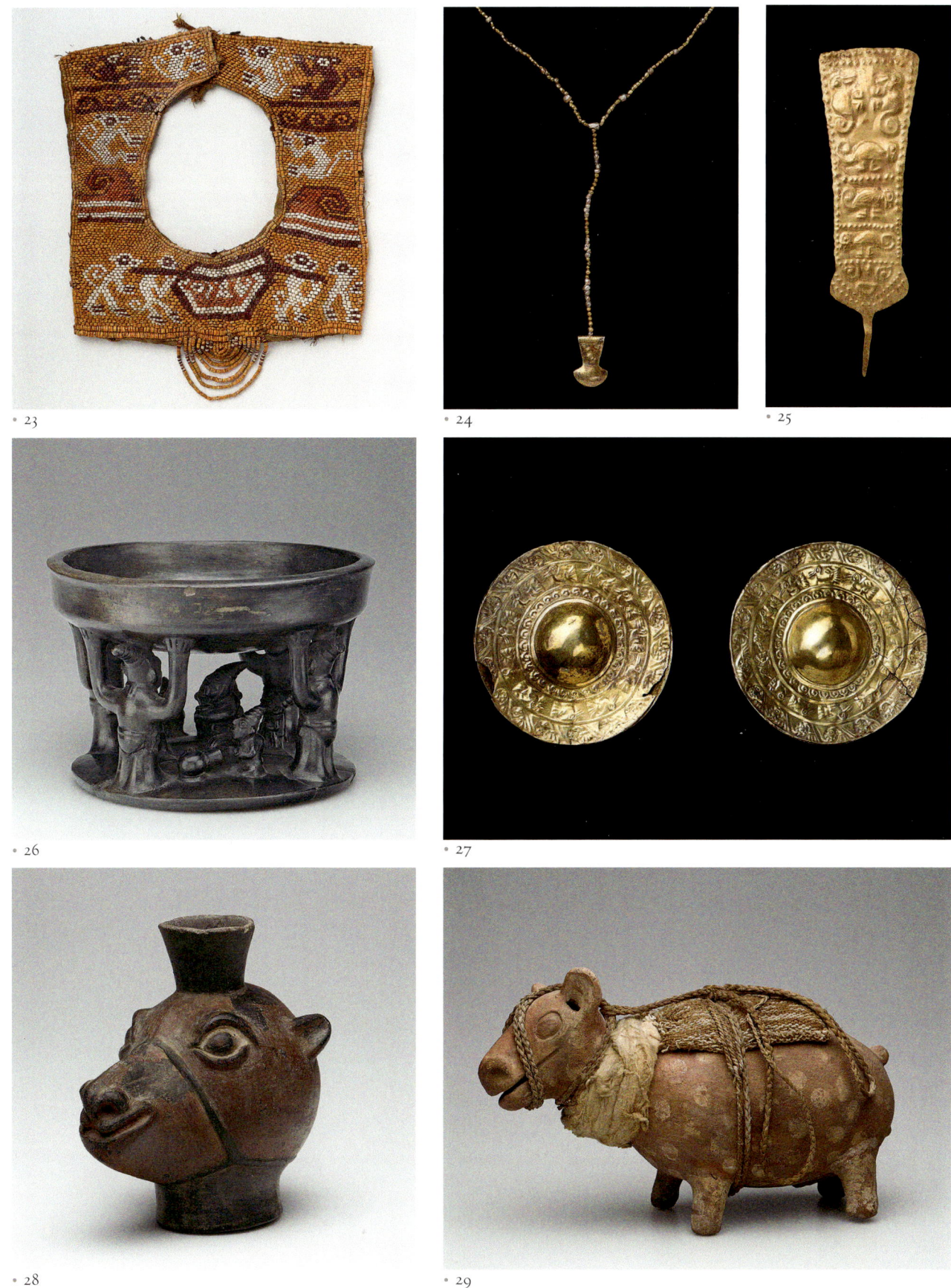

• 23

• 24

• 25

• 26

• 27

• 28

• 29

239

• 30

• 31

• 32

• 33

• 34

KLEINE LAMAKARAWANE

Ein Mann trägt einen *aryballo*, ein typisches Inka-Gefäß. Zwei Lamas laufen voran, neben ihm ein großer Hund, ebenfalls bepackt. Seiner Kopfbedeckung nach lebt der Mann an der Küste, stammt aus der Chimú-Kultur. Lamas gab es in der präkolumbischen Zeit auch an der Küste, was durch Darstellungen auf Keramiken belegt ist.

Silber
L: 3 cm; B: 5 cm; H: 5 cm
Peru, Chimú-Inka-Kultur, Imperiale Phase,
15.–16. Jh. n. Chr.
Staatliche Museen zu Berlin, Preußischer Kulturbesitz,
Ethnologisches Museum. Inv.-Nr. VA 63333.
Foto: A. Dreyer

• 30

OPFERGABE *CONOPA* – EINE LAMAHERDE

Lamas sind intelligente Herdentiere. Sie haben allerdings auch einen starken eigenen Willen. Reizt man sie, so spucken sie den gesamten Mageninhalt auf den Gegner. Ihr Kot, den sie nachts alle in derselben Ecke des Geheges ablegen, ist getrocknet der wichtigste Brennstoff im holzarmen Hochland.

Stein
L: 3 cm; B: 5 cm; H: 5 cm
Peru, Inka-Kultur, Imperiale Phase, 15.–16. Jh. n. Chr.
Staatliche Museen zu Berlin, Preußischer Kulturbesitz,
Ethnologisches Museum. Inv.-Nr. VA 44976.
Foto: A. Dreyer

• 31

ZIERSTÜCK EINER COCATASCHE

Dieses Zierstück bildet den unteren Teil einer Cocatasche, *chuspa* genannt. Es zeigt Lamas, die hintereinander laufen, in entgegengesetzter Richtung. Eine Referenz an die Lamakarawanen, die die Cocablätter, wichtiger Bestandteil religiöser Rituale, aus den warmen Tälern des Andenostrandes ins Hochland brachten.

Alpakawolle
L: 42 cm; B: 40 cm
Peru, Inka-Kultur, Imperiale Phase, 15.–16. Jh. n. Chr.
Linden-Museum Stuttgart. Inv.-Nr. 107066.
Foto: A. Dreyer

• 32

MANN, EIN TIERBEIN TRAGEND

Der sitzende Mann hat das abgetrennte Bein eines großen Tieres, wahrscheinlich eines Lamas, auf den Schultern. In einer Hand hält er ein Opfermesser, ein *tumi*. Da es in Alt-Peru keine profanen Darstellungen auf Keramiken gibt, sondern diese immer religiösen Inhalts sind, ist das sicher ein Tieropfer.

Ton, Engobebemalung
H: 23 cm; B: 15 cm; T: 13 cm
Peru, Inka-Kultur, Imperiale Phase, 15.–16. Jh. n. Chr.
Staatliche Museen zu Berlin, Preußischer Kulturbesitz,
Ethnologisches Museum. Inv.-Nr. VA 19106.
Foto: A. Dreyer

• 33

OPFERGEFÄSS *CONOPA* FÜR ALPAKAFETT

Diese *conopa*s füllte man mit Lama- oder Alpakafett und begrub sie an Heiligtümern, den so genannten *huacas*. Das konnten Berge sein, Felder, Felsformationen, Seen oder andere natürliche Gegebenheiten. Lama- und Alpakaopfer waren oft für die Pachamama, die Mutter Erde, oder für Wamani, den Gott der Lamas.

Stein
H: 9 cm; L: 14 cm
Peru, Inka-Kultur, Imperiale Phase, 15.–16. Jh. n. Chr.
Staatliche Museen zu Berlin, Preußischer Kulturbesitz,
Ethnologisches Museum. Inv.-Nr. VA 8465.
Foto: A. Dreyer

• 34

OPFERGEFÄSSE *CONOPAS* FÜR LAMAFETT

Diese beiden *conopas* haben die Form von Lamas. Lamas sind der andinen Vegetation sehr gut angepasst. Es sind Schwielensohler, die sich sehr schonend auf dem Pflanzenbewuchs bewegen. Sie haben eine gespaltene Oberlippe, die es ihnen erlaubt, beim Fressen das Gras nur abzupflücken und es nicht mit der Wurzel auszureißen.

Stein
M 30.128: L: 9 cm; B: 3,5 cm; H: 6 cm; 93623: L: 9 cm;
H: 7,8 cm; B: 4,2 cm
Peru, Inka-Kultur, Imperiale Phase, 15.–16. Jh. n. Chr.
Linden-Museum Stuttgart. Inv.-Nr. M 30128 und 93623.
Foto: A. Dreyer

• 35

OPFERMESSER *TUMI* MIT LAMAKOPF

Mit solchen Messern, die an der Unterkante sehr scharf sind, durchtrennte man die Kehle der Tiere. Bis heute werden Lamas so geschlachtet. Auch für rituelle Opfer verwendete man diese halbmondförmigen Messer, die es schon in vielen Vorläuferkulturen der Inka gab.

Bronze
H: 14 cm; B: 15 cm; T: 3 cm
Peru, Inka-Kultur, Imperiale Phase, 15.–16. Jh. n. Chr.
Linden-Museum Stuttgart. Inv.-Nr. 119962.
Foto: A. Dreyer

• 36

ZAUMZEUG MIT LAMATEILEN

In das Zaumzeug sind Pfoten und Ohren eines Lamas eingeknotet. Ein Tieropfer, bei dem vielleicht die Trense mit den Lamateilen als Opfergabe vergraben wurde, um dem Gott der Lamas, Wamani, für das Opfertier zu danken. Das Fleisch des Lamas wurde unter den Teilnehmern des Rituals verteilt.

Pflanzenfaser, Lamapfoten, Lamaohren
Peru, Inka-Kultur, Imperiale Phase, 15.–16. Jh. n. Chr.
Staatliche Museen zu Berlin, Preußischer Kulturbesitz,
Ethnologisches Museum. Inv.-Nr. VA 11410.
Foto: C. Obrocki

• 37

OPFERGEFÄSS IN FORM VON LAMAHUFEN

Dieses Gefäß ist eine Grabbeigabe von der peruanischen Küste. Man füllte diese Keramiken mit Maisbier, *chicha*, und stellte sie in oder auf das Grab. Möglicherweise war der Verstorbene ein Lamahirte oder Karawanenführer, da die Beigaben stets mit der Tätigkeit des Verstorbenen zusammenhingen.

Ton, reduzierender Brand
H: 14 cm; B: 10 cm; T: 12 cm
Peru, Chimú-Inka-Kultur, 15.–16. Jh. n. Chr.
Museo Larco, Lima. Inv.-Nr. ML 027707.
Foto: D. Giannoni

• 38

KLEINE LAMAFIGUREN AUS SPONDYLUS

Opfergaben aus Spondylus haben immer mit Fruchtbarkeit zu tun. Wenn die Spondylus-Muschel während des El Niño Wetterphänomens vor der Nordküste Perus auftaucht, regnet es in der Wüste. Ihr Fleisch wirkt zudem in einem bestimmten Reifezustand als halluzinogene Droge, so dass die Priester es im Rahmen von Ritualen gegessen haben könnten.

Spondylus
L: 4 cm; B: 4 cm
Inka-Kultur, Imperiale Phase, 15.–16. Jh. n. Chr.
Museo de Arte del Sur Andino, Cusco.
Foto: D. Giannoni

• 39

SITZENDER MANN, EIN REH TRAGEND

Der sitzende Mann hat ein Tier auf den Schultern, vermutlich ein Reh oder einen Andenhirsch. Sein Haar ist zu Zöpfen geflochten, eine auf Inka-Keramiken häufig dargestellte Art, die Haare zu tragen. Die Jagd war im Inka-Reich nur für die Adligen reserviert.

Ton, Engobebemalung
H: 19 cm
Peru, Inka-Kultur, Imperiale Phase, 15.–16. Jh. n. Chr.
Niedersächsisches Landesmuseum Hannover.
Inv.-Nr. I/10485.
Foto: K. Schmidt

• 40

• 35

• 36

• 37

• 38

• 39

• 40

243

• 41

• 42

• 43

• 44

• 45

• 46

244

INKA GENEALOGIE

Dieses Gemälde zeigt die Abfolge der Inka-Herrscher, beginnend mit den beiden mythischen Gründern des inkaischen Geschlechts, Manco Capac und Mama Occlo. Solche Genealogien gehörten in der Kolonialzeit zur Ausstattung von Institutionen und Haushalten der neuen spanischen aber vor allem der indigenen Oberschicht. Dies änderte sich erst gegen Ende des 18. Jahrhundert als indigene Aufstände gegen die spanische Kolonialmacht ausbrachen und alles Inkaische von den Spaniern als Bedrohung für ihre Vorherrschaft empfunden wurde. Erst im 19. Jahrhundert wurden mit der Unabhängigkeit und dem Beginn der Republiken in Südamerika Porträts der indigenen Vergangenheit wieder vermehrt und gerne gezeigt.

Öl auf Leinwand
H: 77 cm; B: 68 cm
Andengebiet, späte Kolonialzeit oder frühe Republik,
Ende 18./Anfang 19. Jh.,
Anonymer Künstler
Colección Ciurlizza, Lima.
Foto: D. Giannoni

• 41

KILLKE-GEFÄSS

Die der Killke-Keramik stammt aus ehemaligen Inka-Hauptstadt Cusco und ihrer Umgebung. Sie ist die früheste Keramik, die man mit den Inka in Verbindung bringen kann.

Ton, Engobebemalung
H: 21 cm; B: 16 cm; T: 17 cm
Peru, Inka-Kultur, frühe Phase,
11.–14. Jh. n. Chr.
Museo Larco, Lima.
Inv.-Nr. ML 031961.
Foto: D. Giannoni

• 42

KILLKE-GEFÄSS MIT GESICHTSZÜGEN

An dieser Keramik sind bereits erste Elemente der späteren Inka-Keramik erkennbar: Die sich nach oben erweiternde Öffnung des Gefäßes und die einfachen Gesichtszüge.

Ton, Engobebemalung
H: 13 cm; B: 10 cm; T: 17 cm
Peru, Inka-Kultur, frühe Phase,
11.–14. Jh. n. Chr.
Museo Larco, Lima.
Inv.-Nr. ML 031959.
Foto: D. Giannoni

• 43

KLASSISCHER *ARYBALLO* MIT GESICHTSZÜGEN

Die Inka führten eine neue Keramik ein, die durch Standardisierung, abstrakte Bemalung und bestimmte Formen gekennzeichnet ist.

Ton, Engobebemalung
H: 22 cm; B: 18 cm; T: 13 cm
Peru, Inka-Kultur, imperiale
Phase, 15.–16. Jh. n. Chr.
Staatliche Museen zu Berlin,
Preußischer Kulturbesitz,
Ethnologisches Museum.
Inv.-Nr. VA 2966.
Foto: A. Dreyer

• 44

PORTRÄT DES INKA VIRACOCHA

Die ersten Porträtserien wurden ca. 1571 vom damaligen Vizekönig Francisco Toledo in Auftrag gegeben.

Öl auf Leinwand
L: 68 cm; B: 52 cm; T: 3 cm
Peru, Cusco, späte Kolonialzeit oder frühe Republik,
wahrscheinlich 19. Jh.
Künstler: Norberto Rodriguez
Staatliche Museen zu Berlin,
Preußischer Kulturbesitz, Ethnologisches Museum. Inv.-Nr. VA 66701
Foto: C. Obrocki

• 45

PORTRÄT DES INKA PACHACUTEC

Der neunte Inka, Pachacutec, galt, wie sein Name schon sagt als „Veränderer der Welt".

Öl auf Leinwand
L: 68 cm; B: 52 cm; T: 3 cm
Peru, Cusco, späte Kolonialzeit oder frühe Republik, wahrscheinlich 19. Jh.
Künstler: Norberto Rodriguez
Staatliche Museen zu Berlin,
Preußischer Kulturbesitz,
Ethnologisches Museum.
Inv.-Nr. VA 66702
Foto: C. Obrocki

• 46

OREJÓN – EIN INKA-ADLIGER

Die Inka-Adligen trugen als Zeichen ihres hohen Status große Ohrpflöcke mit Schmuckscheiben. Entfernten sie diese, sah man die weit gedehnten Ohrläppchen. Ein wichtiger, im Sonnentempel der Hauptstadt durchgeführter Ritus war das Durchbohren der Ohrläppchen junger Männer, womit man ihre Aufnahme in den Kreis der erwachsenen Inka dokumentierte. Die spanischen Eroberer nannten die Inka wegen ihrer langen Ohrläppchen „Großohren" – *orejones*.

Gold-Kupferlegierung *tumbaga*
H: 7 cm
Peru, Inka-Kultur, Imperiale Phase, 15.–16. Jh. n. Chr.
Linden-Museum Stuttgart. Inv.-Nr. 119159.
Foto: A. Dreyer

• 47

ARYBALLO MIT KONDORMOTIV

Der Kondor wurde in den Anden schon lange vor den Inka als Gott der Lüfte verehrt. Eines der frühesten Textilien des Andengebietes, ungefähr 4.500 Jahre alt, zeigt einen Kondor. Die Inka führten viele Gottheiten aus früheren Kulturen weiter, verehrten als Hauptgott jedoch die Sonne.

Ton, Engobebemalung
H: 16 cm; B: 12 cm; T: 10 cm
Peru, Inka-Kultur, Imperiale Phase, 15.–16. Jh. n. Chr.
Staatliche Museen zu Berlin, Preußischer Kulturbesitz, Ethnologisches Museum. Inv.-Nr. VA 671.
Foto: A. Dreyer

ARYBALLO MIT SCHLANGENMOTIV

Dieser *aryballo* ist eine *paccha*, ein Trankopfergefäß. Er verbindet das Maismotiv mit dem Wasser- und Fruchtbarkeitsgott Amaru. Amaru-Darstellungen konnten als Anacondas identifiziert werden, der größten Wasserschlange der Welt, die in den seichten Gewässern Amazoniens lebt.

Ton, Engobebemalung
H: 21 cm; B: 17 cm; T: 15 cm
Peru, Inka-Kultur, Imperiale Phase,
15.–16. Jh. n. Chr.
Staatliche Museen zu Berlin,
Preußischer Kulturbesitz, Ethnologisches Museum.
Inv.-Nr. VA 64378. Foto: A. Dreyer

• 48

• 49

KERU AUS HOLZ MIT STILISIERTER EIDECHSE

Kerus sind Becher, aus denen bei Festen und Ritualen Maisbier, *chicha*, getrunken wurde. Die Herstellung dieses Maisbieres oblag den *aclla*, den erwählten Frauen, die aus dem ganzen Inka-Reich nach Cusco und in die großen Verwaltungszentren gebracht wurden. Sie lebten dort in den *acclahuasi*, den speziell für sie errichteten klosterartigen Wohngebäuden.

Holz
H: 28 cm; D: 19 cm
Peru, Inka-Kultur, Imperiale Phase, 15.–16. Jh. n. Chr.
Linden-Museum Stuttgart. Inv.-Nr. M 30960 L.
Foto: A. Dreyer

• 50

TRANKOPFERGEFÄSS *PACCHA* IN GESTALT EINES PUMAS

Trankopfergefäße sind sehr typisch für die Inka-Kultur. Man füllte oben Wasser oder Maisbier, *chicha*, ein und trank aus dem Gefäß oder goss die Flüssigkeit als Opfer auf den Boden. Der Puma ist von der Gestalt her ein Jungtier, also neben einem Symbol für Macht auch eines für Fruchtbarkeit. Sein Kopf ist nicht naturalistisch gestaltet, sondern weist eher auf eine Gottheit hin, mit den übergroßen Augen und den gefährlich gefletschten Zähnen. Obwohl er sehr klein ist, wirkt er bedrohlich.

Ton, Engobebemalung
H: 11 cm; B: 21 cm
Peru, Inka-Kultur, Imperiale Phase, 15.–16. Jh. n. Chr.
Niedersächsisches Landesmuseum Hannover. Inv.-Nr. 10488.
Foto: K. Schmidt

• 51

· 47

· 48

· 49

· 50

· 51

247

• 52

• 53

• 54

• 55

• 56

248

UNCU

Das Hauptmotiv dieses *uncus* sind stilisierte Vögel, was als Herkunftsort die peruanische Nordküste vermuten lässt. Sowohl oben auf der Freifläche als auch unten in den Schmuckbändern wiederholt sich das Motiv. Die Bänder bestehen abwechselnd aus aneinander gereihten Treppenmotiven in Komplementärfarben und Vierecken mit stilisierten Vogelköpfen, im Wechsel mit dem *chakana*, dem „Inka-Kreuz". Dieses Inka-Kreuz steht für das Sternbild „Kreuz des Südens", das für den Agrarkalender sehr wichtig war.

Alpakawolle
H: 95 cm; B: 79 cm
Peru, Inka-Kultur, Imperiale Phase, 15.–16. Jh. n. Chr.
Staatliche Museen zu Berlin, Preußischer Kulturbesitz,
Ethnologisches Museum. Inv.-Nr. VA 16627.
Foto: A. Dreyer

• 52

UNCU

Dieser kleine *uncu* verbindet viele typische Inka-Motive. Die gegensätzlichen, sich ergänzenden Farbflächen sowie die Borte, an der man Inka-Textilien erkennt. Das Band in der Mitte ist ein sehr häufiges Motiv, dessen endgültige Deutung jedoch noch aussteht. Die als „Schraubenschlüssel" bezeichneten Elemente tauchen sehr häufig in unterschiedlichen Zusammensetzungen auf. Die Interpretationen reichen von Sternbildern bis zu Knochen von Ahnen, der stilisierten Schlange Amaru bis zu Hinweisen auf Menschenopfer.

Alpakawolle
L: 66 cm; H: 65 cm
Peru, Inka-Kultur, Imperiale Phase, 15.–16. Jh. n. Chr.
Staatliche Museen zu Berlin, Preußischer Kulturbesitz,
Ethnologisches Museum. Inv.-Nr. VA 4576.
Foto: A. Dreyer

• 55

PORTRAIT EINES INKA-ADLIGEN

Diese Keramik ist ein Trankopfergefäß. Am Kinn des adligen Mannes – sein Status ist erkennbar an den Löchern in den Ohrläppchen – ist ein Ausguss. Er trägt eine zylindrische Kopfbedeckung mit einem aufgemalten Diamantmotiv, dem Symbol für Wasser. Interessant auch seine Haartracht mit einigen Haarsträhnen vor dem Ohr. Die Augen sehen gebrochen aus, es könnte der Kopf eines Toten sein, was die Wiederaufnahme des Trophäenkopfmotives als Fruchtbarkeitssymbol früherer Kulturen bedeuten könnte.

Ton, Engobebemalung
H: 21 cm; B: 14 cm; T: 15 cm
Peru, Inka-Kultur, Imperiale Phase, 15.–16. Jh. n. Chr.
Museo Larco, Lima. Inv.-Nr. ML031644.
Foto: D. Giannoni

• 53

KERU

Ein Trinkbecher für Maisbier. Die Ähnlichkeit mit dem zweiten *keru*, der aus einer anderen Museumssammlung stammt, weist darauf hin, dass dies eine standardisierte Form gewesen ist, die es im ganzen Inka-Reich gab. Den an den Festen Teilnehmenden sollte mit diesen Bechern stets bewusst gemacht werden, dass die Gabe, in diesem Fall Maisbier, von den Inka kam.

Ton, Engobebemalung
H: 15 cm; D: 14 cm
Peru, Inka-Kultur, Imperiale Phase, 15.–16. Jh. n. Chr.
© The Trustees of the British Museum.
Inv.-Nr. Am1914,1009.5.
Foto: M. Row

• 54

KERU

Diese Becher wurden sehr wahrscheinlich, wie die meisten Keramiken, paarweise hergestellt. Leider sind nur sehr wenige Paare erhalten. *Kerus* stellte man aus verschiedenen Materialien her. Neben Holz kamen auch Ton und Edelmetalle zum Einsatz. Als Geschenk kennzeichnete das Material des *kerus* den sozialen Status des Empfängers.

Ton, Engobebemalung
H: 10 cm; B (max.): 10 cm
Peru, Inka-Kultur, Imperiale Phase,
15.–16. Jh. n. Chr.
Linden-Museum Stuttgart. Inv.-Nr. M 30.174.
Foto: A. Dreyer

• 56

UNCU MIT CHAKANA-MOTIV UND LANGEN FRANSEN

Dieser sehr farbkräftige uncu hat das Inka-Kreuz chakana als Hauptmotiv. Manche Wissenschaftler sehen es als Symbol für die Stufen, die hinab in die Unterwelt führen, andere als stilisiertes Sternbild Kreuz des Südens.

Alpakawolle
H: 69 cm; B: 61 cm
Peru, Inka-Kultur, Imperiale Phase, 15.–16. Jh. n. Chr.
Museum of World Culture, Göteborg. Inv.-Nr. 1935.32.0131.
Foto: H. Anderzen

• 57

BLAU-ROTER UNCU

Uncus sind Männerhemden, die im Inka-Reich die Funktion, den Status und die ethnische Herkunft des Trägers kommuniziert haben. Das Rot erreichte man durch Färben mit Cochenille, das Blau durch Färben mit Indigo.

Alpakawolle
H: 90 cm; B: 74 cm
Peru, Inka-Kultur, Imperiale Phase, 15.–16. Jh. n. Chr.
Staatliche Museen zu Berlin, Preußischer Kulturbesitz, Ethnologisches Museum.
Inv.-Nr. VA 66009. Foto: A. Dreyer

• 58

UNCU MIT SCHRAUBEN-SCHLÜSSELMOTIV

Vermutlich war die Funktion der Träger mit der Religion verbunden, da die Kinderopfer, die man auf dem Gipfel des Llullaillaco in Argentinien gefunden hat, ein solches Textil als Opfergabe in das Jenseits mitbekommen hatten.

Alpakawolle
H: 92 cm; B: 82 cm
Peru, Inka-Kultur, Imperiale Phase, 15.–16. Jh. n. Chr.
Staatliches Museum für Völkerkunde München, Inv.-Nr. 78-300 445.
Foto: M. Franke

• 59

FRAGMENT EINES UNCU MIT SCHMETTERLINGSMOTIV

Dieser uncu ist ein besonders schönes Stück. Um den Hals ein getrepptes chakana, das aus Schmetterlingspaaren besteht. Der Schmetterling war möglicherweise ein religiöses Symbol, da er verschiedene Stadien der Verwandlung durchmacht. Das aus tocapu-Vierecken bestehende Gürtelband zeigt Zickzack-Muster, zwei entgegengesetzte Dreiecke und ein sehr kleines Schraubenschlüsselmotiv.

Alpakawolle
H: 131 cm; B: 82 cm
Peru, Inka-Kultur, Imperiale Phase, 15.–16. Jh. n. Chr.
Museum für Völkerkunde Hamburg, Inv.-Nr. 52.57: 340.
Foto: P. Schimweg

• 61

UNCU MIT SCHRAUBEN-SCHLÜSSELMOTIV IN GELB-BLAU

Die tocapus sind ein Symbolsystem, bestehend aus mit geometrischen Motiven ausgefüllten Vierecken.

Alpakawolle
H: 92 cm; B: 78 cm
Peru, Inka-Kultur, Imperiale Phase, 15.–16. Jh. n. Chr.
Staatliches Museum für Völkerkunde München. Inv.-Nr. X.447.
Foto: M. Franke

• 60

· 57

· 58

· 59

· 60

· 61

· 62

· 63

· 64

· 65

· 66

252

OPFERMESSER, *TUMI*, MIT EINEM SCHMETTERLING AUF DEM GRIFF

Die Verbindung eines Opfermessers mit einem Schmetterlingsmotiv legt nahe, dass der Schmetterling mit Fruchtbarkeit in Verbindung gebracht wurde. Schmetterlinge trinken, wie auch Kolibris, Nektar aus Blüten. Der Kolibri ist in der Kunst Alt-Perus häufig als aus der Blüte des San Pedro Kaktusses trinkend, dessen Saft halluzinogene Wirkung hat, dargestellt. Schmetterlingsmotive allerdings tauchen erst in der Inka-Kunst auf.

Silber
H: 13 cm; B: 11,5 cm
Peru, Inka-Kultur, Imperiale Phase, 15.–16. Jh. n. Chr.
Colección Casabonne, Cusco.
Foto: D. Giannoni

• 62

COCATASCHE, *CHUSPA*, MIT SCHMETTERLINGSMOTIVEN

Solche *chuspas* dienten zur Aufbewahrung von Cocablättern, die zu rituellen Zwecken gekaut wurden. Coca verwendete man zur rituellen Reinigung, es durfte nur von religiösen Würdenträgern konsumiert werden. Der breite Gebrauch des Cocablattes setzte erst mit der Kolonialzeit ein.

Alpakawolle
L: 70 cm (mit Trageband); B: 15 cm
Peru, Inka-Kultur, Imperiale Phase, 15.–16. Jh. n. Chr.
Staatliche Museen zu Berlin, Preußischer Kulturbesitz, Ethnologisches Museum. Inv.-Nr. VA 53036.
Foto: M. Franken

GEWANDNADELN, *TUPUS*, MIT SCHMETTERLINGSMOTIV

Solche Gewandnadeln verwendeten die Frauen zur Befestigung ihrer Umhänge, die sie auf dem Oberteil ihrer Kleidung feststeckten.

Silber
L: 18 cm; B: 4 cm
Peru, Inka-Kultur, Imperiale Phase, 15.–16. Jh. n. Chr.
Linden-Museum Stuttgart.
Inv.-Nr. 53302 und 53303.
Foto: A. Dreyer

• 63

• 64

UNCU MIT DIAMANTMOTIV

Diese *uncus* waren im Inka-Reich ebenfalls weit verbreitet. Daher kann man vermuten, dass das Band in der Mitte mit dem so genannten Diamantmotiv eine Tätigkeit bezeichnet, die es oft gegeben haben muss. Der Verwalter der Brücken trug einen sehr ähnlichen *uncu*, bei dem das Diamantmotiv allerdings noch mit einem anderen kombiniert war.

Alpakawolle
L: 80 cm; B: 97 cm
Peru, Inka-Kultur, Imperiale Phase, 15.–16. Jh. n. Chr.
Museum of World Culture, Göteborg. Inv.-Nr. 1929.26.0149.
Foto: M. Anderzen

UNCU MIT *TOCAPU*-BAND

Die geometrischen *tocapu* zeigen das getreppte Kreuz *chakana* und das Treppenmotiv. Auch dies könnte mit Fruchtbarkeit, Wasser und Feldbau zu tun haben.

Alpakawolle
L: 84 cm; B: 80 cm
Peru, Inka-Kultur, Imperiale Phase, 15.–16. Jh. n. Chr.
Staatliche Museen zu Berlin, Preußischer Kulturbesitz, Ethnologisches Museum. Inv.-Nr. VA 16296.
Foto: M. Franken
Dieses Stück wird nur in Rosenheim gezeigt

• 65

• 66

UNCU IM CHUQUIBAMBA-STIL

Dieser *uncu* ist im so genannten Chuquibamba-Stil gearbeitet.
Chuquibamba ist eine Region im heutigen Süd-Peru, auf halber Höhe zwischen Hochland und Küste. Die Textilien verbinden in ihrer Gestaltung diese beiden Regionen. Es finden sich typische Küstenmotive wie hier die Vierecke mit Seevogeldarstellungen und der Stern als inkaisches Hochlandmotiv.

Alpakawolle, Baumwolle
H: 97 cm; B: 56 cm
Peru, Inka-Kultur, Imperiale Phase, 15.–16. Jh. n. Chr.
Royal Museums of Art and History, Brüssel. Inv.-Nr. AAM 87.1.
Foto: © Kmkg-Mrah
Dieses Objekt wird nur in Rosenheim gezeigt.

• 67

UNCU AUS FEDERN

Dieser *uncu* gehörte einem hochrangigen Offizier. Federn standen immer mit Krieg in Verbindung und waren ein begehrtes Luxusgut. Die stufenförmige Verzierung am Hals und die beiden sich gegenüberstehenden Pumas weisen den *uncu* als Inka-Zeitlich aus. Das Vogel-, Treppen- und Wellenmotiv deutet auf die Nordküste als Herkunftsort hin.

Federn, Baumwolle
H: 70 cm; B: 65 cm
Peru, Inka-Kultur, Imperiale Phase, 15.–16. Jh. n. Chr.
Linden-Museum Stuttgart, Inv.-Nr. 108850.
Foto: A. Dreyer
Objekt wird nur in Stuttgart ausgestellt

• 68

KOPFBAND *LLAUTU*

Solche Kopfbänder trug ebenfalls der Hochadel. Man wickelte das Band um den Kopf, so dass eine Turban-ähnliche Kopfbedeckung entstand, wie sie die kleinen männlichen Goldfigürchen, die *orejones*, tragen.

Alpakawolle, Spondylus
L: 535 cm; B: 1 cm
Peru, Inka-Kultur, Imperiale Phase, 15.–16. Jh. n. Chr.
Staatliche Museen zu Berlin, Preußischer Kulturbesitz, Ethnologisches Museum. Inv.-Nr. VA 21670.
Foto: M. Franken

• 69

• 67

• 68

• 69

255

• 70

• 71

• 72

• 73

• 74

COCATASCHE *CHUSPA*

Solche aufwändig gearbeiteten Cocataschen, in denen man getrocknete Cocablätter aufbewahrte, wurden von den höchstrangigen Inka-Adligen getragen. Vermutlich verwendete man sie bei Ritualen, da der Genuss von Cocablättern streng auf rituelle Zwecke beschränkt war.

Alpakawolle
L: 86 cm; B: 82 cm
Peru, Inka-Kultur, Imperiale Phase, 15.–16. Jh. n. Chr.
Ministerio de Cultura del Perú – Museo Nacional de Arqueologia, Antropologia e Historia del Perú, Lima, Inv-Nr. RT 1762 Foto: D. Giannoni

• 70

COCATASCHE *CHUSPA*

Diese *chuspa* zeigt typische Inka-Motive wie das getreppte Dreieck und das *chakana*. Beide Motive stehen für das Einsetzen der Regenzeit, für Feldbauterrassen und damit für Fruchtbarkeit. Die Farben stammen aus dem Farbkanon der Inka: Braun, Weiß, Rot, Gold. In diesen Farben bemalte man auch Häuser hochrangiger Adliger und Mauern von Verwaltungsgebäuden.

Alpakawolle
L: 96 cm; B: 64 cm
Peru, Inka-Kultur, Imperiale Phase, 15.–16. Jh. n. Chr.
Ministerio de Cultura del Perú – Museo Nacional de Arqueologia, Antropología e Histora del Perú. Lima, Inv-Nr. RT 1321.
Foto: D. Giannoni

COCATASCHE *CHUSPA*

Diese *chuspa*, ebenfalls in den Inka-Farben gehalten, fällt durch die dichten Fransen auf. Solche Fransen finden wir auch an der *mascaypacha*, dem Kopfschmuck des Sapa Inka. Sie bedeckten seine Stirn, so dass man seine Augen nicht sehen konnte. Die Bedeutung der Fransen kennen wir noch nicht.

Alpakawolle
L: 70 cm; B: 50 cm
Peru, Inka-Kultur, Imperiale Phase,
15.–16. Jh. n. Chr.
Ministerio de Cultura del Perú –
Museo Nacional de Arqueologia, Antropologia e Historia del Perú, Lima, Inv- Nr. RT 5613.
Foto: D. Giannoni

• 71

• 72

KOPFBAND MIT FEDERN

Solche Kopfbänder waren hohe Rangabzeichen, besonders wenn sie mit Federn versehen waren. Kopfschmuck bestand im Inka-Reich aus Textil, eher selten kombiniert mit Gold oder Silber.

Alpakawolle, Federn
L: 22 cm; B: 22 cm; H: 22 cm (mit Federbändern)
Peru, Inka-Kultur, Imperiale Phase, 15.–16. Jh. n. Chr.
Linden-Museum Stuttgart. Inv.-Nr. 120593.
Foto: A. Dreyer

KOPFBAND

Dieses Kopfband könnte einem hochrangigen Krieger gehört haben, da die Farben und die schachbrettartige Musterung in einem der farbig gehaltenen Abschnitte sehr den Krieger-*uncus* ähneln.

Alpakawolle
D: 20 cm
Peru, Inka-Kultur, Imperiale Phase, 15.–16. Jh. n. Chr.
Staatliche Museen zu Berlin, Preußischer Kulturbesitz, Ethnologisches Museum. Inv.-Nr. VA 42247.
Foto: A. Dreyer

• 73

• 74

DIADEM

Als eines der wenigen Schmuckstücke aus Gold, ist dieses Diadem eine Besonderheit. Es wurde von sehr hochrangingen, männlichen Person aus dem Inka-Adel getragen, denn Gold galt als Symbol für die Sonne und nur die Inka galten als mit der Sonne verwandt.

Gold
D: 23 cm
Peru, Inka-Kultur, Imperiale Phase, 15.–16. Jh. n. Chr.
Museo de América, Madrid. Inv.-Nr. 07037.
Foto: J. Otero Úbeda

• 75

KERU AUS SILBER MIT SCHMUCKBAND

Dieser *keru* hat als Schmuckband dasselbe Motiv wie der *uncu*. Es sind zwei gegenübergestellte „Schraubenschlüssel" mit jeweils zwei Vierecken, die darüber oder darunter angeordnet sind. Man interpretiert dieses Motiv als stilisierten Trophäenkopf, ein Fruchtbarkeitssymbol.

Silber
H: 12 cm; D: 11 cm
Peru, Inka-Kultur, Imperiale Phase, 15.–16. Jh. n. Chr.
Staatliches Museum für Völkerkunde München. Inv.-Nr. G-3286.
Foto: M. Weidner

• 76

EIN PAAR GROSSE OHRPFLÖCKE AUS SILBER

Solche Ohrpflöcke wurden nur von den *orejones*, den Inka-Adligen getragen. Es sind nur sehr wenige erhalten, da das meiste Edelmetall eingeschmolzen und nach Europa gebracht wurde. Silber hatte, wie Gold, keinen materiellen Wert, es repräsentierte den Mond. Einfachen Menschen war das Tragen von Schmuck aus Edelmetall nicht gestattet.

Silber
H: 6 cm; D: 7 cm
Peru, Inka-Kultur, Imperiale Phase, 15.–16. Jh. n. Chr.
Ministerio de Cultura del Perú – Museo Nacional de Arqueologia, Antropologia e Historia del Perú, Lima. Inv.-Nr. M-6253 und M-6254.
Foto: D. Giannoni

• 78

GEWANDNADEL, TUPU, VERZIERT MIT EINEM KLEINEN ARYBALLO

Diese Gewandnadel aus Bronze hat als Griff einen kleinen *aryballo*, ein typisches Gefäß aus dem Keramik-Repertoir des Inka-Reiches. *Aryballos* repräsentierten die Inka, standen aber auch für Feste und Rituale, bei denen Maisbier konsumiert wurde.

L: 23 cm; D: 1 cm
Peru, Inka-Kultur,
Imperiale Phase, 15.–16. Jh. n. Chr.
Ministerio de Cultura del Peru – Museo Nacional de Arqueologia, Antropologia e Historia del Peru, Lima, Inv.-Nr. M-6314.
Foto: D. Giannoni

• 77

GEWANDNADELN, TUPUS, AUS GOLD UND SILBER

Gewandnadeln aus Gold und Silber waren Sache des Adels. Auf den Zeichnungen Guaman Poma de Ayalas sieht man, dass die Frau des Sapa Inca, die Coya, ihren Umhang mit ebensolchen Gewandnadeln befestigt hat.

Gold, Silber
L: zw. 10 u. 20 cm
Peru, Inka-Kultur,
Imperiale Phase, 15.–16. Jh. n. Chr.
Museo de Arte del Sur Andino, Cusco. Foto: D. Giannoni

• 79

· 75

· 76

· 77

· 78

· 79

259

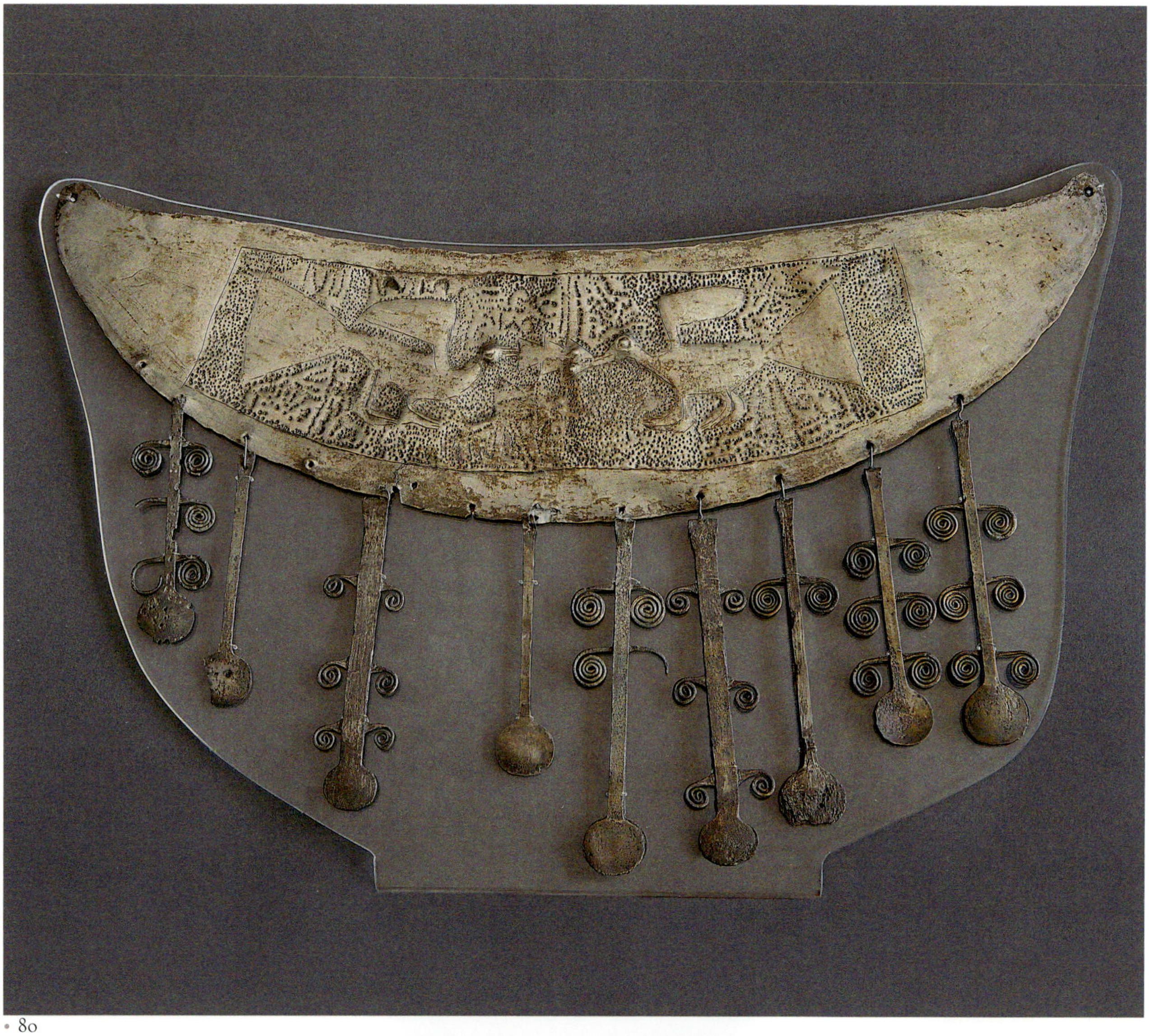

• 80

• 81

• 82

• 83

KOLLIER AUS SILBER

Das Kollier zeigt auf der Brustplatte Vogelmotive. Die herabhängenden Zierstücke erinnern an kleine Spatel, die Spiralen an Schmetterlingsmotive auf Inka-zeitlichen Gewandnadeln. Die Ausführung der Vogelmotive erinnert stark an die Chimú-Kultur, was vermuten lässt, dass Chimú-Goldschmiede das Kollier im Auftrag der Inka angefertigt haben.

Silber
H: 23 cm; B: 38 cm
Peru, Inka-Kultur, Imperiale Phase, 15.–16. Jh. n. Chr.
Ministerio de Cultura del Perú – Museo Nacional de Arqueología,
Antropología y Historia del Perú, Lima. Inv.-Nr. M-0556.
Foto: D. Giannoni

• 80

GROSSER *KERU*

Inkazeitliche *kerus* sind mit eingeschnittenen Motiven verziert, kolonialzeitliche mehrfarbig bemalt.

Holz
H: 48 cm; D: 36 cm
Peru, Inka-Kultur, Imperiale Phase,
15.–16. Jh. n. Chr.
Staatliche Museen zu Berlin,
Preußischer Kulturbesitz,
Ethnologisches Museum.
Inv.-Nr. VA 8913.
Foto: M. Franken

• 81

KERU MIT HOLZGRIFF IN FORM EINER EIDECHSE

Der Griff dieses großen *kerus* ist in Form einer Eidechse gestaltet. Die Eidechse kommt immer wieder in Zusammenhang mit Fruchtbarkeit vor. Aus diesen *kerus* trank man Maisbier, *chicha*, bei Festen und Ritualen.

Holz
H: 33 cm; D: 23 cm
Peru, Inka-Kultur, Imperiale Phase,
15.–16. Jh. n. Chr.
Staatliches Museum für Völkerkunde
München. Inv.-Nr. D. 6038.
Foto: M. Weidner

• 82

GROSSER *ARYBALLO* MIT DIAMANTMOTIV

Der *aryballo* ist die wohl am stärksten ausgeprägte und bekannteste Form von Inka-Keramik. Aufwändig bemalte wie diesen benutzte man eher zur Bewirtung bei großen Festen und Zeremonien.

H: 94 cm; B: 62 cm; T: 52 cm
Peru, Inka-Kultur, Imperiale Phase,
15.–16. Jh. n. Chr.
Staatliche Museen zu Berlin,
Preußischer Kulturbesitz,
Ethnologisches Museum.
Inv.-Nr. VA 7890. Foto: M. Franken

• 83

HALSKETTE MIT SPONDYLUS-PLÄTTCHEN

Spondylus war im Inka-Reich sehr gefragt. Solche Ketten trug man nicht nur als Schmuck, sondern sie waren häufige Grabbeigaben. Der Tod war notwendig, um neues Leben entstehen zu lassen. Die Spondylus war als Fruchtbarkeitssymbol und ihr Fleisch als „Nahrung der Götter" geschätzt.

Alpakawolle, Spondylus
H: 12 cm; B: 24 cm; T: 2 cm
Peru, Kultur unbekannt, vermutlich später Horizont, 11.–16. Jh. n. Chr.
Staatliche Museen zu Berlin, Preußischer Kulturbesitz, Ethnologisches Museum. Inv.-Nr. VA 44832.
Foto: A. Dreyer

• 84

KOLLIER AUS SPONDYLUSPERLEN

Schmuck aus Spondylus war ebenso beliebt wie Schmuck aus Edelmetall. Der Zugang zu den Spondylus-Muscheln, die nur in den warmen Gewässern des Pazifiks vor Ecuador vorkommen, war einer der Hauptgründe für die Eroberung dieses Küstenabschnittes durch die Inka.

Pflanzenfaser, Spondylus
H: 31 cm; B: 43 cm; T: 1,5 cm
Peru, Kultur unbekannt, vermutlich später Horizont, 11.–16. Jh. n. Chr.
Staatliche Museen zu Berlin, Preußischer Kulturbesitz, Ethnologisches Museum. Inv.-Nr. VA 46055.
Foto: A. Dreyer

• 85

HALSKETTE MIT SPONDYLUSHÄLFTEN

Eine Halskette aus zwei abgeschliffenen Spondylushälften. Solche Ketten fand man häufig als Grabbeigaben. Ein verstorbener Mensch mit hohem Status wurde in Alt-Peru zum Ahnen und sorgte für Fruchtbarkeit, wurde als Orakel befragt und lebte im Jenseits in einer anderen Daseinsform weiter.

Alpakawolle, Spondylus
B: 9 cm; H: 18 cm; T: 3 cm
Peru, Kultur unbekannt, vermutlich später Horizont, 11.–16. Jh. n. Chr.
Staatliche Museen zu Berlin, Preußischer Kulturbesitz, Ethnologisches Museum. Inv.-Nr. VA 46842.
Foto: A. Dreyer

• 86

ENSEMBLE VON ARMSCHMUCK AUS SPONDYLUSPERLEN

Pflanzenfaser, Spondylus
H: 1–2 cm; B: 18–21 cm; T: 3–5 cm
Peru, Kultur unbekannt, vermutlich später Horizont, 11.–16. Jh. n. Chr.
Staatliche Museen zu Berlin, Preußischer Kulturbesitz, Ethnologisches Museum. Inv.-Nr. VA 33658a–c.
Foto: A. Dreyer

• 87

• 84

• 85

• 86

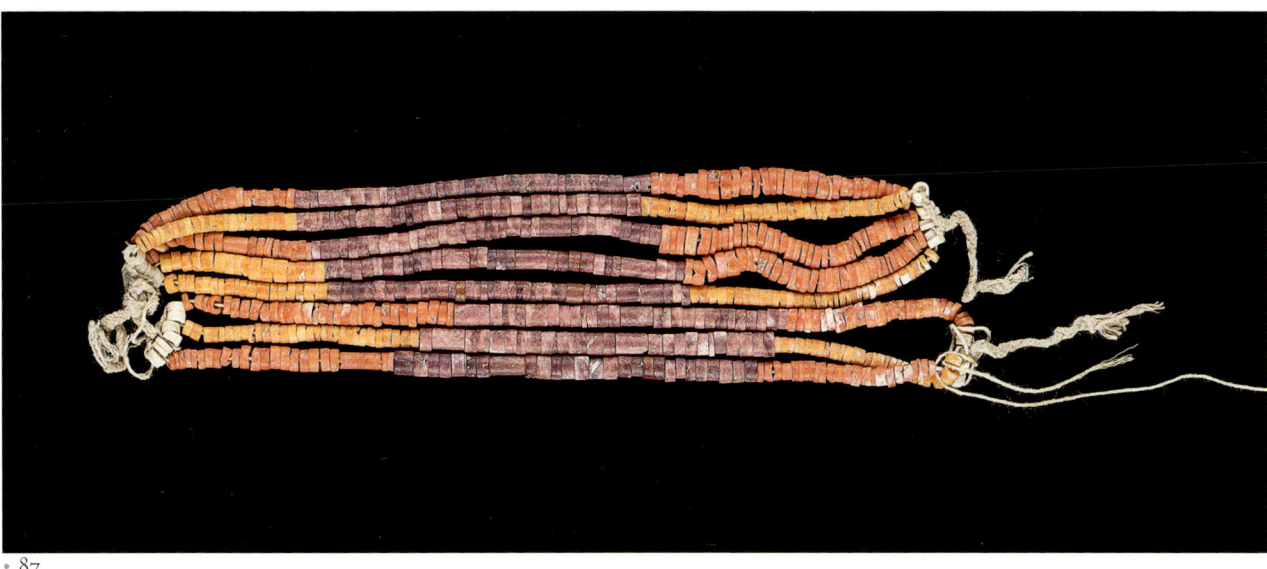
• 87

263

• 88

• 89

• 90

264

FEDERSTECKER

Dieses Objekt war wahrscheinlich in Kopfbänder eingesteckt oder an der Kleidung befestigt. Seine genaue Funktion kennen wir nicht.

Pflanzenfasern, Federn
H: 25 cm; B: 29 cm
Peru, Inka-Kultur, Imperiale Phase, 15.–16. Jh. n. Chr.
Linden-Museum Stuttgart.
Inv.-Nr. 93679.
Foto: A. Dreyer

• 88

FRAGMENT EINES *UNCUS* AUS FEDERN

Inka-zeitliche Objekte aus Federn sind sehr selten. Dieses Fragment eines *uncus*, eines Männerhemdes, zeigt zwei sich gegenüberstehende Raubkatzen, vermutlich Pumas, am Halsausschnitt. Das Gelb im Halsausschnitt steht für Gold. Insgesamt sehen wir hier den inkaischen Farbkanon Braun-Gelb-Weiß-Rot. Da Federn mit Krieg assoziiert wurden, gehörte der *uncu* vermutlich einem hochrangigen Offizier des inkaischen Heeres.

Baumwolle, Federn
H: 70 cm; B: 65 cm
Peru, Inka-Kultur, Imperiale Phase, 15.–16. Jh. n. Chr.
Linden-Museum Stuttgart. Inv.-Nr. 119195.
Foto: A. Dreyer

• 89

GROSSE TASCHE MIT LANGEN FRANSEN

Die Tasche ist in den inkaischen Farben gearbeitet, die Motive in den gemusterten Feldern stilisierte Vögel. Möglicherweise ist damit der Guano-Kormoran gemeint, dessen Kot ein wichtiger Dünger für die Felder in den Anden war. Er wurde weit gehandelt und war sehr wertvoll.

Alpakawolle
L: 81 cm; B: 89 cm
Peru, Inka-Kultur, Imperiale Phase, 15.–16. Jh. n. Chr.
Linden-Museum Stuttgart. Inv.-Nr. M 34842.
Foto: A. Dreyer

• 90

KOPFGEFÄSS *PACCHA*

Das Gesicht wirkt tot, wahrscheinlich steht der Kopf symbolisch für Menschenopfer, für Fruchtbarkeit, die aus dem Tod entsteht. Am Kinn hat er einen Ausguss.

Ton, Engobebemalung
H: 30 cm; B: 19 cm; T: 20 cm
Peru, Inka-Kultur, Imperiale Phase,
15.–16. Jh. n. Chr.
Staatliche Museen zu Berlin,
Preußischer Kulturbesitz,
Ethnologisches Museum.
Inv.-Nr. VA 8039.
Foto: A. Dreyer

• 91

PAAR VON BEMALTEN *PACCHAS*

Diese beiden Trankopfergefäße sind noch als Paar erhalten. Die Bemalung zeigt Menschen mit ausgestreckten Armen. Zwischen den menschlichen Figuren finden wir unterschiedliche Dinge wie *aryballos*, Hacken für den Feldbau und den andinen Grabstock, die *chacitaccla*. Die beiden weißen und braunen Blöcke könnten *kerus* sein. Möglicherweise zeigt die Bemalung ein Ritual, das die Aussaat von Mais begleitete.

Ton, Engobebemalung
H: 18 cm; B: 13 cm; T: 13 cm
Peru, Inka-Kultur, Imperiale Phase, 15.–16. Jh. n. Chr.
Museo Larco, Lima. Inv.-Nr. ML031646 und ML040326.
Foto: D. Giannoni

• 92

ZWEI KLEINE LAMAS AUS SILBER

Solche kleinen Lamas aus Silber oder Gold wurden während großer Rituale aus von Teilnehmern mitgebrachten Platten geschmiedet. Anschließend nahmen sie die Figürchen mit zurück in ihr *suyu* und opferten sie dann Naturgottheiten oder legten sie anderen Opfern bei. Wir können bis heute bestimmte Berge als Gottheit identifizieren, wenn wir solche Opfergaben dort begraben finden.

Silber
H: 5 cm; B: 4 cm
Peru, Inka-Kultur, Imperiale Phase, 15.–16. Jh. n. Chr.
Museo de Arte del Sur Andino, Cusco.
Foto: D. Giannoni

• 93

FRAUENFIGUR AUS SILBER

Die Frau steht in Gebetshaltung, *mocha* genannt. Dabei machte man, wenn man sich an ein Heiligtum, *huaca*, wandte, eine spezielle Geste der Verehrung. Der Gläubige blickte in Richtung des Heiligtums, streckte die Arme zu ihr aus und machte gleichzeitig ein Geräusch wie bei einem Kuss. Die Handflächen waren dabei nach oben gedreht.

Silber
H: 22 cm; T: 7 cm
Peru, Inka-Kultur, Imperiale Phase,
15.–16. Jh. n. Chr.
Ministerio de Cultura del Perú –
Museo Nacional de Arqueologia,
Antropologia e Historia del Perú,
Lima. Inv.-Nr. M 4045.
Foto: D. Giannoni

KERU

Solche goldfarbenen *kerus* gehörten hochrangigen Inka-Adligen und wurden bei imperialen Zeremonien zum Trinken von Maisbier gebraucht. Gold war ein Symbol für die Sonne und hatte keinen materiellen Wert.

Gold-Kupferlegierung *tumbaga*
H: 8 cm; D: 7 cm
Peru, Inka-Kultur, Imperiale
Phase, 15.–16. Jh. n. Chr.
Niedersächsisches Landesmuseum
Hannover. Inv.-Nr. 7451.
Foto: K. Schmidt

• 94

TRANKOPFERGEFÄSSE

Diese beiden Trankopfergefäße *pacchas* sind nahezu identisch und bilden ein Paar. Es sind jeweils drei aufeinander gestapelte *aryballos*, an deren Front sowie beiden Seiten Eidechsen hochklettern.

Ton, Engobebemalung
H: 28 cm; B: 16 cm; T: 11 cm
Peru, Inka-Kultur, Imperiale Phase,
15.–16. Jh. n. Chr.
Staatliche Museen zu Berlin,
Preußischer Kulturbesitz, Ethnologisches Museum, Inv.-Nr. VA 47549
und VA 47550. Foto: A. Dreyer

• 95

• 96

· 91

· 92

· 93

· 94 · 95

· 96

• 97

• 98

• 99

• 100

• 101

• 102

EIN PAAR SILBERNE KERUS

Diese beiden *kerus* haben einen Puma, das Symbol für die Macht des Sapa Inka als Verzierung.

Versilbertes Kupfer
H: 11 cm; D: 9 cm
Peru, Inka-Kultur, Imperiale Phase, 15.–16. Jh. n. Chr.
Ministerio de Cultura del Perú – Museo Nacional de Arqueologia, Antropologia e Historia del Perú, Lima. Inv.-Nr. 6833 und 6834.
Foto: D. Giannoni

• 97

STEINSCHALE IN FORM EINES CHAKANA

Diese Steinschale ist in Form des Inka-Kreuzes *chakana* gearbeitet. Das *chakana* steht für das Kreuz des Südens, ein Sternbild das zur Berechnung des Einsetzens der Regenzeit herangezogen wurde. Berge und Steine wurden in Alt-Peru als Fruchtbarkeitsspender verehrt, da die Quellen der Flüsse alle aus den Bergen kommen.

Stein
H: 8 cm; B: 27 cm
Peru, Inka-Kultur, Imperiale Phase, 15.–16. Jh. n. Chr.
Staatliche Museen zu Berlin, Preußischer Kulturbesitz, Ethnologisches Museum. Inv.-Nr. VA 8401.
Foto: A. Dreyer

• 98

MAHLSTEIN FÜR MAIS

Dieser Mahlstein für Mais stammt nach Angaben des Leihgebers, British Museum, aus dem Sonnentempel. Er diente zum Mahlen von Mais für Maisbier, das man bei Fruchtbarkeitsritualen trank. Außen klettern Schlangen an der Seite hoch, die die Wassergottheit Amaru symbolisieren.

Stein
H: 15 cm; D: 40–60 cm
Peru, Inka-Kultur, Imperiale Phase, 15.–16. Jh. n. Chr.
© The Trustees of The British Museum.
Inv.-Nr. Am1991, Q4.
Foto: M. Row

• 99

STEINSCHALE IN FORM EINES ANTARKTISCHEN SEEBÄREN ODER SEE-ELEFANTEN

Diese Steinschale verbindet ganz in andiner Tradition die Berge – Stein – mit dem Meer – dem Seebären oder See-Elefanten. Seebären und See-Elefanten leben in der Antarktis, ziehen jedoch mit dem kalten Humboldtstrom bis vor die peruanische Küste. Die beiden geschwungenen Linien stellen die langen Barthaare dar. Die Vertiefung in der Mitte diente zur Aufbewahrung von Opfergaben.

Stein
L: 25 cm; B: 16 cm; H: 10 cm
Peru, Inka-Kultur, Imperiale Phase, 15.–16. Jh. n. Chr.
Staatliche Museen zu Berlin, Preußischer Kulturbesitz, Ethnologisches Museum. Inv.-Nr. VA 8403.
Foto: A. Dreyer

• 100

STEINSCHALE, ASYMMETRISCH

Die genaue Verwendung dieser Steinschalen kennt man nicht. Vermutlich füllte man sie mit Wasser oder Flüssigkeit, vielleicht auch mit Mais zu rituellen Zwecken. Stein wurde als *huaca*, Heiligtum, angesehen da er als Berg Wasser und damit Fruchtbarkeit spendete. Mit dem Einsetzen der Regenzeit beginnen die Quellen in den Anden zu sprudeln und Bäche sowie Flussläufe füllen sich mit Wasser.

Stein
L: 40 cm; B: 40 cm; H: 20 cm
Peru, Inka-Kultur, Imperiale Phase, 15.–16. Jh. n. Chr.
© The Trustees of the British Museum.
Inv.-Nr. Am1942, 08. 1. Foto: M. Row

• 101

STEINSCHALE MIT ZWEI MENSCHLICHEN FIGUREN ALS GRIFFE

Die beiden menschlichen Figuren sind Träger, die Säcke mit Mais oder zwei sehr große Maiskolben auf dem Rücken tragen. Es sieht aus, als ob sie den Inhalt der Säcke in den Mahlstein schütten. Diese Darstellung betont die Verwendung als Mahlstein für rituelle Zwecke.

Stein
H: 13 cm (mit Figur: 26 cm); D: 30 cm
Peru, Inka-Kultur, Imperiale Phase, 15.–16. Jh. n. Chr.
Staatliche Museen zu Berlin, Preußischer Kulturbesitz, Ethnologisches Museum. Inv.-Nr. VA 5007.
Foto: A. Dreyer

• 102

STEINSCHALE IN FORM EINES LAMAKOPFES

Lamas waren wichtige Opfertiere. Sie gehörten Wamani, dem Gott der Lamas, dem als Dank geopfert werden musste.

Stein
H: 8 cm; L: 17 cm; B: 19 cm
Peru, Inka-Kultur, Imperiale Phase, 15.–16. Jh. n. Chr.
Staatliche Museen zu Berlin, Preußischer Kulturbesitz, Ethnologisches Museum. Inv.-Nr. VA 28437.
Foto: A. Dreyer

• 103

MAHLSTEIN, MIT FRÖSCHEN UND EIDECHSEN VERZIERT

Dieser Mahlstein für Mais ist mit Fröschen und Eidechsen, beides Tiere die mit Wasser assoziiert sind, verziert.

Stein
H: 19 cm; D: 18 cm
Peru, Inka-Kultur, Imperiale Phase, 15.–16. Jh. n. Chr.
Staatliche Museen zu Berlin, Preußischer Kulturbesitz, Ethnologisches Museum. Inv.-Nr. VA 8397.
Foto: A. Dreyer

• 104

STÖSSEL FÜR MAHLSTEIN

Stein
L: 15 cm; B: 5 cm
Peru, Kultur unbekannt,
Staatliche Museen zu Berlin, Preußischer Kulturbesitz, Ethnologisches Museum. Inv.-Nr. VA 12649b.
Foto: M. Franken

• 105

MUMIENBÜNDEL EINES INKA-OFFIZIERS

Dieses Mumienbündel, ausgestattet mit einem Schachbrett-*uncu* birgt die Mumie eines *capitáns*. Sie hat neben anderen Beigaben zwei Steinschleudern um den Bauch gewickelt. Hochrangige Verstorbene erlangten nach ihrem Tod den Status eines Ahnen und wurden reich für das Leben im Jenseits ausgestattet.

Mumie, Alpakawolle, Tierfell, Spondylus, Cocablätter, Federn, menschliches Haar
H: 100 cm; B: 80 cm; T: 50 cm; U: 152 cm
Peru, Inka-Kultur, Imperiale Phase, 15.–16. Jh. n. Chr.
Museum der Kulturen Basel. Inv.-Nr. W. IVc2813a_05DDB.
Foto: M. Gruber

PORTRÄT DES INKA TUPAC YUPANQUI

Die fantasievolle Ausstattung des Inkas, vor allem sein *uncu* und die *mascaypacha*, weichen stark von traditionellen inkaischen Darstellungen ab, wie man sie z. B. auf *kerus* sieht.

Öl auf Leinwand
H: 68 cm; B: 52 cm; T: 3 cm
Andengebiet, späte Kolonialzeit oder frühe Republik, wahrscheinlich 19. Jh.
Norberto Rodriguez
Staatliche Museen zu Berlin, Preußischer Kulturbesitz, Ethnologisches Museum. Inv.-Nr. VA 66704,
Foto: C. Obrocki

• 106

• 107

· 103

· 104

· 105

· 106

· 107

271

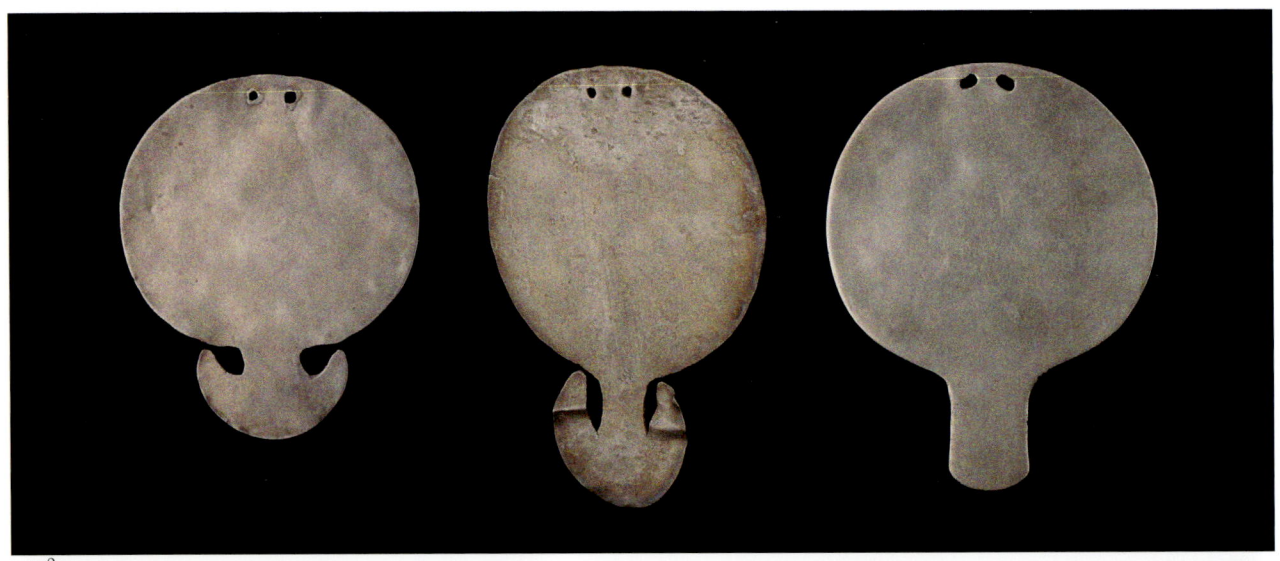
• 108

• 109

• 110

• 111

RANGABZEICHEN FÜR OFFIZIERE

Diese Rangabzeichen sind auf den Zeichnungen des Chronisten Guaman Poma de Ayala, einem Nachfahren einer adligen indigenen Familie, zusammen mit den Schachbrett-*uncus* abgebildet. Poma de Ayala fertigte seine Zeichnungen zwischen 1600 und 1605 n. Chr. an, also mehr als 50 Jahre nach der Eroberung. Sie wurden 1615 n. Chr. erstmals veröffentlich.

Silber
L: 10 cm; B: 9 cm
Peru, Inka-Kultur, Imperiale Phase, 15.–16. Jh. n. Chr.
Ministerio de Cultura del Perú – Museo Nacional de Arqueologia,
Antropologia e Historia del Perú, Lima. Inv.-Nr. M-6628; M-6630; M-6631.
Foto: D. Giannoni

• 108

HELM EINES INKA-SOLDATEN

Die Rüstung eines Soldaten aus der Inka-Zeit bestand aus einem mit Baumwolle gefütterten Helm, Beinschonern, einem Schild und manchmal einem Harnisch aus mit Baumwolle gepolsterten Holzstäben. Die Soldaten der inkaischen Heere galten als gut ausgebildet und waren gefürchtet.

Baumwolle, Alpakawolle, Rohr
H: 26 cm (mit Ohrklappen 79 cm); D: 31 cm
Peru, Inka-Kultur, Imperiale Phase, 15.–16. Jh. n. Chr.
Staatliche Museen zu Berlin, Preußischer Kulturbesitz,
Ethnologisches Museum, Inv.-Nr. VA 42023.
Foto: A. Dreyer

• 109

BEINSCHONER

Die Rüstung der Inka-Soldaten musste leicht sein, da sie zu Fuß lange Strecken zurücklegen mussten. Es gab keine Reittiere. Die Beinschoner sind in den Inka-Farben Weiß-Braun-Rot-Blau und Gelb gehalten.

Rohr, Alpakawolle
L: 39 cm; B: 16 cm
Peru, Inka-Kultur, Imperiale Phase, 15.–16. Jh. n. Chr.
Linden-Museum Stuttgart. Inv.-Nr. M 31079a.b.
Foto: A. Dreyer

• 110

STREITAXT

Auch wenn die Steinschleuder die wichtigste Angriffswaffe war, ging man bei kriegerischen Handlungen doch schnell zum Nahkampf über. Mit solchen Streitäxten fügten sich die Soldaten schwere Kopfverletzungen zu.

Bronze, Lamafell, Holz, Sehnen
L: 34 cm; B: 14 cm; T: 14 cm
Peru, Inka-Kultur, Imperiale Phase, 15.–16. Jh. n. Chr.
Linden-Museum Stuttgart. Inv.-Nr. M 32265.
Foto: A. Dreyer

• 111

STREITAXT

Holz, Tierhaut, Bronze, Menschenhaar
L: 35 cm; B: 13 cm; T: 4 cm
Peru, Inka-Kultur, Imperiale Phase, 15.–16. Jh. n. Chr.
Linden-Museum Stuttgart. Inv.-Nr. M 31932.
Foto: A. Dreyer

• 112

KEULE MIT STEINKOPF

Holz, Stein, Pflanzenfaser
L: 32 cm; D: 7,5 cm
Peru, Inka-Kultur, Imperiale Phase, 15.–16. Jh. n. Chr.
Linden-Museum Stuttgart. Inv.-Nr. M 32376.
Foto: A. Dreyer

• 114

LANGSTIELIGE KEULE MIT STERNFÖRMIGEM AUFSATZ AUS BRONZE

Holz, Bronze
L: 83 cm; Bronzekopf D: 14 cm; Holzstab D: 3 cm
Peru, Inka-Kultur, Imperiale Phase, 15.–16. Jh. n. Chr.
Staatliche Museen zu Berlin, Preußischer Kulturbesitz,
Ethnologisches Museum. Inv.-Nr. VA 5047.
Foto: A. Dreyer

• 115

WURFSTEINE FÜR STEINSCHLEUDERN

Stein
D: 4 cm (beide); L: 6 cm
Peru, Inka-Kultur, Imperiale Phase, 15.–16. Jh. n. Chr.
Linden-Museum Stuttgart. Inv.-Nr. 119544
und 27290.
Foto: A. Dreyer

• 115

KÖCHER FÜR PFEILE

Mit Pfeil und Bogen griffen nur die Inka-Soldaten aus dem Tiefland an. Sie entstammten den Gruppen, die am Anden-Ostrand hin zum Amazonas-Gebiet siedelten.

Pflanzenfaser, Baumwolle
L: 46 cm; B: 7 cm
Peru, Inka-Kultur, Imperiale Phase, 15.–16. Jh. n. Chr.
Linden-Museum Stuttgart. Inv.-Nr. M 32377.
Foto: A. Dreyer

• 116

• 112

• 113

• 114

• 115

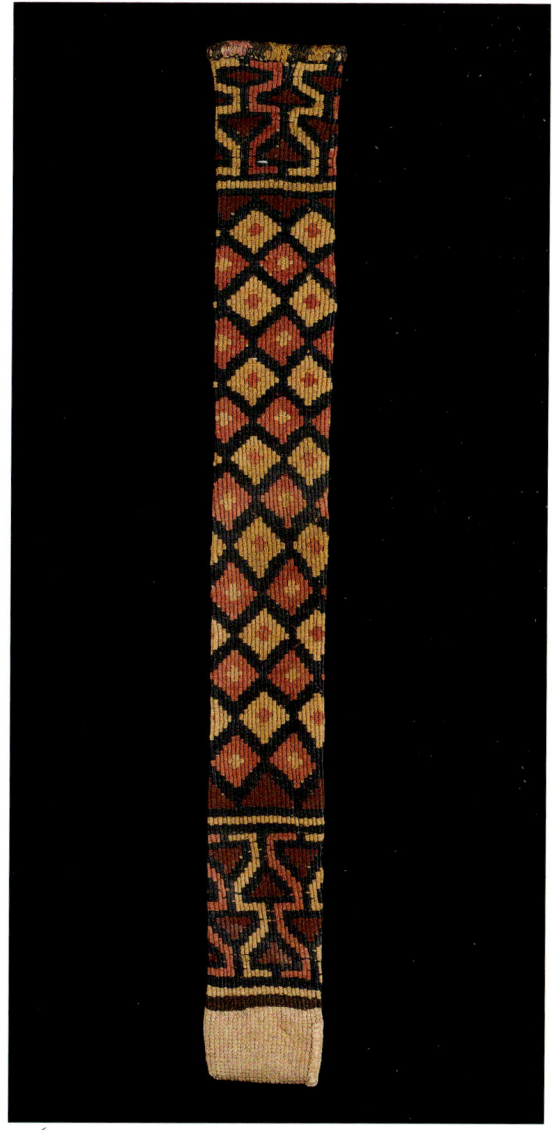

• 116

275

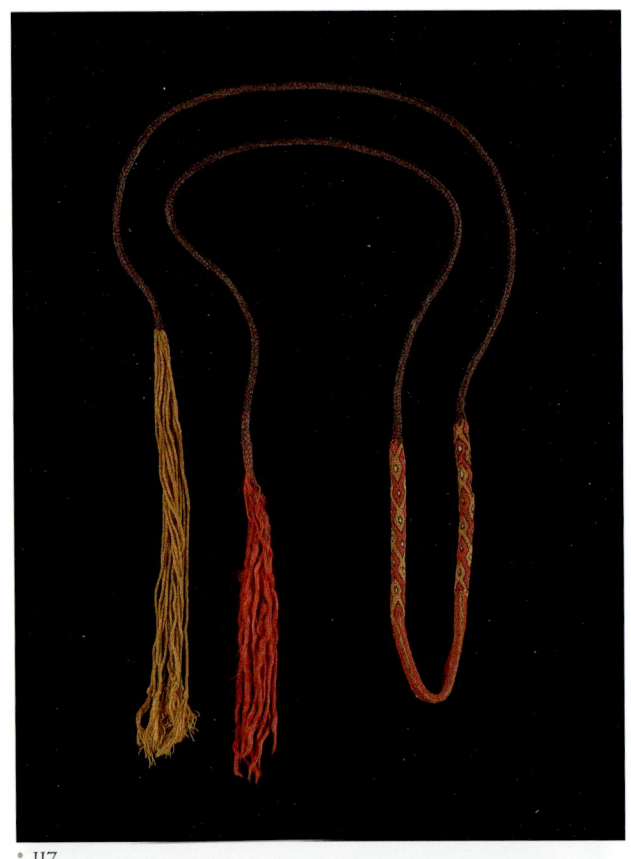

· 117

· 118

· 119

· 120

STEINSCHLEUDER

Die Steinschleuder war die wichtigste Angriffswaffe in der Inka-Zeit und auch schon davor.

Alpakawolle
L: 280 cm
Peru, Inka-Kultur, Imperiale Phase, 15.–16. Jh. n. Chr.
Linden-Museum Stuttgart. Inv.-Nr. 115919.
Foto: A. Dreyer

• 117

KÖCHER FÜR PFEILE

Pflanzenfaser, Baumwolle
L: 52 cm; B: 12 cm
Peru, Inka-Kultur, Imperiale Phase, 15.–16. Jh. n. Chr.
Linden-Museum Stuttgart. Inv.-Nr. M 32194
L. Foto: A. Dreyer

• 118

BEINSCHONER MIT *CHAKANA*-MOTIV

Holzstäbe, Alpakawolle
L: 35 cm; B: 12 cm
Peru, Inka-Kultur, Imperiale Phase, 15.–16. Jh. n. Chr.
Linden-Museum Stuttgart. Inv.-Nr. M 32676a+b.
Foto: A. Dreyer

• 119

SITZENDER KRIEGER, EINE LANZE HALTEND

Der sitzende Mann ist entweder ein Soldat oder ein gefangener Krieger. Seine Tracht weist auf die Herkunft von der Küste hin, vermutlich dem Königreich von Chimor, das von den Inka 1472 n. Chr. erobert wurde.

Ton, Engobebemalung
H: 21 cm; B: 11 cm; T: 18 cm
Peru, Chimú-Inka-Kultur, Imperiale Phase, 15.–16. Jh. n. Chr.
Staatliche Museen zu Berlin, Preußischer Kulturbesitz, Ethnologisches Museum. Inv.-Nr. VA 17556.
Foto: A. Dreyer

• 120

SCHACHBRETT-*UNCU*

Die Schachbrett-*uncus* können als einzige ihren Trägern genau zugeordnet werden. Aus Chronistenberichten geht hervor, dass die *capitánes*, also Offiziere der Inka, Schachbrett-*uncus* getragen haben.

Alpakawolle
H: 96 cm; B: 80 cm
Peru, Inka-Kultur, Imperiale Phase, 15.–16. Jh. n. Chr.
Staatliches Museum für Völkerkunde München. Inv.-Nr. X. 446.
Foto: M. Franke

• 121

RANGABZEICHEN EINES HOCHRANGIGEN KRIEGERS

Solche Rangabzeichen trugen möglicherweise Generäle des Inka-Heeres. Guaman Poma de Ayala bildet Krieger von hohem Status in seiner Chronik mit solchen Abzeichen ab.

Silber
H: 11 cm; B: 8 cm
Peru, Inka-Kultur, Imperiale Phase, 15.–16. Jh. n. Chr.
Ministerio de Cultura del Perú – Museo Nacional de Arqueología, Antropología e Historia del Perú, Lima. Inv.-Nr. M 7070.
Foto: D. Giannoni

• 122

SCHÄDEL MIT VERLETZUNGEN UND VERHEILTEN TREPANATIONEN

Dieser Schädel zeigt Spuren verschiedener schwerer Kopfverletzungen. An einer Stelle ist die Schädelplatte eingedrückt. Mindestens zwei der Löcher sind verheilte Trepanationen, also Schädelöffnungen.

Menschlicher Schädel
H: 16 cm; B: 21 cm
Peru, Kultur unbekannt
Ministerio de Cultura del Perú –
Museo Nacional de Arqueología, Antropología e Historia del Perú, Lima. Inv.-Nr. AF 1385.
Foto: D. Giannoni

• 123

• 121

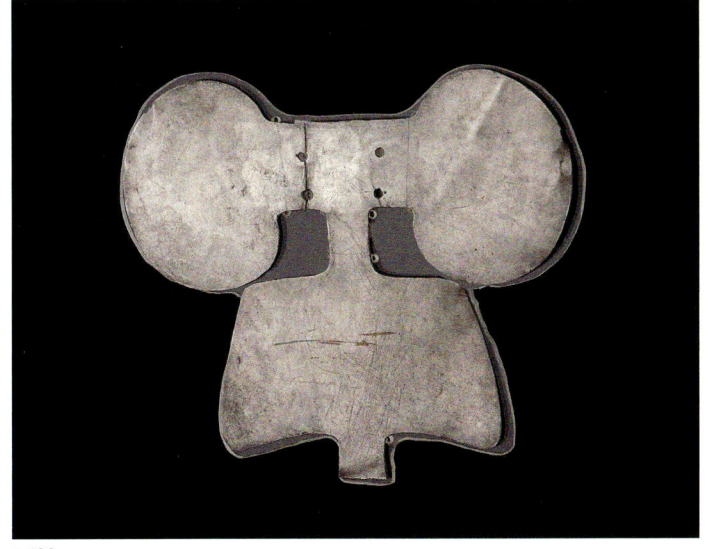
• 122

• 123

279

• 124

• 125

• 126

• 127

• 128

KERAMIK, ZWEI HÄUSER DARSTELLEND

Die Form dieser Häuser erinnert an die nordperuanische Region der Chachapoya. Die Chachapoya hatten runde Häuser mit sehr spitzen Dächern. Auch der Papagei, der an einer Ananas pickt, könnte auf diese klimatisch milde Region hinweisen.

Ton, Engobebemalung
H: 20 cm; B: 19 cm; T: 9 cm
Peru, Inka-Kultur, Imperiale Phase, 15.–16. Jh. n. Chr.
Museo Larco, Lima. Inv-Nr. ML040325.
Foto: D. Giannoni

• 124

TRANKOPFERGEFÄSS IN FORM EINES HAUSES ODER TEMPELS

Ton, Engobebemalung
H: 19 cm; B: 15 cm
Peru, Inka-Kultur, Imperiale Phase, 15.–16. Jh. n. Chr.
Museum of World Culture, Göteborg.
Inv.-Nr. 1920. 09. 0069. Foto: M. Anderzen

• 125

KERAMIK, ZWEI HÄUSER DARSTELLEND

Diese Keramik stammt vermutlich aus Nord-Peru. Sie zeigt die typische Hausform der Küste, eine Region, in der Häuser mit eckigem Grundriss um einen Innenhof angeordnet waren. Der Innenhof war das Zentrum der Aktivitäten wie Weben, Kochen oder Töpfern. Außerhalb befanden sich die Ställe der Lamas.

Ton, Engobebemalung
H: 21 cm; B: 19 cm; T: 8 cm
Peru, Inka- oder Chimú-Inka-Kultur,
Imperiale Phase, 15.–16. Jh. n. Chr.
Museo Larco, Lima. Inv.-Nr. ML 031665.
Foto: D. Giannoni

• 126

ZWEI GEWANDNADELN, *TUPUS*, MIT LAMAKÖPFEN

Silber
L: 24 cm; B: 2 cm
Peru, Inka-Kultur, Imperiale Phase, 15.–16. Jh. n. Chr.
Linden-Museum Stuttgart. Inv.-Nr. M 32260
und M 32261.
Foto: A. Dreyer

BECHER AUS SILBER MIT SCHMETTERLINGS-MOTIV

Solche Becher aus Silber waren begehrte Geschenke, die von den Inka an loyale *curacas* im Rahmen großer Feste gegeben wurden.

Silber
H: 13 cm; D: 8 cm
Peru, Inka-Kultur, Imperiale Phase, 15.–16. Jh. n. Chr.
Museo de Arte del Sur Andino, Cusco.
Foto: D. Giannoni

• 127

• 128

BECHER AUS SILBER

Dieser Becher ist aus Silberblech getrieben. In Alt-Peru bevorzugten die Gold- und Silberschmiede die Technik des Hämmerns und Treibens, während weiter nördlich, in Ecuador und Kolumbien der Guss in verlorener Form weitaus häufiger Verwendung fand.

Silber
H: 13 cm; D: 8 cm
Peru, Chimú-Inka-Kultur,
Imperiale Phase, 15.–16. Jh. n. Chr.
Staatliches Museum für Völkerkunde München. Inv.-Nr. I-2106.
Foto: M. Weidner

• 129

SITZENDER *CURACA*, MAISBIER AUS EINER SCHALE TRINKEND

Der sitzende Mann trägt Gesichtszüge, die sehr an die Moche-Kultur, eine der Vorläuferkulturen der peruanischen Nordküste, erinnern. Seine Kleidung, die zackenförmige Stickerei am unteren Rand seines *uncus* sowie seine Kopfbedeckung weisen ihn klar der Inka-Kultur zu. Er ist sicher ein *curaca* oder eine höherrangige Persönlichkeit, da er ursprünglich Schmuck in den Ohren und der Nase trug, worauf die Löcher noch hinweisen.

Ton, Engobebemalung
H: 17 cm; B: 9 cm; T: 11 cm
Peru, Inka-Kultur, Imperiale Phase, 15.–16. Jh. n. Chr.
Staatliche Museen zu Berlin, Preußischer Kulturbesitz,
Ethnologisches Museum. Inv.-Nr. VA 8056.
Foto: A. Dreyer

FRAUENFIGUR AUS SPONDYLUS

Spondylus war eines der begehrtesten Materialien im Alten Peru, schon lange vor der Inka-Zeit. Als Schmuck, als Opfergabe, aber auch als Geschenk im Sinne einer Gegengabe für Loyalität.

Spondylus
H: 6 cm; B: 2 cm
Peru, Inka-Kultur,
Imperiale Phase, 15.–16. Jh. n. Chr.
Linden-Museum Stuttgart.
Inv.-Nr. M 34195.
Foto: A. Dreyer

• 130

• 131

EIN *CURACA*, DER IN EINER SÄNFTE GETRAGEN WIRD

Hochrangige Persönlichkeiten wurden immer getragen. Sie setzten in ihrer Untertanen Gegenwart nie einen Fuß auf den Boden. Den Sapa Inka trugen vier Männer aus dem Hochadel der Inka. Auch auf langen Reisen lief der Inka nicht.

Ton, Engobebemalung
H: 12 cm; B: 10 cm; L: 17 cm
Peru, Chancay-Kultur, 11.–15. Jh. n. Chr.
Linden-Museum Stuttgart. Inv.-Nr. M 30185.
Foto: A. Dreyer

• 132

STEINSCHALE, ALS MOTIV EINE RUHENDE LAMAKARAWANE

Die Lamakarawanen waren das wichtigste Transportmittel. Über sie fand die gesamte überregionale Güterbewegung im Andengebiet statt. Sie transportierten Salz in das Amazonasgebiet und brachten dafür Federn und Cocablätter. Sie holten getrockneten Fisch und Fischmehl von der Küste und versorgten die Weberinnen dort mit gefärbter Alpakawolle aus dem Hochland.

Stein
H: 15 cm; D: 20 cm
Peru, Inka-Kultur, Imperiale Phase, 15.–16. Jh. n. Chr.
© The Trustees of the British Museum.
Inv.-Nr. Am1909,0403.3.
Foto: M. Row

• 133

• 129

• 130

• 131

• 132

• 133

· 134

· 135

· 136

· 137

· 138

LASTENTRÄGER

Über kürzere Strecken trugen die Menschen die Lasten selbst. Auch die Ablieferung der produzierten Überschüsse in den großen Lagerstätten des Staates lief größtenteils über menschliche Träger. In den Lagerstätten sammelte man Nahrungsmittel, Waffen und Rohmaterial wie Holz und Alpakawolle.

Ton, Engobebemalung
H: 16 cm; B: 16 cm; T: 11 cm
Peru, Inka-Kultur, Imperiale Phase, 15.–16. Jh. n. Chr.
Staatliche Museen zu Berlin, Preußischer Kulturbesitz, Ethnologisches Museum. Inv.-Nr. VA 11997.
Foto: A. Dreyer

• 134

KLASSISCHER *ARYBALLO*

Aryballos dienten zur Aufbewahrung von Flüssigkeiten. Sie waren sehr praktisch zu transportieren, da man durch die beiden Ösen eine Schnur ziehen und sie auf dem Rücken tragen konnte.

Ton, Engobebemalung
H: 34 cm; B: max. 28 cm
Peru, Inka-Kultur, Imperiale Phase, 15.–16. Jh. n. Chr.
Linden-Museum Stuttgart. Inv.-Nr. M 30136.
Foto: A. Dreyer

• 135

COCATASCHE MIT LAMAMOTIV

Alpakawolle
H: 25 cm; B: 22 cm
Peru, Inka-Kultur, Imperiale Phase, 15.–16. Jh. n. Chr.
© The Trustees of The British Museum.
Inv.-Nr. 11Am1954, 05. 584.
Foto: M. Row

• 137

ARYBALLO-TRÄGER

Der sitzende Mann trägt einen *aryballo* auf dem Rücken. In der Hand hält er einen Becher. Da diese Keramiken meist aus Gräbern stammen, könnte es sich hier um ein Ritual handeln, bei dem Maisbier getrunken wurde.

Ton, Engobebemalung
H: 22 cm; B: 10 cm; T: 13 cm
Peru, Inka-Kultur, Imperiale Phase, 15.–16. Jh. n. Chr.
Staatliche Museen zu Berlin, Preußischer Kulturbesitz, Ethnologisches Museum. Inv.-Nr. VA 11997.
Foto: A. Dreyer

• 136

FEDERFÄCHER

Federn waren schon lange vor der Zeit der Inka ein sichtbarer Beweis für überregionale Beziehungen in das Amazonasgebiet. Das machte sie zu einem wichtigen Statussymbol.

Pflanzenfaser, Federn
H: 29 cm; B: 28 cm
Peru, Inka-Kultur, Imperiale Phase, 15.–16. Jh. n. Chr.
Linden-Museum Stuttgart. Inv.-Nr. M 33008.
Foto: A. Dreyer

• 138

KERAMIK, KOPF EINES PAPAGEIS

Diese Keramik diente möglicherweise als Aufsatz auf einen Pfosten oder einen Stab.

Ton, Engobebemalung
H: 17 cm; B: 12 cm; T: 20 cm
Staatliche Museen zu Berlin, Preußischer Kulturbesitz, Ethnologisches Museum. Inv.-Nr. VA 609.
Foto: A. Dreyer

• 139

BEARBEITETE SPONDYLUSFRAGMENTE

Spondylus war eines der wichtigsten Handelsgüter. Muscheln und Muschelhälften gab man als Grabbeigabe mit ins Jenseits. Durch Sägen, Bohren und Schleifen stellte man Perlen her, die zu Hals- oder Armschmuck weiterverarbeitet wurden.

Spondylus
L: 7 cm; B: 4 cm; T: 2 cm
Peru, Kultur unbekannt
Staatliche Museen zu Berlin, Preußischer Kulturbesitz, Ethnologisches Museum, Inv.-Nr. VA 66750b–n.
Foto: A. Dreyer

• 140

MEDITIERENDER MANN

Der Mann sitzt in meditierender Haltung mit leicht geneigtem Kopf auf dem Boden. Eine häufige Darstellung in der vor-inkaischen Kultur der Moche von der Nordküste Perus. Dort sind es meist Schamanen, deren Seele im Jenseits weilt, während sie sich in Trance befinden. Die Trance erreichten sie mit Hilfe halluzinogener Drogen, die sie aus dem Amazonasgebiet bezogen. Zur Inka-Zeit gab es sicher noch lokale Schamanen, die Staatsreligion war jedoch der Sonnenkult.

Ton, Engobebemalung
H: 18 cm; B: 11 cm; T: 10 cm
Peru, Inka-Kultur, Imperiale Phase, 15.–16. Jh. n. Chr.
Staatliche Museen zu Berlin, Preußischer Kulturbesitz, Ethnologisches Museum. Inv.-Nr. VA 17262.
Foto: A. Dreyer

• 141

IN HOCKE SITZENDER MANN MIT COCAZUBEHÖR AUF DEM HINTERKOPF

Der Mann hat, befestigt an seiner Kopfbedeckung, alles was man für das Kauen der Cocablätter braucht. Ein kleiner Flaschenkürbis, der Kalk enthält und einen Spatel, mit dem der Kalk entnommen wird. Um das berauschende Alkaloid zu lösen, muss man die Cocablätter mit Kalk kauen.

Ton, Engobebemalung
H: 24 cm; B: 14 cm; T: 20 cm
Peru, Chimú-Inka-Kultur, Imperiale Phase, 15.–16. Jh. n. Chr.
Linden-Museum Stuttgart. Inv.-Nr. M 32497.
L. Foto: A. Dreyer

• 142

· 139

· 140

· 141

· 142

287

• 143

• 144

• 145

• 146

• 147

• 148

288

KUPFER

Ein gewichtiges Geschenk kam 1898 an das damalige Naturalienkabinett in Stuttgart; fast 4 Kilogramm wiegt dieses Stück gediegenes Kupfer. Das unregelmäßig ausgebildete natürliche Kupferblech stammt aus der Provinz Copiapó (Nord-Chile). Die rötliche Farbe wird durch einen Belag von Cuprit (Rotkupfererz) bewirkt.

ged. Kupfer
L: 35 cm; B: 27 cm; H: 3,5 cm; G: 3.920 kg
Herkunft: Prov. Copiapo, Chile.
Staatliches Naturkundemuseum Stuttgart,
Slg. Berta Hess 1898. Inv.-Nr. MIN13699.
Foto und Text: Franz Xaver Schmidt

• 143

SILBER

Bei der Silberstufe aus Potosi handelt es sich um ein Gangstück mit rund 3 Zentimeter Dicke. Die Füllung besteht aus gediegenem Silber, teilweise dendritenförmig ausgebildet, vergesellschaftet mit Quarz. Die Quarze sind milchig trüb, vereinzelt wasserklar und doppelendig kristallisiert. In Hohlräumen findet sich lockenförmiges Silber, manchmal zu Knäulen aggregiert. Das Silber ist oft mit Silberglanz überzogen, er bewirkt die dunkle Farbe.

ged. Silber aus den alten Minen von Potosi
L: 5,5 cm; B: 5 cm; H: 3,5 cm; G: 180 g
Staatliches Naturkundemuseum Stuttgart, Slg. W. Kunst 1869.
Inv.-Nr. MIN13585.
Foto und Text: Franz Xaver Schmidt

• 144

SILBER

Besonders schön ist die dendriten- oder bäumchenförmige Ausbildung des Silbers aus Cabeza de Vaca, Provinz Atacama (Nord-Chile) zu sehen. An einem größeren „Silberdraht" sind zweigartig parallel gewachsene Silberdrähte angeordnet, die in unregelmäßig ausgebildeten Oktaederflächen enden. Weißer Calcit findet sich in den Zwickelfüllungen.

ged. Silber, dendritisch
Herkunft: Cabeza de Vaca, Dep. Copiapó,
Prov. Atacama, Chile.
L: 6,5 cm; B: 5 cm; D: 1,5 cm.
Staatliches Naturkundemuseum Stuttgart.
Inv.-Nr. MIN13596.
Foto und Text: Franz Xaver Schmidt

• 145

GOLD

Ein solches Berggold stammt von Guanaco in der Provinz Antofagasta (Nord-Chile). Rundliche Goldbleche sind auf einer mit Braueisen überzogenen Gesteinsmatrix verteilt. Diese sitzen direkt auf dem feinkörnigen Gestein und sind teilweise mit farblosem Gips vergesellschaftet. Das größte zusammenhängende Goldblech misst 6 Millimeter; durchschnittlich weisen sie einen Durchmesser von 2–3 Millimeter auf.

ged. Gold mit Gips auf Matrix
Herkunft: Guanaco Prov. Antofagasta, Nord Chile
L: 3,5 cm; B: 3,5 cm; D: 3 cm
Staatliches Naturkundemuseum Stuttgart, Slg. Möricke 1897.
Inv.-Nr. MIN13566.
Foto und Text: Franz Xaver Schmidt

• 146

LAPISLAZULI

Neben den edlen Metallen gehört der Lapislazuli von alters her zu den Objekten der Begierde. Seine bestechend blauen Farbtöne machen ihn zu einem begehrten Schmuckstein. Lapislazuli ist eigentlich ein Gestein, das aus einem Gemenge von Lasurit, Calcit und Pyrit besteht. Die Vorkommen liegen hauptsächlich in der chilenischen Provinz Coquimbo.

Lapis lazuli, Herkunft: Chile.
L: 9 cm; B: 7,5 cm; D: 2,5 cm
Staatliches Naturkundemuseum Stuttgart,
Slg. Lind 1981. Inv.-Nr. MIN24971.
Foto und Text: Franz Xaver Schmidt

• 147

HÄLFTE EINER SPONDYLUS-MUSCHEL

Die Spondylus-Muschel, auch Dornen- oder Stachelauster genannt, kommt nur in warmen Gewässern vor. Ihr halluzinogen wirkendes Fleisch und ihr Vorkommen im Zusammenhang mit starken Regenfällen in der peruanischen Wüste während des El Niño-Wetterphänomens machten sie im Wassermangelgebiet Peru zu einem der bedeutendsten Symbole für Fruchtbarkeit und Verbindung ins Jenseits. Schon die frühesten Kulturen gaben ihren Verstorbenen Spondylus-Muscheln mit in das Grab.

Spondylus
H: 11 cm; B: 11 cm; T: 3 cm
Linden-Museum Stuttgart. Inv.-Nr. 119538a.
Foto: A. Dreyer

• 148

MANN MIT LANGUSTENREUSE

Der vor der peruanischen Küste von Süden nach Norden fließende Humboldtstrom ist eines der fischreichsten Gewässer der Welt. Getrockneter Fisch und Fischmehl wurden schon lange Zeit vor den Inka zwischen Küste und Hochland gehandelt. Die Keramik ist ein Trankopfergefäß, steht mit Fruchtbarkeit in Verbindung. Hier könnte die Fruchtbarkeit des Meeres gemeint sein.

Ton
H: 19 cm; L: 31 cm
Peru, Inka-Kultur, Imperiale Phase, 15.–16. Jh. n. Chr
Linden-Museum Stuttgart. Inv.-Nr. M 30180.
Foto: A. Dreyer

• 149

BEMALTER TELLER

Bei den Fischen scheint es sich um Welse zu handeln. Der Wels kommt häufig in den Flüssen der Küstenoasen vor. Auch er war in der vorspanischen Zeit bei vielen Kulturen ein beliebtes Motiv für Keramiken, die Opfergaben enthielten. Fisch war ein begehrtes Handelsgut und Nahrungsgrundlage der Kulturen an der Küste.

Ton, Engobebemalung
H: 8 cm; D: 18 cm
Peru, Inka-Zeit, Imperiale Phase, 15.–16. Jh. n. Chr.
Niedersächsisches Landesmuseum Hannover. Inv.-Nr. I/10502.
Foto: K. Schmidt

• 150

WAAGE AUS TEXTIL MIT WAAGEBALKEN

Solche Waagen waren im ganzen Andengebiet verbreitet. Wertvolle Güter wie beispielsweise Alpakawolle wurden gewogen, bevor man sie in den großen Vorratsspeichern der Inka lagerte.

Alpakawolle, Knochen
L: 46 cm; B: 53 cm
Staatliche Museen zu Berlin, Preußischer Kulturbesitz, Ethnologisches Museum. Inv.-Nr. VA 26246.
Foto: A. Dreyer

• 151

WAAGE MIT SILBERNEN WAAGSCHALEN

In solchen Waagen mit Waagschalen wog man Farbstoffe ab wie Mineralerden. Sie waren für besonders wertvolle Güter gedacht. Vielleicht wog man auch Gold damit ab.

Baumwolle, Ton, Silber
L: 28 cm; B: 16 cm
Peru, Chimú-Inka-Kultur, Imperiale Phase, 15.–16. Jh. n. Chr.
Museum of World Cultures, Göteborg. Inv.-Nr. 1925.11.0003.
Foto: M. Anderzen

GROSSES AUFBEWAHRUNGSGEFÄSS

Die mit *uncus* bekleideten Männer scheinen auf dem Gefäß zu tanzen. Möglicherweise handelt es sich um ein mit Landwirtschaft in Zusammenhang stehendes Ritual.

Ton, Engobebemalung
H: 39 cm; D: 40 cm
Peru, Inka-Kultur, Imperiale Phase, 15.–16. Jh. n. Chr.
Staatliches Museum für Völkerkunde München.
Inv.-Nr. 31-35-5.
Foto: M. Franke

• 152

• 153

· 149

· 150

· 151

· 152

· 153

291

• 154

• 155

• 156

• 157

• 158

GROSSER ARYBALLO

Großer *aryballo* zur Aufbewahrung von Flüssigkeit.

Ton, Engobebemalung
H: 85 cm; B: 63 cm; T: 50 cm
Peru, Inka-Kultur,
Imperiale Phase, 15.–16. Jh. n. Chr.
Staatliche Museen zu Berlin,
Preußischer Kulturbesitz,
Ethnologisches Museum.
Inv.-Nr. VA 7891.
Foto: M. Franken

• 154

EIN BAUER MIT EINEM GRABSTOCK IN EINER HAND STEHT AUF EINER FELDBAUTERRASSE

Feldbau wurde immer in Gruppen betrieben. Die Männer bedienten die *chaquitaclla*, den andinen Spaten, mit dem die Scholle aufgebrochen wurde. Die Frauen knieten auf dem Boden und drehten die angehobene Scholle um. Die Terrassen waren so geneigt, dass sie eine optimale Befeuchtung boten. Zuviel Wasser floss ab.

Ton, Engobebemalung
H: 17 cm; B: 25 cm; T: 11 cm
Peru, Inka-Kultur, Imperiale Phase, 15.–16. Jh. n. Chr.
Museo Larco, Lima. Inv.-Nr. ML031666.
Foto: D. Giannoni

MANN, DREI KERAMIKEN TRAGEND

Dieser Mann trägt drei Keramiken. Zwei große Schalen und einen kleinen *aryballo*, den er mit einer Schnur dazwischen befestigt hat. Im Inka-Reich gab es auf Keramikherstellung spezialisierte Siedlungen.

Ton, Engobebemalung
H: 7 cm; B: 6 cm; T: 8 cm
Peru, Inka-Kultur,
Imperiale Phase, 15.–16. Jh. n. Chr.
Niedersächsisches Landesmuseum
Hannover. Inv.-Nr. 10507.
Foto: K. Schmidt

• 155

• 156

BAUER MIT AXT

Der sitzende Bauer hat eine Axt über der Schulter und eine Keule auf dem Rücken. Sein Gesicht ist tätowiert, was sicher seine ethnische Zugehörigkeit kennzeichnet.

Ton, Engobebemalung
H: 20 cm; D: 14 cm
Peru, Inka-Kultur,
Imperiale Phase, 15.–16. Jh. n. Chr.
Museo de América, Madrid.
Inv.-Nr. 8455.
Foto: J. Otero Úbeda

KARTOFFEL

In Peru gibt es zwischen 4.000 und 7.000 Kartoffelsorten. Es ist die „Kornkammer" und Herkunftsort der Knollenfrucht. Im Inka-Reich war die Kartoffel zusammen mit der Quinoa, einer Getreideart, das Grundnahrungsmittel der Bevölkerung.

Ton, Engobebemalung
H: 14 cm; B: 14 cm; T: 11 cm
Peru, Inka-Kultur, Imperiale Phase, 15.–16. Jh. n. Chr.
Staatliche Museen zu Berlin, Preußischer Kulturbesitz,
Ethnologisches Museum. Inv.-Nr. VA 47709.
Foto: A. Dreyer

• 157

• 158

ZWEI KÜRBISHÄLFTEN AUS KERAMIK

Diese beiden Kürbishälften wirken sehr authentisch. Manchmal haben die Künstler der vorspanischen Zeit Originalfrüchte verwendet um möglichst originalgetreue Abdrücke zu machen. Kürbis stammt, wie Mais und Bohnen ursprünglich aus Amerika. Ebenso die Erdbeere, Vanille, Erdnuss, Papaya und Avocado. Baumwolle wurde auf mehreren Kontinenten kultiviert.

Ton, Engobebemalung
L: 7 cm; B: 14 cm; H: 10 cm
Peru, Inka-Kultur, Imperiale Phase, 15.–16. Jh. n. Chr.
Staatliche Museen zu Berlin, Preußischer Kulturbesitz,
Ethnologisches Museum. Inv.-Nr. VA 8049 und VA 8050.
Foto: A. Dreyer

• 159

KERAMIK IN FORM EINER CHIRIMOYA

Chirimoyas wurden wie Mais und Kartoffeln häufig als Keramiken abgebildet, schon lange vor den Inka. Die Chirimoya ist eine süße, nach einer Mischung aus Birne und Erdbeere schmeckende Frucht. Sie gedeiht als eine von sehr wenigen Früchten in den Hochanden.

Ton, Engobebemalung
H: 14 cm; B: 13 cm; T: 13 cm
Peru, Inka-Kultur, Imperiale Phase, 15.–16. Jh. n. Chr.
Staatliche Museen zu Berlin, Preußischer Kulturbesitz,
Ethnologisches Museum. Inv.-Nr. VA 4130.
Foto: A. Dreyer

• 160

KERAMIK, EINEN MAISKOLBEN DARSTELLEND

Diese Keramik scheint aufgehängt gewesen zu sein, da sie zwei Ösen zur Befestigung einer Schnur hat. Wahrscheinlich war sie mit Maisbier, *chicha*, gefüllt und symbolisierte die Fruchtbarkeit der Maisfelder.

Ton, Engobebemalung
H: 10 cm; B: 15 cm; T: 7 cm
Peru, Inka-Kultur, Imperiale Phase, 15.–16. Jh. n. Chr.
Staatliche Museen zu Berlin, Preußischer Kulturbesitz,
Ethnologisches Museum. Inv.-Nr. VA 2864.
Foto: A. Dreyer

• 161

OPFERGABE, *CONOPA*, IN FORM EINES MAISKOLBENS AUS STEIN

Stein
L: 10 cm
Peru, Inka-Kultur, Imperiale Phase, 15.–16. Jh. n. Chr.
Staatliche Museen zu Berlin, Preußischer Kulturbesitz,
Ethnologisches Museum. Inv.-Nr. VA 44990.
Foto: A. Dreyer

• 162

OPFERGABE *CONOPA* IN FORM EINES MAISKOLBENS AUS STEIN

Solche *conopas* vergrub man am Fuße von Heiligtümern, *huacas*. Berge, Seen, Quellen, Flussläufe, Maisfelder, allem konnte etwas geopfert werden um das „Wegnehmen" des Mais, die Ernte, wieder gut zu machen und einen Ausgleich zu schaffen.

Stein
L: 8 cm; B: 3 cm; T: 3 cm
Peru, Inka-Kultur, Imperiale Phase, 15.–16. Jh. n. Chr.
Staatliche Museen zu Berlin, Preußischer Kulturbesitz,
Ethnologisches Museum. Inv.-Nr. VA 12068.
Foto: A. Dreyer

• 163

• 159

• 160

• 161

• 162

• 163

• 164

• 165

• 166

• 167

• 168

OPFERGABE, *CONOPA*, IN FORM EINES MEERSCHWEINCHENS

Meerschweinchen stammen aus dem Hochland der Anden, der Region der Puna auf mehr als 3.500 Metern Höhe. Sie waren der wichtigste Fleischlieferant für die Haushalte und sind es bis heute. Ein Meerschweinchen liefert bis zu 600 Gramm Fleisch.

Stein
L: 6 cm; B: 3 cm; H: 3 cm
Peru, Inka-Kultur, Imperiale Phase, 15.–16. Jh. n. Chr.
Staatliche Museen zu Berlin, Preußischer Kulturbesitz, Ethnologisches Museum. Inv.-Nr. VA 8620.
Foto: A. Dreyer

• 164

OPFERGABE, *CONOPA*, IN FORM EINES MEERSCHWEINCHENS

Meerschweinchen waren und sind bis heute nicht nur ein wichtiger Fleischlieferant, sondern sie werden auch für Rituale verwendet. Bei einer rituellen Reinigung reibt man den Körper eines Menschen mit einem Meerschweinchen ab. Dadurch übertragen sich krank machende Dinge auf das Meerschweinchen und der Mensch wird gesund.

Stein
L: 6 cm; B: 2 cm; H: 2 cm
Peru, Inka-Kultur, Imperiale Phase, 15.–16. Jh. n. Chr.
Staatliche Museen zu Berlin, Preußischer Kulturbesitz, Ethnologisches Museum. Inv.-Nr. VA 8621.
Foto: A. Dreyer

• 165

OPFERGABEN, *CONOPAS*, IN FORM VON LAMAS

Das Fleisch von Lamas wurde im Hochland luftgetrocknet und auf diese Weise lange haltbar gemacht. Lamafleisch ist bis heute sehr wertvoll, Lamas werden nur zu besonderen Gelegenheiten geschlachtet. Als Opfergabe und Dank für das Lama füllte man Lamafett in solche *conopas* ab und vergrub sie. Vielleicht galten *conopas* als vollwertiger Ersatz für ein Lama.

Stein
H: 7 cm; L: 12 cm
Peru, Inka-Kultur, Imperiale Phase, 15.–16. Jh. n. Chr.
Museo de Arte del Sur Andino, Cusco.
Foto: D. Giannoni

• 166

ZEREMONIALAXT

Der Verwendungszweck für solche Zeremonialäxte ist nicht ganz klar. Möglicherweise kamen sie bei rituellen Zweikämpfen, *tinkuy*, zum Einsatz. Beim *tinkuy*, der bis heute in Bolivien praktiziert wird, muss menschliches Blut fließen, damit die Fruchtbarkeit der Felder und der Erhalt des Lebenszyklus garantiert sind.

Holz, Federn, Alpakawolle
L: 44 cm; B: 15 cm
Peru, Inka-Kultur, Imperiale Phase, 15.–16. Jh. n. Chr.
Museo de América, Madrid. Inv.-Nr. 2002/05/156.
Foto: J. Otero Úbeda

• 167

ZEREMONIALAXT

Tierhaut, Federn, Alpakawolle, Holz, Metall
L: 45 cm; B: 14 cm; H: 25 cm (mit Klinge)
Peru, Inka-Kultur, Imperiale Phase, 15.–16. Jh. n. Chr.
Museo de América, Madrid. Inv.-Nr. 2002/05/160.
Foto: J. Otero Úbeda

• 168

MANN IN TRANCE, MIT COCABEUTEL UND KALKBEHÄLTER

Dieser sitzende Mann hat einen Cocabeutel um den Hals hängen. Er greift hinein und zieht einen Kalkbehälter heraus. Das Kauen von Cocablättern war in der vorspanischen Zeit streng auf religiöse Zwecke und Priester oder Priesterkönige beschränkt. Coca leitete häufig ein Ritual ein, da man ihm eine rituelle Reinigung zuschrieb. Heute streuen Heiler Cocablätter, um eine Krankheit aus der Lage der Blätter abzulesen.

Ton, Engobebemalung, Textil aus Baumwolle
H: 33 cm; B: 21 cm; T: 21 cm
Peru, Inka-Kultur, Imperiale Phase, 15.–16. Jh. n. Chr.
Staatliche Museen zu Berlin, Preußischer Kulturbesitz, Ethnologisches Museum. Inv.-Nr. VA 1055.
Foto: A. Dreyer

• 169

KNOTENSCHNUR *QUIPU*

Die Knotenschnüre waren Buchhaltungssystem, Gedächtnisstütze für Mythen und geschichtliche Inhalte, Rechenmaschine und Kalender. Sie waren nach dem Dezimalsystem aufgebaut. Die unterschiedlichen Knoten und Farben bedeuteten unterschiedliche Dinge. Nur welche, wissen wir nicht. Die Kundigen, die die Schnüre lesen konnten, fielen den Spaniern zum Opfer bevor das System dokumentiert werden konnte.

Baumwollgarn
H: 59,5 cm; B: 88 cm
Peru, Inka-Kultur, Imperiale Phase, 15.–16. Jh. n. Chr.
Linden-Museum Stuttgart. Inv.-Nr. M 32902.
Foto: A. Dreyer

• 171

KALKBEHÄLTER MIT KLEINEM PUMA

Coca-Blätter bewahrte man in Stoffbeuteln auf, den Kalk in Behältern aus Kalebasse, Metall oder Holz. Cocablätter gediehen nur im warmen, feuchten Klima. Sie mussten daher für den zentralen Teil des Andenhochlandes von weither eingeführt werden. Den Pfropfen ziert ein kleiner Puma, der untere Teil des Behälters ist mit Vogelmotiven verziert.

Kalebasse, Baumwollgarn, Holz
L: 15 cm; B: 4 cm; H: 4 cm
Peru, Kultur unbekannt,
vermutlich späterer Horizont, 11.–16. Jh. n. Chr.
Staatliche Museen zu Berlin, Preußischer Kulturbesitz, Ethnologisches Museum. Inv.-Nr. VA 25025.
Foto: A. Dreyer

• 170

TRANKOPFERGEFÄSS *PACCHA*

Dieses Trankopfergefäß verbindet drei Elemente: die Spitze eines Grabstocks, einen Maiskolben und einen *aryballo*, den Behälter für Maisbier, der mit stilisierten Maispflanzen verziert ist. Mais war für die Inka die wichtigste Pflanze. Aus ihr wurde Maisbier hergestellt, für rituelle Zwecke, für Feste. Die Erweiterung der Möglichkeiten für Maisanbau war einer der wichtigsten und frühesten Gründe für die Expansion: Der Beginn der inkaischen Expansion fällt mit einer Abmilderung des Klimas zusammen, die die Möglichkeiten für Maisanbau im Hochland deutlich verbesserte. Im Sonnentempel in Cusco fanden täglich Maisrituale statt, um gute Ernten zu gewährleisten.

Ton, Engobebemalung
H: 23 cm; B: 40 cm
Peru, Inka-Kultur, Imperiale Phase, 15.–16. Jh. n. Chr.
© The Trustees of The British Museum.
Inv.-Nr. Am1947, 10. 39.
Foto: M. Row

• 172

• 169

• 170

• 171

• 172

299

• 173

• 174

• 175

• 176

SCHNECKENHORN *PUTUTU*

Schneckenhörner verwendeten die Botenläufer, um ihre Ankunft zu melden. Bei Kriegszügen dienten die *pututus* als Signalhorn, um die Truppen zu sammeln. Sie waren neben der Spondylusmuschel das wichtigste Handelsgut aus den tropisch warmen Gewässern des heutigen Ecuador.

Schneckenhorn (Strombus Galeatus)
L: 11 cm; B: 21 cm; T: 16 cm
Peru, Kultur unbekannt
Staatliche Museen zu Berlin, Preußischer Kulturbesitz, Ethnologisches Museum. Inv.-Nr. VA 63149.
Foto: A. Dreyer

• 173

INKAZEITLICHE SANDALEN

Leder, Alpakawolle
L: 21 cm; B: 9 cm
Peru, Inka-Kultur, Imperiale Phase, 15.–16. Jh. n. Chr.
Linden-Museum Stuttgart. Inv.-Nr. 69319 und 69320.
Foto: A. Dreyer

• 174

KERAMIK IN FORM EINES FUSSES MIT SANDALE

Die Bedeutung dieser Keramiken ist uns nicht bekannt. Interessanterweise bilden sie sehr genau die Art von Sandale ab, die während der Inka-Zeit von Personen getragen wurden, die für die Inka tätig waren. Guaman Poma de Ayala bildet auf seinen Zeichnungen genau diese Art von Sandalen ab.

Ton
H: 16 cm; B: 10 cm; T: 16 cm
Peru, Chimú-Inka-Kultur, Imperiale Phase, 15.–16. Jh. n. Chr.
Linden-Museum Stuttgart. Inv.-Nr. M 32440.
Foto: A. Dreyer

• 175

BEUTEL FÜR COCA-BLÄTTER *CHUSPA*

Auf den Zeichnungen Guaman Poma de Ayalas tragen Botenläufer solche Beutel mit sich. Möglicherweise wurde schon in der Inka-Zeit die leistungssteigernde Wirkung der Cocablätter genutzt.

Alpakawolle
L: 53 cm; B: 20 cm
Peru, Inka-Kultur, Imperiale Phase, 15.–16. Jh. n. Chr.
Linden-Museum Stuttgart. Inv.-Nr. 53396.
Foto: A. Dreyer

• 176

KNOTENSCHNUR *QUIPU*

Die Botenläufer übermittelten ihre Botschaften und Nachrichten mittels Knotenschnüren.

Baumwollgarn
L: 56 cm; B: 32 cm
Peru, Inka-Kultur, Imperiale Phase, 15.–16. Jh. n. Chr.
Linden-Museum Stuttgart. Inv.-Nr. 27293.
Foto: A. Dreyer

• 177

KNOTENSCHNUR *QUIPU*

Baumwollgarn
L: 45 cm; B: 38 cm
Peru, Inka-Kultur, Imperiale Phase, 15.–16. Jh. n. Chr.
Linden-Museum Stuttgart. Inv.-Nr. 69195.
Foto: A. Dreyer

• 178

MINIATUR-*UNCU* EINES KRIEGERS

Dieser Miniatur-*uncu* enspricht dem eines *capitáns*, also Offiziers des inkaischen Heeres. Vielleicht entstammt er einer Opferung eines Kriegers oder die Geopferten wurden grundsätzlich auch als Krieger betrachtet.

Alpakawolle
L: 13 cm; B: 10 cm
Peru, Inka-Kultur, Imperiale Phase, 15.–16. Jh. n. Chr.
Staatliche Museen zu Berlin, Preußischer Kulturbesitz, Ethnologisches Museum. Inv.-Nr. VA 55462.
Foto: A. Dreyer

• 179

MINIATUR-*UNCU* MIT GEWANDNADELN *TUPUS* AUS SILBER

Alpakawolle, Silber
uncu: L: 8 cm; B: 15 cm; *tupus*: L: 5 cm; B: 2 cm
Peru, Inka-Kultur, Imperiale Phase, 15.–16. Jh. n. Chr.
© The Trustees of The British Museum.
Inv.-Nr. Am1862, 0611; Am1862, 0611.4a–b.
Foto: M. Row

• 180

MINIATUR-*UNCU*

Ein Miniatur-*uncu*, der identisch ist mit dem Originalstück. Erst die Funde dieser Miniaturen in den Opferstätten der Eismumien brachte Klarheit bei der Zuordnung von Textilien zur Inka-Kultur.

Alpakawolle
L: 10 cm; B: 8 cm
Peru, Inka-Kultur, Imperiale Phase, 15.–16. Jh. n. Chr.
Staatliche Museen zu Berlin, Preußischer Kulturbesitz, Ethnologisches Museum. Inv.-Nr. VA 28915.
Foto: A. Dreyer

• 181

· 177

· 178

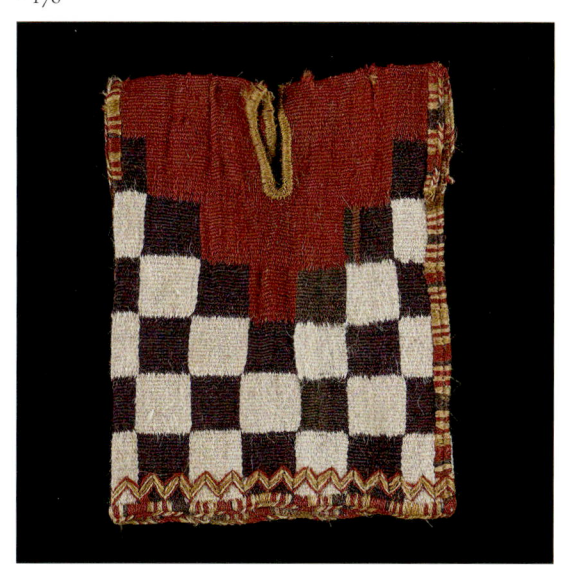
· 179

· 180

· 181

303

• 182

• 183

• 184

• 185

• 186

• 187

• 188

FRAUENFIGÜRCHEN IN GEBETSHALTUNG

Die Haltung der Hände deutet die Gebetshaltung an, bei der die Hände vom Körper weggestreckt und die Handflächen nach oben gehalten wurden.

Gold, vermutlich Legierung
H: 6 cm; B: 2 cm; T: 2 cm
Peru, Inka-Kultur,
Imperiale Phase, 15.–16. Jh. n. Chr.
© The Trustees of The British Museum.
Inv.–Nr. Am1927, 1007.6.
Foto: M. Row

• 182

EIN PAAR KLEINER SCHALEN

Ton, Engobebemalung
L: 8 cm; D: 17 cm; L: 13 cm
Peru, Inka-Kultur, Imperiale Phase, 15.–16. Jh. n. Chr.
Staatliche Museen zu Berlin, Preußischer Kulturbesitz,
Ethnologisches Museum. Inv.-Nr. VA 8238 und VA 8239.
Foto: A. Dreyer

• 183

KLEINER KRUG

Ton, Engobebemalung
L: 7 cm; B: 11 cm; H: 8 cm
Peru, Inka-Kultur,
Imperiale Phase, 15.–16. Jh. n. Chr.
Staatliche Museen zu Berlin,
Preußischer Kulturbesitz,
Ethnologisches Museum.
Inv.-Nr. VA 8161.
Foto: A. Dreyer

• 184

MINIATUR-*ARYBALLO*

Ton, Engobebemalung
L: 13 cm; B: 11 cm; H: 8 cm
Peru, Inka-Kultur,
Imperiale Phase, 15.–16. Jh. n. Chr.
Staatliche Museen zu Berlin,
Preußischer Kulturbesitz,
Ethnologisches Museum.
Inv.-Nr. VA 8012.
Foto: A. Dreyer

• 185

MINIATUR-*ARYBALLO*

Ton, Engobebemalung
L: 13 cm; B: 11 cm; H: 9 cm
Peru, Inka-Kultur,
Imperiale Phase, 15.–16. Jh. n. Chr.
Staatliche Museen zu Berlin,
Preußischer Kulturbesitz,
Ethnologisches Museum.
Inv.-Nr. VA 7953.
Foto: A. Dreyer

• 186

KLEINER KRUG

Ton, Engobebemalung
L: 12 cm; B: 14 cm; H: 12 cm
Peru, Inka-Kultur,
Imperiale Phase, 15.–16. Jh. n. Chr.
Staatliche Museen zu Berlin,
Preußischer Kulturbesitz,
Ethnologisches Museum.
Inv.-Nr. VA 7962.
Foto: A. Dreyer

• 187

EIN PAAR KLEINER *KERUS*

Ton, Engobebemalung
L: 11 cm; B: 11 cm; H: 12 cm
Peru, Inka-Kultur, Imperiale Phase, 15.–16. Jh. n. Chr.
Staatliche Museen zu Berlin, Preußischer Kulturbesitz,
Ethnologisches Museum. Inv.-Nr. VA 8117 und VA 8118.
Foto: A. Dreyer

• 188

MINIATURSCHALE MIT GRIFF

Ton, Engobebemalung
L: 8 cm; B: 16 cm; H: 12 cm
Peru, Inka-Kultur, Imperiale Phase, 15.–16. Jh. n. Chr.
Staatliche Museen zu Berlin, Preußischer Kulturbesitz,
Ethnologisches Museum. Inv.-Nr. VA 8130.
Foto: A. Dreyer

• 189

MINATURSCHALE MIT GRIFF

Ton, Engobebemalung
L: 3 cm; B: 8 cm; H: 6 cm
Peru, Inka-Kultur, Imperiale Phase, 15.–16. Jh. n. Chr.
Staatliche Museen zu Berlin, Preußischer Kulturbesitz,
Ethnologisches Museum. Inv.-Nr. VA 8139.
Foto: A. Dreyer

• 190

MINIATURKRUG

Ton, Engobebemalung
L: 7 cm; B: 8 cm; H: 6 cm
Peru, Inka-Kultur, Imperiale Phase, 15.–16. Jh. n. Chr.
Staatliche Museen zu Berlin, Preußischer Kulturbesitz,
Ethnologisches Museum. Inv.-Nr. VA 8316.
Foto: A. Dreyer

• 191

KRUG MIT STILISIERTER MAISDARSTELLUNG

Der Krug mit aufgemalter, stilisierter Maisdarstellung sieht aus, als hätte er einen *keru* als Ausguss.

Ton, Engobebemalung
H: 15 cm; B: 13 cm, T: 12 cm
Peru, Inka-Kultur, Imperiale Phase, 15.–16. Jh. n. Chr.
Staatliche Museen zu Berlin, Preußischer Kulturbesitz,
Ethnologisches Museum. Inv.-Nr. VA 7976.
Foto: A. Dreyer

• 192

EIN PAAR KERAMIKSCHALEN MIT ENTENKOPF ALS GRIFF

Keramiken in Form von Moschusenten gibt es schon mindestens seit der Moche-Zeit, dem 4.–5. Jh. n. Chr. Die Moschusente lebt in Feuchtgebieten mit Seen und Flüssen und könnte daher mit Wasser und Fruchtbarkeit in Zusammenhang gebracht werden.

Ton, Engobebemalung
L: 14 cm; B: 10 cm; H: 5 cm
Peru, Inka-Kultur, Imperiale Phase, 15.–16. Jh. n. Chr.
Staatliche Museen zu Berlin, Preußischer Kulturbesitz,
Ethnologisches Museum. Inv.-Nr. VA 10394 und VA 10935.
Foto: A. Dreyer

• 193

· 189

· 190

· 191

· 192

· 193

307

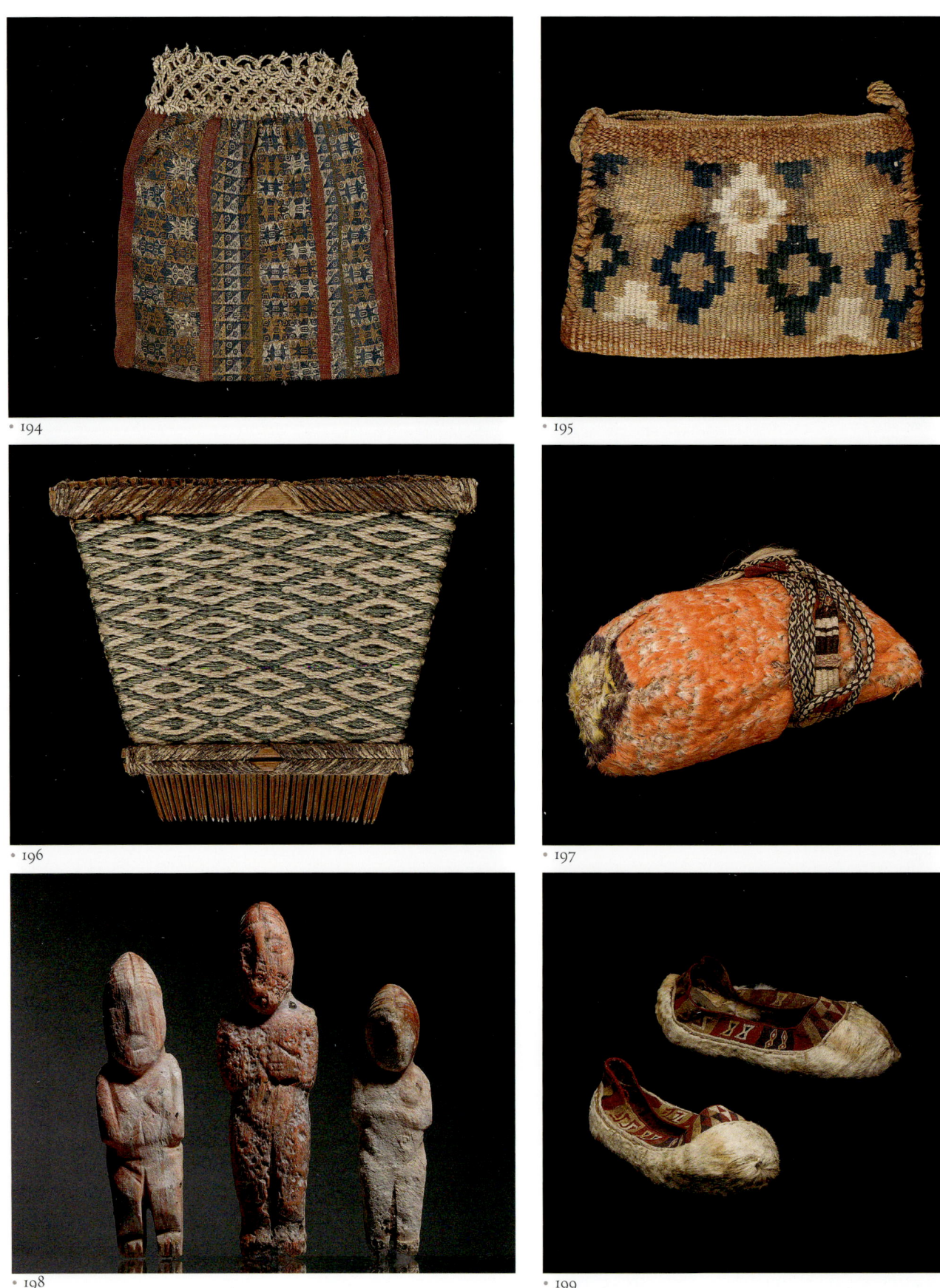

• 194

• 195

• 196

• 197

• 198

• 199

COCATASCHE *CHUSPA*

Alpakawolle
L: 37 cm; B: 34 cm
Peru, Inka-Kultur, Imperiale Phase, 15.–16. Jh. n. Chr.
Linden-Museum Stuttgart. Inv.-Nr. M 32673.
Foto: A. Dreyer

• 194

KLEINER BEUTEL MIT *CHAKANA*-**MOTIV**

Baumwolle
L: 10 cm; B: 7 cm
Peru, Inka-Kultur, Imperiale Phase, 15.–16. Jh. n. Chr.
Linden-Museum Stuttgart. Inv.-Nr. M 32287.
Foto: A. Dreyer

• 195

KAMM

Kaktusstacheln, Baumwollgarn, Holz
H: 9 cm; B: 11 cm
Peru, Kultur unbekannt; vermutlich später Horizont, 11.–16. Jh. n. Chr.
Linden-Museum Stuttgart. Inv.-Nr. 114140.
Foto: A. Dreyer

• 196

MINIATUR-FEDERBEUTEL FÜR COCABLÄTTER

Der kleine Federbeutel ist mit einer Miniatur-Steinschleuder umwickelt. Dies deutet wieder darauf hin, dass Federn mit Krieg in Zusammenhang gesehen wurden. Die Steinschleuder war die wichtigste Angriffswaffe des inkaischen Heeres.

L: 22 cm; B: 10 cm; H: 12 cm
Peru, Inka-Kultur, Imperiale Phase, 15.–16. Jh. n. Chr.
Staatliche Museen zu Berlin, Preußischer Kulturbesitz, Ethnologisches Museum. Inv.-Nr. VA 15906a.b.
Foto: A. Dreyer

• 197

DREI FIGUREN AUS SPONDYLUS

Spondylus
H: 5 cm; B: 2 cm
Peru, Inka-Kultur, Imperiale Phase, 15.–16. Jh. n. Chr.
Museo de Arte del Sur Andino, Cusco.
Foto: D. Giannoni

• 198

SCHUHE

Lamafell, Alpakawolle
L: 25 cm; B: 11 cm; H: 8 cm
Peru, Inka-Kultur, Imperiale Phase, 15.–16. Jh. n. Chr.
Linden-Museum Stuttgart. Inv.-Nr. M 31933a+b.
Foto: A. Dreyer

• 199

SILBERFIGÜRCHEN, MANN UND FRAU

Silber
H: 6 cm; B: 2 cm; T: 2 cm
Peru, Inka-Kultur, Imperiale Phase, 15.–16. Jh. n. Chr.
Linden-Museum Stuttgart. Inv.-Nr. M 34196 L und M 32262.
Foto: A. Dreyer

FRAUEN-FIGUR AUS SILBER

Silber
H: 15 cm; B: 5 cm
Peru, Inka-Kultur, Imperiale Phase, 15.–16. Jh. n. Chr.
Staatliches Museum für Völkerkunde München.
Inv.-Nr. 34-23-2.
Foto: M. Weidner

OREJÓN

Goldblech
H: 14 cm
Peru, Inka-Kultur, Imperiale Phase, 15.–16. Jh. n. Chr.
Staatliches Museum für Völkerkunde München.
Inv.-Nr. G-3476.
Foto: M. Weidner

CAPACCOCHA-FIGÜRCHEN

Solche mit Miniaturtextilien bekleideten Figürchen fand man bei den Mumien der Kinder, die den Andengletschern geopfert wurden. Die Miniaturen geben exakt die wirkliche Kleidung wieder.

Silber, Alpakawolle, Federn, Baumwollgarn, Spondylus
H: 14 cm; B: 8,5 cm
Peru, Inka-Kultur, Imperiale Phase, 15.–16. Jh. n. Chr.
The Arts and Heritage Agency of the Flemish Community und Museum Aan de Stroom, Antwerpen. Inv.-Nr. Capacchocha-Figur: InvNr. : MAS. IB. 2010.017.314.1/6-5/6; Spondylus-Figur: InvNr. MAS. IB. 2010.017.314.6/6
Foto: H. Maertens
Dieses Stück wird nur in Stuttgart gezeigt.

MINIATURTEXTIL MIT TYPISCHEM INKA-SCHRAUBENSCHLÜSSELMOTIV

Dieses so genannte Schraubenschlüsselmotiv findet sich in unterschiedlichen Varianten auf vielen Inka-Textilien. Es scheint eng mit Religion in Zusammenhang zu stehen, da diese Textilien immer wieder mit Opfergaben gefunden werden.

Alpakawolle
L: 16 cm; B: 16 cm
Peru, Inka-Kultur, Imperiale Phase, 15.–16. Jh. n. Chr.
Staatliche Museen zu Berlin, Preußischer Kulturbesitz, Ethnologisches Museum. Inv.-Nr. VA Nls 1726.
Foto: A. Dreyer

MINIATUR-FEDERKOPFSCHMUCK

Diese Art von Federkopfschmuck trugen in Originalgröße einige der geopferten Kinder.

Baumwollgarn, Federn
B: 17 cm; L: 13 cm
Peru, Inka-Kultur, Imperiale Phase, 15.–16. Jh. n. Chr.
Staatliche Museen zu Berlin, Preußischer Kulturbesitz, Ethnologisches Museum. Inv.-Nr. VA 21584.
Foto: M. Franken

• 200

• 201

• 202

• 203

• 204

• 205

• 206

• 207

• 208

• 209

• 210

• 211

LAMA AUS GOLDBLECH

Goldblech
H: 6 cm; L: 5 cm
Peru, Inka-Kultur, Imperiale Phase, 15.–16. Jh. n. Chr.
Staatliches Museum für Völkerkunde München.
Inv.-Nr. G 3679.
Foto: M. Weidner

• 206

LAMA AUS SILBERBLECH

Silberblech
H: 7 cm; L: 6 cm
Peru, Inka-Kultur, Imperiale Phase, 15.–16. Jh. n. Chr.
Staatliches Museum für Völkerkunde München.
Inv.-Nr. 57-20-280.
Foto: M. Weidner

• 207

LAMA AUS SPONDYLUS

Spondylus
L: 3 cm; H: 4 cm
Peru, Inka-Kultur, Imperiale Phase, 15.–16. Jh. n. Chr.
Staatliches Museum für Völkerkunde München.
Inv.-Nr. 78-300 534. Foto:
M. Weidner

• 208

LAMA AUS SPONDYLUS

Spondylus
L: 4 cm; H: 5 cm
Peru, Inka-Kultur, Imperiale Phase, 15.–16. Jh. n. Chr.
Staatliches Museum für Völkerkunde
München. Inv.-Nr. 78-300 533.
Foto: M. Weidner

• 209

MINIATURLAMA AUS GOLDBLECH

Goldene Lamas aus Goldblech schmiedete man während des *capaccocha*-Rituals aus als Opfergabe mitgebrachten dünnen Platten aus Gold. Das Ritual transformierte den Rohstoff zu einer Opfergabe.

Goldblech aus Gold-Kupferlegierung *tumbaga*.
H: 15 cm; B: 15 cm
Peru, Inka-Kultur, Imperiale Phase, 15.–16. Jh. n. Chr.
© The Trustees of The British Museum.
Inv.-Nr. AM1859,0223.1.
Foto: M. Row

• 210

MINIATURLAMA AUS SILBERBLECH MIT HALSBAND

Silberblech
H: 6 cm; B: 6 cm; T: 1 cm
Peru, Inka-Kultur, Imperiale Phase,
15.–16. Jh. n. Chr.
Staatliche Museen zu Berlin, Preußischer Kulturbesitz, Ethnologisches Museum. Inv.-Nr. VA 31253.
Foto: A. Dreyer

• 211

MINIATUR-*KERUS*

Holz
H: 6 cm; D: 5 cm
Peru, Inka-Kultur, Imperiale Phase, 15.–16. Jh. n. Chr.
Staatliche Museen zu Berlin, Preußischer Kulturbesitz,
Ethnologisches Museum. Inv.-Nr. VA 40174 und VA40175.
Foto: A. Dreyer

• 212

MINIATUR-*UNCU*

Es gibt verschiedene Deutungen für die Miniatur-Gegenstände der Inka-Kultur. Möglicherweise stellte man sie her, um ganz sicher die Reinheit und Unberührtheit der Opfergaben zu gewährleisten. Oder sie sollten – wie im Alten Ägypten – im Jenseits zu großen, realen Dingen werden.

Alpakawolle
L: 16 cm; B: 16 cm
Peru, Inka-Kultur, Imperiale Phase, 15.–16. Jh. n. Chr.
Staatliche Museen zu Berlin, Preußischer Kulturbesitz,
Ethnologisches Museum. Inv.-Nr. VA 28352.
Foto: A. Dreyer

• 213

***CAPACCOCHA*-KOPFBEDECKUNG AUS FEDERN**

Solche Feder-Kopfbedeckungen trugen manche der geopferten Kinder. Diese Kopfbedeckungen findet man sehr häufig bei *capaccocha*-Opfern als Miniatur in Verbindung mit goldenen oder silbernen *orejón*-Figürchen. Man kann davon ausgehen, dass diese Kopfbedeckung nur für das *capaccocha*-Ritual angefertigt wurde.

Flamingo-Federn oder Federn des Ibis, Pflanzenfasern
H: 30 cm; B: 47 cm
Peru, Inka-Kultur, Imperiale Phase, 15.–16. Jh. n. Chr.
Royal Museums of Art and History, Brüssel. Inv.-Nr. AAM 68.6.
Foto: © Kmkg-Mrah
Dieses Objekt wird nur in Rosenheim gezeigt.

• 214

***UNCU* MIT FARBIGER BORTE**

Diese *uncus* waren zusammen mit den gleichartigen Miniatur-*uncus* der Schlüssel zum Verständnis und Erkennen von Inka-Textilien.

Alpakawolle
L: 81 cm; B: 92 cm
Peru, Inka-Kultur, Imperiale Phase, 15.–16. Jh. n. Chr.
Staatliche Museen zu Berlin,
Preußischer Kulturbesitz,
Ethnologisches Museum.
Inv.-Nr. VA 20046.
Foto: A. Dreyer

• 215

OREJÓN

Goldblech
H: 5,5 cm
Peru, Inka-Kultur, Imperiale Phase, 15.–16. Jh. n. Chr.
Staatliches Museum für Völkerkunde München. Inv-Nr. G 3677.
Foto: M. Weidner

• 216

• 212

• 213

• 214

• 215

• 216

315

• 217

• 218

• 219

• 220

PORTRÄT DES INKA HUAYNA CAPAC

Dieses Gemälde gehört zu einer Serie, die in Cusco entstand. In dieser wurden die Inka-Herrscher, in Anlehnung an europäische Könige, in einer Genealogie porträtiert. Huayna Capac bekam als erster Sapa Inka die Auswirkungen der Ankunft der Spanier zu spüren. Er starb 1527 an den von Europäern eingeschleppten Pocken.

Öl auf Leinwand
H: 68 cm; B: 52 cm; T: 3 cm
Andengebiet, späte Kolonialzeit oder frühe Republik, wahrscheinlich 19. Jh.
Norberto Rodriguez
Staatliche Museen zu Berlin, Preußischer Kulturbesitz, Ethnologisches Museum. Inv.-Nr. VA 66705.
Foto: C. Obrocki

• 217

PORTRÄT DES INKA HUASCAR

Ungewöhnlich für diese Bilderserie ist, dass beide verfeindeten Brüder, Huáscar und Atahualpa, repräsentiert wurden. Ähnliche andere Genealogien zeigen nur einen der beiden und weisen ihn damit als legitimen Herrscher aus.

Öl auf Leinwand
H: 68 cm; B: 52 cm; T: 3 cm
Andengebiet, späte Kolonialzeit oder frühe Republik, wahrscheinlich 19. Jh.
Norberto Rodriguez
Staatliche Museen zu Berlin, Preußischer Kulturbesitz, Ethnologisches Museum. Inv.-Nr. VA 66706.
Foto: C. Obrocki

• 218

PORTRÄT DES INKA ATAHUALPA

Atahualpas Gemälde folgt zeitlich das von Francisco Pizarro. Als Repräsentanten der spanischen Krone scheint der Inka ihm die Zeremonialaxt wie ein Zepter zu überreichen. Die Herrschaft wurde somit symbolisch offiziell an die Spanier weitergereicht.

Öl auf Leinwand
H: 68 cm; B: 52 cm; T: 3 cm
Andengebiet, späte Kolonialzeit oder frühe Republik, wahrscheinlich 19. Jh.
Norberto Rodriguez
Staatliche Museen zu Berlin, Preußischer Kulturbesitz, Ethnologisches Museum. Inv.-Nr. VA 66707.
Foto: C. Obrocki

• 219

PORTRÄT DES FRANCISCO PIZARRO

Pizarro wird in der Inschrift eindeutig als *conquistador*, als Eroberer, Perus bezeichnet. Bei der Restaurierung des Gemäldes entdeckte man die Signatur des unbekannten Malers Norberto Rodriguez. Dies ist ungewöhnlich, da Gemälde zumeist anonym in Werkstätten angefertigt wurden.

Öl auf Leinwand
H: 68 cm; B: 52 cm; T: 3 cm
Andengebiet, späte Kolonialzeit oder frühe Republik, wahrscheinlich 19. Jh.
Norberto Rodriguez
Staatliche Museen zu Berlin, Preußischer Kulturbesitz, Ethnologisches Museum. Inv.-Nr. VA 66709.
Foto: C. Obrocki

• 220

KRONE

Diese aus dünnem Goldblech gefertigte Krone entstammt dem Geburtsort Huayna Capacas, Tomebamba, dem heutigen Cuenca in Ecuador. Sie ist eines der wenig erhaltenen Exemplare, da Gold- und Silber von den Spaniern zu Barren geschmolzen wurden. Wahrscheinlich gehörte sie einem lokalen Herrscher.

Gold-Kupferlegierung *tumbaga*
H: 14 cm; D: 15 cm
Ecuador, vermutlich Inka-zeitlich, 15.–16. Jh. n. Chr.
Staatliches Museum für Völkerkunde München. Inv.-Nr. G-3481.
Foto: M. Franke

• 221

SCHWERT

Schwerter, die in der spanischen Stadt Salamanca geschmiedet wurden, gehörten im 16. Jahrhundert zu den besten der Welt. Die scharfen Langschwerter aus Stahl verschafften den Eroberern einen entscheidenden Vorteil, da sie den inkaischen Waffen deutlich überlegen waren.

Eisen
L: 91 cm; B: 3 cm (an der Angel)
Anfang 16. Jh., Europa
Münchner Stadtmuseum.
Inv.-Nr. Z 1500.
Foto: P. Fliegauf und E. Jank

HELM, SOGENANNTER MORION

Helme wie diese verschafften den spanischen *conquistadores* gegen die inkaischen Waffen große Vorteile. Im Gegensatz zu den Baumwollhelmen der Inka-Soldaten boten sie einen viel besseren Schutz vor Kopfverletzungen.

Eisen
H: 26 cm
Deutschland, um 1550
Münchner Stadtmuseum.
Inv.-Nr. Z 2150.
Foto: P. Fliegauf und E. Jank

• 222

HARNISCH

Eisen
H: 38 cm; B: 38 cm
Mitte 16. Jh., Europa
Münchner Stadtmuseum.
Inv.-Nr. Z 887.
Foto: P. Fliegauf und E. Jank

• 223

• 224

KERU MIT SPANISCHEN REITERN

Dieser *keru* weist die traditionell inkaische Becherform auf. Im Gegensatz zu den vorspanischen geometrischen, einfarbigen Motiven, erscheinen hier jedoch farbige Figuren. Diese Neuerung tritt erst in der Kolonialzeit auf. Dennoch dominierten weiterhin Figuren aus der inkaischen Kultur, während spanische Eroberer nur höchst selten abgebildet wurden.

Tropisches Holz mit Einlagen aus mit pflanzlichen und mineralischen Farbpigmenten gefärbtem tropischem Lackharz
H: 20 cm; B: max. 19 cm
Andengebiet, Kolonialzeit, 18. Jh.
Privatsammlung – Leihgabe an die Bonner Altamerika-Sammlung.
Inv.-Nr. DA 39.
Foto: A. Dreyer

• 225

HOLZKREUZ MIT *TOCAPU* MUSTER

Das Kreuz zeigt die typische koloniale Mischform. In diesem Fall ist das christliche Symbol mit *tocapus* geschmückt. Diese der inkaischen Oberschicht vorbehalten Muster wurden ursprünglich nur auf Textilien gezeigt. Erst in der Kolonialzeit finden sie sich auch auf anderen Objekten.

Tropisches Holz mit Einlagen aus mit pflanzlichen und mineralischen Farbpigmenten gefärbtem tropischem Lackharz
H: 65 cm; B: 38 cm
Andengebiet, Kolonialzeit, 17.–18. Jh.
Staatliche Museen zu Berlin, Preußischer Kulturbesitz, Ethnologisches Museum. Inv.-Nr. VA 8951.
Foto: A. Dreyer

• 226

• 221

• 222 • 223 • 224

• 225 • 226

319

• 227

• 228

• 229

• 230

VIRGEN HILANDERA, DARSTELLUNG DER KINDLICHEN MARIA MIT SPINDEL

Spindel und Spinnwirtel in der Hand der Maria könnten auf ihren tugendhaften Fleiß anspielen. Gemälde wie diese setzen möglicherweise die Gottesmutter mit den Inka-Prinzessinnen, den *ñustas*, oder den *acclas*, den auserwählten Frauen der Inka, gleich. Das Mädchen auf diesem Bild trägt eindeutig indigene Gesichtszüge, mit den typischen roten, sonnenverbrannten Wangen der Hochlandbewohner. Der Kranz um ihren Kopf könnte entweder eine Sonne oder einen Heiligenschein darstellen. Anstelle der im europäischen Barock verwendeten Hell-Dunkel-Malerei wurde im Andengebiet Gold als Verzierung aufgetragen. Vergoldete Bilderrahmen, die zum Teil mit Spiegeleinlagen versehen waren, verstärkten dabei zusätzlich den pompösen Eindruck.

Öl auf Leinwand
H: 47 cm; B: 38 cm
Peru, Cuscoschule, Kolonialzeit, 18. Jh.
Anonymer Künstler
Museo de Arte del Sur Andino, Cusco. Inv.-Nr. 168714.
Foto: D. Giannoni

• 227

MARIA VON LATACUNGA

Dieses typisch christliche Motiv zeigt Maria, die das Jesuskind und Johannes den Täufer mit dem Lamm hält. Die Gottesmutter weist jedoch eindeutig indigene Gesichtszüge und Haarpracht auf. Das Gemälde wurde als Dank für die wundersame Hilfe Marias nach einem Erdbeben angefertigt. Der heute nach wie vor aktive Vulkan Cotopaxi im Hintergrund verortet das Geschehen ins heutige Ecuador. Auch die Zypressenbäume links neben Maria und die darauf sitzenden roten Vögel weisen auf eine andine Landschaft hin. Die Inschrift auf der linken unteren Bildecke benennt und datiert das Gemälde und weist es dem Maler Manuel Llumisebo zu.

Öl auf Leinwand
H: 90 cm; B: 70 cm
Ecuador; Quitoschule, Kolonialzeit, 1706
Staatliche Museen zu Berlin, Preußischer Kulturbesitz, Ethnologisches Museum. Inv.-Nr. VA 67043.
Foto: C. Obrocki

• 228

KRÖNUNG MARIAS MIT DER DARSTELLUNG DER GÖTTLICHEN DREIFALTIGKEIT

Das Prinzip der Dreifaltigkeit des christlichen Gottes – Gottvater, Sohn und Heiliger Geist – konnten die Missionare den Indigenen nur schwer vermitteln. Als Resultat entstanden Darstellungen von drei identischen Gottesfiguren, die von der katholischen Kirche bald verboten wurden. Der christlichen Bildkonvention folgend wird Maria auf diesem Gemälde als „Himmelskönigin" gekrönt. Der hier ebenfalls gezeigte Typus der *Maria Apocalyptica* bezieht sich auf eine Prophezeiung des Evangelisten Johannes, der in der biblischen Offenbarung, der *Apocalypse*, von einer auf einem Mond stehenden Jungfrau schreibt. In der europäischen Ikonografie steht Maria auf einer Mondsichel, hier jedoch auf einem Vollmond, der eher an inkaische Glaubensvorstellungen der Mama Quilla, der Mondgöttin, angelehnt ist. Gleichsam erinnert der Mantel der Gottesmutter an die heiligen andinen Berge, die *apus*.

Öl auf Leinwand
H: 125 cm; B: 83 cm
Andengebiet, Kolonialzeit, Ende 18. Jh.
Anonymer Künstler
Museo de Arte del Sur Andino, Cusco. Inv.-Nr. 173240.
Foto: D. Giannoni

• 229

RITUELLES GEFÄSS MIT DER DARSTELLUNG EINES INKA UND EINER COYA

Dem Inka in inkaischer Kriegskleidung steht seine Frau, die Coya, in traditioneller Tracht gegenüber. Diese paarweise Anordnung findet sich auf einer Gefäßseite zweifach wieder, was das Dualitätsprinzip der Inka betont. Es handelt sich hier um ein rituelles Gefäß, das bei Festen verwendet wurde.

Tropisches Holz mit Einlagen aus mit pflanzlichen und mineralischen Farbpigmenten gefärbtem tropischem Lackharz
H: 8,5 cm; B: 30,5 cm; D: 23,5 cm
Andengebiet, Kolonialzeit, 17.–18. Jh.
Manuel Llumisebo
Museo de América, Madrid. Inv.-Nr. 7567.
Foto: G. Cases Ortega, Umzeichnung: A. Moltí

• 230

STEINSCHALE MIT MENSCHLICHEN FIGUREN

Die Abbildung auf dem Opfergefäß lehnt sich an traditionell inkaische *keru*-Darstellungen an. Auf der linken Seite hält eine Figur, wahrscheinlich ein Zwerg, einen Federfächer über die Coya. Neben ihr steht der Inka mit einer Zeremonialaxt in der Hand.

Stein
H: ca. 20 cm; D: ca. 80 cm
Andengebiet, Inka-Kultur, Kolonialzeit
© The Trustees of The British Museum.
Inv.-Nr. Am1909.0403.1. Foto: M. Row

• 231

TRANKOPFERGEFÄSS, *PACCHA*, MIT DER DARSTELLUNG DES KAMPFES ZWISCHEN INKA-SOLDATEN UND EINEM ANTI

Im oberen Bildstreifen ist eine Kampfszene zu erkennen. Zwischen den inkaischen Soldaten befindet sich auch ein Anti, ein Bewohner aus dem Amazonas-Tiefland, mit Pfeil und Bogen.

Tropisches Holz mit Einlagen aus mit pflanzlichen und mineralischen Farbpigmenten gefärbtem tropischem Lackharz
H: 11 cm; L: 80 cm; D: (max.) 18 cm; B: 4,5 cm (Stiel)
Andengebiet, Inka-Kultur, Kolonialzeit, 17.–18. Jh.
Museo de América, Madrid. Inv.-Nr. 7570.
Foto: J. Otero Úbeda

• 232

SILBER-KERAMIK-GEFÄSS IN FORM EINES MANNES MIT LAMA

Dieses eigentümliche Gefäß zeigt einen Mann aus dem ein Lama erwächst. Die hervorragende Silberarbeit lässt auf die Herstellung durch einen Metallurgen der Chimú-Kultur schließen. Diese Meisterschmiede wurden von den Inka nach der Eroberung der Küstengesellschaft in die Inka-Hauptstadt Cusco zwangsumgesiedelt.

Silber und Keramik
H: 17 cm; B: 10 cm; T: 15,5 cm
Peru, Chimú-Inka-Kultur,
Kolonialzeit
Museo de América, Madrid. Inv.-Nr. 7701.
Foto: J. Otero Úbeda

SILBERNE MITRA

Diese Bischofsmütze, *mitra*, wurde aus dem Silber gefertigt, das in den Minen Potosís gewonnen wurde. Das hier abgebaute Edelmetall brachte man nach Europa, wo es zur Finanzierung von Kriegen, aber auch zur Ausstattung von Kirchen verwendet wurde.

Silber
H: 50 cm (insgesamt),
(31 cm Mütze + 19 cm Ohrklappen); B: 17 cm
Potosí, Bolivien, Kolonialzeit, 17. Jh.
Museo de América, Madrid. Inv.-Nr. 2001/03/15.
Foto: J. Otero Úbeda

• 234

8 REALES SILBERMÜNZE

Dieses Geldstück stammt aus der Münzprägeanstalt, der *Casa de la Moneda*, in Potosí. Diese wurde 1542 errichtet und in moderner Zeit zu einem Museum für die Geschichte des kolonialen Silberabbaus in Bolivien umgewandelt.

Silber
D: ca. 2–4 cm
Potosí, Bolivien, Kolonialzeit, 1667
Staatliche Münzsammlung, München.
Foto: N. Kästner

• 233

• 235

• 231

• 232

• 233

• 234

• 235

323

• 236

• 237

• 238

• 239

• 240

8 REALES SILBERMÜNZE

Das in den Minen gewonnene Silber wurde durch Hitze verflüssigt und in eine Form gegossen. Der meist eckige Rohling wurde danach in eine runde Form geschlagen und anschließend geschliffen.
Die Prägung der Münze mit Symbolen der spanischen Krone erfolgte in noch erhitztem Zustand.

Silber
D: ca. 2–4 cm
Potosí, Bolivien, Kolonialzeit, 1677
Staatliche Münzsammlung, München.
Foto: N. Kästner

• 236

1 REAL SILBERMÜNZE

Anfangs wurden die Münzen in Potosí noch per Hand angefertigt. Später wurden Maschinen aus Spanien eingeschifft, die diese Aufgabe übernahmen. Angetrieben wurden sie statt von Menschenkraft nun durch ebenfalls eingeführte Maulesel.

Silber
D: ca. 2–4 cm
Potosí, Bolivien, Kolonialzeit, 1667
Staatliche Münzsammlung, München. Foto: N. Kästner

8 REALES SILBERMÜNZE

Neben der Münzprägeanstalt in Potosí gab es auch eine in Lima. Die Hafenstadt wurde von den Spaniern wegen ihrer günstigen Lage gegründet und zur Hauptstadt erklärt. Der Hafen ermöglichte den Transport des Silbers nach Spanien über den Seeweg.

Silber
D: ca. 2–4 cm
Kolonialzeit, 1769, Lima, Peru
Staatliche Münzsammlung, München.
Foto: N. Kästner

• 237

• 238

2 REALES SILBERMÜNZE

Die königliche Krone auf dieser Münze erinnert daran, dass 1/5 des Gewinnes aus den spanischen Kolonien in Amerika an den König von Spanien abgeführt werden musste.

Silber
D: ca. 2–4 cm
Lima, Peru, Kolonialzeit, 1758
Staatliche Münzsammlung, München.
Foto: N. Kästner

• 239

8 ESCUDOS GOLDMÜNZE

Gold wurde im Vizekönigreich Peru weit weniger gewonnen als Silber. Anfangs plünderten die spanischen Eroberer die Goldschätze der Inka, später wuschen Goldschürfer das begehrte Metall aus den Flüssen.

Gold
D: ca. 2–4 cm
Lima, Peru, Kolonialzeit, 1717
Staatliche Münzsammlung, München.
Foto: N. Kästner

• 240

CASTA-GEMÄLDE, SPANIER, INDIGENE UND MESTIZE

Das Bild entstammt einer Serie aus 20 Werken, die der Vizekönig Manuel Amat im 18. Jahrhundert in Auftrag gab. Solche sogenannten Rassengemälde sollten helfen die koloniale Gesellschaft zu klassifizieren. Diese Darstellung beschreibt bildlich und durch die Figurenüberschriften wie aus der Verbindung zwischen einem Spanier und einer Indigenen ein Mestize „produziert" wurde.

Öl auf Leinwand
H: 100 cm; B: 125 cm (mit Rahmen)
Andengebiet, Kolonialzeit, 18. Jh.
Anonymer Künstler
Museo Nacional de Antropología de Madrid. Inv.-Nr. CE5244.
Foto: M. A. Otero

• 241

CASTA-GEMÄLDE, AFRIKANERIN, SPANIER UND MULATTE

Rassengemälde aus dem Andengebiet sind selten, und typischer in Mexiko zu finden. Dieses Bild zeigt wie aus der Verbindung zwischen einem Spanier und einer Afrikanerin, ein Mulatte entstand. Die Gemäldeserie, der das Bild entstammt, wurde nach Europa geschickt. Sie sollte die Zusammensetzung der kolonialen Gesellschaft verdeutlichen und Terminologien bezüglich der verschiedenrassigen Verbindungen erklären.

Öl auf Leinwand
H: 100 cm; B: 125 cm (mit Rahmen)
Andengebiet, Kolonialzeit, 18. Jh.
Anonymer Künstler
Museo Nacional de Antropología de Madrid. Inv.-Nr. CE5250
Foto: M. A. Otero

• 242

KERU MIT INKA UND COYA UNTER DEM REGENBOGEN

Dieser Zeremonialbecher hat einen starken Symbolgehalt. Inka-Herrscher und Coya stehen beide unter einem Regenbogen, der jeweils dem Maul einer Raubkatze entspringt. Während die Macht des Tieres symbolisch für den Inka und die Inka-Herrschaft an sich steht, demonstriert der Regenbogen die Fruchtbarkeit, die durch die Inka in das Land gebracht wurde.

Tropisches Holz mit Einlagen aus mit pflanzlichen und mineralischen Farbpigmenten gefärbtem tropischem Lackharz
H: 24 cm; D: 20 cm
Andengebiet, Inka-Kultur, Kolonialzeit, 17.–18. Jh.
Linden-Museum Stuttgart. Inv.-Nr. M30241.
Foto: A. Dreyer. Umzeichnung nach einer Abrollung von A. Dreyer: N. Schmidt

• 243

KERU IN FORM EINES RAUBTIERKOPFES

Dieser Zeremonialbecher hat die Form eines Puma- oder Jaguarkopfes. Die Rückseite zeigt eine Szene aus der Heimat des Tieres, dem Amazonasgebiet. Inka-Krieger kämpfen hier, mit Schleudern bewaffnet, gegen Tieflandbewohner, die mit Pfeil und Bogen ausgestattet sind. Die Tierform des Bechers könnte auf einen Sieg der Inka anspielen.

Tropisches Holz mit Einlagen aus mit pflanzlichen und mineralischen Farbpigmenten gefärbtem tropischem Lackharz
H: 21,5 cm; D: 17 cm
Andengebiet, Inka-Kultur, Kolonialzeit, 18. Jh.
Staatliches Museum für Völkerkunde München. Inv.-Nr. 56-11-1.
Foto: M. Franke, Umzeichnung: N. Schmidt

• 244

· 241

· 242

· 243

· 244

327

• 245

• 246

• 247

• 248

GEMÄLDE EINES KOLONIALZEITLICHEN CURACA

Die Inschrift auf dem Gemälde gibt Auskunft über den dargestellten Luys Guamantitu Yupanqui Chiguan Topa, einem Nachkommen des 3. Inka, Lloque Yupanqui. Der *curaca* ist von einer Kombination sowohl indigener als auch spanischer Machtsymbole umgeben. Er repräsentiert sich als königlicher Standartenträger und trägt europäisch anmutende Kleidung. Um seinen Hals hängt eine Medaille der Maria der „unbefleckten Empfängnis", ein Kult, der von den Jesuiten, die Luys unterrichtet hatten, propagiert wurde. Don Luys wird aber auch deutlich als Indigener gezeigt. Er weist dunkle Gesichtszüge, langes, glattes dunkles Haar auf und hat unbekleidete Unterschenkel und Füße. Im rechten Bildhintergrund sehen wir das Wappen der Familie Chiguan Topa, auf dem deutlich die rote *mascaypacha* zu erkennen ist, die den Herrscheranspruch der Familie unterstreicht.

Öl auf Leinwand
H: 195 cm; B: 130 cm
Peru, Kolonialzeit, 18. Jh.
Niedersächsisches Landesmuseum Hannover. Inv.-Nr. 10609.
Foto: K. Schmidt

• 245

PORTRÄT EINER FRAU

Diese Frau ist reichlich geschmückt und trägt einen Spitzenschleier. Ihre europäisch anmutenden Gesichtszüge gepaart mit dem eher andinen Ohrschmuck lassen auf eine Mestizin schließen.

Ton
H: 26 cm; B: 16 cm; T: 15 cm
Andengebiet, Kolonialzeit
Linden-Museum Stuttgart. Inv.-Nr. 33618.
Foto: A. Dreyer

• 246

MANN IN SPANISCHER TRACHT

Die Repräsentation zeigt einen Mann in spanischer Tracht. Zu seinen Füßen scheint auf beiden Seiten ein Indigener zu knien. Möglicherweise handelt es sich um die Darstellung eines Großgrundbesitzers, eines *encomenderos*, oder aber eines kolonialen *curacas* in seiner Rolle als Aufseher. Die schwarze Keramik lässt auf einen Chimú-Inka Stil schließen.

Ton
H: 19 cm; B: 18 cm; T: 9 cm
Andengebiet, Chimú-Inka, Kolonialzeit, 16. Jh.
Museo de América, Madrid. Inv.-Nr. 7703.
Foto: J. Otero Úbeda

• 247

KOLONIALZEITLICHES TEXTIL MIT WAPPEN UND DARSTELLUNG DES INKA UND DER COYA

Dieses Textil zeigt eine eigentümliche Mischung andiner und europäischer Ikonografie. Das europäische Wappen in der Mitte ist umgeben von Jagdszenen, zahlreichen exotischen Tieren und Pflanzen, andinen Fabelwesen, aber auch Figuren aus der griechischen Mythologie, wie musizierenden Meerjungfrauen. Der Rand des Textils ist mit inkaischen Figuren gefüllt, dem Inka-Herrscher und seiner Frau, hinter denen ein buckliger Zwerg mit Federfächer steht. Solche Darstellungen finden sich auch häufig auf *kerus*.

Baumwolle, Kamelidenwolle, Seide, Viscachafell
L: 244 cm; B: 216 cm
Andengebiet, Kolonialzeit
© The Trustees of The British Museum.
Inv.-Nr. Am1913,0311.1.
Foto: M. Row

• 248

KOLONIALZEITLICHER *UNCU*

Dieses koloniale Männerhemd, *uncu*, erinnert stark an seine inkaischen Vorbilder. Auffällig ist jedoch die untypische spiegelbildliche Farbgebung auf der Vorder- und Rückseite. Indigene Adlige trugen *uncus* bei Prozessionen, um ihre inkaische, adlige, Herkunft zu betonen. Die unterschiedliche Farbgestaltung der Seiten war daher an ein Publikum gerichtet an dem sie vorbeischritten. Die Farben Rot und Blau waren im spanischen Amerika besonders beliebt, doch schon in inkaischer Zeit galten sie als Symbole des Inka-Herrschers. Bei der Anfertigung des *uncu* wurden Seidenfäden eingewebt, die aus Asien importiert wurden. Diese Tatsache datiert das Textil eindeutig in die Kolonialzeit.

**Baumwolle, Kamelidenwolle, Seide,
mit Cochenille-Rot und Indigo-Blau gefärbt**
L: 80 cm; B: 73 cm
Andengebiet, Kolonialzeit
Staatliche Museen zu Berlin, Preußischer Kulturbesitz, Ethnologisches Museum. Inv.-Nr. VA 4577,
Foto: C. Obrocki
Die Fotos zeigen Vorder- und Rückseite desselben *uncus*

• 249–250

HOCHZEITSUMHANG EINER FRAU (*LLICLLA*)

Dies *lliclla* zeigt das typische „horror vacui" der andinen Kolonialkunst. Das Textil ist vollständig mit Figuren und geometrischen Motiven geschmückt. Dargestellt sind zahlreiche exotische Tiere, wie Affen und Papageien. Daneben erscheint der symbolträchtige doppelköpfige Adler mit einer spanischen Krone. Die verschiedenen Bildstreifen sind durch geometrische Motive getrennt, die an inkaische *tocapu*-Muster erinnern. Die Aufteilung des Textils in figürliche, geometrische und florale Musterbänder lässt an koloniale *kerus* denken.

Baumwolle, Kamelidenwolle, mit eingewebten Silber- und Metallfäden
L: 98 cm; B: 130 cm
Andengebiet, Kolonialzeit
© The Trustees of The British Museum. Inv.-Nr. Am1891, 0722.2.
Foto: M. Row

• 251

KOLONIALZEITLICHER *UNCU*

Dieser koloniale *uncu* unterscheidet sich in seiner Musterung von seinen inkaischen Vorgängern. Die geometrischen *tocapu*-Muster wurden entgegen der indigenen Tradition auf dem ganzen *uncu* verteilt und verloren somit ihre ursprüngliche symbolische Bedeutung. Die für die *curacas* notwendige Betonung ihrer inkaischen Abstammung führte zur besonderen Ausprägung einzelner indigener Merkmale, so dass koloniale *uncus* häufig besonders inkaisch wirken sollten.

Kamelidenwolle
L: 79 cm; B: 62 cm
Peru, Kolonialzeit, frühes 16. Jh.
Staatliche Museen zu Berlin, Preußischer Kulturbesitz, Ethnologisches Museum. Inv.-Nr. VA 8840,
Foto: A. Dreyer

• 252

KLEINES KOLONIALZEITLICHES TEXTIL MIT RITTERLILIE

Das Zentrum des Textils bilden stilisierte Schwertlilien. Diese werden mit der Gottesmutter in Zusammenhang gebracht und stehen für Reinheit und Unschuld. Daneben symbolisiert die dreigeteilte Pflanze die Dreifaltigkeit des christlichen Gottes. In Anspielung auf ihre Schutzpatronin Maria erklärten die mittelalterlichen Ritter die Lilie zu ihrer Wappenblume. Auch die spanischen Bourbonenkönige, die im 18. Jahrhundert an die Macht kamen, schmückten ihre Embleme damit. Neben diesen europäischen Elementen findet sich eine Vielzahl andiner Tiere auf dem Textil.

Kamelidenwolle
L: 42 cm; B: 61 cm
Andengebiet, Kolonialzeit, spätes 16. Jh.
Linden-Museum Stuttgart. Inv.-Nr. 119192.
Foto: A. Dreyer

• 253

• 249–250

• 251

• 252

• 253

331

• 154

• 155

• 156

KERU IN KELCHFORM

Eines der typischen Motive auf kolonialen *kerus* ist der „Tanz der Chunchos". Bei diesem verkleideten sich Bewohner des Andenhochlandes als Chunchos, bzw. Antis, Bewohner des Amazonastieflandes. Im Tanz wurden diese als besonders exotisch und wild dargestellt und die Inka erschienen im Umkehrschluss als Zivilisationsbringer. Somit repräsentierten sie sich als würdige Mitglieder einer kolonialen Gesellschaft.

Tropisches Holz mit Einlagen aus mit pflanzlichen und mineralischen Farbpigmenten gefärbtem tropischem Lackharz
H: 22 cm; B: (max.) 17 cm
Andengebiet, Kolonialzeit, 17.–18. Jh
Linden-Museum Stuttgart. Inv.-Nr. M 30.251.
Foto: A. Dreyer, Umzeichnung nach einer Abrollung von A. Dreyer: N. Schmidt

• 254

GEWANDNADELN, *TUPUS*, IN FORM VON SILBERLÖFFELN MIT GITARRE SPIELENDEN SIRENEN

Eine der Gewandnadeln, *tupus*, ist mit dem weinenden Herz Jesu Christus verziert, die anderen mit musizierenden Meerjungfrauen.
Somit vermischen sich Bilder der christlichen Religion und der im damaligen Europa geläufigen griechischen Mythologie mit andinen Traditionen. *Tupus* wurden von indigenen Frauen verwendet, um ihre Gewänder zusammenzuhalten. Auch heute gehören sie zur Ausstattung der andinen Frau.

Silber
L: ca. 20 cm; B: 5 cm; H: 1 cm
Andengebiet, Kolonialzeit/Republik, 19. Jh.
Museo de Arte del Sur Andino, Cusco. Inv.-Nr. 169680-83.
Foto: D. Giannoni

• 255

ZEREMONIAL- ODER RITUALAXT

Die Axt ist in einem Stück gegossen. Sie zeigt unterhalb der Umwicklung *tocapus*, viereckige Zeichen die auch auf Textilien und *kerus* zu finden sind. Diese Axt diente zeremoniellen Zwecken und wurde möglicherweise während eines Rituals als Statussymbol getragen.

Bronze mit Einlagen aus Kupfer und Silber
H: 26 cm; B: 8 cm
Peru, Inka-Kultur, Kolonialzeit,
Museo de América, Madrid.
Inv.-Nr. 07026.
Foto: J. Otero Úbeda

• 256

ANHANG

GLOSSAR

acclas	Auch *acllas* geschrieben. Vom Inka „erwählte Frauen", die unter anderem für die spezialisierte Textil- und *chicha* Produktion zuständig waren
acclahuasi	Auch *acllahuasi* geschrieben. Haus der „erwählten Frauen"
Antisuyu	Nordöstliches Viertel des Inka-Reiches
aquilla	Rituelles Trinkgefäß aus Gold oder Silber
aryballo	Benannt nach der griechischen Gefäßform. Typisch inkaisches Gefäß zur Aufbewahrung und zum Transport von Flüssigkeiten und Nahrung
ayllu	Verwandtschaftsgruppe, gelegentlich auch eine größere soziale Einheit oder ein ganzes Dorf, das sich auf einen gemeinsamen Ahnen zurückführt
capaccocha	Ritual bei dem den Berggöttern Pflanzen, Tiere und auch Menschen, meist Kinder, geopfert wurden. Das einzige Ritual, an dem *huaca* aus dem ganzen Inka-Reich beteiligt waren
chasqui	Botenläufer
chicha	Fermentiertes Maisgetränk (Maisbier), das auch rituelle Verwendung fand
Chinchaysuyu	Nordwestliches Viertel des Inka-Reiches
ceques	42 imaginäre Linien entlang derer die heiligen Stätten oder *huacas* von Cusco und Umgebung angeordnet waren
chuñu	Durch Gefriertrocknung haltbar gemachte Kartoffeln
Collasuyo	Südöstliches Viertel des Inka-Reiches
collca	Auch *colca* geschrieben. Speicher
conquista	Spanisch = Eroberung. Davon abgeleitet wurden die spanischen Eroberer als *conquistadores* oder Konquistadoren bezeichnet
Coricancha	„Goldener Hof", von den Spaniern „*Templo del Sol*" genannt. Inkaischer Sonnentempel in Cusco zur Ehren des Gottes Inti
Coya	Hauptfrau und seit Tupac Inca Yupanqui auch die Schwester des Inka-Herrschers
cumbi	Besonders feine und aufwändige Webarbeiten. Diese wertvollen Textilien waren dem Inka und den Adligen vorbehalten. Verdienten lokalen Herrschern konnten sie als wertvolle Geschenke überreicht werden
cumbicamayoc	Ausgewählte Meister-Weber, die neben den *acclas* Kleidung für den Inka anfertigten
Cuntisuyu	Südwestliches Viertel des Inka-Reiches
curaca	Lokaler indigener Herrscher
curacazgos	Kleinere regionale Gruppen oder Häuptlingstümer
encomienda	Vom spanischen „*encomendar*" = anvertrauen. Abtretung von Tributanrechten der spanischen Krone an verdiente Spanier, besonders Konquistadoren. Eine Gruppe der indigenen Bevölkerung musste dem jeweiligen Spanier Tribut leisten, anfangs häufig als Arbeitsdienste, später meist durch Abgabe von landwirtschaftlichen und handwerklichen Produkten oder Geld
huaca	Heilige Stätte und/oder Wesen
hidalgos	Spanischer niederer Adel
Inti	Inkaischer Sonnengott, Hauptgott der Inka und eine der wenigen Gottheiten, die die Inka nicht von anderen andinen Gesellschaften übernahmen
Inti raymi	Sonnenfest, das seit 1942 wieder im Juni, zur Winter-Sonnenwende, gefeiert wird
Kameliden	Neuwelt-Kamele. Domestiziert: Lama und Alpaka. Wild lebend: Vicuña und Guanako
keru	Auch *kero* oder *quero/queru* geschrieben. Inkaischer Zeremonialbecher. Der Begriff „keru" bezeichnet einen „Holzbecher". *Kerus* aus Keramik sind vorwiegend aus den Vorläuferkulturen Tiahuanaco und Huari, bekannt
malki	Auch *mallqui* geschrieben. Ahnenmumien, besonders auch der Inka-Herrscher
mascaypacha	Kopfschmuck des Sapa Inka
mincca	Gegenseitige Hilfe innerhalb eines *ayllus* oder der Dorfgemeinschaft
mit'a	Vorspanische Form der Abgaben, bei denen temporäre, mehrere Monate andauernde, Arbeiten für den Staat geleistet werden mussten. Diese Form wurde unter den spanischen Eroberern in die *mita* umgewandelt. Gleichzeitig wurde sie in ihrem zeitlichen Ablauf geändert. Alle sieben Jahre musste ein Mann ein Jahr für die Spanier arbeiten, häufig in den Minen
mitimaes	Auch *mitmaqkuna*. Von den Inka zwangsumgesiedelte Gruppen

ñustas	Töchter des Inka-Herrschers	*suyu*	Teil. Das Inka-Reich, das *Tahuantinsuyu*, bestand aus vier Teilen, den vier *suyus*
orejones	Spanisch = Großohren. Bezeichnung der spanischen Eroberer für die inkaischen Adligen, da diese durch Ohrpflöcke geweitete Ohrläppchen hatten	*Tahuantinsuyu*	Auch *Tawantinsuyu* geschrieben. Reich der vier Regionen. Name des Inka-Reiches
panaca	Königliche Großfamilie, Abstammungsverband eines Inka-Herrschers	*tambo*	Raststätten entlang der Inka-Straßen. Versorgungsstationen
pututu	Schneckenhorn, das von den Boten oder im Krieg als Signalhorn verwendet wurde	*tincuy*	Rituelle Zweikämpfe, die sich ergänzenden Gegensätze symbolisierend
qhapac ñan	Auch *qapay ñan* oder *capac ñan* geschrieben. Königlicher Weg, Name der Inka-Straßen	*tocapu*	Meist polychrome Motiveinheiten in Form von Vierecken und Rechtecken, die mit geometrischen Figuren gefüllt sind
quipu	Auch *khipu* geschrieben. Knotenschnüre, die zur Aufzeichnung von Informationen dienten	*uncu*	Inkaisches Männerhemd
quipucamayoq	Knotenschnur-Kundiger, Spezialist für Knotenschnüre	*ushnu*	Auch *usno* oder *usnu* geschrieben. Steinerne, selten mit Gold verzierte Plattform auf einem zentralen Platz auf der Inka-Adlige wichtige Rituale ausführten
reconquista	Spanisch = Rückeroberung. Rückeroberung der von den Mauren eingenommenen Teile der iberischen Halbinsel		
requerimiento	Rechtliches Dokument zur Legitimierung der spanischen Eroberung. Es wurde indigenen Herrschern vorgelesen, erklärte die spanischen Rechte und Gesetze und verlangte die Unterwerfung unter die spanische Krone und die Bekehrung zum Christentum. Appelliert wurde mit diesem Dokument an das göttliche Recht, das der Papst der spanischen Krone für die Eroberung Amerikas übertragen hatte	*Viracocha*	Auch *Wiracocha* oder *Huiracocha* geschrieben. Gottheit und Kult, die vermutlich in der Region des Titicacasees anzusiedeln sind. Die Inka übernahmen und verbreiteten diesen Kult nach der Eroberung des Gebietes
		yanacona	Abhängige Familien, die aus ihrem *ayllu*-Verband herausgelöst wurden, und für lokale Herrscher und später auch für den Inka-Adel bestimmte Arbeiten ausführten
Reziprozität	Gegenseitigkeit		
Sapa Inca	„Einziger Inka", Titel des Inka-Herrschers		

BIBLIOGRAFIE

ACOSTA, JOSE DE: Historia Natural y Moral de las Indias [1590]. Herausgegeben von José Alcina Franch. Madrid: Historia 16, 1986

ACOSTA, JOSÉ DE: Natural and Moral History of the Indies. Herausgegeben von Jane E. Mangan. London 2002 [1590]

ADELAAR, WILLEM F. H.: Cajamarca Quechua and the Expansion of the Huari State. In: Heggarty, Paul und David Beresford-Jones (Hg.): Archaeology and Language in the Andes. A Cross-Disciplinary Exploration of Prehistory. Proceedings of the British Academy 173. Oxford 2012: 197–217

ADORNO, ROLENA: On Pictorial Language and the Typology of Culture in a New World Chronicle. Semiotica 36/1, 2; 1981: 51–106

ALBORNOZ, CRISTÓBAL DE: Instrucción para descubrir todas las guacas del Pirú y sus camayos y haziendas [ca. 1582]. In: Duviols, Pierre (Hg.): Albornoz y el Espacio Ritual Andino Prehispánico. Revista Andina 2/1, 1984: 169–222

ALCALÁ, LUISA E.: Fundaciones Jesuitas en Iberoamérica. Madrid 2002

ALCINA FRANCH, JOSÉ: Excavaciones en Chinchero (Cuzco): Temporadas 1968 y 1969. Revista Española de Antropología Americana 5: 99–121

ANÓNIMO: Relación de las costumbres antiguas de los naturales del Pirú. In: Esteve Barba, Francisco (Hg.): Crónicas peruanas de interés indígena. Madrid 1968: 151–189

ARKUSH, ELIZABETH N.: Inca Ceremonial Sites in the Southwest Titicaca Basin. In: Charles Stanish, Amanda Cohen und Mark Aldenderfer (Hg.): Advances in Titicaca Basin Archaeology I, Los Angeles 2005: 209–242

ARKUSH, ELIZABETH N.: Collapse, Conflict, Conquest: The Transformation of Warfare in the Late Prehispanic Andean Highlands. In: Arkush, Elizabeth N. und Mark W. Allen (Hg.): The Archaeology of Warfare: Prehistories of Raiding and Conquest. Gainesville 2006: 286–335

ARKUSH, ELIZABETH N.: War, Chronology and Causality in the Titicaca Basin. Latin American Antiquity 19, 2008: 339–373

ARKUSH, ELIZABETH N.: Hillforts of the Ancient Andes. Colla Warfare, Society, and Landscape. Gainesville 2011

ARMAS MEDINA, FERNANDO DE: Cristianización del Perú (1532–1600). Sevilla 1953

ARRIAGA, PABLO JOSEPH DE: The Extirpation of Idolatry in Peru [1621]. Übersetzt und herausgegeben von L. Clark Keating. Lexington 1968

ARRIAGA, PABLO JOSÉ DE: Extirpación de la idolatría del Perú. In: Esteve Barba, Francisco (Hg.): Crónicas peruanas de interés indígena. Madrid, 1968 [1621]: 191–277

ASCHER, MARCIA UND ROBERT ASCHER: Code of the Quipu: A Study in Media, Mathematics, and Culture. Ann Arbor 1981

ATLAS REGIONAL DEL PERÚ. Tomo 7: Puno. Lima 2004

BAILEY, GAUVIN A.: Art of Colonial Latin America. London 2005

BARNES, MONICA: John L. Cotter's Excavations at Huánuco Pampa and his Role in the Regional Survey (1964). Andean Past 11, im Druck.

BARNES, MONICA: John Victor Murra's Provincial Inca Life Project and an American National Anthroplogy. Online Project Gallery, Antiquity 86, issue 326, December 2010. Retrieved February 8, 2013 from: http://www.antiquity.ac.uk/projgall/barnes326/.

BARNES MONCIA, CATHERINE GAITHER, ROBERT A. BENFER, JR. UND DANIEL SHEA: A Colonial Human Burial Excavated in 1965 between Portals 5 and 6 at Huánuco Pampa. Andean Past 10, 2012: 267–273

BARTHEL, THOMAS S.: Viracochas Prunkgewand (Tokapu-Studien I). Tribus 20, 1971: 63–124.

BAUER, BRIAN S. UND CHARLES STANISH: Killke and Killke Related Pottery from Cuzco, Peru. Fieldiana Anthropology, N.S.15, Chicago 1990

BAUER, BRIAN S.: The Development of the Inca State. Austin 1992. Span. Ausgabe Cuco 1996

BAUER, BRIAN S. UND DAVID S. P. DEARBORN: Astronomy and Empire in the Ancient Andes. Austin, 1995

BAUER, BRIAN S.: The Legitimization of the Inca State in Myth and Ritual. American Anthropologist 98/2, 1996: 327–337

BAUER, BRIAN S.: The Sacred Landscape of the Inca: The Cusco Ceque System. Austin 1998

BAUER, BRIAN S.: The Early Ceramics of the Inca Heartland. Fieldiana Anthropology, N.S.31 Chicago 1999

BAUER, BRIAN S.: Ancient Cuzco: Heartland of the Inca. Austin 2004

BAUER, BRIAN S.: Cuzco: Imperial City of the Inca. In: Norwich, John Julius (Hg.): The Great Cities in History. London 2009: 146–149

BAUER, BRIAN S. UND R. ALAN COVEY: State Development in the Inca Heartland (Cuzco, Peru). American Anthropologist 104/3, 2002: 846–864. Gewinner des Gordon R. Willey Preises der Society of American Anthropologists im Jahre 2004

BAUER, BRIAN S. UND CHARLES STANISH: Ritual and Pilgrimage in the Ancient Andes. The Islands of the Sun and the Moon. Austin 2001. Span. Ausgabe Cusco 2003

BAUER, BRIAN S.; R. ALAN COVEY UND JOSHUA TERRY: Excavations at the Site of Iñak Uyu, Island of the Moon. In: Stanish, Charles und Brian S. Bauer (Hg.): Archaeological Research on the Islands of the Sun and Moon, Lake Titicaca, Bolivia: Final Results from the Proyecto Tiksi Kjarka. Los Angeles 2004: 139–174

BAUER, BRIAN S. UND ANTONIO COELLO RODRÍGUEZ: The Hospital of San Andrés (Lima, Peru) and the Search for the Royal Mummies of the Incas. Fieldiana Anthropology, N. S. 31. Chicago 2007

BAUER, BRIAN S. UND LUCAS C. KELLETT: Cultural Transformations of the Chanka Homeland (Andahuaylas, Peru) during the Late Intermediate Period (A.D. 1000–1400). Latin American Antiquity 21/1, 2010: 87–111

BAUER, BRIAN S., LUCAS C. KELLETT UND MIRIAM ARÁOZ SILVA: The Chanka: Archaeological Research in Andahuaylas (Apurimac), Peru. Mit Beiträgen von: Sabine Hyland und Carlo Socualaya Dávila. Los Angeles 2010

BAUER, BRIAN S. UND MIRIAM ARÁOZ SILVA: Vitcos and the Archaeology of Inca Resistance. Buchmanuskript im Korrekturlauf. n.d.

BÉRCHEZ GÓMEZ, JOAQUÍN: Los Siglos de Oro en los Virreinatos de América: 1550–1700. Madrid 1999

BESOM, THOMAS: Of Summits and Sacrifice. An Ethnohistoric Study of Inka Religious Practices. Austin 2009

BETANZOS, JUAN DE: Suma y narración de los Incas. In: Esteve Barba, Francisco (Hg.): Crónicas peruanas de interés indígena. Madrid, 1968 [1557]: 1–55

BETANZOS, JUAN DE: Narrative of the Incas. Übersetzt und herausgegeben von Roland Hamilton und Dana Buchanan vom Palma de Mallorca Manuskript. Austin 1996 [1557]

BETANZOS, JUAN DE: Suma y narración de los Incas. Madrid [1551–57] 2004 und Lima 2010

BINGHAM, ALFRED M.: Portrait of an Explorer: Hiram Bingham, Discoverer of Machu Picchu. Ames 1989

BINGHAM, HIRAM: Vitcos, the Last Inca Capital. Proceedings of the American Antiquarian Society 22 (April), 1912a: 135–196

BINGHAM, HIRAM: A Search for the Last Inca Capital. Harper's Monthly Magazine 75 (October), 1912b: 695–705

BINGHAM, HIRAM: In the Wonderlands of Peru: The Work Accomplished by the Peruvian Expedition of 1912. National Geographic Magazine 24, 1913: 387–573

BINGHAM, HIRAM: The Ruins of Espiritu Pampa, Peru. American Anthropologist 16, 1914: 185–199

BINGHAM, HIRAM: The Story of Machu Picchu: The National Geographic Magazine 27, 1915: 172–186, 203–217

BINGHAM, HIRAM: Further Explorations in the Land of the Incas. National Geographic Magazine 29, 1916: 431–473

BINGHAM, HIRAM: Inca land: Explorations in the Highlands of Peru. Cambridge, Mass. 1922

BINGHAM, HIRAM: Machu Picchu: A Citadel of the Incas. Report of the Explorations and Excavations made in 1911, 1912, and 1915 under the Auspices of Yale University and the National Geographic Society. Memoirs of the National Geographic Society. New Haven 1930

BISCHOF, HENNING: Violencia y guerra en los Andes centrales a través de las fuentes arqueológicas. In: Eeckhout, Peter und Geneviève Le Fort (Hg.): Wars and Conflicts in Prehispanic Mesoamerica and the Andes. B.A.R. 1385. Oxford 2005: 68–89

BOONE, ELIZABETH HILL UND THOMAS CUMMINS: Native Traditions in the Postconquest World. Washington D.C. 1998

BOUYSSE-CASSAGNE, THERESE: El Sol de adentro: wakas y santos en las minas de Charcas y en el Lago Titicaca (Siglos XV a XVII). Boletín de Arqueología PUCP 8. Lima 2004: 59–97

BROWMAN, DAVID L.: Trade Patterns in the Central Highland of Peru in the First Millennium B.C. World Archaeology 6, 2004: 322–329

BUCK, DANIEL: Fights of Machu Picchu. South American Explorer 32, 1993: 22–32

BURGER, RICHARD L. UND LUCY C. SALAZAR: Machu Picchu: Unveiling the Mystery of the Incas. New Haven 2004

BURGER, RICHARD L.; Craig Morris und Ramiro Matos Mendieta (Hg.): Variations in the expression of Inca power: A symposium at Dumbarton Oaks, 18 and 19 October 1997. Pillsbury, Joanne und Jeffrey Quilter General Editors. Washington, 2007

BURKHOLDER, MARK A. UND LYMAN L. JOHNSON: Colonial Latin America. New York, Oxford 2000

BUSTO DUTHURBURU, JOSÉ ANTONIO DEL: Tupac Yupanqui, descubridor de la Oceanía: Nuku Hiva, Mangareva, Rapa Nui. Lima 2006

CABELLO DE BALBOA, MIGUEL: Miscelánea antártica: una historia del Perú antiguo. Lima 1951 [1586]

CABELLO DE BALBOA, MIGUEL: Miscelánea Antártica. Madrid 2011

CALANCHA, ANTONIO DE LA: Corónica Moralizada del Orden de San Agustín en el Perú [1638], herausgegeben von Ignacio Prado Pastor. Lima 1981

CAMINO, ALEJANDRO: Trueque, correrías e intercambios entre los quechuas andinos y los piro y machiguenga de la montaña peruana. In: Rostworowski, Maria et al. (Hg.): Organización económica en los Andes: La Paz, 1989: 103–135

CERRÓN-PALOMINO, RODOLFO: Unraveling the Enigma of the ‚Particular Language' of the Incas. In: Heggarty, Paul und David Beresford-Jones (Hg.): Archaeology and Language in the Andes. A Cross-Disciplinary Exploration of Prehistory. Proceedings of the British Academy 173. Oxford 2012: 265–294

CERUTI, MARIA CONSTANZA: Llullaillaco: sacrificios y ofrendas en un santuario Inca de alta montaña. Salta 2003

CIEZA DE LEÓN, PEDRO: La crónica del Perú. Madrid 1962 [1553]. Und Madrid 1942 [1553]

CIEZA DE LEÓN, PEDRO: La Crónica del Perú. Madrid, [1550] 1947

CIEZA DE LEÓN, PEDRO: Auf den Königsstraßen der Inka. Herausgegeben von Victor von Hagen. Stuttgart 1971 [1553]

CIEZA DE LEÓN, PEDRO: La Crónica del Perú. Lima, [1554] 1984

CIEZA DE LEÓN, PEDRO: The Discovery and Conquest of Peru. Herausgegeben und übersetzt von Alexandra Parma Cook und Noble David Cook. Durham 1998 [1554]

CLADOS, CHRISTIANE: A Key Checkerboard Pattern Tunic of the Linden-Museum, Stuttgart: First Steps in Breaking the Tocapu Code? / Neue Erkenntnisse zum Tocapu-Symbolsystem am Beispiel eines Männerhemdes der Inkazeit in der Altamerika-Sammlung des Linden-Museums, Stuttgart. Tribus 56, 2007: 71–106

CLADOS, CHRISTIANE: Tocapu Drawings Database Project (TDDP). Berlin, 2012 (siehe Website am Ende der Bibliografie)

COBO, BERNABE: Historia del Nuevo Mundo [1653]. In: P. Francisco Mateos (Hg.): Obras del P. Bernabé Cobo de la Compañía de Jesús. Biblioteca de Autores Españoles (continuación), Bd. 91 und 91. Madrid 1956

COBO, BERNABE: History of the Inca Empire: An Account of the Indians' Customs and Their Origin, Together with a Treatise on Inca Legends, History and Social Institutions. Übersetzt von Roland Hamilton. Austin 1979 [1653]

COBO, BERNABE: Relación de las Guavas del Cusco [1653]. In: An Account of the Shrines of Ancient Cusco. Übersetzt und herausgegeben von John H. Rowe. Ñawpa Pacha 17(1979): 2–80

COBO, BERNABE: Inca Religion and Customs [1653]. Herausgegeben und übersetzt von Roland Hamilton. Austin 1990

COCK, GUILLERMO: Inca Rescue. National Geographic Magazine 201/5, 2002: 78–91

COCK, GUILLERMO UND ELENA GOYOCOCHEA: Puruchuco y el Cementerio Inca de la Quebrada de Huaquerones. Puruchuco y la Sociedad de Lima: Un Homenaje a Arturo Jiménez Borja, Lima 2004

COTTER, JOHN L.: Field Journal, July 10-July 26. Archives of the University of Pennsylvania Museum of Archaeology and Anthropology. Philadelphia 1964

COVEY, ALAN R.: How the Incas Built Their Heartland. State Formation and the Innovation of Imperial Strategies in the Sacred Valley, Peru. Ann Arbor 2006 (1.pr. – 2.pr. 2010)

COVEY, ALAN R.: Landscapes and Languages of Power in the Inca Imperial Heartland (Cuzco, Peru). The SAA Archaeological Record 11/4, 2011: 29–32

COVEY, ALAN R.: The Development of Society and Status in the Late Prehispanic Titicaca Basin (circa AD 1000–1535). In: Vranich, Alexei; Elizabeht A. Klarich und Charles Stanish (Hg.): Advances in Titicaca Basin Archaeology-III. Ann Arbor, 2012: 299–310

COVEY, ALAN R. UND CHRISTINA M. ELSON: Ethnicity, Demography, and Estate Management in Sixteenth Century Yucay. Ethnohistory 54/2, 2007: 303–335

COVEY, ALAN R. UND DONATO AMADO GONZÁLEZ: Imperial Transformations in Sixteenth-Century Yucay, Peru. Memoirs of the Museum of Anthropology, University of Michigan, Number 444. Ann Arbor 2008

CREISCHER, ALICE: Das Potosí-Prinzip: Wie können wir das Lied des Herrn im fremden Land singen? Köln 2010

CUMMINS, THOMAS: We are the other. Peruvian Portraits of Colonial Kurakakuna. In: Andrien, Kenneth J. und Rolena Adorno (Hg.): Transatlantic Encounters: Europeans and Andeans in the Sixteenth Century. Berkeley u. a. 1991

CUMMINS, THOMAS: Toast with the Inca. Andean Abstraction and Colonial Images. Ann Arbor 2002. Span. Ausgabe Lima 2004

CUMMINS, THOMAS: Incas: Reyes del Perú. Lima 2005

CURATOLA PETROCCHI, MARCO UND MARIUSZ S. ZIÓLKOWSKI (HG.): Adivinación y oráculos en el mundo andino antiguo. Lima 2008

D'ALTROY, TERENCE N.: Transitions in Power: Centralization of Wanka Political Organization under Inka Rule. Ethnohistory 34, 1987: 78–102

D'ALTROY, TERENCE N.: Provincial Power in the Inka Empire. Washington und London 1992

D'ALTROY, TERENCE N.: The Incas. Malden und Oxford 2002

DAY, KENT C.: Storage and Labor Service: A Production and Management Design for the Andean Area. In: Moseley, Michael E. und Kent C. Day (Hg.): Chan Chan: Andean Desert City. Santa Fé, Albuquerque 1982: 333–349

DEAN, CAROLYN: Inka Bodies and the Body of Christ: Corpus Christi in Colonial Cuzco, Peru. Durham und London 1999

DEAN, CAROLYN: A Culture of Stone: Inka Perspectives on Rock. Durham und London 2010

DEARBORN, DAVID S. P. UND RAYMOND E. WHITE: The "Torreón" at Machu Picchu as an observatory. Archaeoastronomy 5, 1983: 37–49

DEARBORN, DAVID; MATTHEW SEDDON UND BRIAN S. BAUER: La Roca Sagrada del Titicaca: Donde el Sol Regresaba a la Tierra. In: Bauer, Brian S. (Hg.): Estudios Arqueologicos sobre los Incas: Cusco 2011

DIEZ DE SAN MIGUEL, GARCI: Visita hecha a la Provincia de Chucuito por Garci Diez de San Miguel en el año 1567. Lima 1964 [1567]

DILLEHAY, TOM UND AMÉRICO GORDON: La actividad prehispánica de los Incas y su influencia en la Araucania. In: Dillehay, Tom und Patricia Netherly (Hg.): La Frontera del estado Inca. B.A.R. 442, Oxford 1998: 183–196.

DILLEHAY, TOM UND PATRICIA NETHERLY (HG.): La Frontera del estado Inca. B.A.R. 442, Oxford 1998a

DILLEHAY, TOM UND PATRICIA NETHERLY: Introducción. In: Dillehay, Tom und Patricia Netherly (Hg.): La Frontera del estado Inca. B.A.R. 442, Oxford 1998b: 3–31

DILLEHAY, TOM UND PATRICIA NETHERLY: Epílogo. In: Dillehay, Tom und Patricia Netherly (Hg.): La Frontera del estado Inca. B.A.R. 442, Oxford 1998c: 225–226

DOLLFUS, OLIVIER: The Tropical Andes: A Changing Mosaic. In: Murra, John, Nathan Wachtel und Jacques Revel (Hg.): Anthropological History of Andean Polities. Cambridge 1986: 11–22

DUFFAIT, ERWAN: Vias prehispánicas y culto de los muertos en el norte chileno (Arica-Tarapacá) durante el periodo Intermedio Tardio y el Horizonte Tardio (ca. 1.000 – 1.532 n. Chr.). Chungará, Revista de Antropología Chilena, Vol. 44/4, 2012: 621–635

DUVIOLS, PIERRE: La Capacocha. Allpanchis Phuturinqa 9, 1976: 11–57

EECKHOUT, PETER UND NATHALIE DANIS: Los tocapus reales en Guaman Poma: una heraldica incaica? Boletín de Arqueologia PUCP 7, 2004: 305–323

ESPINOZA SORIANO, WALDEMAR: Los huancas, aliados de la conquista. Anales Científicos, Bd. 1, 1971

ESPINOZA SORIANO, WALDEMAR: La destrucción del Imperio de los Incas: la rivalidad política y señorial de los curacazgos andinos. Lima 1973

ESTENSSORO FUCHS, JUAN C.: Los cuadros del mestizaje del virrey Amat. Lima 2003

ESTEVE BARBA, FRANCISCO (HG.): Cronicas peruanas de interés indígena. Madrid 1968

ETHNOLOGISCHES MUSEUM BERLIN (HG.): Koloniale Kunst aus Lateinamerika: Prozesse gegenseitiger Aneignung. Katalog zur ständigen Ausstellung. Staatliche Museen zu Berlin, Preußischer Kulturbesitz. Berlin 2005

FANE, DIANA; EDWARD J. SULLIVAN UND EMILY UMBERGER (HG.): Converging Cultures: Art and Identity in Spanish America. New York 1996

FERNÁNDEZ DE OVIEDO, GONZALO: Historia General y Natural de las Indias: 1533–37. Mexico 1979 [1533]

FERRARI LOZANO, ELOÍSA (HG.): Iberoamérica mestiza: encuentro de pueblos y culturas. Madrid 2003

FISCHER, MANUELA UND KAROLINE NOACK: Koloniale Kunst aus Lateinamerika – Prozesse gegenseitiger Aneignung. In: Ethnologisches Museum Berlin (Hg.): Koloniale Kunst aus Lateinamerika: Prozesse gegenseitiger Aneignung. Katalog zur ständigen Ausstellung. Staatliche Museen zu Berlin, Preußischer Kulturbesitz. Berlin 2005

FLORES GALINDO SEGURA, ALBERTO: Buscando un Inca: identidad y utopia en los Andes. Lima 1987

FRYE, KIRK L.: The Inka Occupation of the Lake Titicaca region. In: Stanish, Charles, Amanda Cohen und Mark Aldenderfer (Hg.): Advances in Titicaca Basin Archaeology I, Los Angeles 2005: 197–208

FRYE, KIRK L. UND EDMUNDO DE LA VEGA: The Altiplano Period in the Titicaca Basin. In: Stanish, Charles, Amanda Cohen und Mark Aldenderfer (Hg.): Advances in Titicaca Basin Archaeology I, Los Angeles 2005: 173–184

GARCILASO DE LA VEGA, EL INCA: Historia general del Perú. Lima 1962 [1617]

GARCILASO DE LA VEGA, EL INCA: Royal commentaries of the Incas and general history of Peru. Parts 1 and 2. Translated by H.V. Livermore. Austin 1966 [1609]

GARCILASO DE LA VEGA, INCA: Comentarios Reales de los Incas. Ayacucho 1985 [1609]

GASPARINI, GRAZIANO UND LUISE MARGOLIES: Inca Architecture. Bloomington 1980.

GIBSON, CHARLES: Spain in America. New York 1967

GISBERT, TERESA: The Indigenous Element in Colonial Art: In: America. Bride of the Sun. 500 Years Latin America and the Low Countries. Exhibition in the Royal Museum of Fine Arts, Antwerp, 1.2.–31.5.1992. Gent 1991: 134–155

GODELIER, MAURICE: The Concept of ‚Social and Economic Formation': The Inca Example. In: Perspectives in Marxist Anthropology. Cambridge 1974: 63–69

GOLTE, JÜRGEN: La racionalidad de la organización andina. Lima 1980

GOLTE, JÜRGEN: Zur Bedeutung von Fernhandelsbeziehungen in der Geschichte der Anden. In: Nikolaus Böttcher und Bernd Hausberger (Hg.): Geld und Geschäft in der Geschichte Lateinamerikas. Zwanzig Aufsätze, gewidmet Reinhard Liehr. Bibliotheca Ibero-Americana 77. Frankfurt am Main 2000: 13–28

GOLTE, JÜRGEN: Lebensraum und kulturelle Chronologie. In: Schätze der Anden. Die Inka-Galerie und die Schatzkammern im Museum für Völkerkunde Hamburg. Mitteilungen aus dem Museum für Völkerkunde Hamburg, N. F., Band 37, 2006: 140–161

GUAMÁN POMA DE AYALA, FELIPE: El Primer Nueva Corónica y Buen Gobierno. John V. Murra und Rolena Adorno (Hg.) 1980 [1615]. Und Madrid 1987

GUILLÉN GUILLÉN, EDMUNDO: El tocricoc y el tucuyricuc en la organización política del imperio incaico. In: Centro de Estudios Historico-Militares del Perú (Hg.): Actas y Trabajos.

Segundo Congreso Nacional de Historia del Perú, Bd. 2; 1962: 157–203

GUILLÉN, LIZARDO: Algunos aspectos de la historia y arqueología de la cultura Chanka. Tésis de Bachiller. Lima 1946

HANKE, LEWIS UND RICHARD E. GREENLEAF: The Roman Catholic Church in Colonial Latin America. New York 1971

HARTH-TERRÉ, EMILIO: El pueblo de Huánuco-Viejo. Arquitecto Peruano 230/21, 1964: 1–20

HECKMANN, ANDREA M.: Contemporary Andean Textiles as Cultural Communication. In: Young-Sánchez, Margaret (Hg.): Andean Textile Traditions. Denver 2006: 171–192

HELMER, MARIE: ‚La visitación de los Yndios Chupachos' Inka et encomendero 1549. Travaux de L'Institut Français d'Etudes Andines 5, 1955–56: 3–50

HEMMING, JOHN: The Conquest of the Incas. New York 1970; überarbeitete Ausg. Boston 2003

HEMMING, JOHN UND EDWARD RANNEY: Monuments of the Incas. Boston 1982

HERNÁNDEZ ASTETE, FRANCISCO: Los Incas y el poder de sus ancestros. Lima 2012

HUAROCHIRI-MANUSKRIPT: The Huarochiri Manuscript. A Testament of Ancient and Colonial Andean Religion. Übersetzt von Frank Salomon und George L.Urioste. Austin 1991 [1608]

HUAYCOCHEA NÚÑEZ DE LA TORRE, FLOR DE MARÍA: Qolqas, bancos de reserva andinos: almacenes Inkas, arqueología de qolqas. Cusco 1994

HYSLOP, JOHN: The Inka Road System. Orlando u. a. 1984. Span. Ausgabe Lima 1992

HYSLOP, JOHN: Inkawasi, the New Cuzco: Cañete, Lunahuana, Peru. B.A.R. Series 15. Oxford und New York 1985

HYSLOP, JOHN: Inka Settlement Planning. Austin 1990.

HYSLOP, JOHN: Las fronteras estatales extremas del Tawantinsuyu. In: Dillehay, Tom und Patricia Netherly (Hg.): La Frontera del Estado Inca. B.A.R. 442, Oxford 1998: 33–51

IDROYO, JAIME: Tomebamba: primera fase de conquista incasica en los Andes septentrionales. Los Cañaris y la conquista incasica del austro ecuatoriano. In: Dillehay, Tom und Patricia Netherly (Hg.): La Frontera del Estado Inca. B.A.R. 442, Oxford 1998: 71–84.

INSTITUTO NACIONAL DE CULTURA DEL PERÚ (HG.): Documental: El recuerdo del Inca. Tradición, conflicto e identidad. Film, herausgegeben auf CD. Lima 2011

ISBELL, WILLIAM H.: Middle Horizon Imperialism and the Prehistoric Dispersal of Andean Languages. In: Heggarty, Paul und David Beresford-Jones (Hg.): Archaeology and Language in the Andes. A Cross-Disciplinary Exploration of Prehistory. Proceedings of the British Academy 173. Oxford 2012: 219–245

ITIER, CESAR: Viracocha o el Océano: naturaleza y funciones de una divinidad Inca. Lima 2013

JARA, VICTORIA DE: El desciframiento de la escritura de los Inkas. Arqueología y Sociedad. Revista del Museo de Arqueología de la Universidad de San Marcos 7–8. Lima 1972: 60–77

JULIEN, CATHERINE J.: Inca Decimal Administration in the Lake Titicaca Region. In: Collier, George A.; Renato I. Rosaldo und John D. Wirth (Hg.): The Inca and Aztec States 1400–1800: Anthropology and History. New York 1982: 119–151

JULIEN, CATHERINE J.: Hatunqolla: A view of Inca Rule from the Lake Titicaca Region. Publications in Anthropology 15. Berkeley 1983. Span. Ausgabe La Paz 2004

JULIEN, CATHERINE J.: How Inca Decimal Administration Worked. Ethnohistory 35, 1988: 257–279

JULIEN, CATHERINE J.: Condesuyu: The Political Division of Territory Under Inca and Spanish Rule. Bonn 1991

KAULICKE, PETER: Memoria y muerte en el Perú Antiguo. Lima 2000

KEATINGE, RICHARD W. (HG.): Peruvian Prehistory: An Overview of Pre-Inca and Inca Society. Cambridge, New York u. a. 1988

KELLETT, LUCAS C.: The Settlement Ecology of Hilltop Sites in the Chanka Heartland (Andahuaylas, Peru). Unpublizierte Ph.D. Dissertation, Department of Anthropology, University of New Mexico, Albuquerque, 2009

KENDALL, ANN: Everyday Life of the Incas. London 1973

KENDALL, ANN, ROB EARLY UND BILL SILLAR: Report on Archaeological Field Season Investigating Early Inca Architecture at Juchuy Coscco (Q'aqya Qhawana) and Warq'ana, Province of Calca, Dept. of Cuzco, Peru. In: Saunders, Nicholas (Hg.): Ancient America: Contributions to New World Archaeology. Oxford 1992: 189–256

KOSIBA, STEVEN BRIAN: Becoming Inka: The Transformation of Political Place and Practice During Inka State Formation (Cusco, Peru). Ph.D. Dissertation. Chicago 2010

KURELLA, DORIS: Auf der Suche nach El Dorado: Die Eroberung Südamerikas. In: Kurella, Doris und Dietmar Neitzke (Hg.): Amazonas-Indianer: Lebensräume, Lebensrituale, Lebensrechte. Stuttgart, 2002: 59–76

KURELLA, DORIS: Kulturen und Bauwerke des Alten Peru. Stuttgart 2008

KURELLA, DORIS: Gewebe der Macht: Textilien als Statussymbole im Andengebiet. In: De Castro, Inés; Menter, Ulrich: Blick Über den Tellerrand – Weltsichten. Darmstadt/Mainz 2011: 188–201

LANDÁZURI, CARLOS UND ENRIQUE AYALA MORA (HG.): Nueva Historia del Ecuador. Epoca Colonial I. Conquista y Primera Etapa Colonial Vol.3. Quito 1988

LECHTMAN, HEATHER: Issues in Andean Metallurgy. In: Benson, Elizabeth P. (Hg.): Pre-Columbian Metallurgy of South America. Washington D.C. 1979: 1–40

LECHTMAN, HEATHER: The Andean World. In: Boone, Elizabeth Hill (Hg.): Andean Art at Dumbarton Oaks, Vol.I. Washington D.C. 1996: 15–32

LOCKE, LESLIE LELAND: The ancient quipu or Peruvian knot record. New York 1923

LOCKHARDT, JAMES: Spanish Peru: 1532–1560. A Colonial Society. Madison 1968

LOCKHART, JAMES UND ENRIQUE OTTE (HG.): Letters and People of the Spanish Indies: 16th Century. Cambridge 1976

LÓPEZ DE GÓMARA, FRANCISCO: Historia General de las Indias. Caracas 1979 [1562]

LORANDI, ANA MARIA: Los Diaguitas y el Tawantinsuyu: Una hipótesis de conflicto. In: Dillehay, Tom und Patricia Netherly (Hg.): La Frontera del Estado Inca. B.A.R. 442, Oxford 1998: 197–214

LYON, PATRICIA J.: An Imaginary Frontier; Prehistoric Highland-Lowland Interchange in the Southern Peruvian Andes. In: Francis, P. D.; F. J. Kense und P. G. Duke (Hg.): Networks of the Past: Regional Interaction in Archaeology. Proceedings of the Twelfth Annual Conference Chacmool. Calgary 1984: 3–18

MAKOWSKI, KRZYSZTOF: Señores de los Reinos de la Luna. Lima 2008

MARCOS, JORGE G.: Cruising to Acapulco and Back with the Thorny Oyster Set: A Model for a Linear Exchange System. Journal of the Steward Anthropological Society 9/1–2, 1977/1978: 99–132

MARCOS, JORGE G.: Desarrollo de la navegación prehispánica en las costas del pacífico americano. In: García Jordan, Pilar et al. (Hg.): Las raíces de la memoria: America Latina, ayer y hoy, quinto encuentro debate. Barcelona 1996: 117–145

MARTÍENGUI SÚAREZ, ELIAS: El imperío de los Incas: causas de su destrucción. Lima 1987

MASUDA, SHOZO; IZUMI SHIMADA UND CRAIG MORRIS (HG.): Andean Ecology and Civilization: An Interdisciplinary Perspective on Andean Ecological Complementarity. Tokyo 1985

MATOS, RAMIRO: Pumpu: Centro administrativo inka de la puna de Junín. Lima 1994

MACQUARRIE, KIM: The last days of the Incas. New York 2007

MCEWAN, GORDON F.: The Incas: New Perspectives. Santa Barbara 2006

MCEWAN, COLIN UND MAARTEN VAN DE GUCHTE: Ancestral Time and Sacred Space in Inca State Ritual. In: Townsend, Richard F. (Hg.): The Ancient Americas: Art from Sacred Landscapes. Chicago 1992: 359–371

MEYERS, ALBERT: Die Inka in Ecuador: Untersuchungen anhand ihrer materiellen Hinterlassenschaft. Bonner Amerikanistische Studien 6. Bonn 1976

MEYERS, RODICA: „Cuando el sol caminaba por la tierra". Orígenes de la intermediación kallawaya. Phil. Diss. Freie Universität Berlin, FB Altertumswissenschaften. – Auch La Paz 2002.

MILLS, KENNETH: Colonial Spanish America. A Documentary History. Wilmington 1998

MOLINA, CRISTOBÁL DE: Relación de muchas cosas acaecidas en el Perú. In: Esteve Barba, Francisco (Hg.): Crónicas peruanas de interés indígena. Madrid 1968 [1575–1576]: 56–95

MOLINA, CRISTOBÁL DE: Relación de las fabulas y ritos de los Ingas. In: Urbano, Henrique und Pierre Duviols (Hg.): Fábulas y mitos de los Incas. Madrid 1989 [1574–1575]

MORRIS, CRAIG: Storage in Tawantinsuyu. Ph.D. Dissertation. Chicago 1967

MORRIS, CRAIG: Reconstructing Patterns of Non-agricultural Production in the Inca Economy. In: Moore, C. B. (Hg.): Reconstructing Complex Societies: An Archaeological Symposium Held at Mass. Institute of Technology, April 29–30, 1972. Supplement to American Schools of Oriental Research Bulletin 20. 1974: 49–60

MORRIS, CRAIG: Tecnología y organización Inca del Almacenamiento de Viveres en la Sierra. In: Lechtman, Heather und Ana Maria Soldí (Hg.): La tecnología en el mundo andino. Runakuanp kawasayninkupaq runasqankunaqa. Vol.I. Mexiko 1981: 327–375

MORRIS, CRAIG: The Infrastructure of Inka Control in the Peruvian Central Highlands. In: Collier, George A., Renato I. Rosaldo und John D. Wirth (Hg.): The Inca and Aztec States 1400–1800: Anthropology and History. New York 1982: 153–171

MORRIS, CRAIG UND DONALD E. THOMPSON: Huánuco Pampa. An Inca City and its Hinterland. London 1985

MORRIS, CRAIG UND ADRIANA VON HAGEN: The Inka Empire and its Andean Origins. New York, u. a. 1993

MORRIS, CRAIG: Mas allá de las fronteras de Chincha. In: Dillehay, Tom und Patricia Netherly (Hg.): La Frontera del estado Inca. B.A.R. 442, Oxford 1998: 106–113

MORRIS, CRAIG, R. ALAN COVEY UND PAT STEIN: The Huánuco Pampa Archaeological Project, Vol. I: The Plaza and Palace Complex. American Museum of Natural History Papers 96. New York 2011

MORRIS, CRAIG UND ADRIANA VON HAGEN: The Incas. London 2011

MOSELEY, MICHAEL E. UND KENT C. DAY (HG.): Chan Chan: Andean Desert City. Albuquerque 1982

MOSELEY, MICHAEL E.: Structure and History in the Dynastic Lore of Chimor. In: Moseley, Michael E. und A. Cordy-Collins (Hg.): The Northern Dynasties: Kingship and Statecraft in Chimor. Washington D.C. 1990: 1–41

MOSELEY, MICHAEL E. UND KENT C. DAY (HG.): Chan Chan: Andean Desert City. Santa Fé, Albuquerque 1992

MOSELEY, MICHAEL: The Incas and their Ancestors. The Archaeology of Peru. London 1992

MUJÍCA, ELIAS: Pukara: una sociadad compleja temprana en la cuenca norte del Titicaca. In: Purin, Sergio (Hg.): Los incas y el antiguo Perú: 3000 años de historia. Madrid 1991

MURRA, JOHN V. (HG.): Visita de la Provincia de León de Huánuco en 1562. Iñigo Ortíz de Zuñiga, Visitador. Huánuco 1967

MURRA, JOHN V.: An Aymara Kingdom in 1567. Ethnohistory 15/2. 1968: 115–151

MURRA, JOHN V.: El Control Vertical de un Máximo de Pisos Ecológicos en la Economía de las Sociedades Andinas. Huánuco 1972

MURRA, JOHN V.: Formaciones Económicas y Políticas del Mundo Andino. Lima 1975

MURRA, JOHN V.: La organización económica del estado inca. Mexico 1978 (mehrere Ausgaben, auch 1977)

MURRA, JOHN V.: The Economic Organization of the Inca State. Greenwich, Conn. 1980. 1955 und 1980. Mehrere span. Ausgaben, z.B. 1977, Mexico 1978

MURÚA, MARTÍN DE: Historia general del Perú: origen y descendencia de los Incas. Herausgegeben von Manuel Ballesteros Gaibrois. Madrid 1962–64 [1590]

MURÚA, MARTIN DE: Historia general del Perú. Madrid 1987 [1580–1616]

MURÚA, MARTÍN DE: Historia general del Perú. Madrid 2001 [1614]

NAIR, STELLA: Of Rememberance and Forgetting: The Architecture of Chinchero, Peru from 'Thupa Inka' to the Spanish Occupation. Ph.D. Dissertation. Department of Architecture, University of California. Berkeley 2003

NETHERLY, PATRICIA: Local Level Lords on the North Coast of Peru. Ph.D. Dissertation, Ithaca, Cornell University, Department of Anthropology. Ann Abor 1977

NETHERLY, PATRICIA UND TOM DILLEHAY: Prefacio a la segunda edición. In: Dillehay, Tom und Patricia Netherly (Hg.): La Frontera del estado Inca. B.A.R. 442, Oxford 1998: 1

NETHERLY, PATRICIA: El reino de Chimor y el Tawantinsuyu. In: Dillehay, Tom und Patricia Netherly (Hg.): La Frontera del estado Inca. B.A.R. 442, Oxford 1998: 85–105

NIEMEYER, HANS UND VIRGILIO SCHIAPPACASSE: Patrones de asentamientos incaicos en el Norte grande de Chile. In: Dillehay, Tom und Patricia Netherly (Hg.): La Frontera del estado Inca. B.A.R. 442, Oxford 1998: 114–152

NILES, SUSAN A.: Callachaca: Style and Status in an Inca Community. Iowa City 1987

NILES, SUSAN A.: The Shape of Inca History. Narrative and Architecture in an Andean Empire. Iowa City 1999

NILES, SUSAN A.: The Nature of Inca Royal Estates. In: Burger, Richard L und Lucy C. Salazar (Hg.): Machu Picchu: Unveiling the Mystery of the Incas. New Haven, 2004: 49–68

NOWACK, KERSTIN: Campañas secundarias durante la guerra civil incaica. Indiana 28, 2011: 109–126

NOWACK, KERSTIN UND DAGMAR SCHWEITZER: Die Inka und der Krieg. Bonn 1991

NÚÑEZ, LAUTARO UND TOM S. DILLEHAY: Movilidad giratoria, armonía social y desarrollo en los Andes Meridionales: Patrones de tráfico e interacción económica. Antofagasta 1995

NÚÑEZ, LAUTARO UND AXL NIELSEN: Caminante si hay caminos: reflexiones sobre el tráfico sur andino. In: Núñez, Lautaro und Axl Nielsen (Hg.): En ruta: Arqueología, Historia y Etnografía del tráfico sur andino. Cordoba 2011

OBEREM, UDO: Festungsanlagen im Andengebiet: Beiträge zur Allgemeinen und Vergleichenden Archäologie 2, 1980: 487–503

OCHOA, CARLOS M.: Los Solanum tuberiferos silvestres del Perú. Lima 1962

OGBURN, DENNIS: Human Trophies in the Late Pre-Hispanic Andes: Display, Propaganda and Reinforcement of Power among the Incas and Other Societies. In: Chacon, Richard J. und David H. Dye (Hg.): The Taking and displaying of Human Body Parts as Trophies by Amerindians. New York 2008: 505–522

OGBURN, DENNIS: Overstating, Downplaying, and Denying: Indigenous Conquest Warfare in Pre-Hispanic Empires of the Andes. In: Chacon, Richard J. und Ruben G. Mendoza (Hg.): The Ethics of Anthropology and Amerindian Research. Reporting on Environmental Degradation and Warfare. New York 2012: 269–287

ORTÍZ DE ZUÑIGA, IÑIGO: Visita de la Provincia de León de Huánuco en 1562, Iñigo Ortíz de Zuñiga, visitador. Murra, John V. (Hg.). Huánuco 1967, 72 [1562]

PÄRSSINEN, MARTTI: Tawantinsuyu: el estado inca y su organización politica. Lima 2003

PÄRSSINEN, MARTTI: Copacabana: El nuevo Tiwanaku? Hacía una comprension multidisciplinaria sobre las secuencias culturales post-tiwanacotas de Pacasa, Bolivia. In: Lorandi, Ana María; Salazar-Soler, Carmen und Nathan Wachtel (Hg.): Los Andes. Cincuenta años después (1953–2003). Homenaje a John Murra. Lima 2003

PÄRSINNEN, MARTTI UND ARI SIIRIÄINEN: Inca Style Ceramics and their Chronological Relationship to the Inka Expansion in the Southern Lake Titicaca Area (Bolivia). Latin American Antiquity Vol. 8/3, 1997: 255–271

PALMER, GABRIELLE UND DONNA PIERCE: Cambios: The Spirit of Transformation in Spanish Colonial Art. Santa Barbara 1992

PALOMINO MENESES, ABDÓN: Las salineras de Maras: organización y conflicto. Allpanchis 25 1985: 151–183

PARDO, LUIS A.: La guerra de los Quechuas con los Chancas. Lima 1969

PARDO, LUIS A.: El imperio de Vilcabamba: el reinado de los cuatro últimos Incas. Cusco 1972

PAREJA DIÉZCANSECO, ALFREDO: Ecuador: de la préhistoria a la conquista española. Quito 1979

PATTERSON, THOMAS: Ideology, Class Formation, and Resistance in the Inca State. Critique of Anthropology 6/1: 75–85

PEASE, FRANKLIN: Los mitos en la región andina. Quito 1985

PEASE, FRANKLIN: Los Incas. Lima 2007

PHELAN, JOHN LEDDY: The Kingdom of Quito in the Seventeenth Century. London 1967

PHIPPS, ELENA; JOHANNA HECHT UND CRISTINA ESTERAS MARTÍN (HG.): The Colonial Andes: Tapestries and Silverwork, 1530–1830. New York 2004

PIETSCHMANN, HORST: Die iberische Expansion im Atlantik und die kastilisch-spanische Entdeckung und EroberungAmerikas. In: Bernecker, Walther L.; u. a. (Hg.): Handbuch der Geschichte Lateinamerikas. Band I: Mittel-, Südamerika und die Karibik bis 1760, herausgegeben von Horst Pietschmann unter der Mitarbeit von Marcello Carmagnani u. a. Stuttgart 1994: 207–273

PINASCO CARELLA, ALFÍO: Punchauchancha: Dios, Astros, Hombres y Muros. Lima 2010

PINO MATOS, JOSÉ LUIS: El ushnu y organización espacial astronómica en la sierra central del Chinchaysuyo. Estudios Atacameños 29, 2005: 143–161

PIZARRO, PEDRO: Relation of the Discovery and Conquest of the Kingdoms of Peru [1571] Herausgegeben und übersetzt von Philip Ainsworth Means. New York 1921

POLANYI, KARL, C.A. ARENSBERG UND H. PEARSON: Trade and Market in the Early Empires. Glencoe 1957

POLO DE ONDEGARDO, PEDRO: Instrucción Contra las Ceremonias y Ritos que Usan los Indios Conforme al Tiempo de su Infidelidad [1567]. Urteaga, Horacio H. (Hg.): Colección de Libros y Documentos Referentes a la Historia del Perú, ser. I, vol. 3 (Appendix A). Lima, 1916: 189–204

POLO DE ONDEGARDO: Los errores y supersticiones de los Indios sacadas del tratado y aueriguacion que hizo el licenciado Polo. In: Confessionario para los curas de Indios… Doctrina Christiana y Catecismo para Instruccion de Indios, [Ciudad de los Reyes 1585], Madrid 1985 [1559/1585]: 265–283

PRESCOTT, WILLIAM H.: History of the Conquest of Peru. New York 1998

PROTZEN, JEAN-PIERRE: Inca Quarrying and Stonecutting. Journal of the Society of Architectural Historians 44/2, 1985: 161–182

PROTZEN, JEAN-PIERRE: Inca Architecture and Construction at Ollantaytambo. New York 1993

QUAVE, KYLIE E.: Labor and Domestic Economy on the Royal Estate in the Inka Imperial Heartland (Maras, Cuzco, Peru). Ph.D. Dissertation. Department of Anthropology, Southern Methodist University. Dallas 2012

QUILTER, JEFFREY: Die Schätze der Anden. Von der Eiszeit zu den Inka. Königswinter 2008

RAIMONDI, ANTONIO: El Perú: Historia de la Geografía del Perú (Tomo I). Lima 1872

RAMÍREZ, SUSAN E.: The Inca Conquest of the North Coast: A Historian's View. In: Moseley, Michael E. und A. Cordy-Collins (Hg.): The Northern Dynasties: Kingship and Statecraft in Chimor. Washington D.C. 1990: 507–537

RAMOS GAVILÁN, ALONSO: Historia del Santuario de Nuestra Señora de Copacabana: Lima 1988 [1621]

RAMOS GÓMEZ, LUIS: Las vasijas de madera ornamentadas con laca utilizadas por los dirigentes andinos de la época colonial: función y tipología de sus formas. Revista Española de Antropología Americana, Vol. 36/1, 2006: 83–117

RAYMOND, J. SCOTT: A View from the Tropical Forest. In: Keatinge, Richard W. (Hg.): Peruvian Prehistory. Cambridge u. a. 1988: 279–300

REGAL, ALBERTO: Los Trabajos Hidraulicos del Inca en el Antiguo Perú. Lima 1970

REGAL, ALBERTO: Los Puentes del Inca en el Antiguo Perú. Lima 1972

REINHARD, JOHAN: The Ice Maiden: Inca Mummies, Mountain Gods, and Sacred Sites in the Andes. Washington, D.C. 2005

REINHARD, JOHAN: Machu Picchu: Exploring an Ancient Sacred Center. Fourth Revised ed. Los Angeles 2007

REINHARD, JOHAN UND MARÍA CONSTANZA CERUTI: Inca Rituals and Sacred Mountains. A Study of the World's Highest Archaeological Sites. Los Angeles 2010

RISHEL, JOSEPH J. (HG.): The Arts in Latin America: 1492–1820. New Haven 2006

RIVA-AGUERO, JOSE DE LA: Sobre las Momias de los Incas [1938]. In: César Pacheco Vélez (Hg.): Estudios de Historia Peruana: Las Civilizaciones Primitivas y el Imperio Incaico, Lima 1966: 393–400

RODRIGUEZ, DANIEL (HG.): Qhapac Ñan, el Camino Inca. Ministerio de Cultura. Lima 2011

ROMERO, CARLOS A.: Informe sobre las ruinas de Choqquequirao. Revista Histórica (Lima) 4, 1909: 87–103

ROSTWOROWSKI, MARÍA: Los Ayamarca. Revista del Museo Nacional (Lima) 36, 1970: 58–101

ROSTWOROWSKI, MARÍA: Breve Informe sobre el Señorío de Ychma o Ychima. Arqueología PUCP 13, 1972: 37–51

ROSTWOROWSKI, MARÍA: Señoríos indígenas de Lima y Canta. Historia Andina 7. Lima 1978

ROSTWOROWSKI, MARÍA: Ensayos de Historia Andina. Elites, Etnias, Recursos. Lima 1993

ROSTWOROWSKI, MARÍA: Incas. Lima 2004

ROSTWOROWSKI DE DIEZ CANSECO, MARÍA: Pachacutec Inca Yupanqui. Lima 1953

ROSTWOROWSKI DE DIEZ CANSECO, MARÍA: Una Hipotesis sobre el Surgimiento del Estado Inca. In: Matos Mendieta, R. (Hg.): El Hombre y la Cultura Andina III; Congreso Peruano (Tomo I). Lima 1978: 89–100

ROSTWOROWSKI DE DIEZ CANSECO, MARÍA: Historia del Tawantinsuyu. Lima 1988

ROSTWOROWSKI DE DIEZ CANSECO, MARÍA: Costa Peruana Prehispánica. Lima 1989

ROSTWOROWSKI DE DIEZ CANSECO, MARIA: Pachacutec Inca Yupanqui. Colección Historia Andina 23. Lima 2001.

ROSTWOROWSKI DE DIEZ CANSECO, MARÍA: Costa peruana prehispánica: prólogo a Conflicts over coca fields in XVIth century Peru. Lima 2004

ROSTWOROWSKI DE DIEZ CANSECO, MARÍA: Incas. El Comercio, Lima 2004

ROSTWOROWSKI DE DIEZ CANSECO, MARÍA: Conflicts over coca fields in XVIth century Peru. Lima 2004

ROSTWOROWSKI DE DIEZ CANSECO, MARÍA UND CRAIG MORRIS: The Fourfould Domain: Inka Power and Its Social Foundations. In: Salomon, Frank und Stuart Schwartz (Hg.): The Cambridge History of the Native Peoples of the Americas, Vol. 3, part 1. Cambridge 1999: 769–863

ROWE, ANN P. UND JOHN H. ROWE: Inca Tunics. In: Boone, Elizabeth Hill (Hg.): Andean Art at Dumbarton Oaks, Vol. 2. Washington D.C., 1996: 453–465

ROWE, JOHN H.: An Introduction to the Archaeology of Cusco. Papers of the Peabody Museum of American Archaeology and Ethnology, vol. 27, no. 2. Cambridge 1944

ROWE, JOHN H.: Inca Culture at the Time of the Spanish Conquest. In: Steward, J.H. (Hg.): Handbook of South American Indians. Vol. 2: The Andean Civilizations. Washington D.C. 1946: 183–330

ROWE, JOHN H.: The Age Grades of the Inca Census. In: Miscellanea Paul Rivet Octogenario Dicata. Bd. 2. XXXI. Congreso Internacional de Americanistas. Mexico 1958: 499–522

ROWE, JOHN H.: Standardization in Inca Tapestry Tunics. In: Rowe, Ann P. und Elizabeth P. Benson (Hg.): The Junius B. Bird Pre-Columbian Textile Conference. Washington D.C. 1979: 239–264

ROWE, JOHN H.: Una Relación de los Adoratorios del Antiguo Cusco. *Histórica* 5(2), 1981: 209–261

ROWE, JOHN H.: Inca Policies and Institutions Relating to the Cultural Unification of the Empire. In: Collier, George A., Renato I. Rosaldo und John D. Wirth (Hg.): The Inca and Aztec States 1400–1800: Anthropology and History. New York 1982: 93–118

ROWE, JOHN H.: Machu Pijchu a la luz de los documentos del siglo XVI. Kuntur (Lima) 4, 1987: 12–20

ROWE, JOHN H.: The Incas in Quito. In: Rowe, Ann Pollard (Hg.): Costume and History in Highland Ecuador. Austin 2011: 70–84

RUTLEDGE, JOHN W. UND ROBERT B. GORDON: The Work of Metallurgical Artificers at Machu Picchu, Peru. American Antiquity 52/3 1987: 578–594

SALAZAR, LUCY C.: Machu Picchu: Mysterious Royal Estate in the Cloud Forest. In: Burger, Richard L. und Lucy C. Salazar (Hg.): Machu Picchu: Unveiling the Mystery of the Incas. New Haven, 2004: 21–47

SALAZAR, LUCY C. UND RICHARD L. BURGER: Lifestyles of the Rich and Famous: Luxury and Daily Life in the Households of Machu Picchu's Elite. In: Evans, Susan T. und Joanne Pillsbury (Hg.): Palaces of the Ancient New World. Washington D.C., 2004: 325–357

SALOMON, FRANK: Los señores étnicos de Quito en la época de los Incas. Colección Pendoneros 10. Otavalo 1980

SALOMON, FRANK: A North Andean Status Trader Complex under Inka Rule. Ethnohistory 34 1987: 63–77

SALOMON, FRANK: Frontera aborigen y dualismo Inca en el Ecuador prehispánico: pistas onomásticas. In: Dillehay, Tom und Patricia Netherly (Hg.): La Frontera del estado Inca. B.A.R. 442, Oxford 1998: 215–223

SALOMON, FRANK (HG.): The Cambridge History of the Native Peoples of the Americas. Vol.III, South America, Part 1+2. Cambridge 1999

SALOMON, FRANK: The Cord keepers: khipus and cultural life in a Peruvian village. Durham 2004

SANDWEISS, DANIEL H. UND JEFFREY QUILTER (HG.): El Niño, Catastrophism, and Culture Change in Ancient America: a Symposium at Dumbarton Oaks, 12th–13th October 2002. Washington D.C. 2008

SANTACRUZ PACHACUTI YAMQUI, JUAN DE: Relación de Antigüedades deste Reyno del Perú. In: Esteve Barba, Francisco (Hg.): Cronicas peruanas de interés indígena. Madrid 1968: 97–149. Und Lima 1995.

SARMIENTO DE GAMBOA, PEDRO: History of the Incas. London 1908 [1572]

SARMIENTO DE GAMBOA, PEDRO: Historia de los Incas. Madrid 1988 [1572]

SARMIENTO DE GAMBOA, PEDRO: History of the Incas. Übersetzt und herausgegeben von Brian S. Bauer und Vania Smith. Einleitung von Brian S. Bauer und Jean Jacques Decoster. Austin 2007 [1572]

SANTILLAN, HERNANDO DE: Origen, descendencia, política y gobierno de los Incas. In: Esteve Barba, Francisco (Hg.): Cronicas peruanas de interés indígena. Madrid 1968: 97–149

SCHAEDEL, RICHARD P.: Early State of the Incas. In: Claessen, H.J.M. und P. Skalnik (Hg.): The Early State. The Hague 1978: 289–320

SCHAEDEL, RICHARD P.: Coast-Highland Interrelationships and Ethnic Groups in Northern Peru (500 B.C. – A.D. 1980). In: Masuda, Shozo; Izumi Shimada und Craig Morris (Hg.): Andean Ecology and Civilization. Tokyo 1985: 443–473

SCHAEDEL, RICHARD P.: Comentario: Las fronteras del estado Inca. In: Dillehay, Tom und Patricia Netherly (Hg.): La Frontera del Estado Inca. B.A.R. 442, Oxford 1998: 215–223

SCHÄTZE DER ANDEN. Die Inka-Galerie und die Schatzkammern im Museum für Völkerkunde Hamburg. Mitteilungen aus dem Museum für Völkerkunde Hamburg. N.F., Band 37, 2006

SHADY SOLÍS, RUTH: La época Huari como interacción de las sociedades regionales. Revista Andina 11 (año 6, no.1), 1988: 67–134

SHADY SOLÍS, RUTH: Caral: la primera civilización de América. Lima 2008

SHERBONDY, JEANETTE: The Canal Systems of Hanan Cusco. Ann Arbor 1982

SHERBONDY, JEANETTE: Los Ceques: Código de Canales en el Cusco Incaico. *Allpanchis* 27, 1986: 39–73

SILVERBLATT, IRENE: Luna, Sol y Brujas. Genero y clases en los Andes prehispánicos y coloniales. Cusco 1990

SLOTTA, RAINER: Der inka-zeitliche Schmelzplatz von Viña del Cerro bei Copiapó. In: Slotta, Rainer und Inga Schnepel (Hg.): Schätze der Anden – Chiles Kupfer für die Welt. Bochum 2011: 231–234

SOBREVIELA, PADRE MANUEL UND LORENZO DE LA SIERRA: Plan del palacio destinado para baño de los yncas en el partido de Huamalies con el nombre de Huanuco el viexo. British Library, Add.MS: 17671, folio 19, 1786

SQUIER, E. GEORGE: Peru: Incidents of Travel and Exploration in the Lands of the Inca. New York 1887

STANISH, CHARLES: Ancient Titicaca. The Evolution of Complex Society in Southern Peru and Northern Bolivia. Berkeley, Los Angeles 2003

STANISH, CHARLES UND BRIAN S. BAUER: The Settlement History of the Island of the Sun. In: Stanish, Charles und Brian S. Bauer (Hg.): Archaeological Research on the Islands of the Sun and Moon, Lake Titicaca, Bolivia: Final Results from the Proyecto Tiksi Kjarka. Los Angeles 2004: 23–42

STANISH, CHARLES Y BRIAN S. BAUER: Peregrinaje y geografía del poder en el Estado Inca. In: Bauer, Brian (Hg.), Estudios Arqueológicos sobre los Incas. Cusco 2011

STEELE, PAUL UND CATHERINE ALLEN: Handbook of Inca Mythology. Santa Barbara 2004

STENBERG, RUBÉN UND NAZARENO CARVAJAL: Red vial incaica en los terminos meridionales del imperio: tramo Valle del Limari-Valle del Maipo. In: Dillehay, Tom und Patricia Netherly (Hg.): La Frontera del estado Inca. B.A.R. 442, Oxford 1998: 153–182

STERN, STEVE J.: Peru's Indian Peoples and the Challenge of Spanish Conquest: Huamanga to 1640. Wisconsin 1993

STÖLLNER, THOMAS: Präkolumbischer Bergbau in den Anden. In: Slotta, Rainer und Inga Schnepel (Hg.): Schätze der Anden – Chiles Kupfer für die Welt. Bochum 2011: 181–212 Dort weiterführende Literatur

TABÍO, ERNESTO: Un contexto funerario tardío de Puruchuco. Excavaciones en la Costa Central del Perú, 1955–1958. La Habana 1965

TABÍO, ERNESTO: Un contexto funerario tardío de Puruchuco. Mesa Redonda de Ciencias Prehistóricas y Antropológicas, Tomo II. PUCP-IRA, Lima 1969

TÉREYGEOL, FLORIAN UND PABLO CRUZ: Die Silberbergwerke von Potosí: Das wichtigste Technologiezentrum Südamerikas aus der Sicht der Autoren der Inka und der Spanier. In: Der Anschnitt 64 ,2012: 93–109

TIMBERLAKE, MARIE: Tukapu in a Colonial Frame: Andean Space and the semiotics of painted colonial tukapu. In: González Carvajal, Paola und Tamara Bray: Lenguajes Visuales de los Incas. B.A.R.; Int. Series 1848, Oxford 2008: 177–193

TOLEDO, FRANCISCO DE: Tasa de la Visita General. Lima 1975 [1582]

TROLL, CARL: Die geographischen Grundlagen der andinen Kulturen und des Inka-Reiches. Ibero-Amerikanisches Archiv V(3) 1931: 1–37

TROLL, CARL: Die Stellung der Indianer-Hochkulturen im Landschaftsaufbau der tropischen Anden. Zeitschrift der Gesellschaft für Erdkunde zu Berlin 3–4 (September) 1943: 93–128

TRUJILLO, DIEGO DE: Relación del descubrimiento del Reyno del Perú. Herausgegeben von Concepción Bravo Guerreira, Madrid 1985 [um 1570, 1571] und Lima 1970

TURNER, BETHANY L., GEORGE D. KAMENOV, JOHN D. KINGSTON UND GEORGE J. ARMELAGOS: Insights into immigration and social class at Machu Picchu, Peru based on oxygen, strontium, and lead isotopic analysis. Journal of Archaeological Science 36, 2009: 317–332

TURNER, BETHANY L., JOHN D. KINGSTON UND GEORGE J. ARMELAGOS: Variation in dietary histories among the immigrants of Machu Picchu: Carbon and nitrogen isotope evidence. Chungará, Revista de Antropología Chilena 42/2, 2010: 515–534

URBANO, HENRIQUE OSVALDO: Mito y simbolismo en los Andes. Cusco 1993

URTON, GARY: The History of a Myth: Pacariqtambo and the Origin of the Inkas. Austin 1990

URTON, GARY: Mythen der Inka. Stuttgart 2002

URTON, GARY: Signs of the Inka Khipu: Binary coding in the Andean knotted-string records. Austin 2003

URTON, GARY: Tying the Truth in Knots: Trustworthiness and Accountability in the Inka Khipu. In: Harrington, Brooke (Hg.): Deception: From Ancient Empires to Internet Dating. Stanford 2009: 154–182

VÁSQUEZ DE ESPINOSA, ANTONIO: Compendium and Description of the West Indies. Übersetzt von Charles Upson Clark. Washington D.C. 1942 [frühes 17. Jh.]

VELASCO, PADRE JUAN DE: Historia del Reino de Quito en la América Meridional. Herausgegeben von Alfredo Pareja Diezcanseco, Caracas 1981 [1739]

VERANO, JOHN W.: Prehistoric Disease and Demography in the Andes. In: Verano, John W. und Douglas H. Ubelaker (Hg.): Disease and Demography in the Americas. Washington und London 1992: 15–24

VERANO, JOHN W.: Human Skeletal Remains from Machu Picchu. In: Burger, Richard L. und Lucy C. Salazar (Hg.): The 1912 Yale Peruvian Scientific Expedition Collections from Machu Picchu: Human and Animal Remains. Yale University Publications in Anthropology Vol. 85. New Haven 2003: 65–117

VILLACORTA, LUIS: Palacios y Poder en los Andes: El caso del valle del Rímac durante la ocupación Inca. Arqueología, Geografía e Historia: Aportes Peruanos en el 50° Congreso de Americanistas, Varsovia 2000

VILLANUEVA URTEAGA, HORACIO: Documentos sobre Yucay, siglo XVI. Revista del Archivo Histórico del Cuzco 13: 1970 1–148

VON HAGEN, VICTOR WOLFGANG: Highway of the Sun. New York u.a. 1955

WACHTEL, NATHAN: Los vencidos: Los indios del Perú frente a la Conquista Española. 1530–1570. Madrid 1976

WARI: Arte precolombino peruano. Sevilla 2001

WEDIN, AKE: El sistema decimal en el imperio incaico. Madrid 1965

WEISGERBER, GERD: Chuquicamata und anderer indianischer Bergbau vor Kolumbus. Der Anschnitt 64, 1912: 93–109

WIENER, CHARLES: Pérou et Bolivie. Récit de voyage suivi d'études archéologiques et ethnographiques et de notes sur l'écriture et les langues des populations indiennes. Paris 1880

WRIGHT, KENNETH und Alfredo Valencia Zegarra; mit Ruth M. Wright und Gordon McEwan: Machu Picchu: A Civil Engineering Marvel. Reston 2000

XEREX, FRANCISCO DE: Narrative of the Conquest of Peru. Übersetzt und herausgegeben von C.R. Markham. In: Markham, C. R. (Hg.): Reports on the discovery of Peru. London 1872 [1534]: 3–73

ZÁRATE, AGUSTIN DE: Historia del descubrimiento y conquista del Perú. Herausgegeben von Jan M. Kermenic, Lima 1949 [1555]

ZIOLKOWSKI, MARIUSZ: La Historia en los Queros. Apuntes acerca de la Relación entre las Representaciones Figurativas y los Signos „Tocapus". In: González Carvajal, Paola und Tamara Bray: Lenguajes Visuales de los Incas. B.A.R. Int. Series 1848, Oxford 2008: 163–176

ZUIDEMA, REINER TOM: Inka Dynasty and Irrigation: Another Look at Andean Concepts of History. In: J.V. Murra, N. Wachtel, und J. Revel (Hg.), Anthropological History of Andean Polities, Cambridge 1986: 177–200

ZUIDEMA, REINER TOM: Reyes y Guerreros: Ensayos de Cultura Andina. Lima 1989

ZUIDEMA, REINER TOM: Inca Civilization in Cuzco. Austin 1990a

ZUIDEMA, REINER TOM: Dynastic Structures in Andean Cultures. In: Moseley, Michael E. und A. Cordy-Collins (Hg.): The Northern Dynasties: Kingship and Statecraft in Chimor. Washington D.C. 1990b: 489–506

WEBSITES: http:/earthobservatory.nasa.gov/Features/La Nina/la nina 2.php (11.12.2012)

CLADOS, CHRISTIANE: http://tocapu.org/index.php. (10.02.2013)

AUTORENVERZEICHNIS

BAUER, BRIAN S., PROF. DR.: Professor für Archäologie an der University of Illinois at Chicago. Entwicklung komplexer Gesellschaften in den Amerikas. Inka-Experte und Autor zahlreicher Publikationen zum Thema. Forschung: Mythenforschung, europäisch-amerikanische Kontaktperiode.
bsb@uic.edu

BARNES, MONICA, DR.: Hg. der Zeitschrift Andean Past. Ehrenamtliche Mitarbeiterin am AMNH, New York. Forschung: Biographie von John Victor Murra sowie Auswertung und Analyse der unpublizierten Fotos seines Projektes in Huánuco Pampa (1963–1966).
monica@andeanpast.org

BJERREGAARD, LENA, M.A.: Restauratorin für archäologische, präkolumbische Textilien am Ethnologischen Museum Berlin. Forschung: Sicán-Textilien, Textilien der peruanischen Zentralküste.
l.bjerregaard@smb.spk-berlin.de, bjerregaardlena@aol.com

CERUTI, CONSTANZA, PROF. DR.: Forscherin am National Council for the Scientific Research in Argentinien, Professorin an der Katholischen Universität Salta und Direktorin des Institute of High Mountain Research, ebenfalls Katholische Unversität Salta, Argentinien. Forschung: Archäologie hoch gelegener Zonen in den Anden, Anthropologie der heiligen Berge weltweit.
constanzaceruti@hotmail.com

CLADOS, CHRISTIANE, DR.: 2003–2011 Lehre an der University of Wisconsin-Madison und University of Texas-San Antonio: Mediale Formate und Kommunikation in den vorspanischen Zentralanden. Forschung: Visuelle Transkulturation und interkulturelle Kunstaneignung des kolonialen und postkolonialen Peru (habil.).
tocapu@gmx.net

DURAND, DIEGO, B.A.: Archäologe, wissenschaftl. Assistent im Puruchuco-Huaquerones Ausgrabungsprojekt seit 2006. Jetzt Beauftragter des Kulturministeriums in der Region Callao. Forschung: Präsenz des Inka-Staates an der Zentralküste Perus.
callao@mcultura.gob.pe

PISCITELLI, MATTHEW, M.A.: Doktorand an der University of Illinois at Chicago, Co-Direktor des Huaricanga Archaeological Research Project in Peru. Forschung: Entstehung komplexer Gesellschaften und "Ancient Religion/Ritual".
mpisci2@uic.edu

GOEDE MONTALVÁN, PEGGY, M.A.: Wissenschaftliche Volontärin im Lateinamerika-Referat des Linden-Museums Stuttgart und Doktorandin der Alt-Amerikanistik der Universität Bonn. Forschung: Ethnohistorie und koloniale Kunstgeschichte des Andengebietes.
pgoede@uni-bonn.de

GOLTE, JÜRGEN, PROF. DR.: Ehem. Professor für Altamerikanistik und Ethnologie am Lateinamerika-Institut Berlin; Dr. h.c. der Universidad Nacional Mayor de San Marcos in Lima, Mitglied des Instituto de Estudios Peruanos. Forschung: Forschungsgeschichte der Anthropologie in Peru; die Herausbildung eines „nationalen" Denkens unter der Migrantenbevölkerung in Peru.
golte@zedat.fu-berlin.de

KELLETT, LUCAS C., DR.: Dozent für "Sociology and Anthropology" an der University of Maine at Farmington. Interaktion zwischen Mensch und Landschaft; Archäologie von Klimawandel, Archäologie des Krieges. Forschung: Bioarchäologie von Achanchi: Projekt in Andahaylas, Peru (gemeinsam mit Dr. D. Kurein, University of California at Santa Barbara).
luke.kellett@maine.edu

KURELLA, DORIS, DR.: Lateinamerika-Referentin am Linden-Museum Stuttgart. Kuratorin der Ausstellung „Inka – Könige der Anden". Forschung: Sammlung des Linden-Museums; Archäologie und Ethnohistorie Kolumbiens.
kurella@lindenmuseum.de

NOACK, KAROLINE, PROF. DR.: Stellv. geschäftsführende Direktorin des Instituts XI und Leiterin der Abt. für Altamerikanistik. Forschung: Andenländer mit Schwerpunkt auf Peru (hier vor allem nördliche Zentralanden) und Bolivien. Mexiko im transnationalen Kontext.
knoack@uni-bonn.de

NOWACK, KERSTIN, DR.: Lehrbeauftragte an der Universität Bonn. Forschung: Ethnohistorie der Inka und der frühen Kolonialzeit Perus, Studie über den inkaischen Bürgerkrieg.
Kerstin_Nowack@gmx.de

OSHIGE ADAMS, DAVID, LIC.: Co-Direktor des Pukara Archaeological Project; Vorgeschichte und Geschichte des Titicacasee-Beckens; Entwicklung komplexer Gesellschaften auf dem Altiplano. Forschung: Im Rahmen des Pukara Archaeological Project: Konstruktion und Verwendung der ersten Monumentalarchitektur der Formativ-zeitlichen Fundstätte von Pukara.
doshigea@pucp.pe

QUAVE, KYLIE, DR.: Assistenzprofessorin, Beloit College, Beloit, Wisconsin, USA. Archäologie und Ethnogeschichte des Andengebietes. Forschung: Cheqoq and Ak'awillay Archaeological Research Projects.
quaveke@beloit.edu

SCHMIDT, FRANZ XAVAR, DIPL.-MIN.: Archiv, Leihausstellungen, Mineralogie am Staatlichen Museum für Naturkunde Stuttgart.
franzxaver.schmidt@smns-bw.de

SLOTTA, RAINER, PROF. DR.: Ehem. Direktor des Deutschen Bergbau-Museums Bochum. Forschung: Kunst, Architektur und Kultur des Bergbaus. Kunst des Bergbaus in Mitteleuropa.
rainer.slotta@bergbaumuseum.de

Eine Quechua-Bäuerin auf den Terrassen von Pisac. Foto: E. Endacott